박태원 문학의 현재와 미래

구보학회

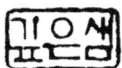

책머리에

 올해는 구보 박태원 탄신 100주년이 되는 해다. 그를 기리기 위하여 여러 행사가 있었다. 특히 〈구보학회〉를 중심으로 해서 전국적 학술 발표대회와 기념행사를 치렀다. 예를 들면 7월 10~11일 2일 간에 걸쳐 〈박태원 탄생 100주년 기념 학술대회〉와 〈해외번역자 초청 심포지엄〉을 이화여대 국제교육관에서 가졌고, 관심 있는 유명 인사들을 초청하여 청계천 문화관에서 그의 유물전도 가졌다. 또 10월 10일에는 '구보 따라 걷기 행사', 10월 12일부터 일주일간 광화문에서 그를 기리는 유명화가들의 미술전시회와 구보 작품 낭독회가 있었으며, 11월 14일에는 '구보 작품에 대한 시민을 위한 강연회'(강사: 김상태)와 '박태원 문학의 또 다른 가능성'이라는 주제로 학술대회를 가졌다. 특히 '구보따라 걷기'는 그의 「소설가 구보씨의 일일」에 나오는 주인공을 따라 걷는 행사로서 백여 명의 시민들이 참가했으며 청계천, 광화문 일대를 누빈 다음 성황리에 서울역에서 행사를 마무리 지은 것은 매우 인상적이었다.
 구보 박태원에 관한 연구는 날이 갈수록 그 깊이와 넓이가 더해지고 있다. 본 저서는 구보학회에서 발표된 논문들이 주축이 되어 발간된 책이다. 본 저서에 게재된 글은 크게 두 부분으로 나누어 볼 수 있는데, 첫째 박태원의 문학적 생애와 작가 의식을 살펴본 논문, 둘째 그의 작품을 연구 분석한 논문 등이다. 첫째의 것으로는 김미지, 「박태원의 외국문학 독서 체험과 '기교'의 탄생」, 송기섭, 「구보의 일상 생활과 자화상」, 안숙원, 「박태원과 소설의 여성화」, 오선민, 「식민지 지식인의 민족적 열등감과 보복심리: 박태원의 『반년간』에 나타난 근대 주체의 공격성과 방어성을 중심으로」, 이은선, 「박태원 소설에 나타난 주체-타자 연구 Ⅱ—소설가 주체의 정립을 중심으로」, 이은주, 「박태원 소설의 수용을 통해서 본 문학장의 구조」 등이라고 할 수 있다. 둘째의 것으로는 권은, 「경성 모더니즘과 공간적 역사-박태원의 「낙조」와 「최노인전 초록」을 중심으로」, 류수연, 「전망의 부재와 구보의 소실(消失)—박태원의 「명랑한 전망」, 「애경」, 『여인성장』에 대한 연구」, 박성창, 「모더니즘과 도시: 박태원 소설에 나타난 산책자 모티브 재고」, 안미영, 「박태원의 자화상 소설에 나타난 가족주의의 의의」, 이경훈, 「박태원의 소설에 대한 몇 가지 주석」 등이다. 그 외에 손지봉의 「한국 문학번역의 세계화 방안」 등이 수록되어 있다. 모두 탁월한 연구 성과를 거두고 있는 논문들로서 학계에 크게 이바지할 것으로 생각된다.

구보학회가 비록 연륜이 짧기는 해도 발간하는 저서들의 수준이 높을 뿐 아니라, 그 발전하는 양상은 어느 학회에 견주어도 손색이 없을 정도로 충실한 모습을 보이고 있다. 다가오는 해에는 우리 학회가 더욱 발전할 것을 기대하면서 투고해 주신 여러 회원들에게 거듭 감사를 표한다. 아울러 본 저서를 출간하는 데 헌신적으로 도움을 주고 있는 '깊은샘' 출판사와 박현숙 사장에게도 고마운 마음을 표한다.

2010년 1월
구보학회 회장 김 상 태

목 차

책머리에 ·· 3

특별기고
박태원의 수필 세계 / 김상태 ·· 9

박태원 문학의 현재와 미래
경성 모더니즘과 공간적 역사 / 권 은 ·· 41
박태원의 외국문학 독서 체험과 '기교'의 탄생 / 김미지 ·· 73
전망의 부재와 구보의 소실(消失) / 류수연 ·· 97
모더니즘과 도시 / 박성창 ·· 129
박태원『삼국지』의 판본과 번역 연구 / 송강호 ·· 159
구보의 일상 생활과 자화상 / 송기섭 ·· 241
박태원의 자화상 소설에 나타난 가족주의의 의의 / 안미영 ·· 263
박태원과 소설의 여성화 / 안숙원 ·· 295
식민지 지식인의 민족적 열등감과 보복심리 / 오선민 ·· 317
박태원의 소설에 대한 몇 가지 주석 / 이경훈 ·· 345
박태원 소설에 나타난 주체-타자 연구 Ⅱ / 이은선 ·· 381
박태원 소설의 수용을 통해서 본 문학장의 구조 / 이은주 ·· 409

박태원 문학의 번역과 세계화
한국 문학번역의 세계화 방안 / 손지봉 ·· 433

특별기고

박태원의 수필 세계

박태원의 수필 세계

> 목 차
>
> Ⅰ. 들어가는 말
> Ⅱ. 생활수필
> Ⅲ. 문예관을 밝힌 글
> Ⅳ. 문예시평
> Ⅴ. 독후감
> Ⅵ. 인터뷰, 탐방 기사 및 기타
> Ⅶ. 나오면서

김 상 태[*]

Ⅰ. 들어가는 말

 수필은 대체로 문학인의 여기(餘技)로 생각하는 경향이 있다. 시인 소설가 희곡 작가들이 자기 분야의 작품을 쓰는 사이의 틈새로 쓰는 경향도 있지만, 청탁하는 문예지나 잡지의 편집인도 대개는 그런 뜻을 알고 수필을 청탁하는 경우가 많기 때문이다. 물론 수필만을 쓰는 작가도 있고, 그 중에는 수필가로서 명망을 얻은 작가도 없지는 않다. 그러나 그런 경우는 극소수에 불과하다. 1920년대나 1930년대와는 달리 지금은 등단한 수필가만 해도 엄청나게 많다. 문단에서는 그들의 작품 자체의 평가는 차치하고 문학인으로 대우하는 것조차 꺼리고 있다. 그 단적

---

[*] 구보학회 회장.

인 예로 수필은 다른 분야와는 달리 작가에게 주는 상도 드물거니와 후원하는 단체나 기관도 찾아보기가 드물다. 약간의 지원금이 있다고 해도 대체로 다른 분야의 문인들에 의해서 결정되고 있다는 사실이 그것을 증명한다. 여러 가지 이유야 있겠지만 수필을 본업으로 하는 문인은 한수 아래도 낮추어 보려는 경향이 지배적으로 작용한 것이 아닌가 하는 생각이 든다. 출판이 쉬워진 탓으로 인해 수준 이하의 수필이 범람하고 있는 것이 그 주된 이유이겠지만 그렇다고 해서 수필 분야 자체가 하대 받아야 할 이유는 없다. 관점을 바꾸어 생각한다면 다른 장르에서 시험하지 못한 새로운 가능성을 수필 분야에서 이룰 수 있다. 수필이야말로 어떤 문학의 장르보다 열린 형식을 갖고 있기 때문이다. 뿐만 아니라, 수필가가 많이 배출되고 있다는 사실을 굳이 나쁘게 해석할 필요는 없다. 볼프강 이저(Volfgang Iser)가 말하는 문학도 일종의 행위에 의해서 이루어진다고 생각한다면 많은 사람이 어떤 형태로든 문학행위에 참여하고 있기 때문이다. 환언하면 문학을 단지 인쇄된 글자로서가 아니라, 독자의 마음속에 일어나는 일종의 '문학적 행위'로 간주한다면 수필의 대중화 곧 문학의 대중화를 반드시 외면할 필요는 없다. 수필의 열린 형식이 앞으로의 문학에 새로운 지평을 열어줄 수 있는 가능성이 있기 때문이다.

  수필이 폄하되는 또 다른 이유는 다른 분야에서 이미 문명(文名)을 얻은 작가에게 수필을 청탁하면서 생기는 부작용이다. 작자 자신도 문학성이 미흡하다고 생각하면서도 '수필'이니까 하고 발표하는 경우도 있고, 게재하는 측의 요구에 의해서 그 의도에 맞게 집필기도 하기 때문이다. 서하진의 〈퇴짜 맞은 원고〉란 글에서 우리는 그런 점을 확인할 수 있다.

    소설가라고 해서 소설만 쓰는 것은 아니다. 소설 아닌 글 중 가장 빈번하게 쓰게 되는 것이 수필이다. 소설에 비해서 분량도 내용부담도 적다. 단어 하나, 문장 하나 때문에 고민하는 점이야 다를 수 없고 글의 특성상 내 사생활, 혹은 감정 노출의 수위를 조절하는 일이 성가시다 할 수 있으나 소설 쓸 때보다 마음이 가벼운 것은 사실이다. 뿐이랴. 분량에 견주어 원고료도 상당히 높은 편이며 본업이 아니므로 성과에 대해 자유로울 수 있다는 결정적인 매력이 있다.[1]

소설이 "본업"인 작가이므로 이런 말을 할 수 있다. 그녀의 첫 원고가 "퇴짜"를 맞은 이유는 편집자의 청탁하는 콘셉트와 맞지 않았기 때문이라고 했다. 집을 지어 분양하는 회사의 홍보에 도움이 되는 원고를 부탁한 것인데 그 의도와는 조금 어긋나는 내용이 있기 때문에 다시 써 달라고 했다는 것이다. 수필 작품을 이런 곳에 이용한다는 것 자체가 씁쓰름하기도 하지만 문학 전문 편집자가 아닌 사람의 의도대로 써 준다는 것도 개운치 않은 뒷맛을 준다. 물론 박태원의 수필도 이와 같이 편집자의 청탁에 의해 씌진 것도 많고 자신이 편집자의 의도를 짐작해서 쓴 것 적지 않다. 그러나 편집자의 요청에 의했거나 자유의지에 의해 쓰였거나 일단 발표된 작품이라면 양자에 큰 차이를 둘 수는 없다고 생각된다. 작품 그 자체가 말하기 때문이다.

박태원의 수필은 그의 소설 작품을 이해하는 데 중요한 자료가 될 뿐 아니라, 수필 그 자체로서도 작품 가치가 충분하다고 생각된다. 이상(李箱)의 경우에서 그 명확한 예를 보는 것과 같다. 만약 이상에게 있어서 수필이 없었다면 그의 다른 작품을 제대로 평가했을까 하는 생각을 필자는 종종 갖는다. 특히 그의 난해한 시로만 평가하였다면 단지 괴이한 작가로서만 기억될 가능성이 크다. 그러나 다행히도 많지는 않지만 몇 편의 수필 때문에 우리는 그의 천재성을 확인할 수 있었던 것이다. 박태원은 많은 작품을 남겼고, 또 작품 활동 기간도 비교적 긴 편이어서 이상의 경우와는 다르지만 그의 수필 작품을 제쳐 두고 그의 문학

---

1) 동아일보, 2009, 9월 25일자 〈동아광장〉.

전체를 평가한다는 것은 온전치 않다고 생각된다. 다만 아쉬운 것은 월북 이후의 그의 수필을 접할 수 없어 그의 수필 문학 전체를 논하는 것은 한계가 있다.

본고에서 필자가 다룬 작품들은 류보선이 편찬한 〈구보가 아즉 박태원일 때〉에 전적으로 의존하였다.[2] 그 작품들 또한 그가 월북하기 전의 작품이어서 그의 수필 전체를 살필 수 없는 한계를 지닌다. 그의 수필은 대강 다섯 종류로 분류할 수 있을 듯하다. 첫째가 생활수필, 그의 일상생활에서 보고 느낀 것을 소재로 해서 쓴 작품이다. 둘째는 작품을 쓰는 원칙, 즉 박태원의 문예관을 피력한 글이다. 셋째는 문예시평으로서 대체로 잡지사나 신문사의 요청에 의해 당시에 발표되었던 작품들에 대한 평이다. 넷째는 저명인사나 문인을 만나 인터뷰한 내용, 혹은 탐방 기사 등이다. 다섯째는 다른 작가의 작품을 읽고 그에 대한 감상 및 비평을 쓴 글, 추도사, 편지 기타 등으로 분류해 볼 수 있다.

Ⅱ. 생활수필

일상생활에서 겪은 일들을 소재로 해서 쓴 수필이다. 분량으로 보아 이런 종류의 수필이 가장 많다. 가정생활을 하면서 겪는 사소한 일들(어린 것들, 에고이스트, 결혼 5년의 감상, 모화관 잡필), 이웃 사람이나 동네 사람들과 마주치면서 겪은 일(옆집 중학생, 우산, 영일만담, 신변잡기), 자신에 관해서 쓴 수필(여백을 위한 잡담, 나의 생활보고서) 등이 있다.

> 아빠가 와이셔츠를 입고 넥타이를 매려 들 양이면 설영이가 재빠르게 그것을 보고,

---

2) 류보선 편, 『구보가 아즉 박태원일 때』, 깊은샘, 2005.

"아빠아, 어디 가우."
한다. 그럼 소영이가 저도 덩달아
"아빠아, 어디 가우."
그런다. 아빠가 가는 곳을 밝히지 않고, 그냥
"어디 간다."
하고만 말할 양이면,
"어디? 인쇄쇼?"
하고 설영이는 고개도 아프지 않은지 턱을 잔뜩 치켜들고 아빠의 얼굴만 치어다본다. '인쇄쇼'란 물론 인쇄소다.
— 어린 것들, 1939[3]

외출하는 구보에게 가는 곳을 묻고 있는 두 딸과의 대화다. 이 작품은 대화가 많아 소설과 비슷한 느낌이 있다. 내용으로 보아 구보는 엄격한 아버지라기보다 자녀들과도 정답게 지내는 자상한 아버지로 보인다. 단란한 가정생활이라는 것을 충분히 짐작할 수 있다.

내가 안해로 하여서 '밑지는' 것은 그러나 물론, 한두 번의 재채기라든 그러한 것으로 그치지 않는다. 안해는 실로 모성애라든 그러한 것을 표방하여 가지고 대체 얼마나 자기 몸을 이로웁게 하여왔든 것인지 모른다.
나는 무어 이 자리에서 언제 이러한 일이 있었다 언제도 이러한 일이 있었다―하고 일일이 들어 말하지는 않는다. 그러나 어쨌든 그 심정을 알미웁다고 생각한 나는 마침내 어느 날 큰 아이에게 굳이 젖꼭지를 물리려 몰두하는 안해를 발견하고 크게 꾸짖었다.
"아니―니, 왜 싫다는 걸 애써 어린애한테 젖은 멕일려는 게야. 대체 왜 그러는 게야."
아모러한 안해로서도 이 말에는 대구(對句)가 없어 얼마동안 눈만 껌뻑껌껌뻑 한다. 나는 마음에 매우 상쾌하게 느꼈다.
— 에고이스트(愛己而修道), 1937

---

3) 독자의 편의를 위하여 작품이 써진 연도를 밝혀둔다.

아내와의 사소한 다툼이 소재가 된 수필이다. 아내의 허물이라고 열심히 말하고 있지마는 사실에 있어서는 구보 자신의 에고이스트적 행위에서 연유된 것이라는 뜻이 내포되어 있다. 역설이 주된 문학 장치라고 할 수 있다.

> 그러나 5년의 시일을 두고 언제든 변치 않은 것은 나의 '가난'입니다. 나는 남들만큼은 안해와 어린 것을 사랑하는 까닭에 내가 가난하므로 하여 저들을 좀 더 다행하게 하여 주지 못함을 생각할 때가 못내 죄스럽고 또 슬픕니다.
> 그러고 보니 결혼 생활 5년에 절실히 느낀 것은 '돈의 귀함'입니다. 내 집에 안해를 처음으로 맞아들였을 때 나는 안해를 위하여 비로소 '돈의 귀함'을 배웠거니와, 이제 세 어린것의 아버지 노릇을 하게 되매 그 느낌이 절실한 바가 있습니다.
> － 결혼 5년의 감상, 1939

글의 서두에 잡지사로부터 같은 제목으로 원고의 청탁이 와서 쓰는 것이라고 밝히고 있다. 발표된 지면이 〈여성〉이고 보면 이런 제목의 청탁이 들어올 만하다고 생각된다. 구보는 당시 이미 중견 문인으로 대접받을 위치에 와 있었다. 1939년이라면 일제의 황민화(皇民化) 정책이 그 정점을 향해 치닫기 시작한 시기로서 우리말로 된 신문이나 잡지가 완전히 폐쇄되기 직전이다. 아내와 "때때로 말다툼"도 해 보고, "불쾌한 순간"도 가졌다고 했지만, 아이들을 지극히 사랑하고 아내와는 금슬이 좋은, 단란한 가정을 이루고 살았던 구보였던 것으로 짐작된다.

> 장작은 나도 패지만 찬거리 흥정이라든 그런 것은 할멈의 소임이었고 물은 수상조합에 말하여 길어 먹는 터리라. 사실 알고 보자면 그 생활 정도에 있어 우리와 그들 사이에 큰 차이란 없을 것을, 그래도 그들은 우리를 전연 종류가 다른 인물인 거나 같이 생각하고 은근히 경이원지(敬而遠之)하는 싹이 보였다. 어느 날 고등어를 두 마리 사들고 가는 뒷집 여인을

보고 집의 할멈이
"그 을마 주셌소?"
물었드니 거기 대답은 하지 않고
"이건 어려운 사람이나 먹지 양반은 못 잡숫는 거야요."
하고 그러한 가소로운 말을 하였다 한다.
이것에는 집의 할멈에게 책임의 태반이 있다.
이리로 나오든 때부터 그는 그것이 무슨 큰 자랑인 거나 같이 동리 사람에게
"우린 문안서 나왔죠. 이 댁은 문안서 나오신 댁이죠. 문안도 다방굴서 사셨섰죠."
그따위 객쩍은 선전을 하여 우리에게 대한 그들의 첫인상을 좋지 못하게 만들어 놓았다.

― 모화관 잡필, 1937

서대문 밖의 관동(館洞)에 이사를 와서 겪는 일을 적은 글이다. 당시 이곳은 사대문 안의 사람과는 빈부의 차가 많이 드러나는, 가난한 사람들이 살았던 곳이다. '두께비집', '고등어', '죄인과 상여', '모화관―용두리' '불운한 할멈' 등의 소제목을 붙여 그와 관련된 일을 쓰고 있다. 경제적 사정으로 이곳으로 이사를 왔지만 이곳의 풍속에 익지 않아서 구보는 "이 동리가 싫어졌다."고 말하고 있다. 자신의 집에서 일어난 일도 있지만 동네에서 일어난 일을 보고 듣고 느낀 점을 쓴 글이다. 가난하지만 아직 '할멈'을 고용할 정도이니 오늘의 풍속과는 많이 다른 점이 있다.

우리 옆집, 어린 여학생들이 어찌나 유난스러움게 웃고, 울고, 재거리고, 노래를 하고, 그러는지, 우리들, 나와 안해는 봄내, 여름내, 하루라도 일즉 어니 그들에게 경사가 있으라고, 오즉 그것 하나만을 은근히 바라고 있었던 것이, 이번 가을 들어서자, 색씨들은 고사(姑捨)하고, 그 집 식구가 전부 어데로인지 이사를 가는 모양이라, 이제는 글 한 줄이라도 조용히 읽고 쓰

고 할 수 있을 게라고 좋아하였던 것도, 그러나 부질없은 일로, 새로이 집에 든 사람은, 그들 자신이 학교에 다니는 딸을 가지고 있지 않은 대신에, 바로 그 먼저 유난스런 색씨들이 거처하든 방에다, 어느 중학에 다니는 남학생을 둘씩이나 친 까닭에, 혹시나 펴지는가 싶었든 우리들의 눈살은 다시 찌프려지지 않으면 안 되었다.

— 옆집 중학생, 1936

옆집에 사는 학생으로부터 괴로움을 당하는 내용의 글인데, 〈방란장 주인〉에서 보이는 문체의 실험이 보인다. 잦은 쉼표의 사용이나, 그것을 이용하여 장문(長文)의 글을 시도한 점 등이 그렇다. 큰 소리로 암송하면서 공부하는 것, 소란스러운 것, 늦게까지 공부하고 난 뒤에 유행가를 부르는 행위, "수풍금"을 켜는 행위 등이 구보의 글쓰기에 방해가 된다는 내용이다.

나는 물론 이러한 경우에 냉담할 수 있는 종류의 사람이 아니면 그렇다고 하여 나는 감히 나의 우산 아래 절반의 지대를 그에게 빌려 줄 수 있는 일일까 (…중략…)

그러나 나의 생각은 이를테면 부질없는 것으로 내가 현저정 정류소에서 전차를 나렸을 때 나와 함께 나리는 그들을 위하여 그곳에는 일즉부터 그들의 가족이 우산을 준비하여 기다리고 있었고, 박쥐우산을 그들은 반가이 받어들고 그들의 어머니와 그들의 안해와 혹은 그들의 누이와 어깨를 나란히 하여 그들의 집으로 향하여 돌아가는 것이 아닌가.

— 우산, 1941

위의 〈우산〉이라는 제목의 글은 두 개의 소제목을 붙이고 있다. '가소로운 장면'과 '아름다운 풍경'으로 되어 있다. 우산으로 인하여 일어난 일을 적은 글이다. 앞의 글에서는 마침 우산을 갖고 나와 비를 피하며 걸을 수 있었으나 보통이를 두 개씩이나 든 여인이 비를 그대로 맞고 서 있는 것이 안쓰러워 우산을 나누어 쓰고 싶었으나 그렇게 하지 못하는 그의 심정을 적고 있다. 여인도 선뜻 그의 호의를 받아들이지 못할 것이 뻔하고 그도 그런 제의를 할 수 없었다. 그런 우리 문화가 안타깝다고 느끼고 있다.

비 올 것을 예상 못하고 저녁에 돌아올 때 비를 맞을 수밖에 없는데 가족들이 우산을 가지고 마중을 나와 함께 우산을 받고 가는 모습들이 몹시 아름다운 풍경이라고 그는 생각하고 있다.

"그 오 전으로 얼음 한덩어리 사오죠!"
"무슨 오 전으로?"
"영감께서 공차 타시고 버신 것 말이에요!"
"이 사람아, 남이 무엇하게 들으리. 공차를 타고 싶어 탄 것인가? 고만 잊이비려 그렇게 됐지."
"그럼 잊어버리시고 안 내신 오 전으로 얼음이나 한 덩어리 사오죠 네?"
"날더러 달라지 말고 자네도 어떻게 그렇게 벌게."

― 영일만담(永日漫談), 1931

이웃집 영감과의 객쩍은 농담을 주고받는 글이다. 수필이라기보다 장편소설(掌篇小說)과 유사하다. 서두에서 더운 여름 날씨를 느끼는 구보의 서술을 빼고는 거의 이웃집 영감과의 대화체로 일관하고 있다. 박태원 23세 때의 글로서 문단에 데뷔한 지 얼마 되지 않아서 쓴 글이다.

혹, 나의 사진이라도 보신 일이 있으신 분은 아시려니와 나는 나의 머리를 다른 이들과는 좀 다른 방식으로 다스리고 있다.

뒤로 넘긴다거나, 가운데로나 모으로나 가름자를 타서 옆으로 가른다거나 그러지 않고, 이마 위에다 간즈런히 추려 가지고 한일자로 짜른 머리― 조선에는 소위 이름 있는 이로 이러한 머리를 가진 분이 없으므로, 그래, 사람들은 예를 일본 내지에 구하여 등전(藤田 후지다) 화백에게 비한 이도 있고, 농조를 좋아하는 이는 만담가 대십라랑(大辻司郞 오쓰지 시로)에 견주기도 하였으며, 〈주부지우 主婦之友〉라는 가정 잡지의 애독자인 모 여급은 성별을 전연 무시하고 여류작가 길옥신자(吉屋信子 요시야 노부코)와 흡사하다고도 하였으나 그 누구나 모두가 나의 머리에 호감을 가져 주지 못하는 것은 사실이다.

— 여백을 위한 잡담, 1939

그의 머리에 대하여 세간의 분분함을 해명하는 글이다. 그의 특이한 머리 모양을 보고, '당시 유행했던 갓바 머리'라고 말하기도 했지만 사실은 다스리기 어려운 그의 빳빳한 머리카락을 그 나름대로 불편하지 않게 하기 위하여 깎은 머리라고 말하고 있다. 구보가 진정 바라는 머리 스타일은 "빗질도 않고 기름도 안 바른 제멋대로 슬쩍 뒤로 넘긴 머리 모양이었다."고 말한다.

이 생각 저 생각 끝에 가만히 귀를 기울이면 요란한 빨래터 수선보다도, 머리맡에서 째깍거리고 있는 시계 소리가 그야말로 골수까지 사모쳐 든다. 시계를 손에 들고 볼 양이면, 시계란 참말로 이상하다―시계라고 한 것은 기실 인생이란 말이다―하는 생각과 함께 참으로 우스꽝스럽다는 생각이 뒤미쳐 일어난다.

이, 아무 능력이란 없는 시계가, 그나마 맞춰 주고, 태엽을 감어 주어야만 억지로 제 몸 간수를 하게 되는 시계가, 우리 인생이라는 것을 각일각(刻―刻) 묘지로 몰고 있는 것이라곤 아모렇게 해도 생각되지 않는다. 이상하다는 것보담, 우스꽝스러웁다는 말이 적절할까 한다.

— 병상잡설(病床雜說), 1927

병상에 누워 있으면서 이 생각 저 생각을 써놓은 글이다. 이 글의 서두에 '장수', '단명', '시가', '사색'이라는 소제목을 붙여두고 있는데, 제목에 따라 일관된 주제도 없이 단상(斷想)처럼 평소에 느꼈던 점을 쓴 글이다. 사람들이 장수를 원하는 것은 "이 세상에서 영구히 소멸하여 버린다는 것을 다시없이 두려워" 하기 때문이라는 것이다. 장수의 반대 개념인 '단명'을 생각하면 도향의 요절이 생각난다고 말하고 있다. 이 글 속에는 그의 시도 두 편 소개되어 있다. 이제 막 문단에 나온 19세 중학생의 글인데도 맛깔스럽게 쓰고 있는 그의 스타일을 우리는 볼 수 있다.

나는 위선 부채를 한구석에 치워 버립니다. 한여름의 더위와 희롱하기에 지친 한 자루 부채를 가져, 어찌 이리도 맑고 새로운 계절을 맞이하겠습니까. 나는 또 옷을 벗어 안해에게 장 속 깊이 감추어 버릴 것을 명합니다. 나의 여름옷은 본래는 가벼운 것이었으나, 한여름 흘린 땀에 그것은 또 무거울 대로 무거워지지 않았습니까.
나도 이 계절에 합당한 새 양복을 가든히 입고, 오랫동안 간직하여 두었던 단장을 벗 삼아, 거리로 나갑니다.
— 계절의 청유, 1936

더운 여름을 보내고 가을을 맞는 느낌을 쓴 글이다. 이와 비슷한 짧은 글로 〈영춘수감(迎春隨感)〉, 〈원단일기〉, 〈화단의 가을〉, 〈유월의 우울〉, 〈초하풍경〉, 〈성문(聲聞)의 매혹〉, 〈무한한 정취의 동굴〉, 〈차중의 우울〉, 〈만원전차〉, 〈이상적 산보법〉 등이 있다. 대개는 편집자의 요청에 따라 집필된 것으로 생각되지만 한 페이지 내외의 짧은 글이 대부분이다. 이 중에 〈이상적 산보법〉 같은 것은 그의 문제 소설 〈소설가 구보씨의 일일〉(1934)의 출현을 예견시키는 작품이다. 또 〈춘향전 탐독은 이미 취학 이전〉(문장, 1940)은 그의 작가적 생애를 이해하는 데 도움이 된다.

III. 문예관을 밝힌 글

구보는 많지는 않지만 자신의 작품 창작에 대한 견해를 밝힌 글을 몇 편 남겼다. 1937년 〈조선일보〉를 통해 발표한 〈내 예술에 대한 항변〉이란 글은 '작품과 비평가의 책임'이라는 부제를 달고 있다. "무책임한 비평가의 부당한 논평에 대하여서 나는 그 게으름에도 불구하고 쉽사리 흥분하고야 만다." 라고 전제하고, "그래 지극히 불쾌하고 또 우울한 가운데서 나는 나의 불평을 아무에게든 토로하지 않으면 안 된다."고 말하고 있다. 이 글은 월평을 통해서 이기영과 유진오가 자신의 작품에 대하여 혹평한 것에 반박문 형식으로 쓴 것이다. 그의 작품 〈오월의 훈풍〉, 〈옆집 색시〉, 〈거리〉, 〈딱한 사람들〉 등을 예로 들어 그 부당한 해독을 질타하고 있다.

> 어째 이러한 무위한 청년을 그려놓았느냐 하는 것에 이분들의 분개는 있었든 듯싶으나, 내가 내 작품 속에 무기력한 룸펜 인테리를 취급하는 것은 이분들이 그들의 작품 속에 '투사'라는 '주의자'를 취급하는 것과 동등한 권한에서 나온 것으로 다만 이곳에서 우리가 명심하여 둘 것은 이 〈오월의 훈풍〉이 나의 이제까지 제작한 작품 속에서 결코 우수한 것이 아님에도 불구하고 이 '철수'라는 인물이 그분들의 어느 '주의자'나 '투사'보다도 훨씬 책임감을 가지고 있었다는 한 가지 사실이다.

1934년을 전후하여 발표된 작품들에 대한 평으로서 그의 말처럼 "프로문학 이론이 득세하고 있던 시절"이라 무기력한 인물들이 대부분 등장하는 작품을 좋게 평가할 리는 없었겠지만, 그의 작품을 오해하고 있는 이들에게 공격의 화살을 겨누고 있다. 오늘날에서 보면, 당시 프로문학을 지지하면서 그의 작품을 혹평했던 유진오, 백철 등은 해방 후 오히려 우익으로 돌아서서 반대편의 입장을 취했고, 박태원은 사회주의자의 노선을 추종하면서 월북 문인으로 분류되는 사실을 보면 아이러니를 느끼지 않을 수 없다. 〈구보씨의 일일〉에 대해서도 "그 제재는 잠시 논외에 두고라도 문체, 형식 같은 것에 있어서만도 가히 조선문학에 새로운 경지를 개척하였건만 역시 누구라도 한 사람, 이를 들어 말하는 이가 없었다."고 말한다. 대단한 자부심을 가지고 당시 평가들의 몰이해를 질타하고 있다.

　1934년 〈조선중앙일보〉에 발표된 〈표현・묘사・기교〉라는 글은 소설 창작에 대한 근본적인 태도와 다양한 의장(意匠)의 기능을 밝힌 글로서 그의 소설을 이해하는 중요한 단서가 된다. '창작여록'이라는 부제가 붙어 있는 것에서 짐작할 수 있듯이 체계를 세워 쓴 글은 아니지만 작가가 평소에 생각하고 있던 문장 운용에 대한 소신과 소설 창작의 기법을 단편적으로 피력한 글이다. 이 글은 열 세 항목의 소제목을 붙여 각기 그의 의견을 개진하고 있다.

　'한글맞춤법통일안'이 발표된 것은 1933년 10월 29일이다. 이 글이 발표된 것은 1934년 12월 7일부터였으니까 그로부터 겨우 1년을 조금 넘긴 시점이다. '한글맞춤법통일안'이 제정되기 이전에는 철자에 대한 확실한 규칙이 없으므로 제멋대로였다고 할 수 있다. '통일안'이 발표되었다고 해서 하루아침에 달라질 수는 없었겠지만, 작가들은 그 '통일안'을 많이 유의했을 것으로 생각된다. 표현 문장에 특별한 관심을 갖고 있던 구보도 '통일안'을 유념하면서 글을 썼을 것으로 짐작된다. 그러나 그는 '맞춤법 통일안'을 보면서 소설에 있어서 살아있는 표현은 어떻게 이루어낼 것인가에 더 많은 관심을 가졌다. 가령, "어디 가니?"라는 말에 어떤 대답이 도출될 것인가? 이 말을 쓴 작자의 원 뜻은 무엇일까에 관심을 가질 필요가 있다고 그는 말하고 있다. 지금으로 말하면 언어행위(speech act)적 관점에서 보아야 한다는 생각이다. 화용론(話用論 pragmatics)적 발상을 보이고 있는 것은 구보의 탁견이다. 이때부터 콤마를 어디에 찍느냐에 따라 말의 의미가 얼마만큼 달라질 수 있는가를 생각하고 있었다고 할 수 있다. '한 개의 콤마'라는 소제목을 붙이고 있다.

20세기에 들어서면서부터 우리말은 경음화(硬音化) 현상이 일어나기 시작한 것 같다. 지금도 우리말 표기에 완전히 반영하고 있지 못하지만 당시에도 실제로 쓰는 말과 표기 사이의 차이를 느끼면서 구보는 표현에 고심한 것을 역력히 드러내고 있다. '된소리'라는 소제목을 달고 있다.

구보는 소설의 대화에 있어서 남자의 말과 여자의 말을 구분해서 사용해야 하는 점을 역설하고 있다. 화용론의 연장선상에 있는 발상이라고 생각된다.

> 우리는, '우리말'에도 '여성의 말'이 있다는 것과, 그러나 그것이 무엇보다 수량에 있어서 퍽이나 빈약하다는 것을 알았다. 사실, 창작의 실제에 있어서, 우리들의 고심은, 제법, '여인의 회화'를 어떻게 특색 있게 하나, 함에 있다.
> 여기서 우리는 또다시 '어조의 표현'이라는 것을 생각 아니할 수 없다. 우리가 귀로 들어 이를 느끼는 것은, 남자들의 말이 직선적인 것에 비겨, 여자들의 말이 곡선적이라는 것이다.
> — 표현, 묘사, 기교

예로 들고 있는 것이 반드시 옳은지 어떤지는 확신이 가지 않지만, 남자의 말과 여자의 말을 구분해서 기술해야 한다는 자각이 일찍부터 있었던 것을 우리는 볼 수 있다. '여인의 회화'라는 소제목을 붙이고 있다.

문체에 관하여
1930년대에 서구적인 의미의 'style'을 운위한 작가는 구보가 최초라고 생각된다.

> 언어에 있어서든,
> 문장에 있어서든,
> 우리는, 다만, 내용을 통하여 어느 일정한 의미를 전할 뿐에 그쳐서는

안 된다. 반드시 그와 함께, 그 음향으로, 어느 막연한 암시를 독자에게 주문하여야만 한다.
　내용으로는 이지적으로,
　음향으로는 감각적으로,
　동시에, 언어는, 독자의 감상 우에 충분한 효과를 갖지 않아서는 안 된다.
　그 때에 비로소 언어는, 문장은 한 개의 문체를―즉, '스타일'을 가졌다고 할 수 있다.
　문예 감상이란, (늘 하는 말이지만) 구경, 문장의 감상이다.

― 표현, 묘사, 기교

　동양에서는 이미 오래 전부터 '문체(文體)'라는 말을 써 왔지만, 그것은 차라리 장르 개념에 가깝다. 개성과 연관된 개념이 아니었다. 우선 인용된 문장부터 박태원 특유의 문체를 사용하고 있는 것을 볼 수 있다. 특히 그가 말하는 콤마의 사용이 특이하다. 또 어휘의 표시(denotation)와 함축(connotation)을 분명하게 의식하고 있는 점은 말에 대한 작가적 센스를 보여주는 것이다. 소설가임에도 불구하고 "문예감상이란, 구경, 문장의 감상이다."라고 단언하는 것은 러시아의 형식주의(formalism)나 미국의 신비평(New criticism)의 관점을 예견한 듯한 느낌이 든다. '문체에 관하여'라는 소제목 하에 쓴 글로서 그의 문예관을 단적으로 내비친 대목이다.
　'여류작가'라는 소제목으로 쓴 글이다. 한국에는 여성 작가가 많지마는 "작가가 여성됨을 주장하는", "여류다운 표현"을 하는 작가가 없다는 점을 지적하고 있다. '총명하다는 것'에서는 "표현, 묘사, 기교"에 있어서 "신선"하고 "예민"한 감각이 필요하다는 점을 역설하고 있다. '박물지초(博物之抄)'에서는 쥘 르나르의 예를 들어 참신한 표현이 필요하다는 점을 강조하고 있다. '어느 두 개의 비교'에서도 표현에 있어서 기발한 발상이 필요한 점을 강조한 것이다. '도테'에서는 알퐁스 도데의 작품을 예로 들어 명시적 서술보다 암시적 표현이 더 감명을 줄 수 있다는 점을 역설하고 있다. '단편의 결말'은 어떻게 짓는 것이 가장 효과적인가를 모파상의 〈목걸이〉를 예로 들어서 제시하고 있다. "작품의 결말에 한 개의 '경이'를 담아놓는 것"이야말로 "우수한 기교"라고 역설하고 있다. '심경소설'을 무조건 "배척"하고 있는 경향은 옳지 않다고 주장한다. "이른바 신변소설이라는 것은 그 세계야 좁은 것임은 틀림없으나, 그 대신에 그곳에는 '깊이'라는 것이 있는 것이 아닌가?"하고 반문한다. '인명에 대하야'는 작품 속의 인명이 매우 중요하다고 강조하면서 부르는 소리에 따라 작품 전체에 미치는 영향이 크다는 점을 말하고 있다. "인명에 있어, 우리가 존중하는 것은, 그 자체(字體)나, 자의(字義)도 오히려 그 자음(子音)이라야 하겠다."고 말하고 있다. 인명의 발음을 더 중요시한다는 뜻이다. 인명으로 '성격', '교양', '취미'까지 암시할 수 있으면 좋겠다는 의도를 가지고 있다.

'이중노출'은 "영화 수법의 효과적 응용"으로 생각한 것이다. 구보 이전에도 '이중노출적' 기법을 사용한 작가가 없다고 말할 수는 없겠지만(그것은 작가의 본능적 서술기법의 자연스러운 노출이다.) 구보야말로 당시에 소개된 서양 영화를 많이 보면서 '이중노출'의 기법을 의식적으로 응용한 것 같다.

　　나는 그 중에서도 특히 '오후 뻬랩'(오버 랩-필자 주)의 수법에 흥미를 느낀다. 그리고 나는 실제로 나의 작품에 있어, 그것을 시험하여 보았다. 그러나 물론 그것은 나만이 생각할 수 있었던 것은 아니었을 게다. 최근에 〈율리 시즈〉를 읽고 제임스 조이스도 그 같은 시험을 한 것을 알았다.
　　워낙이 과문인지라, 이 밖에 또 다른 예를 아지 못하거니와, 그래도 하여튼, 이 '이중노출'의 수법은 문예가들에게 적지 않은 흥미를 주는 것임에 틀림없을 것이다.

- 표현, 묘사, 기교

〈표현・묘사・기교〉는 인용한 글에서 본 바와 같이 체계적인 서술이 아니라 생각나는 대로 펼쳐 보인 것이다. 그러나 그 짧은 토막 글 속에서 구보의 번뜩이는 아이디어를 볼 수 있고, 그 창작 세계를 이해하는 데 도움을 받을 수 있다.

〈옹로만어(擁虜漫語)〉 역시 '작가와 건강', '나의 일기', '점정(點睛)과 사족(蛇足)', '여인의 행복', '다작(多作)의 변' 등 소제목을 붙여 일견 전혀 소재의 통일성이 보이지 않은, 구보의 즉흥적인 느낌을 개진한 글이다. '작가와 건강'은 건강이 중요하다는 말을 서두에서 잠깐 언급할 뿐 실은 그의 창작태도를 말하고 있다. 그는 실제의 사물을 보지 않고는 소설 속의 상황을 묘사할 수 없다고 한다. 그것은 작가로서의 상상력이 부족해서 그렇다고 스스로 인정하면서(액면 그대로 우리는 받아들일 수 없지만) "내가 한때 '모데로노로지오'-고현학(考現學)이라는 것에 열중하였든 것도 이를테면 자신의 이 '결함'을 얼마쯤이라도 보충할 수 있을까 하여서에 지나지 않는 일이다."라고 고백한다.

〈나의 일기〉에서는 일기를 쓰다가 그만둔 내력을 적고 있다. 보통학교 3학년부터 쓰던 일기를 중학교에 와서 영어 교사가 "단어에 재주가 있어."라는 말을 듣고 영어로 일기 쓰기를 시작했다는 것이다. 문단에 나오고부터는 위대한 문인으로 남을 것이라는 자만(自慢)으로 '日記及斷片'이라는 수첩을 만들어가지고, 훗날의 독자가 볼 것을 고려하여 사실과 어긋나는 기록도 서슴지 않고 썼다는 것이다. "결국에는 자기기만에 스스로 혐오"를 느껴 그 일기를 불살라 버렸다고 기술하고 있다.

〈점정(點睛)과 사족(蛇足)〉은 어떻게 하면 좋은 글을 쓸 것인가 스스로를 반성하면서 쓴 글이다. 〈여인의 행복〉은 그의 소설 〈향수〉라는 작품의 소재가 되었던 여인에 대해서 말하고 있다. 동경에서 기생으로 있을 때 만났던 정인이 후에 다른 사람을 만나 결혼하여 행복하게 살고 있다는 친구의 얘기를 듣고 쓴 소설이다. 〈다작(多作)의 변〉은 그의 창작관을 나타내는 글이다.

누구나 범용(凡庸)한 작품만을 쓰고 싶어 쓰는 것이 아니요, 또 걸작이란 모다 작자의 의도 하나만으로 쉽사리 이루어지는 것은 아니다 (…중략…)

한 개의 작품이 그 제작되는 여정에 있어 작자가 오즉 전력을 경도하기만 하면 능히 걸출한 것일 수 있는 운명을 가지고 있을 때 동시에 제작되는 다른 작품으로 하여 그 공부와 정력이 분산되어 마침내는 아까웁게도 한 개 평범한 작품이 되어 버린다든 그러한 경우는 물론 있을 수 있다.

그러나 그러한 희귀한 묘상(妙想)이 머리에 떠오르기만을 기다리기로 하여 일체의 창작 활동을 삼간다는 것은 오즉 부질없는 일이요, 또 그렇게 마음을 고요히 갖는다고 아모러한 영감이고 작가를 찾아오는 것이 아니다.

– 다작(多作)의 변, 1938

이와 같은 견해는 대부분의 작가들이 가지고 있는 창작관이라고 할 수 있다. 작품 창작에 임하면 최선을 다해서 그 작품이 완성되도록 노력한다. 그 작품이 훌륭한 작품이 될지 어쩔지는 차후의 문제다. 좋은 작품만을 쓰겠다고 벼루면서 착수를 미루는 것은 결국 아무 작품도 쓸 수 없다고 생각된다. 빚에 쪼들려 미리 돈을 받고 쓴 도스도엡스키의 〈죄와 벌〉도 불후의 명작으로 전해지고 있다. 구보도 많은 작품을 남길 수 있었고, 또 후세에 높이 평가될 수 작품을 남기게 된 것도 이와 같은 작품관을 갖고 있었기 때문이라고 생각된다.

〈백일만평(百日漫評)〉은 "시 소품 등과 여가의 편상(片想)을 모두아 논 것이다." 일관된 주제가 없다. "문학과 문단"을 혼동하고 있는 사람이 많다고 하면서 좋은 작품을 쓰려는 노력보다 문단을 기웃거리는 사람이 많다고 나무란다. '역시풍류(譯詩風流)'라는 소제목 하에 곽진, 이익, 정지상 등의 한시를 번역하고 있다.

Ⅳ. 문예시평

박태원은 많지는 않지만 몇 번에 걸쳐 소설과 희곡 시에 대해 평을 썼다. 아마도 신문사의 요청에 의하여 쓰인 것으로 짐작된다.

〈초하창작평(初夏創作評)〉은 1929년에 발표된 것으로 희곡으로서는 김영팔의 〈대학생〉, 송영의 〈정의의 칸바사(캔버스)〉, 방인근의 〈돋아나는 싹〉 김탄실의 〈모르는 사람같이〉 등이고, 소설로서는 이종명의 〈조고만 희열〉, 송영의 〈꼽추 이야기〉 등이다. 이종명의 〈대학생〉에 대해서는 "어느 정도까지 성공하였다."고 평가한 반면에 송영의 〈정의의 칸바스〉에 대해서는 "너무나 애처럽게도 실패로 돌아갔다."고 혹평하고 있다. 이념만 앞세웠지 작품화가 되어 있지 않다는 것이다. 송영의 소설 〈꼽추이야기〉도 우선 실망했다는 말을 전제한 다음, "읽고 나자 '알맹이'에 비하여 이야기가 너무나 장황하다는 것을 우리는 깨달았다."라고 결론짓고 있다. 김탄실의 〈모르는 사람같이〉는 "이러한 아무짝에도 소용없는 작품의 내용을 써놓을 필요는 조금도 없다."고 혹평하고 있다. 방인근의 〈돋아나는 싹〉에 대해서는 "약간의 과장은 있으나 대사도 무난하고 극도 순조롭게 진행되었다. 물론 뛰어난 작품은 못되나 그리 흠 없는 작품이다."라고 평가한다.

시에 있어서는 김안서, 양주동, 임화, 엄홍섭, 주요한, 이상화, 김해강, 적구, 박세영 등을 다루었다. 먼저 안서의 시에 대하여 시취(詩趣)가 10년 여일하다면서 "시인으로서의 '소견'이 여차히 비시적"이라고 지적하고 있다. 이장희의 시 3편에 대해서도 "취할 점도 없다."고 말한다. 양주동의 시, 〈조선의 맥박〉, 〈이리와 같이〉, 〈탄식〉 등에 대해서는 긍정적인 평을 내리고, "무애여! 우리 같이, 우리에게도 미약하나마 조선의 동맥이 있고 병들었으나마 조선의 폐가 있는 이상 같이 일합시다."고 동조하면서, "작자의 시상도 좋거니와 폐량(肺量)도 크다."고 추장하고 있다. 이들 시에서 민족의식을 느낄 수 있은 듯하다. 김여수, 적구, 김대준 들의 시에 대해서 모두 짤막하게 평을 하고 있으나 부정적인 시각으로 보고 있다. 임화의 〈봄이 오는구나〉에 대해서는 "오자(誤字)와 오식(誤植)과 문법이 가장 틀린 조선문의 대표"라고 혹평하고 있다. 대신 엄흥섭의 〈새거리로〉에 대해서는 다소 긍정적인 시각으로 보고 있다. 김창술의 〈기차는 북으로 북으로〉는 실망을 주는 시로 평한다. 주요한의 〈생의 찬미 1, 2, 3〉은 민요적 색채가 농후한 작품이라고 단정하고, 〈其三〉에 대해서는 "3편 중 가히 백미가 될 것이다."라고 평가한다. 김해강, 박세영의 시에 대해서도 별로 긍정적인 평을 내리지 않고 있다.

당시 발표되었던 작품들에 대해서 박태원은 대체로 부정적인 견해를 가지고 있었던 것을 알 수 있다. 박태원이 우수한 작품이라고 내세운 작품은 적어도 〈초하창작평〉에서는 발견되지 않는다.

다음은 1933년에 발표된 〈문예시평〉. 당시에 발표되었던 작품들에 대한 박태원의 평을 들어보기로 하자. 이 글은 본격적인 시평을 하기 전에 "소설을 위하여"라는 소제목을 붙여서 '수필'에 대한 그의 의견을 말하고 있다. 먼저 김기림이 "수필이야말로 소설의 뒤에 올 시대의 총아가 될 문학적 형식이 아닌가 하고……", "향기 높은 유머의 보석과 같이 빛나는 위트와 대리석같이 찬 이성과 아름다운 논리와 문명과 인생에 대한 찌르는 듯한 아이러니와 파라독스와 그러한 것들이 짜내는 수필의 독특한 맛은 이 시대의 문학의 처녀지가 아닐까 한다." 라고 한 말에 대하여, 대비되는 조용만의 말을 인용한다. 수필은 "문학의 한 작은 방류이지 결코 문학의 주류는 아니었다."고 단언한 뒤에 "문인들은 두뇌의 피로를 쉬기 위하야 쓰고 독자들은 딱딱한 글을 저작(詛嚼)한 뒤에 디저트로 읽는 것이니 수필류는 대개 이 같은 가벼운 청량제로서 문학 사상의 여천(餘喘)을 보전하여 온 것이다."라고 한 말에 구보는 동감을 표하고 있다. 조용만의 말은 현 수필가들이 들으면 대로(大怒)할 말이라고 생각된다. 김기림은 앞으로의 문학을 내다보고 한 말이지만 조용만은 있어왔던 문학에 집착해서 한 말이다. 수필에 대한 이러한 견해는 시평과는 별로 관계없는 말이지만 그의 문학관을 살펴보는 데는 도움이 된다.

다음은 〈평론가에게〉라는 소제목 아래 이헌구의 글 〈평론계의 부진과 그 당위〉에 동감을 표하면서 당시 한국에는 평론가다운 평론가가 없다는 것으로 시작하고 있다. 한국문학에 기여한 것이 무엇이 있느냐고 반문하면서, 평론가란 "활동사진에 있어서 변사와 같다."는 김동인의 말에 진실이 있다고 말한다. 그러니까 박태원은 평론가의 존재를 인정하기는 하지만 소설가의 보조역할 정도로 보고 있다는 것을 알 수 있다.

'9월 창작평'이라는 소제목 아래에서는 이태준의 〈아담의 후예〉를 다루고 있다. "무릇 문예의 전부는 그 묘사에 있다고 할 것이다. 묘사가 졸렬한 작품은 어떠한 사람의 손으로 어떠한 소재가 취급되었다 하드라도 그것을 문예라고 할 수 없을 것이다. 이와 반대로 묘사가 능숙한 작품에서 누리는 '진(眞)'과 '미(美)'와 '희열'까지 느낄 것이다." 이태준의 묘사력이 탁월하다는 말이다. 평론가는 '활동사진의 변사'와 같다는 김동인의 말을 충실히 이행이라도 하는 듯이 이 작품을 비교적 상세히 해설하고 있다. 그러나 이 소설에서 몇 군데의 흠을 지적하고 있다. 안 영감을 묘사하면서, "내 집이나 내 사람이 있는 곳이 아니니 불이 난들 싸움이 난들 무서울 것이 없이 그저 구경거리였다."는 기술에 대하여 구보는 여지없이 "천박한 설명구"라고 몰아붙인다. 이 외에도 묘사에 설명이 끼어들면 "작자의 부주의"라고 타박한다. 소설에서 말하기(telling) 기법을 지양하고 보여주기(showing)로 나아갈 것을 구보는 이미 인식하고 있었다고 보인다.

다음은 김안서의 '기차'에 대하여 평한 것인데, 내용은 우선 차치하고 "이외다", "하외다" 식의 문체가 틀렸다는 것이다. 또 "용만한 문장, 객쩍은 문구가 도처에 산재해 있다."고 지적하고 있다. 함대훈의 〈전향(轉向)〉에 대해서는 실망만 느꼈다고 말하고, 이유는 작자가 외국어를 전공하고 있기 때문에 걸작에 대하여 "기오쿠레(주눅)"가 들어서 그렇다는 것이다. 〈순이와, 나와-〉는 상당히 길게 평을 하고 있지마는 "대체로 이 작품은 실패작이다."는 결론이다. 실패작을 이렇게 장황하게 설명하고 있는 구보의 심사를 이해하기 어렵다. 차일로의 〈홍수〉는 "우수한 농민소설이다."라고 말하고, 문단 경력을 가지고 있지 않은 작자가 이 정도의 작품을 창작했다는 것에 대하여 좋은 평가를 내리고 있다. 그러나 어색하거나 치졸한 문장을 찾아내어 그 예를 보이면서 꾸짖고 있다. 구보의 "문예감상이란 구경 문장의 감상"이란 창작관이 내내 작용하고 있는 것을 알 수 있다. 강경애의 〈채전(菜田)〉은 "위선 문장이 치졸함이 눈에 띈다."는 말로 시작하고 있다. 내용도 설득할 만한 줄거리를 갖고 있지 못하다고 평한다. 이동구의 〈도향노동자〉는 "호개(好個)의 소재를 가지고서도 이씨에게는 그것을 요리할 힘이 없었다." 고 말하고 있다. 김유정의 〈총각과 맹꽁이〉에 대해서는 높은 평가를 내리고 있다. "일종의 경이이기조차 하였다. 그 간결한 수법이며 정확한 묘사는 이 작가에 범수(凡手)가 아님을 표백한다."고 말한다.

〈3월 창작평〉은 〈표현·묘사·묘사〉에서 썼던 말 "문예감상은 문장의 감상"이라는 말을 거듭 서두 소제목으로 붙이고 시작하고 있다. 지금까지의 평가들은 "거의 모두가 '형식'이나 '문장' 같은 것보다 '내용'이나 '이데올로기'에 대한 논란에 그 중심이 두어졌다."고 말하고, "예술이라는 것을 모르는 이만이 대담하게도 가질 수 있는 태도"라는 것이다. 시평인데도 불구하고 경어체로 쓰고 있다. 팔봉의 〈봄이 오기 전에〉, 석북진의 〈꽃 피였던 섬〉, 최독견의 〈약혼전후〉, 조벽암의 〈실직과 강아지〉, 이향파의 〈남의(南醫)〉, 박미강의 〈새우젓〉들을 다루었다.

〈봄이 오기 전〉은 팔봉이 아직도 KAPF의 영향 하에 있던 시기라서 구보가 이데올로기 소설로 색안경을 끼고 볼 만할 것이다. 그러나 이데올로기 소설은 아니라고 결론짓고 있다. 이 소설이 별반 감격을 주지 못하는 것은 "억양이 결여된 문장"이라고 한다. 이 소설은 3인칭 대신에 1인칭 소설로 쓰였더라면 좋았을 것이라고 충고한다. 〈꽃 피는 섬〉은 "지방어"가 풍부하게 쓰이고 있긴 하지만, "지방색을 나타내기 위하여 효과적으로 쓰여 있는 경우"에만 한한 것이지, 서술은 표준어로 써야 한다고 말하고 있다. 〈약혼전후〉는 유머 소설로 보고 "성공하였다고도 못하였다고도 할 수 없습니다."라고 말하고, 그 이유는 이 항목의 소제목, "통제를 잃은 재필(才筆)의 난보(亂步)"이기 때문이라는 것이다. 〈실직과 강아지〉는 "무시된 어감, 어신경(語神經)"이라는 말로 미묘한 어감 차이를 살리지 못한 소설이라고 단정하고 있다. 〈남의〉는 농촌을 잘 스케치하고 있으나 소설의 내용이 별로 없다고 지적하고 있다. 〈새우젓〉은 상식에 맞지 않은 서술이 있어 인생 공부를 더 하고 난 뒤에 소설을 쓰라고 권고하고 있다.

박태원이 소설 시평을 쓰면서도 작가가 쓰는 문장에 언제나 주목하고 있는 점을 볼 수 있다. "신춘작품을 중심으로 작가, 작품 개관"이란 부제가 붙은 〈문예시감〉(1935)에서도 작품을 제일 먼저 문장의 관점에서 보고 있는 것을 확인할 수 있다. 서두 2장을 작가들이 잘못 쓰고 있는 문장을 예로 들어 지적하고 있다. 이어서 유진오의 〈김강사와 T교수〉, 강경애의 〈모자〉, 엄흥섭의 〈악희〉, 〈순정〉, 박영준의 〈생홀아비〉 등에서 문맥이 맞지 않거나, 어색한 표현 등을 일일이 예로 들어 보이며, 그 잘못된 문장을 지적하고 있다. 그러나 김유정의 〈소낙비〉와 김시종(김동리)의 〈화랑의 후예〉에 대해서는 높은 평가를 내리고 있다. 두 작품 다 우리 문학사에 길이 남을 만한 작품들이란 점에서 그의 눈은 정확했다고 말할 수 있다. 이런 눈을 가졌기 때문에 그의 작품도 그 빛을 잃지 않고 전해지고 있는 것이며, 그를 연구하는 학자들도 많은 것이 사실이다.

V. 독후감

박태원은 자기가 마음에 드는 사람의 작품에 대한 독후감을 썼다. 〈춘원 선생의 근저 「애욕의 피안」〉(1937), 〈이광수 단편선〉(1938), 〈이태준의 단편집 「달밤」〉(1934), 〈우리는 부끄럽다-「남생이」〉(1938) 등이다.

〈애욕의 피안〉은 줄거리를 따라 인물들의 행위를 간략하게 설명하고 있다. 춘원은 문단의 선배로서뿐 아니라 그에게 작가가 되도록 이끌어 준 가히 정신적 스승이라고 할 수 있다. 춘원을 향한 무한한 존경심이 글 곳곳에 담겨 있는 것을 볼 수 있다.

> '혜련'의 관 앞에 김장로가 가슴을 치고 참회하는 대목은 「어둠의 힘」에서 '니키다'가 그의 모든 죄를 고백하는 장면을 방불하여 읽는 자로 하여금 옷깃을 바로잡게 하거니와 천하의 절승 금강산을 무대로 '혜련'과 '강선생' 두 사람의 지고지귀하게 발현되는 정신의 기록은 역시 거장의 영필(靈筆)이라 사람의 가슴을 때리는 자가 있다.

구보가 이와 같은 찬사를 보낸 경우는 극히 드물다.

〈이광수 단편선〉은 독후감을 쓰기 전에 "평자와 작자의 친소관계, 작품이 평자의 호상(好尙)에 맞고 안 맞는 것…… 우선 그러한 것만 보더라도 참말 공정한 비평이 있기 어려운 것이 아닐까."라고 말한다. 특히 그와 이광수 사이에서라면 독자들이 충분히 오해할 만하다고 보는 것이다. 그러나 그런 오해를 불식시킬 만큼 그의 눈은 정확하다. 〈단편선〉 중에서 특별히 〈무명〉에 대해서 그는 극찬을 아끼지 않고 있다. "이 〈단편선〉 중에는 실로 춘원 선생 일대의 명작 〈무명(無明)〉이 수록되어 있는 것이요, 〈무명〉은 실로 주옥같은 작품임에도 불구하고, 일부 평가에게 일찍이 부당하게 학대를 받은 일이 있는 까닭이다."라고 말하고 있다. "〈무명〉을 가지고 있는 이상, 외국 문단에 대하여도 구태여 과히 겸손할 필요가 없다."고 생각하는 것이다.

〈이태준 단편집 『달밤』을 읽고〉에서도 그는 최대의 찬사를 보내고 있다. "청탁도 받지 않은 글을 초하는 것은 오로지 거기서 내가 맛본 감격에 말미암은 것이다."라고 말하고는 있지만, 좋은 작품을 추천하는 취지로 쓰는 글이기 때문에 시평 때와는 사뭇 다르리라는 생각은 할 수 있다. 그러나 그런 것을 의식한 때문인지, "나는 내 자신의 작가적 양심을 가져, 이 주옥 같은 단편집을, 독자에게 추천한다. 이 책은 단 한 권이라도 더 팔리기를 바람은, 저자나 서점을 위해서가 아니라, 진실로 우리의 문학애호가를 위함으로써이다."라고 역설하고 있다.

〈우리는 한갓 부끄럽다―남생이 독후감〉은 신춘문예에 당선된 현덕의 〈남생이〉라는 작품에 대해서 언급한 것이다. 1930년대 중반에 신춘문예에 당선되어 나오는 작품들에 대하여 두려움을 갖고 있었다는 것을 고백하고 난 뒤에 이 〈남생이〉에 대해서도 "두려워하기보다 먼저 고개를 숙였다."고 말하고 있다. 김시종, 김유정, 정비석 등의 신춘문예의 작품을 경이로 바라보았다는 말을 한 뒤에 한 말이다.

VI. 인터뷰, 탐방 기사 및 기타

〈네 자신을 알라〉라는 제목의 글은 조광사 편집실의 부탁으로 감리교 총리원의 양주삼 목사를 찾아 가서 인터뷰한 것을 실은 것이다. 문예물 수필과는 다소 거리가 있지마는 구보가 쓴 글이니까 넓은 범위에서의 수필로 보고 살펴보기로 한다. 이 글은 총리사실로 찾아가 양목사를 만나기까지의 일을 자세히 기술하고 있다. 다른 글(수필이나 평문)과는 달리 매우 겸손한 어법을 쓰고 있다. 비슷한 연령의 문단인에게는 다소 조롱조이거나 함부로인 듯한 말씨를 거침없이 썼던 구보이지만, 다른 사회의 사람에게는, 특히 연배가 높은 분에게는 공대어와 겸양어법을 쓰고 있는 것을 볼 수 있다.

그러나, 지금부터 이래서는 안 되겠다 생각한 나는, 바로 이제 가장 대단한 말씀이나 선생에게 물을 듯싶게 혹은 경우에 따라 지극히 실례되는 말씀, 당돌한 말씀 그러한 것을 물어볼지도 모르나, 그러한 일이 있더라도 결코 허물하지 말아주십사— 미리 말씀 드렸던 것이나 그 즉시 나는 당황하여 하지 않으면 안 되었다.

연세가 어떻게 되는지, 자녀는 몇인지, 식사는 주로 어떻게 하는지, 주로 양복을 입고 지내는지 한복은 입고 지내는지, 부인과 나이 차이는 얼마나 되는지, 생활철학은 무엇인지 등을 물어보는 내용이다. 그러나 구보는 이 종교계의 높은 분에게 꼭 물어보고 싶은 것이 있었다는 것이다.

그야 물론 선생을 뵈옵고 꼭 여쭈어 보리라 마음먹은 것이 있기는 있었던 것이다.
대체 천국은 정말 가까워
왔는지 만약 그것이 사실이라면 아무리 바쁘더라도 나는 얼른 회개하여만 할 것이나 이러한 교활한 불신자도 능히 하나님의 용납하시는 바이 될는지, 나는 그것을 선생에게 배워야만 하겠다.

"나는 대체, 어떠한 실례되는 말씀을 여쭈어 보아야 선생의 기대에 어긋나지 않을 것인가—자못 걱정이었다."고 술회하고 난 뒤에 한 말인데, 여기서 우리는 구보의 기독교에 대한 태도를 짐작할 수 있다.
박태원은 동 시대의 문인들에게 몇 편의 편지와 추억담을 남겨놓고 있다. 제일 먼저 〈김동인씨에게〉라는 편지를 살펴보면 〈배따라기〉,〈목숨〉,〈감자〉 같은 좋은 작품을 쓴 분이 근년에 와서 왜 신문소설, 통속소설을 쓰느냐고 하는 정중한 항의가 담겨 있는 편지다. 물론 생활을 위해서 쓰는 줄을 알고 있지만, 발표한 '신문소설론'을 읽고 매우 실망했다는 내용이다.

김동인 선생,

'흉금을 열어'라는 방벽을 가져 당돌한 말씀을 한 것을 용서하여 주십시오. 그러나 현명하신 선생은 이 글 속에 소생의 선생에 대한 아끼고 존경하는 뜻을 알아주리라 믿습니다. 모든 들으시기에 괴로우신 말씀도 그곳에서 우러나온 것에 틀림없습니다.

—『조선중앙일보』, 1934

〈유정과 나〉는 박태원이 김유정과 교류하던 짧은 한 때를 더듬어 쓴 글이다. "그가 초면 인사를 할 때 그가 술 냄새 날 것을 두려워하야 모자 든 손으로 입을 거의 가리고 말하든" 기억이 난다고 술회하고 있다. 건강이 나쁜 데도 술을 좋아해서 자주 취해 있었던 일, 극도의 곤궁 속에 지내고 있는 유정의 형편 등을 말하고 있다. 〈고 유정군과 엽서〉 역시 그를 우연히 신문사 앞에서 만나고 난 뒤에 구보에게 엽서를 보내온 일과 그의 극도의 가난을 적은 글이다. 구보는 그 때 아내의 발병과 생활비 때문에 걱정을 하고 있었던 때라고 한다. 그 표정을 읽고 유정이 엽서를 보내온 것이다. "그러나 나의 요만한 '우울'이 유정의 마음을 그만치나 애달프게 하여 준 것은 나로서는 이를테면 한 개의 죄악이다." 라고 표현한 것은 구보의 독특한 문체적 표현이라고 할 수 있다.

〈이상(李箱)의 편모(片貌)〉는 이상이 죽고 난 뒤에 그와 생전에 가졌던 일을 회상하며 쓴 글이다. 이 글은 박태원의 소설, 〈애욕〉(조선일보, 1934)이나 〈보고(여성, 1936)〉와 함께 읽어보는 것이 좋을 듯하다. 소설은 이상을 모델로 하여 거의 실제와 같이 썼지만, 허구(虛構)가 얼마쯤은 들어있다고 할 수 있다. 〈이상의 편모〉는 이상의 생활을 가감 없이 쓴 글이다. 특히 주목되는 것은 〈조선중앙일보〉에 연재하였다가 독자나 문단으로부터 호되게 공격을 받았던 〈오감도〉와 얽힌 사건을 이태준과 더불어 주선 게재하게 한 본인의 기술이라는 점에서 흥미롭다. 이 글에서 나오는 "그들은 〈오감도〉를 정신이상자의 잠꼬대라 하고 그것을 게재하는 신문사를 욕하였다."고 한 말은 연구자들에게 자주 인용되는 말이다. 생전에 이상과 가장 가까웠던 친구로서 그의 이 글은 이상연구에도 귀중한 자료가 될 수 있다.

> 조선 문단이 이상을 잃은 것은 가히 애석하여 마땅한 일이나 그는 그렇게 계집을 사랑하고 벗을 사랑하고 또 문학을 사랑하였으면서도 그것의 절반도 제 몸을 사랑하지는 않았다.
> ― 『조광』, 1937

선의의 경쟁을 하고 있는 문단 친구이면서도 이상의 천재성을 인정하고 있는 글이다. 〈이상(李箱) 애사(哀詞)〉는 일종의 추도문이다. 이 글은 "여보, 상―" 하고 고 이상에게 직접 면전에서 말하듯이 쓴 글이다. 친한 박태원조차 이상이 불현듯 동경으로 떠나간 "참뜻"을 모르겠다고 말하고 있는 점은 주목할 만한 대목이다.

Ⅶ. 나오면서

이상에서 구보의 수필을 대체로 항목별로 살펴보았다. 구보 자신은 수필에 큰 무게를 두지 않았던 것으로 보인다. 소설 장르가 그의 주된 관심 거리였고 시에 대해서도 많이 쓰지는 않았지만 항상 관심은 두고 있었던 듯하다. 그러나 그의 수필을 살펴보면서 그의 언어 감각을 확인할 수 있었다. 다른 어떤 장르의 문학보다 수필은 작가의 체험이 중요한 바탕이 된다고 말하고 있다. 그의 문학을 이해하는 데 수필을 보지 않으면 그의 작품을 바르게 이해하였다고 말하기는 어렵다는 점을 말하고 싶다.

그의 수필을 읽으면서 그의 소설의 문체를 좀 더 세밀하게 관찰할 수 있을 것이라는 생각이 든다. "문예감상이란, (늘 하는 말이지만) 구경, 문장의 감상"이란 소신을 끝까지 지켰는지 어쨌는지는 확인할 수 없지만(월북 후의 그의 소신에 다소 변화가 있지 않았나 하는 생각도 들지만) 젊은 시절의 그의 문학은 이 소신에 추호의 변화도 없었다고 생각된다. 바로 그 때문에 우리는 1930년대의 문학만으로도 그를 높이 평가할 수 있는 것이다. 그는 확실히 우리 문학사에 한 획을 그어 놓은 작가임에는 틀림없다.

박태원 문학의 현재와 미래

경성 모더니즘과 공간적 역사
박태원의 외국문학 독서 체험과 '기교'의 탄생
전망의 부재와 구보의 소실(消失)
모더니즘과 도시
박태원 『삼국지』의 판본과 번역 연구
구보의 일상 생활과 자화상
박태원의 자화상 소설에 나타난 가족주의의 의의
박태원과 소설의 여성화
식민지 지식인의 민족적 열등감과 보복심리
박태원의 소설에 대한 몇 가지 주석
박태원 소설에 나타난 주체-타자 연구 II
박태원 소설의 수용을 통해서 본 문학장의 구조

경성 모더니즘과 공간적 역사

― 박태원의 「낙조」와 「최노인전 초록」을 중심으로

목 차

Ⅰ. '차포겸장'(車包兼將)의 위기: 남만주철도와 만주국 수립
Ⅱ. 동기화 장치로서의 인물: 최노인 삶의 재구성
Ⅲ. 공간적 역사와 경성 서부지역
Ⅳ. 공백으로서의 역사―'서대문 형무소' 에두르기
Ⅴ. 결론

권 은*

　식민지 시기 대표적인 모더니즘 작가 박태원은 월북 이후 북한 최고의 역사소설가로 자리매김 된다. 그의 작가적 관점의 이동, 곧 모더니즘 작가에서 역사소설가로의 이행 과정은 해방 후의 박태원의 행적만큼이나 미궁인 채로 남아있다. 그의 문학적 전체상을 제대로 파악하기 위해서는 이 두 장르 간의 상호 교차적인 이해가 선행되어야 한다. 다 아는 대로 소설은 현재를 과거의 어느 시기 못지않게 '역사적'으로 재현한다는 점에서 태생적으로 역사적인 특성을 갖는다.[1] 모든 소설 텍스트는 언제나 상황과 시간, 공간, 사회에 두루 연관된 존재 방식을 갖는다는 사실을 상기해야 한다.[2] 미학적 측면이 강조되는 모더니즘 문학 또한

---

* 한림대학교.
1) Jameson, Fredric, *Marxism and Form*, Princeton University Press, 1974, p. 350.

이에서 예외일 수 없다.

  본 논문은 이같은 논의의 연장선상에서 박태원의 1930년대 모더니즘 계열의 두 작품, 곧 「낙조」와 「최노인전 초록」을 '역사적 서사'의 관점으로 접근하고자 한다.3) 이 작품들은 최노인이라는 한 등장인물의 삶과 관련된 사적(私的) 차원의 이야기이지만 정작 식민 도시 경성이라는 한 특정 도시의 공간적 지표들에 의해 공적(公的) 차원으로 확대되는 이른바 '공간적 형식'(spatial form)의 작품들이다.4) 박태원의 작품들이 공간적 형식의 서사로 구축된다는 점은 그의 문학을 모더니즘으로 규정하는 데 중요한 요소가 된다. 이러한 특성은 박태원의 『갑오농민전쟁』 등과 같은 역사소설을 이해하는 데에도 필수적이다. 작품을 이해한다는 것은 곧 그것이 처한 내적 필연성, 존재 근거 등을 포착한다는 의미이다. 그것은 작가의 생산적 공식을 재구성하는 것을 뜻한다.5)

  '최노인'은 단순한 한 등장인물이라기보다는 역사적 시공간의 맥락을 구체화하기 위한 일종의 동기화 장치(motivation device)이며, 나아가

---

2) 빌 애쉬크로프트, 이석호 譯, 『포스트 콜로니얼 문학이론』, 민음사, 1996, 55쪽.

3) 이 두 작품에 대한 본격적인 논의는 거의 찾아볼 수 없고, 부분적 논의에서도 부정적인 평가가 대부분임을 알 수 있다. 김상태는 "당시의 상황을 비판하려는 강한 의식도 발견할 수 없"으며, "낙조라는 제목이 암시하듯이 한 노인의 쓸쓸한 만년을 느낄 뿐"이라고 평했다.(김상태, 『박태원(문학의 이해와감상 82)』, 건국대학교출판부, 1996, 55쪽) 정현숙은 「낙조」가 "최주사를 통해 근대화에 섣불리 동조한 어리석은 사람들의 무참한 희생을 환기"시키는 작품으로, "변화하는 시대에 심리적으로 격리된 노인의 소외의식"이 나타난다고 평가했다.(정현숙, 『박태원 문학연구』, 국학자료원, 1993, 139쪽) 한수영은 "박태원을 한 사람의 모더니스트로 인식하고자 할 때, 『낙조』와 같이 명백하게 상고 취향을 드러내는 소설들이 그의 소설의 전개과정에 삽입되는 경우, 그러한 모더니스트로서의 전일성은 난관에 봉착하게 된다"고 평했다.(한수영, 「'천변풍경'의 희극적 양식과 근대성 - 유우머 소설로서의 '천변풍경'」, 『박태원 소설연구』, 깊은샘, 1995, 352쪽)

4) Frank, Joseph, 'Spatial Form: Some Further Reflections', *Critical Inquiry*, Vol. 5, No. 2, 1978, p. 279

5) 피에르 부르디외, 하태환 譯, 『예술의 규칙(문학 장의 기원과 구조)』, 동문선, 1999, 395쪽.

'민족적 알레고리'로 기능하고 있다. 그를 통해 1890년대부터 1930년에 이르는 시간축 위에 경성 서부 지역이라는 하나의 공간축이 구축됨으로써, 일제의 만주 침략이라는 역사적 맥락이 텍스트 내부로 들어올 수 있기 때문이다. 서대문 형무소를 에두르며 배회하는 최노인의 동선을 통해 이 시기 역사적 사실 맥락이 공간적으로 환기되고, 그의 삶은 식민지 조선의 민족 전체의 차원으로 확대되게 된다. 공간적 역사는 '아직 완성되지 않은 지도'(unfinished maps)의 형태를 취한다.6) 이 지도는 도시 공간에 산재한 지표들에서 환기되는 기억의 편린들을 통해 재구성되어야 한다.

「최노인전 초록」은 소설 「낙조」와 깊은 친연 관계에 놓인다. 그리고 제목에서 알 수 있듯이 '초록'(抄錄)은 보다 완성된 형태의 심층 서사의 존재를 암시하며, '전(傳)'의 형식은 텍스트의 표층 서사를 순차적으로 재구성할 것을 요구한다.

이 두 작품은 모두 표층과 심층의 텍스트가 공존하는 이중 플롯의 형식을 취하고 있다. 이때 텍스트 상의 지표들은 표층과 심층 서사를 중층적으로 동시에 지시하는 특성(double-decker)을 갖는다.7) 연대기적 순서에 따라 재구성한 시간지표들을 텍스트 내 공간지표들과 관련지울 때, 부재의 형식으로 현존하는 심층 서사가 그 윤곽을 드러내게 된다.

I. '차포겸장'(車包兼將)의 위기: 남만주철도와 만주국 수립

「낙조」와 「최노인전 초록」은 근 5년의 시차를 두고, 각각 1933년 12

---

6) Paul Carter, 'Spatial History', *The Postcolonial Studies Reader(2nd Edition)*, Routledge, 2005, p. 334.
7) Cohn, Dorrit, *The Distinction of Fiction*, Johns Hopkins University Press, 2000, p. 14.

월과 1937년 7월에 발표된 작품들로 양자 간 친연관계에 있다. 두 작품에 다 같이 등장하는 주인공 최노인(최주사)은 동일인물로 보이며,[8] 그가 "누가 묻지도 않은 말을 반은 혼잣말로 중얼"거리며 자신의 "옛날얘기"를 들려준다는 서사적 틀의 설정도 일치한다. 그렇다고 해서 「최노인전 초록」이 전작 「낙조」의 부분 개작이라고 보기는 어렵고, 오히려 동일한 서사의 연장선에 위치하는 후일담에 가깝다고 할 수 있다. 왜냐하면 두 텍스트의 서사적 시간이 근 5년을 상거하여 역사적 시간(현실)과 각각 병행·일치하고 있기 때문이다. 따라서 이 두 작품들이 시기별로 각각의 역사적 맥락에 밀착해 쓰여졌음을 알 수 있다.

「낙조」는 반복적으로 '만주'를 언급함으로써 일본의 만주 침략 사실을 환기시킨다.[9]

> (A) 석간(夕刊)이 배달된 뒤 두 시간.
> '호외(號外)'다.
> <u>만주에 또 무슨 일이나 생긴 것일까?</u>
> 그러나 그러한 것은 아무렇든 좋은 일일지도 모른다.
> 약국 뒷방에서는 늙은이와 젊은이가 지금 마주앉아 바둑을 두고 있었으니까.(낙: 21쪽)

> (B) "흥! 며칠 전에 또 봉천인가 어딘가 갔다 왔다던가? 누구냐구? 내 딸 말이지 누구요…… 철도국에를 다니는 사람의 가족들은 기차를 거저

---

8) 두 작품에서 최노인은 동일하게 '경오생'으로 나오는데, 「낙조」에는 "예순넷", 「최노인전 초록」에는 "예순아홉"이라는 설명이 나온다.
9) 이 시기 박태원은 '만주'에 상당한 관심을 기울이고 있었던 것으로 보인다. 「낙조」와 「최노인전 초록」의 사이에 발표된 다른 작품들에서도 '만주'가 반복적으로 언급되고 있기 때문이다. "만주 벌판이 어떤 데라구, 어림없이 들어가 가지구…… 설혹 죽지 않었더래두 제가 성공은 못했지…… 만약 성공을 했다면, 여태 아무 소식이 없을 리 있나?"(「골목 안」, 355쪽), "향이가 네 살이나 그밖에 안 되었을 때, 어떤 노는 계집과 손을 맞잡고, 만주(滿洲)라든가 어디라든가로 도망 간 아버지는, 그 뒤, 영영 소식을 끊었고,"(「길은 어둡고」, 204쪽)

탄닌다. 그래 그 애두 걸핏하면 <u>안동현이니 봉천이니 갔다 오지요</u>. 치
맛감이라 저고릿감이라 비단두 사오구…… 그야 그냥 그대루 가주 나
오면이야 아암, 세관 물지. 그래 거기 어디 아는 사람 집에서 치마저고
리를 맨들어 겹쳐 입구 나오기두 하구…… 언젠가는 허다못해 고추를
다 사러 들어갔었구려, 흥!"(낙: 42쪽)

(C) 그러나 저편 구석에 앉아 술은 잘 안 먹고 안주만 골고루 찾아 먹던
젊은이가 젓가락을 그냥 손에 든 채 <u>만주국 이야기를 꺼냈을 때, 최주
사는 귀가 번쩍 띄는 듯이 부리나케 몸을 고쳐 앉고 그의 독특한 시국
담(時局談)까지를 시험하다가</u> 흐지부지 횡설수설이 되더니 이번엔 정
말 모로 비스듬히 쓰러진다.(낙: 85쪽)

예시된 글 (A), (B), (C)와 같이 「낙조」에는 만주와 관련된 단편적인
언급들이 세 번 등장한다. (A)는 서술자의 발화로 제시된다. 석간이 나
온 지 두 시간만에 호외(號外)로 전달되었다는 점에서 무엇인가 중대한
사건이 만주에 발생했음을 암시한다. 또한 "또"라는 반복의 의미를 통
해 이 사건이 만주와 관련된 일련의 사건들의 연장선상에 놓여 있음을
알게 한다.

(B)는 최노인이 큰 딸 내외를 "욕"하는 장면이다. 큰 사위는 "철도국
직공"으로, 딸과 사위는 기차를 타고 만주국의 안동현(安東縣)과 봉천
(奉天) 등지로 자유롭게 오고간다. 만주국은 1932년 3월에 세워졌다. 그
렇지만 이미 작품 속에서 조선과 만주국은 철로로 연결되어 하나의 네
트워크로 연결되어 있음을 알 수 있다. 이 철도망을 통해 만주에서 일
어나는 사건들이 실시간으로 조선에 전달된다. 또한 큰 딸 내외가 값싼
물건을 구입하려고 "걸핏하면" 만주를 찾는다는 내용으로 미루어 만주
가 이미 반식민지 상태로 전락해 있었음을 알 수 있다.

(C)는 최노인이 술이 취한 상태에서도 어떤 젊은이가 '만주국'에 관
해 언급을 하자, "귀가 번쩍 띄는 듯이" 몸을 고쳐 앉아 그 이야기를 들

는다는 대목이다. 「낙조」는 이와 같이 동시대 최대의 역사적 사건인 '만주사변', '만주국 수립' 등을 되풀이해 환기시키지만, 정작 그것을 서사의 중심에 끌어들이지는 않고 있다.

'만주'에 대해 처음 언급할 때, 서술자(A)는 "그러한 것은 아무렇든 좋은 일일지도 모른다"고 말한다. '~일지도 모른다'라는 유보적인 표현은 박태원이 즐겨 사용하던 것으로,[10] 표면적으로는 부정의 형태를 취하지만 실질적 판단은 독자의 몫으로 돌리는 일종의 '거짓 부정'(denegation)이다. 이것은 무엇에 대해 말하면서도 '그것에 대해 말하지 않는 것처럼' 표현하는 방식이다.[11] 곧 실체적 진실에 대해 알게 하는 것을 거부하면서 동시에 알도록 해주는 셈이다. 피식민지 작가는 검열을 피해 "순진무구하게 보이는 위장" 뒤에 숨어야 한다.[12] 이 문장에 이어지는 '바둑' 장면은 이러한 '거짓 부정'의 특성을 보다 극명하게 보여준다.

"이건 늙은이를 너무 능멸히 여기는 게지. 남의 집을 막 들어와?"
"무슨 문제가 생길 듯해서 들어갔죠."
(···중략···)
"아 이건 너무 늙은이를 능멸히 여기는구려. 호구(虎口)로 들어와?"
"호구라고 못 들어갈 것 있습니까?"
"때리면 그만인데 못 들어갈 것이 있느냐?"
"때립쇼그려."
"때리지."
"그때에 여기를 벌떡 서거든요."
"그럼 소용 있나? 이러면 그만이지······ 뭣? 그러면 때린다? 아차, 거길 내가 못 놓는구나, 쩻쩻, 그럼 죽었게?"

---

10) "사실 나는 비겁하였을지도 모른다."(「소설가 구보씨의 일일」, 137쪽), "참말 행복은, 그러나 지금 이 동리에서는 한약국집 젊은 며느리에게 밖에는 없을지도 모른다."(『천변풍경』, 208쪽)와 같은 표현이 있다.
11) 피에르 부르디외, 위의 책, 1999, 19쪽.
12) 칼 쇼르스케, 김병화 譯, 『세기말 비엔나』, 생각의 나무, 2007, 260쪽.

"죽지는 않죠. 서로 못 들어가니까…… 비겼죠."
"그럼 내가 졌게? 그래 내가 미쳤지 그걸 비겨 놓는 바둑이 어디 있담, 쩻쩻쩻쩻……."(낙: 21-22쪽)

바둑의 기원(起源)이 전쟁이었음을 상고할 때, 최노인과 젊은이의 바둑 대결 국면이 '만주사변'에 대한 은유적 설정임을 짐작할 수 있다. 젊은이의 공격을 최노인이 방어하는 상황 설정 또한 최노인이 피침략국 '만주'의 시각을, 젊은이가 침략국 '일본'의 시각을 각각 은유한다고 할 수 있다. 작가의 『미녀도』(1939)에도 "만주라면 (……) 호옥 어찌 아실지 모르겠습니다마는, 조선이나 다름 없으니까요"13)라는 표현이 등장할 정도로, 당시 만주는 중국의 땅이자 조선의 땅이었다. 안창호 등은 그곳 만주에 경제적 자립과 함께 독립투쟁이 가능한 '이상촌'을 건설하려 했다. 만주사변이 이러한 민족적 열망과 노력을 모두 수포로 돌렸다. 장기판 용어인 "차포겸장"(車包兼將)이라는 표현도 반복해 등장한다. 장기역시도 전쟁에서 기원한 놀이다. 소설에서 쓰인 차포겸장은 철도를 상징하는 '차'(車)와 관동군의 군사력을 상징하는 '포'(包)가 결합된 표현으로 일제의 알레고리가 된다. 만철 총재와 일본 외상을 지낸 마츠오카(松岡洋右)의 언급대로 "만주사변은 관동군과 만철이 공동으로 일으킨 것"이었다.14) 중국 대륙 침략의 선봉에 선 관동군이 애초에는 관동주와 남만주 철도의 경비를 위해 배치된 군대였다는 사실이15) 이러한 불가분적 성격을 잘 말해준다. '만주'를 사이에 둔 일제와 항일무장세력 간의 충돌은 1932년을 기해 본격화되기 시작했다.16) 마치 바둑판 위의 대

---

13) 박태원, 「미녀도」 2회, 『조광』, 1939. 8, 73쪽.
14) 곽홍무, 「만철과 만주사변-9·18사변」, 『아시아문화』 제19호, 2003, 57쪽.
15) 이군호, 「일본의 중국 및 만주침략과 남만주철도: 만주사변(1931) 이전까지를 중심으로」, 『평화연구』 제12호, 2004, 158쪽.
16) 신주백, 「박람회: 과시·선전·계몽·소비의 체험공간」, 『역사비평』 통권 67호, 2004, 337쪽.

결구도처럼 전운이 고조되기 시작한 것이다.
 만주는 조선의 6배에 해당하는 광대한 지역(약 120만km)으로 각종 지하자원이 풍부하게 매장되어 있고 지정학적으로도 일제의 대륙 진출의 교두보 역할을 담당하고 있었다.17) 역시 바둑 용어인 "호구"(虎口)는 상대방 바둑돌 석 점이 주위를 둘러싸고 있는 상황을 의미한다. 일반적으로 호구에는 바둑돌을 놓을 수 없지만, 이 점을 놓음으로써 상대방의 진을 완전히 포위하게 되는 경우에는 거기에다 놓고 상대편의 돌을 들어낼 수 있다.18) 이처럼 일제는 '호구'와 같은 형세의 만주를 장악함으로써, 중국과의 대력에서 주도권을 차지하게 된다. 만철, 즉 만주철도는 만주침략 수행의 가장 근간이 되는 수단이었다. 「최노인전 초록」의 최노인의 언급 속에서도 일본의 철도가 지속적으로 팽창해 왔음을 알 수 있다.

> 관비유학생으루 뽑힌 사람이 도합 백여명인데, 박영효에게 인솔 받아 서울을 떠날 때가 장관이었읍닌다. 시방같으면야, 뭐어, 노좀이니, 힛가리니 허구, 급행차가 있는 세상이라, 타기만 하면 그대루 뚜루루 부산까지 데려다 주구 게서 배타면 그만인게지만, 그때루말허면 경부선은 이를것두없구 경인선두, 개통 안됐을 때니, 천생 제물포까지 걸어가야만 헐 백게……. (최: 141쪽)

 경부선(1905)과 경의선(1906)을 개설한 일본은 조선과 만주를 하나의 철도망으로 통합하려 했다. 한·만철도의 일원화론은 러일전쟁 직후, 그러니까 만주철도를 일본이 확보한 직후부터 등장했다.19) 실제로 조선총독부 철도국과 남만주철도 주식회사 사이에 〈국유조선철도위탁계약〉(1917)이 맺어져, 한국철도는 만철에 의해 경영되게 되었다. 철도의 통합은 곧 경제권의 통합을 의미하는 것이기도 했다. 모더니즘 문학이

---

17) 이군호, 앞의 글, 166쪽.
18) 주강현, 『북한 학자가 쓴 조선의 민속놀이』, 푸른숲, 1999, 247쪽.
19) 이군호, 앞의 글, 163쪽.

"경제적이면서도 정치적인 현대화의 물자를 바탕으로 형성"되었다는 점을 상기할 때,[20] 박태원의 모더니즘 문학 역시도 일제의 철도 확장이라는 역사적 맥락과 무관하지 않다.[21]

일본은 만주와 몽고 지역을 직접 영유하려던 당초의 계획을 변경하여 괴뢰국가인 '만주국'을 세운 뒤 더 이상 전쟁을 확대하지 않겠다고 발표한다. 바둑을 두던 젊은이가 "서로 못 들어가니까······ 비겼죠"라고 말하는 대목은 이와 같은 역사적인 정황에 대한 우회적인 표현이라 할 수 있다. 이와 같이 「낙조」는 최노인의 일상적인 삶의 이야기를 표층의 서사로, 그리고 일제의 침탈에 대한 비판을 심층에 담지하는 '이중 플롯'(double plot)의 구조임을 알 수 있다.

II. 동기화 장치로서의 인물: 최노인 삶의 재구성

「낙조」는 총 4장으로 구성되는데, 앞의 두 장은 시간지표에, 뒤의 두 장은 공간지표에 의해 짜여져 있다. 우선 시간지표에 관해 살펴보기로 한다. 최노인은 '경오년'(庚午年), 즉 1870년생이다. 텍스트 내 무수한 시간지표들은 최노인의 출생년도를 기준으로 어느 정도 재배열될 수 있다.[22] 최노인의 삶에는 "기꺼운 일도 즐거운 일도 슬픈 일도 언짢은 일도 그리고 부끄러운 일도 망측한 일도 참말 별별 일"들이 다 일어났던 것이다. 그는 "을미년이니까 지금부터 치자면 서른아홉 해 전"에 최

---

20) 마샬 버만, 윤호병·이만식 譯, 『현대성의 경험』, 현대미학사, 2004, 345쪽.
21) 『천변풍경』에는 "삼남지방의 수해와 전선 몇 군데의 일시적 철도불통이 얼마동안 신문의 사회면을 가장 중요하게 점령하고 있었다"(192쪽)라는 대목이 등장하기도 한다.
22) 식민지 아일랜드의 시인 예이츠(W. B. Yeats)도 이와 비슷한 기법을 취한 바 있다. 그의 「Among School Children」에서는 'sixty year old smiling public man'라는 표현을 통해, 시의 시간적 배경이 1926년 2월임이 암시된다. 이를 통해 시인 자신의 사적인 체험은 민족 전체의 공적 영역으로 나아가게 된다. Edward W. Said, 'Yeats and Decolonization', *Nationalism, Colonialism, and Literature*, University of Minnesota Press, 1990, pp. 91-92.

초의 관비동경유학생으로 선발되어 일본으로 건너갔으나, 그해 일어난 "을미정변"(1895)으로 곧바로 귀국하게 되었다. 을미년을 전후하여 "경무청에 다닌 게 도합 십구 년⋯⋯ 경성 감옥 간수가 일 년⋯⋯ 노돌 숫사쓰가카리가 이 년⋯⋯", 나무시장 표사무를 "삼 년"정도 하고 그만 두었다. 그 이후 현재까지 그는 '매약행상'을 하면서 살아가고 있다.

여기서 주목할 것은 그가 오랜 시간 동안 순사와 감옥의 간수로 공직생활을 지냈다는 사실이다. 우리 근대 소설에서 '순사'를 경험한 사람들이 중심인물로 등장하는 것은 매우 예외적이다. 중심인물로서의 순사는 식민지 시기 소설에서 재현이 어려웠던 대표적인 대상이었으며, '순사'가 등장할 경우에 대체로 텍스트 심층에 '거대 사건'이 암시되고 있다. 예컨대 채만식의「순공있는 일요일」은 '최노인'과 마찬가지로 전직 '순사'였던 정문오 선생의 이야기이며, 작품의 심층에 '3·1 운동'이라는 '거대 사건'이 암시되고 있다.[23] 또한 시간지표들이 정문오의 생애를 중심으로 재구성될 수 있다는 점 등에서「낙조」와 유사한 구성을 취하고 있다. 정문오가 순사를 그만두게 된 계기가 '3·1 운동'이었듯이,「낙조」의 최노인 경우에도 순사와 감옥의 간수를 그만두게 된 결정적인 계기가 따로 있을 개연성이 매우 높다.

　　젊었을 때는──그러나 그가 사십줄에 들었을 때까지만 해도 아직도 아직도 젊었을 때다──그래도 꿈이 있었다.
　　희망이라는 것이 있었다.
　　그는 '나무시장 표사무'를 보고 있을 때에도 설마 자기가 그걸로 늙어 죽으리라고는 생각하지 않았었다.
　　과연 그는 그것을 삼 년 동안 하였을 따름으로 그만두어 버렸다.
　　그리고 그는 약가방을 들고 다니었다.
　　그러나 이제 최주사에게는 꿈이 없었다.

---

[23] 보다 자세한 논의는 권은의「근대소설과 '순사'」,『현대소설학회』제35회 학술대회 발표집, 2009, 참조할 것.

희망이 없었다.(낙: 61쪽)

　최노인이 "사십줄"에 접어든 것은 한일합방이 일어난 1910년이었다. 그러니까 그는 '한일합방'을 전후로 하여 '꿈'과 '희망'을 잃어버린 것이 된다. 그 시기에 공직에서 물러나 잡다한 직업을 전전한 끝에 '매약행상'이 되었다고 할 수 있다. 1910년을 기점으로 그의 삶을 재구성해 보면, 그는 20살을 전후해 순사직에 투신했고, 한일합방 시점 전후로 순사와 간수 생활을 접고 여타 직업을 전전한 것으로 볼 수 있다. 최노인이 20여년 가까이 순사와 간수를 지냈다는 설정은 그가 식민지 경성에서 발생한 수많은 시국 사건들에 투입・연루되었을 가능성을 높여준다.
　더욱이 그는 최초의 관비동경유학생이었기에, 저명한 "사회적 인물"들과 직접적인 친분이 있는 것으로 암시되고 있다.[24] "세상에 흔하디 흔한 그러한, 약장수거니-하여, 별 흥미를 느끼지 잃는 모양이나, 한번 알고 보면, 분명히 (……) 신기하게 놀라고 말 것이, 이 최노인은 정녕한 한국시대 관비유학생의 한명이었던 것"이다. 「낙조」와 「최노인전 초록」에는 박영효, 후쿠자와 유키치(福澤諭吉), 고영희, 윤치호, 이상재, 위안스카이(袁世凱) 등 당시 "사회적 인물"들의 실명이 언급되고 있고, 중심인물 최노인이 이들과 대부분 친분을 쌓고 지냈다는 사실로 미루어 최노인의 시국사건 연루 가능성이 높아진다. 이들 실명으로 거론되는 인물들은 대부분 '독립협회'와 밀접한 관련을 맺은 개화파 인사들이었다. 최노인이 서대문 형무소와 독립문 사이를 매일같이 오고간다는 점, 그의 절친한 친구 윤수경이 '독립관'[25]에서 장사를 했다는 점 등에서 최

---

24) 의견이 다소 분분하지만, 제1회 관비동경유학생에는 이광수, 유치형(유진오 부친), 안국선, 김익남(콜레라균 배양에 성공한 최초의 조선인 의사) 등이 포함된 것으로 추정된다. 최초의 관비유학생들은 1895년에 192명이 파견되었는데, 최노인이 머물렀던 '경응의숙'에는 162명이 머물렀던 것으로 보인다. 박인화, 「구한말 도일관비 유학생에 관한 고찰」, 『녹우회보』 24집, 1982, 89쪽.
25) 작품 속에서는 '모화관'으로 언급되어 있으나, 당시에는 이미 '독립관'으로 명칭이

노인의 '독립협회' 인사들과의 밀접한 관련성을 짐작할 수 있다.

"수많은 청년들 속에서 특히 선발되어, 관비로 일본에까지 보냄을 받은" 관비유학생 출신 최노인이 "어떻게 된 노릇인지" 모든 관직을 버린 채 매약행상으로 떠돌고 있다는 설정에 주목할 필요가 있다. 더욱이 그는 친분 있던 유명인사들과 "격세지감"을 느끼는 나머지 그들과는 "상종"할 수 없다고 말하고 있다.

"매양 사람들끼리 사귀는 게 별수없습닌다. 똑 저울질하는 거와 매한가지니까…… 저울이 핑핑해야만 사괴두 어울리는 거지 한편이 기울면 안 되죠. 보시구려. 가령 한편이 재산이 있으면 한편은 지위가 높다든지…… 한편이 지위가 높다면 또 한편은 학식이 유여하다든지…… 똑 그래야만 되는 거지, 이건 돈두 없구 지위두 없구 그렇다구 학문조차 없는 내가 김○○와 교제를 하면 교제가 되겠소? 어림두 없는 소리지……."(낙: 36쪽)

"아, 누가? 내가? 내가 그 사람들허구 상종을 헌다? …… 온, 어림두 없는 말…… 여보, 사람이 서루 상종을 헌다는 게, 그게 그렇습니다. 둘이 다 아, 권세가 있으면 권세가 있다든지, 부자면 부자라든지, 그렇지 않으면 한편은 돈이 있구 또 한편은 지위가 당당허다든지……어떻게 그렇게 서루 저울질을 해서 저울대가 핑핑해야만 상종이 되는 게지, 한편이 무엇으루든 너무 기울고 본즉슨 상대가 안된단 말이야, 가만히 두구 보구료. 세상형편이 꼭 그렇습니다."(최: 146쪽)

그는 친분이 있는 '김○○'를 "따―다인"이라고 칭한다. 그리고 "원세개(袁世凱)를 원다인이라구 그랬으니까…… 따―인이라면 아주 다인이란 말"이라고 첨언한다. 잘 아는 대로 위안스카이(袁世凱)는 중국의 황제가 되려는 야심에서 1915년 5월 일본의 〈21개조 요구〉를 받아들였으며, 황제추대운동을 전개시켜 1916년 1월 스스로 황제라 선언한 인물

변경된 이후이다.

이다. 말하자면 그는 개인적 욕심에서 나라를 판 중국의 대표적 친일인사였다. 또한 1885년 10월에 '주차조선총리교섭통상사의'(駐箚朝鮮總理交涉通商事宜)라는 직책으로 조선에 부임하여 약 10년간 '조선의 왕'에 버금가는 권력을 휘두른 인물이기도 했다.

최노인이 "따―다인"과는 교제할 수 없다고 말하는 것은 이러한 친일인사 또는 외세 유착세력과는 상종할 수 없다는 뜻을 우회적으로 표한 것으로 해석할 수 있다. 젊어서 최노인이 관비유학생으로 동경으로 떠날 때 만난 인물이 박영효이다. 박영효 등이 일으킨 '갑신정변'은 위안스카이의 군대에 제압당했고, 그는 일본 망명길에 오르지만, 그렇대서 최노인이 그를 동조하는 것도 아니다.

"당시 내무대신이 지금 후작 박영효였느니…… 관비 동경 유학생을 뽑는데 지원자가 천여 명이라…….";(낙: 27쪽)

최노인은 한때 대한제국의 "내무대신"이던 박영효가 지금은 일본제국의 "후작"이 되었음을 상기하고 있다. 그는 사람들의 "칭호로부터 동리 이름에 이르기까지" "당시와 지금이 다르다"는 사실을 기억하는 몇 안 되는 인물이다. 최노인의 이야기를 듣는 대부분의 젊은이들은 "그 당시에는 세상에 태어날 꿈도 안 꾸었던" 사람들이기 때문이다. 그러면서 그는 "당시 유학생들이 나뿐 아니라 모두가 인물은 없었"다고 평한다. 그 중 그가 유독 "용양지총(龍陽之寵)"의 사이였다며 긍정적으로 평가하는 사람이 윤수경이라는 인물이다. 그는 최노인과는 동년생으로 '모화관' 근처에서 싸전을 하다가 "십오륙년전"에 "광주인가 어디루" 갑작스레 낙향한 후, 얼마 전에 상경하여 지금은 "자하굴"에서 살고 있다. 최노인이 그에게 "돈 오 전 빚진 채 이때까지 갚을 기회를 갖지 못하였던 사실"은, 당시 윤수경이 준비없이 급하게 낙향했음을 암시한다. "십오륙년전"이라는 시간지표는 '3·1 운동' 전후의 시기를 가리키는 바, 그의 낙향이 '3·1 운동'과 관련되어 생겼던 일로 볼 수 있다. 그리고 갑자기 찾아온 그의 죽음에 최노인이 깊은 슬픔을 느끼는 것도 같은 맥락으로 해석될 수 있다.

「낙조」와 달리 「최노인전 초록」에 윤치호와 이상재가 새롭게 언급되고 있는 점 또한 주목할 필요가 있다. 이 작품의 결말은 다음과 같이 마무리되고 있다.

> "근대에 사회적 인물로는 내가 월남 이상재 선생을 추앙하였읍늰다. 월남선생 돌아가셨을 때는 내가 영구를 뫼시구 남문 밖까지 따라 갔었으니까……, 월남 선생 돌아가신 후의 인물로는 윤치호 선생인데, 그분 돌아가시면 내 또 영구 따라 나서야지."
> 하고, 그것도 한두번이 아니다.(최: 152쪽)

「최노인전 초록」에서 최노인이 회고하는 두 사람, 곧 윤치호와 이상재는 실제로 YMCA와 독립협회 등을 같이 이끈 평생의 동지였다. 그러나 역사적으로 이 둘에 대한 평가는 극명하게 엇갈린다. 1927년 3월 30일자 윤치호의 일기는, "어젯밤 11시 30분쯤 이상재 선생이 기어코 세상을 떠나고 말았다. 선생의 죽음으로 조선은 위대한 인물을 잃었다"고 적고 있다.26) 그러나 '3·1 운동'을 이끈 이상재와 달리 윤치호는 '3·1 운동'을 공개적으로 반대했으며 동참하지도 않았다. 나아가 그는 "이 순진한 젊은이들이 애국심이라는 미명하에 불을 보듯 뻔한 위험 속으로 달려드는 모습을 보면서 눈물이 핑 돌았다"는 기록도 남기고 있다.

이상재와 윤치호에 관한 최노인의 언급은 동일한 표지로 보이지만, 전혀 다른 방식으로 재표지화된다. 당시에 이상재는 이미 죽었지만 윤치호는 생존해 있었다. 그런데 이미 "한 발을 관(棺) 속에 집어넣고 있는" 최노인이 "그래도 윤치호옹보다는 좀더 오래 살 것을 은근히 계획

---

26) 윤치호, 『윤치호 일기(1916~1943)』, 김상태 편, 역사비평사, 2001, 596쪽.

하고 있는 것"이다. 따라서 "살 만큼 살기두 했으니 어서 죽어야지"라는 최노인의 언급은 자신을 향한 것인 동시에, 아직 살아있는 '친일파' 윤치호에 향하는 것이기도 하다.

III. 공간적 역사와 경성 서부지역

최노인의 삶을 시간지표들로 재구성했을 때 그것 자체로 역사화 되는 것은 아니다. 그것은 공간지표와의 접맥으로 비로소 온전한 역사적 의미를 획득할 수 있다. 그러므로 '동기화 장치'로서의 최노인은 경성의 공간지표들을 환기하는 일종의 '산책자'가 되어야 한다. 그러나 이른바 제국 모더니즘 문학의 보들레르식의 '산책자'는 경성의 도시 공간에서는 굴절되고 변형될 수밖에 없다. 이곳에서 최노인은 산책자가 아니라 '매약행상'으로 떠돌 수밖에 없는 것이다. 식민 도시 경성의 서부지역은 애초부터 '산책'과는 어울리지 않는 '정치적' 공간인 것이다.[27]

박태원의 「소설가 구보씨의 일일」과 『천변풍경』이 각각 경성 시가지와 청계천을 중심으로 한 서민들의 삶을, 그리고 『금은탑』이 앵정정(櫻井町)을 중심으로 한 남촌의 풍경을 중점적으로 재현했다면, 「낙조」에서는 경성 서부지역을 중점적으로 재현하고 있다. 이 지역은 식민 도시 경성의 성격이 가장 가시적으로 드러나는 '정치적' 공간이다. 서대문 형무소와 독립협회, 독립관, 용산역 등이 밀집해 있는 구역이기 때문이다. 이 구역을 근거지 삼아 매약행상을 하는 최노인의 동선이 곧 소설

---

27) 엔다 더피는 『율리시즈』의 배경인 식민도시 더블린에서 산책자가 된다는 것은 서구 제국의 여느 대도시에서와는 다른 의미를 갖게 된다고 주장했다. 레오폴드 블룸과 같은 더블린의 산책자는 식민 도시에 현재 거주하는 사람들이 알아차리지 못하는 도시 미궁에 대한 비밀스런 지식(secret knowledge)을 드러내는 역할을 담당한다. Enda Duffy, 'Disappearing Dublin: Ulysees, postcoloniality and the politics of space', *Semicolonial Joyce*, Cambridge University Press, 2000, p. 48.

「낙조」의 뼈대를 이룬다.

최노인은 큰 딸에게 데릴사위를 얻어주어 아내와 함께 살아왔다. 그러나 그가 아내와 사별한 후, 큰 딸 내외에게 집을 넘겨주고 단골 약방을 거처 삼아 매약행상을 하며 하루하루를 살아간다는 서사는 다분히 알레고리적이다.[28] 최노인은 "종로 양약국"을 거처 삼아 지내면서 "경성 시내 시외 수십 처의 단골 술집"을 돌아다닌다. 그런데 특이하게도 "작년 겨울"부터 최노인은 서대문 근처의 구둣방에 약가방을 맡겨 두고 그 일대로만 매약행상을 다니기 시작한다.

> 최주사는 오던 길을 되돌아 감영 앞으로 간다.
> <u>최주사는 웬일인지 작년 겨울부터 그의 약가방을 이 구둣방에다 맡기고 다녔다.</u>
> 아침에 그리 가서 찾아 가지고 한바퀴 휘돈 다음에 돌아오는 길에는 또 으레 그것을 그 집에 맡겨 두었다.
> <u>그 까닭은 아무도 몰랐다.</u>(낙: 56쪽)

근래에 들어 최노인은 서대문을 중심으로 북쪽과 서쪽으로 하루씩 번갈아가면서 "매일 사오십 리씩" 돌아다니고, 일을 마치면 다시 서대문으로 되돌아온다. 그의 경로는 다음과 같다.

북쪽: 서대문-무학재-홍제-외리-녹번-구파발
서쪽: 서대문-동막-양화도-염창-영등포

소설「낙조」에서 서술자의 과도한 개입이 여러 차례 눈에 띈다.

---

[28] 자신에게 "가장 관심을 가지고 돌보아 주던 자기 마나님의 상실(喪失)은 최주사에게 물질적으로 정신적으로 타격"을 주었다라는 묘사는, 명성황후의 시해에 대한 알레고리다. 최노인이 자신과 동일시하여 연민을 느끼게 되는 "순(純) 조선 종자의 순하고 어수룩하게 생긴 그 개"도 주변의 열강에게 박해받는 조선에 대한 알레고리에 해당한다.

이 노인에게 흥미를 느끼고 있는 나는──그러나 이 '나는' 하고 말하는 것을 최주사 앞에서는 삼가야 한다. 누구든 그의 앞에서 '나는'이라든지 '내가'라든지 하고 말한다면 이 노인은 장난꾼 같은 웃음을 띠는 일도 없이, "나는 수야(誰也)오?" 하고 타박을 준다. 까닭에 나도 독자들이 최주사의 버릇을 본뜨기 전에 '이 이야기의 작자(作者)인 나는' 하고 주석을 붙이기로 한다──내일 이 노인을 따라서 동막으로 해서 양화도로 해서 염창을 들르려면 들러서 영등포로 돌아 들어올 작정이다.(낙: 52쪽)

인용한 대목에서 "이 이야기의 작자"인 서술자 "나"가 등장한다. 서술자는 자신이 최노인을 따라 '서쪽'으로 이동할 것이라고 예고한다. 서술자의 과도한 개입은 소설의 '사실적' 환영 효과를 깨트림으로써 독자가 소설에 몰입하는 것을 방해한다. 이러한 부담을 감수하면서까지 서술자는 독자들에게 텍스트 자체의 이야기에서 일정한 거리를 유지할 것을 요구한다. 말하자면, 향후 전개될 공간적 이동 경로를 소설 차원이 아니라 역사적 차원에서 독해할 것을 요구하고 있는 것이다. 최노인이 이동하는 공간이 '매약'을 하기에는 전혀 어울리지 않는 공간이라는 사실에 주목해야 한다. 그의 이동 경로에는 "부자연한 무엇이 섞여" 있다. 이 공간은 최노인이 20여년을 몸담아 왔던 '경찰서'와 '감옥'으로 둘러싸인 공간이다. 박태원은 「모화관 잡필─죄인과 상여」라는 수필에서 이 지역을 다음과 같이 묘사하고 있다.

<u>하로에도 몇 차례씩 형리들은 죄인의 손을 얽고 몸을 묶어 이곳을 안동(按洞)하여 왔고 또 한결같이 붉은옷을 입은 전중이들은 개인 날 밭에 나와 부지런히 일들을 하였으므로 이 동리의 어린이들은 쉽사리 그것을 볼 수 있었고 본 것은 흉내내는 것이 또한 재미있는 노릇이어서 그래 그들은 곧잘 순검이 된 한 아이가 새끼나 빨랫줄 등속으로 죄수가 된 몇 아이들을 잔뜩 묶어 가지고는 골목 안을 돌아다니는 그러한 형식의 작난을 하며 서로들 매우 만족한 듯싶다.(……) 골목을 나서 큰 길에는 죄수를 실은 것말고 또 시체를 담은 금빛 자동차가 하로에도 몇 번이나 무학재 고개를 넘나</u>

들었다. 대개 고개 너머 홍제원에 화장터가 있는 그 까닭이다.29)

최노인이 이동하는 경로의 북쪽에는 '상여'가, 서쪽에는 '죄인'이 있는 셈이다. 이처럼 죽음과 억압의 그림자가 드리워진 공간을 최노인은 "작년 겨울" 이후 매일같이 오고가는 것이다. 최노인의 이동 경로에 나타나는 공간지표를 열거해 보면 다음과 같다.

<u>감영</u>-독립문-적십자병원-<u>재판소[경찰서]</u>-감영-서대문 포목점-죽첨정 이정목 전차 정류소-다리-죽첨정 삼정목 정류소-우물과 우체통-<u>조선장의사 아현지점</u>-술집-<u>죽첨정 경찰관 파출소</u>-<u>주재소</u>-양약국-경성직업학교-아현공립보통학교-<u>아현 공동묘지</u>-<u>경성 형무소</u>-마포 우편소 앞 전차 정류소-단골 약국-양화도 도선장-신작로

최노인의 이동경로를 좀더 찬찬히 살펴보면, 그가 약국을 불과 두 군데 밖에 들르지 않는다는 사실을 알 수 있다. '약국'보다도 훨씬 시간을 할애하는 것이 '감옥', '재판소', '경찰서', '주재소', '공동묘지', '형무소' 등의 공간지표들이다. 19년간 순사를 지냈고, 1년간 서대문 형무소의 간수를 지냈다는 최노인의 이력을 고려할 때, 그는 이동 중 당시의 경험을 바탕으로 이러한 공간지표들을 해석하고 있었을 가능성이 높다. 과거에 관한 '비자발적 기억'들이 공간지표에 의해 되살아나는 것이다.

길을 걷던 최노인은 "불쾌한 촉감"을 느끼게 되는 두 개의 대상을 만나게 된다. 하나는 "자전거"이고 다른 하나는 약가방의 "붉은 쇠가죽 누런 장식"이다. 우선 자전거를 타고 가던 누군가가 뱉은 침이 최노인의 얼굴에 튀기는 '사건'이 발생한다.

---

29) 박태원, 「모화관 잡필-죄인과 상여」, 『구보가 아즉 박태원일 때』, 류보선 편, 깊은샘, 2005, 55쪽.

경성 모더니즘과 공간적 역사 59

그러나 운명은 바로 그때 최주사의 옆으로 한 채의 자전거를 달려가게
하고, 그리고 자전거 탄 젊은아이로 하여금 침을 퇴— 뱉게 하였다.
<u>침방울이 최주사의 뺨에 튀었다.</u>
<u>그것은 누구에게 있어서는 불쾌한 촉감임에 틀림없었다.</u>
<u>최주사는 고개를 돌려 저리로 달려가는 자전거의 뒷모양을 적의를 품은
눈으로 바라보았다.</u>(낙: 70쪽)

최노인은 이 불쾌한 경험을 통해 "자전거라는 물건, 그 자체부터가
불쾌한 것이었음에 틀림없었"다고 생각하면서, "이때까지 자전거로서
받은 온갖 불쾌한 기억을 더듬어"보기 시작한다. 자전거에 의해 다치거
나 목숨을 잃은 사람들을 생각하면서, "자기에게 그만한 권한이 있다면
이 세계에서 자전거라는 자전거를 하나 빼지 않고 말끔 몰수하여 버리
는 법령을 발포하고 싶다"고 생각하고 자신도 역시 "쓰디쓴 침을 퇴—
뱉"어 버린다. 식민지 시기 자전거는 자전거를 타고 순검을 돌던 순사
에 대한 대표적인 환유 이미지였다. 자전거에 대한 적의(敵意)는 「소설
가 구보씨의 일일」에서도 등장한다. "자전거 위의 젊은이는 모멸 가득
한 눈으로 구보를 돌아"보는 것이다.

최주사는 저 모르게 가방을 내려다보았다. 붉은 쇠가죽 누런 장식……
그것들이 노인의 눈에 가장 불길한 것이나 되는 듯이 비친다. 노인은 갑자
기 온몸에 그 약가방의 무게를 느끼었다.(낙: 61쪽)

박태원의 수필 「나팔」에는, 일본 관동군이 "붉은 테두리 모자에 카
키 복장"으로 묘사되고 있다. 최노인이 "붉은 쇠가죽 누런 장식"의 약
가방을 "가장 불길한 것이나 되는 듯이" 쳐다본다는 것은 최노인이 그
빛깔들을 통해 일본군의 이미지를 연상해 냈음을 의미한다. 그는 다리
모퉁이 과일가게의 "사과와 귤"을 보면서도 "하나하나가 모두 붉고 누
르게 윤이"난다고 생각한다. 그렇다면 '자전거'(自轉車)와 '약가방'도

"차포겸장"(車包兼將), 즉 '철도'[車]와 '군대'[包/砲]로 상징되는 일제의 세력 확장을 상징화하고 있는 것이 된다. 이처럼 최노인은 서대문 근처를 오가면서 '만주'로 뻗어나가는 제국주의에 대하여 적대적 감정을 떠올리고 있다.

당시 경성은 "남촌과 북촌의 대립을 포함하는, 역사도시와 군사기지(용산지역)의 병립으로 특징지어지는 독특한 '표주박형 이중도시'로 성립"되어 있었다.30) 일본 제국주의는 용산을 통해 만주너머로까지 세를 확장할 수 있었다. 「낙조」의 "신작로 닦느라 한참 어수선하다"거나 "제방 위의 신작로를 등에 짐진 사나이가 말없이 걸어가고 있었다"와 같은 대목들은 모두 일제의 확장을 암시하는 표현들이다.

Ⅳ. 공백으로서의 역사 - '서대문 형무소' 에두르기

최노인은 '서대문 형무소'를 중심에 두고 북쪽과 서쪽으로 매일 이동하고 있음을 알 수 있다. 그럼에도 정작 형무소에 대한 묘사는 거의 나타나지 않는다. 만일 최노인의 이동경로를 일일이 지도에 표시해 본다면 형무소는 하나의 공백으로 남게 될 것이다. 일상적으로 반복되는 최노인의 행위는 지도상의 "텅 빈 자리를 윤곽짓는 것"이 된다.31) 서대문 형무소는 경성 서부지역에서 가장 근대적인 건축물 중의 하나였다. 이처럼 경성의 근대화 과정은 최신식의 근대적 수감시설의 도입을 의미하는 것이기도 했다.32) 최노인은 "작년 겨울" 이후 아예 형무소 앞

---

30) 김백영, 「일제하 서울에서의 식민권력의 지배전략과 도시공간의 정치학」, 서울대 박사논문, 2005, 93쪽.
31) 슬라보예 지젝, 이성민 譯, 『부정적인 것과 함께 머물기』, B, 2007, 173쪽.
32) 서대문 형무소는 일본인 건축가 시텐노 가즈메(四天王要馬)의 설계에 의해 독립문 근처 금계동에 1908년 10월 21일에 준공되었으며, 480평 규모의 감방과 80평 정도의 부속시설에 수감인원은 약 500여 명에 달했다. 이후 지속적으로 증축되었다. 독립기념

구둣방에 약가방을 맡겨두고 그곳에서 하루의 일과를 시작하고 마무리 짓는 일상을 반복하고 있다. 그렇다면 '작년 겨울' 이후 최노인이 이 근처에 머물러야 할 어떤 필연성('어떤 사건')이 일어났을 가능성이 크다. 왜냐하면 그는 단지 '그곳'을 경과하기 위해 매약하기에는 부적합한 비상업지구인 경성 서부지역에 머무르고 있기 때문이다.

이때 예의 서술자가 또다시 개입해 그곳에 최노인이 약가방을 맡겨두는 "까닭은 아무도 몰랐다"고 진술한다. 이어서 여러 사람들의 "당치 않은 추측"들만 제시될 뿐 정확한 이유는 밝혀지지 않는다. 서술자는 "이러한 자지레한 문제를 가지고 우리가 객쩍게 시간을 소비하는 것을 알면 이날 아침의 최주사는 응당 우리들을 경멸할 것"이라면서 독자들의 관심을 다른 곳으로 유도한다. '바둑' 장면에서와 마찬가지로 독자들이 스스로 그 "자지레한 문제"에 대해 추리해 볼 것을 은근히 요구하고 있는 것이다.

최노인은 "일곱점 치는 소리를 미처 듣기 전"에 약방을 나와서 이 술집으로 들어왔었다. 해장술을 마시고 있던 그는 "벽에 걸린 시계를 흘낏 쳐다보고, 그리고 생각난 듯이" 자리에서 일어난다. 그러고 보면 그는 아침 일찍부터 뭔가 기다리고 있었던 것이다. 그리고 형무소 앞으로 되돌아간다.

<u>최주사는 오던 길을 되돌아 감영 앞으로 간다.</u>(낙: 56쪽)

당시 조선의 형무소 기상 시간은 오전 7시였다.[33] 경성 형무소 간수를 지냈던 최노인으로서는 이런 사정을 잘 알고 있다고 할 것이다. 형무소에서는 7시에 기상하여 곧바로 2~3분 내에 인원 점검이 있고, 이

관 한국독립운동사연구소 편, 『서울 독립운동 사적지』, 새미, 2008, 810쪽.
33) 박일형 외, 「감옥의 향토색—부산·대구·서대문·해주·평양」, 『동광』 제27호, 1931. 11.

어서 세면 시간이 주어진다. 그런 뒤 곧장 식사 시간이 되는데 이때 외부의 사식이 반입될 수 있다. 그렇다면 '작년 겨울' 이후 최노인은 수감 중인 누구에게 사식을 넣기 위해, 혹은 먼발치에서 그 사람의 모습을 지켜보기 위해 매일같이 "거의 정확하게" 이곳을 들르는 것일 수도 있다. 「모화관 잡필—죄인과 상여」에도 묘사되었듯이, 형무소 근처에서는 수감되어 있는 죄수들의 모습이 어렵지 않게 목격된다. 서술자의 개입 부분은 이같은 정황의 추측을 더욱 확고히 해준다.

> 그들은 노인이,
> "경무청에 십구 년, 경성감옥에 일 년……"
> 하고 말한 것을 옳게 해득하지 못하였다.
>   순검을 열아홉 해, 감옥 간수를 한 해 다녔다는 말도 같은데 <u>어쩌면 무슨 일로 붙잡혀 들어가 있었다고도 하는 듯싶어 그들은 머리를 기웃거렸다.</u>(낙: 84쪽)

여기서 서술자는 의도적으로 "경성감옥에 일년"이라는 표현이 이중적임을 독자에게 환기시킨다. 그것이 어쩌면 누군가 감옥 안에 "무슨 일로 붙잡혀 들어가 있었다"는 의미일 수도 있기 때문이다. 최노인이 "작년 겨울" 이후 매일같이 서대문 형무소를 에두르고 있는 까닭은 같은 시기 "만주"를 둘러싸고 일어나는 일련의 정치적 사건들과, 텍스트에 실명으로 거론되는 인사들의 동정(動靜)들이 맞물리는 지점에서 그 윤곽을 드러낸다. 물론 추측과 추측 사이 공백들은 '역사적 상상력'으로 메워져야 할 부분이다. 표현되지 않은 것은 그것을 통해 오히려 그 공백을 강조한다.[34] 이때 "독자들 중 셈 빠른 이"는 최노인의 표면적 행위 뒤에 감추어진 "비창(悲愴)한 무엇을 발견"할 수 있게 된다.

「낙조」는 1933년 12월 8일부터 29일까지 〈매일신보〉에 총 22회에

---

[34] Jameson, Fredric, *Political Unconscious*, Cornell University Press, 1982, p. 241.

걸쳐 연재되었다. 정확히 작품 연재 1년 전, 그러니까 1932년 12월, 곧 "작년 겨울" 경향의 각 신문들이 앞다투어 '안창호' 관련 기사들을 싣고 있었다.

중앙일보: 총 5회(1932년 12월 9일, 19일, 20일, 21일, 27일)
동아일보: 총 5회(1932년 12월 9일, 20일, 26일, 27일, 28일)
조선일보: 총 4회(1932년 12월 9일, 19일, 21일, 28일)
매일신보: 총 3회(1932년 12월 20일, 21일, 27일)

그해(1932년) 12월 안창호는 징역 4년을 언도받고 서대문 형무소에 복역하게 된다. 말하자면, "경성감옥에 일 년" 동안 "붙잡혀 들어가 있었"던 것이다. 「낙조」 연재 당시 독자들은 1년 전의 안창호 서대문 형무소 수감 사실을 생생하게 기억하고 있었다. 그가 상해에서 체포된 뒤, 신문들이 그에 관한 기사들을 계속적으로 싣고 있었기 때문이다. 그러니까 「낙조」는 박태원이 의도적으로 안창호의 공판 시기를 1년의 시차를 두고 연재한 작품이다. 앞서 언급한 대로 이 작품은 일제의 만주침략과 만주국 수립을 배경으로 하고 있다. 안창호는 신민회 시절부터 만주에 '이상촌'을 건립하고자 했다. 이 지역이 농촌개발의 최적지일 뿐만 아니라 유사시 국내로 진입해 독립투쟁을 전개하기에도 적지였기 때문이다.35) 그는 송화강 연안 일대를 '이상촌'의 후보지로 보고 답사까지 했었다. 그러나 만주국의 수립이 '이상촌' 건설을 어렵게 만들었고, 끝내 좌절시켰다. 안창호는 윤봉길 의거 연루 혐의로 체포되어 국내로 강제 소환되었던 것이다.

이런 일련의 정황들로 미루어 볼 때, 「낙조」가 '안창호' 사건을 심층 서사로 담지한 작품일 가능성은 매우 높다. 먼저 신문 연재 삽화 중 중심 인물 최노인의 모습이 헤어스타일, 눈썹, 콧수염, 콧날 등 외양과 분

---

35) 이명화, 「도산 안창호의 이상촌운동에 관한 연구」, 『한국사학보』 8권, 2000, 147쪽.

〈그림 16〉 안창호(左)와 「낙조」의 삽화(右)(1933년 12월 15일)

위기가 안창호를 연상시키고 있음을 알 수 있다.

「낙조」의 연재 삽화는 〈매일신보〉의 이승만(香隣 李承萬) 화백이 그렸다.36) 그는 이 삽화 작업을 끝내고 얼마 뒤, 「소설 삽화의 고심」(1934)이라는 글을 통해 삽화가 "순수 회화와는 별다른 의미로서 독특한 예술 부문으로 인정"되기 시작했다고 술회했다.37) 또 그는 "역사적 삽화(시대물)에 흥미를 갖게 되었"다고도 했다.

최노인이 "네모반듯하게 찢어서 착착 접어 놓은 신문지 조각"을 언제나 외투주머니에 넣고 다닌다는 설정은, '신문'에 「낙조」의 텍스트 내 공백에 대한 단초가 있음을 암시하고 있다. 도산이 '징역 4년'형을 언도 받는 "작년 겨울,"38) 당시에 사람들은 그의 건강 악화를 가장 염려하고 있었는데, 그는 윤수경의 사인(死因)과 동일한 '심장병'을 앓고 있었다.39)

이 무렵 이광수는 도산의 서대문 형무소 수감 때의 정황을 자세하게

---

36) 박태원은 이후 〈매일신보〉에서 『원구』를 연재할 때에도 절친했던 이승만 화백과 작업을 같이 하였다.
37) 이승만, 「신문소설과 삽화가-소설 삽화의 고심」, 『삼천리』 제6권 제8호, 1934.
38) 1932년 12월 26일 월요일: 안창호 씨가 징역 4년을 선고받았다. 윤치호, 앞의 책, 306쪽.
39) 「島山 安昌浩 上海에서 被促」, 『동광』 제34호, 1932. 6.

묘사해 놓고 있다.

　　경기도 경찰부 유치장에 든 도산은 1개월여의 취조를 받고 송국되어서 서대문감옥으로 넘어갔다. 도산이 감옥으로 가는 날 새벽에 재판소 뜰에는 남녀 동지와 친지 등 백 명 가까운 사람이 모였다. 이때에는 <u>이러한 자리에 오는 것도 위험한 일이었다. 이 일 하나만으로도 경찰의 요시찰인 명부에 오를 만하기 때문이었다.</u>
　　도산은 1심에서 4년의 형을 선고받았으나 상소권을 포기하고 복역하였다. 도산 재판중의 모든 비용은 김성수 등 친우가 몰래 대었고, 서대문감옥 재감중인 <u>그의 옛 친구요, 동지인 이강(李剛) 부처가 일부러 감옥 옆에 집을 잡고 살면서 조석을 들였다.</u> 도산은 약 1년 후에 대전감옥으로 이수되었다.[40]

　　당시 일반인들이 도산과 같은 거물급 인사가 수감된 장소에 접근한다는 것 자체가 얼마나 어려웠나를 알 수 있다. 그것만으로도 '요시찰인 명부'에 오를 수 있기 때문이다. 눈길을 끄는 것은 그런 위험 중에도 "옛 친구요, 동지인 이강(李剛) 부처" 같은 이들이 있어 "일부러 감옥 앞에 집을 잡고 살면서 조석을 들였다"는 사실이다. 그렇다면 「낙조」의 최노인이 "경성 형무소의 우울한 건축물"을 주시하며 매일같이 말없이 그곳을 에두르고 있는 것을 예사롭게 보아넘길 수 없다. 누구도 "다 낡은 방한모, 고물상에서 산 외투, 마른 날만 신고 다니는 털신, 그리고 약가방" 행색의 최노인을 요시찰 대상으로는 의심하지 않을 것이다.
　　「최노인전 초록」은 1939년 7월에 씌여졌다. 앞서 언급한 대로, 이 작품은 「낙조」의 후일담 성격인데, 특이한 것은 '초록'의 형식인 이 작품이 「낙조」보다 오히려 나중에 씌어졌다는 점이다. 독자들에게 「최노인전 초록」은 자연스럽게 「낙조」의 서사를 다시 떠올리게 하고, 또한

---
[40] 이광수, 『도산 안창호』, 범우사, 2006, 118쪽.

텍스트가 담지한 심층적 서사를 되짚어보게 만든다. 이 작품의 내용은 「낙조」와 거의 동일하지만, '만주' 관련 문맥이 생략되고 대신 윤치호와 이상재가 거명되는 후반부가 추가되어 있다.

「낙조」가 '안창호' 관련 사건을 담지한 작품이라면, 「최노인전 초록」 또한 그럴 개연성이 높다. 「최노인전 초록」이 발표되기 "이태" 전, 안창호가 또다시 '서대문 형무소'에 "붙잡혀 들어"갔기 때문이다.[41] 「최노인전 초록」의 발표시기와 안창호의 두 번째 구속 간에는 약 2년의 시차가 난다. 따라서 "경성감옥에 일 년"이라 했던 「낙조」에서의 표현이 「최노인전 초록」에 와서는 "경성 감옥 간수를 다시 이태 다니고"라는 것으로 대체되어 있다.

V. 결론

그동안 우리의 모더니즘 문학 논의는 서구에서 확립된 미학적 기법들을 한국 근대 소설 텍스트에 대입하고 확인하는 작업에 초점을 맞추었다. 그러나 제국주의 중심의 모더니즘 기법들은 식민지 도시 공간과 만나는 순간 심한 변형과 굴절을 겪게 된다.[42] 제국의 모더니즘과 식민지 모더니즘은 서로 유사하면서도 차별화되는 '가족유사성'의 관계를 갖고 있다. 다 아는 대로 모든 모더니즘 문학은 본질적으로 재현불가능한 것을 재현하기 위해 발전되어 왔다.[43] 본 논문은 1930년대 식민 도시 경성의 시공간에서 형성된 '경성 모더니즘'이라는 틀 안에서 이같은 특성을 찾고자 했다.

---

41) 안창호는 1937년 6월경에 '수양동우회 사건'으로 서대문 형무소에 두 번째로 수감되었다가 건강이 악화되어 경성대학병원으로 이송되어 1938년 4월에 숨을 거두었다. 또한 1937년 7월에는 '중일전쟁'이 발발했다.

42) Jameson, Fredric, *Modernist Papers*, W W Norton & Co Inc, 2007, p. 165.

43) Jameson, Fredric, op. cit, p. 194.

박태원의 두 작품, 곧 「낙조」와 「최노인전 초록」은 1930년대 일제의 만주 침략 과정을 배경으로 한 작품들이다. 여기에서 최노인은 단순한 한 등장인물이라기보다 일종의 '동기화 장치'로 기능하고 있다. 그의 삶을 시간지표에 따라 연대기적으로 재구성하고, 이를 공간지표들과 연결 지을 때 비로소 텍스트의 '공백'은 서서히 그 모습을 드러내게 된다. 재현 불가능했던 시대적 거대사건('안창호' 관련 사건)이 심층 서사에서 표층으로 서서히 떠오르게 되는 것이다. 그리고 이 거대 사건을 텍스트에 담지하기 위해 박태원이 여러 가지 기법들을 모색·시도했음을 확인할 수 있다. 우선 그는 「낙조」의 발표 시기를 안창호 사건이 발생한 지 정확하게 1년 뒤에 맞추어 〈매일신보〉 연재에 들어갔으며, 안창호의 두 번째 투옥 때에도 동일한 시차를 두어 「낙조」의 후속작인 「최노인전 초록」을 발표하고 있다. 또한 신문 삽화를 통해서도 텍스트의 공백으로 현존하는 '안창호'의 존재를 암시하려 했으며, 서술자를 개입시켜 소실적 흐름을 끊음으로써 서사적 시간대와 역사적 시간대가 공존하는 구조임을 인식케 했다. 이러한 기법들은 '경성 모더니즘'의 형성 과정에서 발전된 박태원 특유의 기법들로 수용된다는 점에서 한층 값지다고 할 수 있다.

나아가 월북 이후 북한 최고의 역사소설가로 자리매김한 박태원이 이미 식민지 시기 모더니즘 작가 시절부터 역사 상황에 대한 분명한 인식을 가지고 있었음을 확인할 수 있다. 그가 자신의 처녀작으로 내세운[44] 「수염」이 심층에 '신채호'의 공판 사건을 담지하고 있다는 사실에 비추어,[45] 「낙조」와 「최노인전 초록」에 '안창호' 관련 사건이 암시되어 있음이 결코 우연이 아님을 알 수 있다.

---

44) 박태원, 「내 예술에 대한 항변 - 작품과 비평가의 책임」, 『구보가 아즉 박태원일 때』, 류보선 편, 깊은샘, 2005, 237쪽.
45) 권은, 「경성 모더니즘과 역사적 알레고리」, 『현대소설연구』 39권, 2008, 167쪽.

■ 참고문헌

1. 1차 텍스트

박태원, 「낙조」, 「길은 어둡고」, 「골목 안」, 「소설가 구보씨의 일일」, 『소설가 구보씨의 일일』(한국문학전집15), 문학과지성사, 2006.
박태원, 「내 예술에 대한 항변-작품과 비평가의 책임」, 「모화관 잡필-죄인과 상여」, 『구보가 아즉 박태원일 때』, 류보선 편, 깊은샘, 2005.
박태원, 「미녀도」 2회, 『조광』, 1939. 8.
박태원, 『천변풍경』(북한문학전집 1), 서음미디어, 2009.
박태원, 「최노인전 초록」, 『소설가 구보씨의 일일』(문지스펙트럼 09), 문학과지성사, 1998.

2. 연구 논문

곽홍무, 「만철과 만주사변-9·18사변」, 『아시아문화』 제19호, 2003.
권 은, 「경성 모더니즘과 역사적 알레고리」, 『현대소설연구』 39권, 2008.
권 은, 「근대소설과 '순사'」, 『현대소설학회』 제35회 학술대회발표집, 2009.
김백영, 「일제하 서울에서의 식민권력의 지배전략과 도시공간의 정치학」, 서울대 박사논문, 2005.
이군호, 「일본의 중국 및 만주침략과 남만주철도: 만주사변(1931) 이전까지를 중심으로」, 『평화연구』 제12호, 2004.
이명화, 「도산 안창호의 이상촌운동에 관한 연구」, 『한국사학보』 8권, 2000.

3. 단행본

김상태, 『박태원(문학의 이해와감상 82)』, 건국대학교출판부, 1996.
독립기념관 한국독립운동사연구소 편, 『서울 독립운동 사적지』, 새미, 2008.
마샬 버만, 윤호병·이만식 譯, 『현대성의 경험』, 현대미학사, 2004.
빌 애쉬크로프트, 이석호 譯, 『포스트 콜로니얼 문학이론』, 민음사, 1996.
슬라보예 지젝, 이성민 譯, 『부정적인 것과 함께 머물기』, B, 2007.
윤치호, 『윤치호 일기(1916~1943)』, 김상태 편, 역사비평사, 2001.
이광수, 『도산 안창호』, 범우사, 2006.
정현숙, 『박태원 문학연구』, 국학자료원, 1993.

칼 쇼르스케, 김병화 譯, 『세기말 비엔나』, 생각의 나무, 2007.
피에르 부르디외, 하태환 譯, 『예술의 규칙』, 동문선, 1999.

4. 외국 원서

Cohn, Dorrit, *The Distinction of Fiction*, Johns Hopkins University Press, 2000.

Edward W. Said, 'Yeats and Decolonization', *Nationalism, Colonialism, and Literature*, University of Minnesota Press, 1990.

Enda Duffy, 'Disappearing Dublin: Ulysees, postcoloniality and the politics of space', *Semicolonial Joyce*, Cambridge University Press, 2000.

Frank, Joseph, 'Spatial Form: Some Further Reflections', *Critical Inquiry*, Vol. 5, No. 2, 1978.

Jameson, Fredric, *Marxism and Form*, Princeton University Press, 1974.

Jameson, Fredric, *Modernist Papers*, W W Norton & Co Inc, 2007.

Jameson, Fredric, *Political Unconscious*, Cornell University Press, 1982.

Paul Carter, 'Spatial History', *The Postcolonial Studies Reader*(2nd Edition), Routledge, 2005.

■ 국문초록

　그동안 우리의 모더니즘 문학 논의는 서구에서 확립된 미학적 기법들을 한국 근대 소설 텍스트에 대입하고 확인하는 작업에 초점을 맞추어 왔다. 그러나 제국주의 중심의 모더니즘 기법들은 식민지 도시 공간과 만나는 순간 심한 변형과 굴절을 겪게 된다. 본 논문은 1930년대 식민 도시 경성의 시공간에서 형성된 '경성 모더니즘'이라는 특수한 정치·역사적 틀 속에서 이 같은 특성을 찾고자 했다.
　본 논문은 박태원의 1930년대 모더니즘 계열의 두 작품 「낙조」와 「최노인전 초록」을 동시대 시공간적 맥락에 밀착시켜 '역사적 서사'의 관점에서 분석하고자 한다. 이 두 작품은 다 같이 한 인물, 곧 최노인의 삶에 대한 사적 이야기가 식민 도시 경성의 도시 공간적 지표들에 의해 공적 차원으로 확대되는 공간적 형식의 특성을 보여준다.
　최노인은 단순한 한 등장인물이라기보다는 역사적 시공간의 맥락을 구체화하기 위한 일종의 동기화 장치이며, 나아가 '민족적 알레고리'로 기능하고 있다. 그를 통해 1890년대에서 1930년대에 이르는 시간축 위에 경성 서부 지역의 공간축이 구축됨으로서 일제의 만주 침략이라는 역사적 문맥이 텍스트 내에 들어올 수 있게 된다. 서대문 형무소를 에두르며 배회하는 최노인의 동선을 통해 이 시기 역사적 사실 맥락이 환기되며, 그의 일상은 식민지 조선의 민족 전체의 삶의 차원으로 확대되게 된다. 텍스트 내 지표들은 표층과 심층의 서사를 동시에 중층적으로 지시하는 특성을 갖는다. 연대기적 순서에 따라 재구성한 시간지표들을 텍스트 내 공간지표들과 관련지을 때, 비로소 부재의 형태로 현존하는 심층 서사가 그 윤곽을 드러내게 된다.
　모더니즘은 본질적으로 재현불가능한 대상을 재현하고자 하는 시도에서 발전했다. 박태원은 당시로서는 재현불가능했던 거대사건('안창호 사건')을 텍스트 내의 '공백'을 통해 암시적으로 구현하고 있다. 이 사건을 담지하기 위해 박태원이 여러 가지 기법들을 시도했음을 또한 확인할 수 있다. 월북 이후 북한 최고의 역사소설가로 자리매김한 박태원이 이미 식민지 시기 모더니즘 작가 시절부터 시대적 역사 상황에 대한 분명한 인식을 가지고 있었음도 확인할 수 있다.

주제어: 공간적 형식, 동기화 장치, 거대 사건, 지표(시간/공간), 이중 플롯, 거짓 부정

■ Abstract

Kyungsung Modernism and Spatial History
- Focusing on the 'Sunset' and 'the Summary of Old Man Choi's Life'

Kwon, Eun

This paper regards Park, Taewon's modernist novels, the 'Sunset' and 'the Summary of Old Man Choi's life' as historical narrative in the sociopolitical context. In these novels, Choi's private life expands to the public sphere of the entire colonial Chosun in 1930's. These works are what Joseph Frank called 'spatial forms.'

Choi is not a character, rather a kind of motivation device and also functions as 'national allegory.' The space-axis of the west Kyungsung can be combined with the time-axis between 1890's and 1930's through his life, and the historical context of the Manchurian Incident can be inserted into the surface of novel texts. Choi always goes around the Westgate prison and it arouses the historical context, especially confinement of *Ahn, Chang-ho* at that time. His life gradually matches with the national destiny of the colonial Chosun. Therefore, these works consist as a 'double plot' in which the fundamental inner plot line is reduplicated (and sometimes inverted) in the outter plot of an old man Choi. If we match reorganized temporal indicators to the spatial indicators by the chronological order, the hidden fundamental master narrative as an absent presence shows up gradually in the surface.

The studies of Korean modernism literature has focused on searching and finding the existing aesthetic strategies of imperial modernism literature. However, Kyungsung modernism combines these aesthetic strategies to a radically different kind of space, a space no longer central, but marked as marginal and ec-centric after the fashion of the colonized areas of the imperial system. That colonized space, Kyungsung may then be expected to transform the modernist formal project radically, while still retaining a distant family likeness to its imperial variants. It needs new and specific aesthetic strategies. This study approaches the historical context of Kyungsung modernism and introspects the political unconscious and colonial resistance. To represent the unrepresentable is the most important strategy in modernism aesthetics. Park invented and developed many new specific techniques and tried to imply the political event as a 'blank' in text. These novels become a vast interpretive allegory in which a sequence of historical events or texts and artifacts can be rewritten in terms of some deeper, underlying, and more 'fundamental' narrative, of a hidden master narrative of empirical materials.

Key-words: spatial form, motivation device, temporal and spatial indicator, double plot, denegation

-이 논문은 2009년 11월 30일에 접수되어, 소정의 심사를 거쳐 2009년 12월 15일에 최종적으로 게재가 확정되었음.

박태원의 외국문학 독서 체험과 '기교'의 탄생

목 차
I. 들어가며 – 식민지 문학과 기교의 문제
II. 박태원 문학의 출발점으로서의 외국문학 체험
III. 박태원 소설에 나타난 외국문학의 흔적들
IV. 언어의 실험과 기교의 창조
V. 나오며

김 미 지[*]

I. 들어가며 – 식민지 문학과 기교의 문제

'기교'란 상식적으로 이해하자면 문학을 문학답게 만드는 것 즉 문학작품을 다른 글쓰기와 구별되게 해주는 기술(technique, skill)이자, 작가의 재능이나 천재성의 영역 즉 작품의 고유성과 독창성을 담보하는 재주나 기예(trick, artifice)이면서, 그 자체가 곧 예술(art)이기도 하다. 따라서 문학에서 기교의 문제란 문학의 독자적 존립 근거와 관련되는 본질론적인 것이기도 하지만 실제로는 다양한 입장과 시각이 경합하고 투쟁하는 문제이기도 하다. 식민지 시기 한국 문학(문단)에서 기교(주의)의 문제가 꽤 큰 비중으로 또 지속적으로 다루어지면서 싸움을 촉발해

[*] 서울대학교.

왔다는 것이 바로 그 증거일 것이다.

주지하다시피 기교주의 문제가 본격적으로 다루어지기 시작한 것은 30년대 중반으로, 잇따른 검거사건으로 필봉이 꺾인 카프 진영이 비평적 이론적으로 주체성을 재정립하는 과정에서 대두된 문제라 할 수 있다. 이와 관련하여 특히 시에서의 기교주의 경향의 문제를 놓고 김기림, 임화, 박용철이 벌인 소위 '기교주의 논쟁'이 대표적으로 언급되는데,1) 진영 대립적 시각이 첨예하게 드러난 이 논쟁만 놓고 보더라도 '기교'의 문제는 문학 장 속의 다양한 역학 관계와 투쟁 과정의 산물이었음을 알 수 있다. 그런데 '기교'에 대해 가장 많은 이론적 비평적 접근이 이루어진 것은 당연하게도 그에 대한 '공격자'의 입장에 놓인 카프 비평가들에 의해서였다. '객관적으로 불리한 정세'에 놓인 카프의 비평가 작가들이 소위 기교파 또는 예술파라는 명명을 통해 전선을 긋고 진영 대립의 구도를 만들어 그들과의 대결을 주체성의 보루로 삼았기 때문이다.2)

그렇다면 '기교파'로 불리며 한편으로는 문학성(문학적 수준의 평가 문제)을 또 한편으로는 정치성(문단 내 헤게모니 획득 문제 또는 탈현

---

1) 김기림의 글 「시에 잇서서의 기교주의의 반성과 발전」(『조선일보』, 1935. 2. 10~14)이 발표된 뒤 임화가 이를 공격하고(「담천하의 시단일년 - 조선의 시문학은 어디로?」, 『신동아』, 1935. 12), 이어 박용철이 가세한 이후(「을해시단 총평」, 『동아일보』, 1935. 12. 24~28) 세 사람이 한 번씩 입장을 정리하는 것으로 마무리된 사건을 말한다.(김기림, 「시인으로서 현실에 적극 관심」, 『조선일보』, 1936. 1. 1~5; 임화, 「기교파와 조선시단」, 『중앙』, 1936. 2; 박용철, 「기교주의설의 허망」, 『동아일보』, 1936. 3. 18~9) 시의 기교 문제에 국한되어 있었고 외형상의 요란함에 비해 사실 논쟁의 내용은 빈약했지만 카프파와 소위 非카프파 사이의 대립 구도가 선명하게 드러난 사건이었다. 따라서 전형기 비평의 문단 헤게모니 투쟁의 본격적 점화 혹은 신호탄으로 주로 해석된다.

2) 임화를 비롯해, 박영희, 한설야를 비롯한 주요 작가 비평가들 대부분이 기교주의 또는 기교파들에 대한 공격에 적극적으로 참여했다는 것이 이를 방증한다.(박영희, 「6월 창작평(5) 기교의 자연성과 작자의 과도한 기지」, 『조선일보』, 1936. 6. 12; 한설야, 「기교주의의 검토-문단의 동향과 관련시키어」, 『조선일보』, 1937. 2. 4~9 등 참조)

실-탈정치성)을 의심받았던 이들 내부에서는 어떤 일들이 벌어지고 있었을까. 1930년대 문학적 성취의 최고 수준을 보여주는 것으로 평가되는 소위 '식민지'의 '모더니스트들'에게 '기교'란 정작 무엇이었을까. 염상섭이 일본문학 체험을 바탕으로 1927년 "배울 것은 기교"라고 했던 그 이전부터 '기교'의 문제는 우리 문학의 중요한 테마였지만 식민지의 모더니스트들에게 그것은 전면적이고도 존재론적인 질문이 된다.

박태원은 제작적인 기교와 기법을 구사하여 '구성미', '형식미'를 구현한 작가로 평가받아 왔는데 이는 박태원뿐만 아니라 그가 소속되었던 문인 단체 〈구인회〉 작가들에게 공통적으로 지적되는 사항이기도 하다. 이태준 역시 당대에 '스타일리스트'로 이름을 떨쳤으며,[3] 김기림과 이상, 정지용을 논할 때 '기법'이나 '언어의 건축'[4]이라는 측면은 마치 향수처럼 굳건하게 자리하고 있다. 그리고 이들은 자신들의 문학적 기법 문제를 '조선어의 조탁'과 적극적으로 연루시키고자 하였다. 즉 그들에게 식민지에서 조선어로 문학을 한다는 것과 기교의 실험을 통해 한국어를 새로이 창조하는 것은 별개의 문제가 아니었던 것이다.

한편 어떻게 해서 저들의 '낯선' 문학이 탄생했는가 하는 물음에 대해서는 '식민지 모더니즘'에 대한 다양한 성찰이 이루어진 바 있다.[5] 기존의 연구들에서 공통항을 추출해본다면 '물질적 조건으로서의 척박하고 빈약한 식민지 현실' 그리고 '그와 무관하게 혹은 굴절되어 전개되는 형식충동'으로 정리될 수 있을 것이다.[6] 그리고 그 사이에는 서구

---

[3] 김기림, 「'스타일리스트' 이태준씨를 논함」, 『김기림 전집』 3, 심설당, 1988, 173쪽. 김기림은 이태준의 문장에 대해 '지극히 적은, 교양 있는 독자에게만 그의 특이한 문장의 향기를 가지고 가까이 할 수 있'다고 평가한다.

[4] 김기림, 「과학과 비평과 시」, 『김기림 전집』 2, 심설당, 1988.

[5] 김윤식, 「〈날개〉의 생성과정론-이상과 박태원의 문학사적 게임론」, 『한국현대문학 비평사론』, 서울대학교출판부, 2000; 류보선, 「기교에의 의지, 혹은 이상 문학의 계몽성」; 「이상과 어머니-박태원 소설의 두 좌표」, 『한국 근대문학의 정치적 (무)의식』, 소명출판, 2005; 천정환, 「식민지 모더니즘의 성취와 운명-박태원의 단편 소설」, 박태원, 『소설가 구보씨의 일일』, 문학과지성사, 2005.

적 근대성, 서양(일본) 문학에의 환상(환각) 등이 가로놓여 있다. 환각이 끝나는 지점에서 모더니즘도 기교도 끝난다는 것이 그간의 성찰이 보여주는 결론이라고 할 수 있는데, 그럼에도 불구하고 끝나지 않는 것이 있다면 그것은 무엇일까. 전신을 거듭하면서도 평생 글쓰기를 멈추지 않았던 박태원의 경우가 그 실마리를 보여줄 수 있지 않을까.7) 이 글에서는 그 해답을 찾기 위해, 즉 식민지 작가의 존재론과 기교의 문제 그리고 글쓰기의 연속성을 관련시키기 위해 박태원 문학의 출발점으로 거슬러 올라가려 한다. '당대 최고의 스타일리스트' 박태원은 어떻게 해서 탄생했는가. 무엇이 그를 "한글로 씌어진 소설 작품 가운데에서 가장 파격적이고 실험적인 작품"8)을 쓰게 했는가.

박태원 문학을 형성시킨 중요한 요소들은 알려져 있다시피 첫째, 춘향전 심청전 등 구소설 탐독, 둘째, 당대의 일본문학과 서양문학 흡수, 셋째, 춘원 김동인 염상섭 등 한국의 신문학의 발견, 넷째, 이상을 비롯한 구인회 작가들과의 교류이다. 이는 박태원의 문학 수련기에 순차적으로 이루어진 일들이다. 먼저 그에게는 '이야기'의 세계가 있었고9) 그

---

6) 한편 강상희, 「1930년대 한국 모더니즘 소설의 내면성 연구」, 서울대 박사논문, 1998년에서는 모더니즘 작가들의 미적 유희를 '권태에 대응하는 방식'이라고 칭하고 이상과 박태원, 유항림을 비교하고 있다.
7) 박태원은 남한 최고의 모더니스트였을 때에도 북한 최고의 혁명작가였던 때에도 똑같이 최고의 스타일리스트였다는 것, 그의 작품세계에 기법적 정신사적 연속성이 존재한다는 것을 졸고(김미지), 『박태원 문학의 담론구성 방식과 수사학 연구』(서울대 박사논문, 2008)에서 밝히고자 했는데, 박태원 기교의 근원 또는 그 식민지 근대적 성격에 대한 성찰에 미흡했다는 한계가 있다. 이 논문은 그 한계를 보완하고자 하는 후속작업의 일환이기도 하다. 월북 이전과 이후 박태원 작가정신 및 주제의식의 연속성과 불연속성의 문제에 관해서는 정현숙, 「박태원 소설에 나타난 연속성과 불연속 (1)」, 『한국언어문학』 61, 2007; 「박태원 소설에 나타난 연속성과 불연속 (2)」, 어문연구 57, 2008 참조.
8) 천정환, 앞의 글 참조.
9) 박태원 소설에서 구소설 이야기책이 미친 영향을 '구어 전통', '구술성'의 문제로 접근하고 있는 연구로 양문규, 「한국근대소설에 나타난 구어전통과 서구의 상호작용」, 『배달말』, 2006; 김미지, 앞의 논문이 있다.

다음 동시대의 최고 수준을 자랑하는 세계 문학이 있었다. 조선 작가들의 성취에 눈을 뜬 것도 그 즈음의 일이며10) 구인회 시절은 박태원 모더니즘이 구체적인 성과로 이어진 시기에 해당한다. 이 모든 것들이 박태원 문학 세계를 형성한 중요한 축들로서 각각이 모두 해명을 요하는 문제들임에 분명한데, 네 번째 요소 즉 구인회 활동을 제외하고는 면밀하게 다뤄진 경우가 별로 없는 듯하다.11)

위의 요소들 가운데 본고에서 특히 주목하는 부분은 해외 문학과의 접촉이다. 박태원은 문학 청년기 그리고 습작기에 광범위한 서양 문학을 읽었으며 여러 작품을 번역하기도 했다. 모더니스트들의 서양 문학 편향성에 대해서는 기존에 언급이 있어왔지만, 이 글에서는 문학 수련기의 독서 체험을 박태원의 문학 세계와 관련시켜 보고자 하는 것이다. 박태원 기교12)가 시작되는 지점에 대한 실마리가 이 언저리에서 발견되지 않을까 기대해 본다.

Ⅱ. 박태원 문학의 출발점으로서의 외국문학 체험

(열일곱 살 적) 구소설을 졸업하고 신소설로 입학하야 수년 내 『반역자

---

10) "집에 다달이 〈개벽〉지와 〈청춘〉지가 왔다…… 그러자 〈조선문단〉이 발간되었다 (1924—인용자). 매월 구하여 가지고는 춘원 선생의 〈혈서〉, 〈B군을 생각하고〉, 상섭 선생의 〈전화〉, 빙허 선생의 〈B사감과 러브레터〉, 동인 선생의 〈감자〉 등을 흥분과 감격 속에 두 번씩, 세 번씩 거듭 읽었다."(「춘향전 탐독은 이미 취학 이전」, 『문장』, 1940년 2월, 류보선 편, 『구보가 아즉 박태원일 때』, 깊은샘, 2005, 231쪽)
11) 구인회와의 관련 속에서 본 박태원 문학에 관해서는 상허문학회, 『근대문학과 구인회』, 1996, 깊은샘; 구보학회, 『구보학보』 3집, 깊은샘, 2008 참조. 〈구인회〉의 성격과 위상에 대해서는 김민정, 『한국 근대문학의 유인과 미적 주체의 좌표』, 소명출판, 2004 참조.
12) 기교는 어휘 차원에서 문장, 서사 형식 등 다양한 문학적 방법론과 기술을 포괄하는 큰 개념일 수 있는데, 여기서는 주로 박태원이 주된 관심사로 삼았던 언어와 문장의 문제에 한정시켜 보고자 한다.

의 母』(고리키), 『모오팟상선집』, 『엽인일기獵人日記』(투르게네프) …… 이러한 것들을 알든 모르든 주워 읽고, (……) 드디어 이 해 가을에 이르러 집안 어른의 뜻을 어기고 학교를 쉬어 버렸다.(……) 닷새에 한 번 열흘에 한 번 소년 구보는 아버지에게 돈을 타 가지고 본정 서사(書肆)로 가서 문예서적을 구하여 가지고 와서는 기나긴 가을밤을 새워 가며 읽었다. 그리고 새벽녘에나 잠이 들면 새로 한시 두시에나 일어나고 하였다. 일어나도 밖에는 별로 안 나갔다. 대개는 책상 앞에 앉아 붓을 잡고 가령ㅡ「흰 백합의 탄식」이라든 그러한 제목으로 순정소설을 쓰려고 낑낑 매었다. 13)

정말 문학서류와 친하기는 '부속보통학교' 3, 4학년 때이었던가 싶다. 내가 산 최초의 문학 서적이 新朝社版『叛逆者の母』, 둘째 것 역시 같은 사 판의『モーパッサン 選集』이었다고 기억한다. 알거나 모르거나 톨스토이, 투르게네프, 셰익스피어, 바이런, 괴테, 하이네, 위고 …… 하고, 소설이고, 시고, 함부루 구하여 함부루 읽었다.14)

번역 말이 나왔으니 말이지, 나는 당시 영문학을 공부하고 싶다 생각하고 있던 때였다. 그래 「사흘 굶은 봄달」, 「옆집 색시」, 「5월의 훈풍」, 「피로」 등 일군의 작품을 제작하는 한편으로, 몇 편의 소설을 번역하여 보았다. 맨스필드의 「차 한잔」, 헤밍웨이의 「도살자」, 오오푸라이티의 「봄의 파종」, 「조세핀」 이상 네 편으로, 나는 이것들을 夢甫라는 이름으로 동아일보에 발표하였다15)

위의 몇 장면들은 박태원의 10대 후반에서 20대 초반에 이르는 문학 수련기 즉 습작기의 독서체험과 관련한 기록의 일부이다. 작가의 기록에 따르면 열일곱 살 적 "구소설을 졸업하고 신소설에 입학"한 박태원은 이때 아예 학교까지 그만두고 서양의 신문학 작품들과 일본과 조선의 문예잡지들을 탐독하기 시작한다. 위의 기록이 보여주는 중요한 단

---

13) 박태원, 「순정을 짓밟은 춘자」, 『중앙』, 1936년 4월(류보선 편, 앞의 책, 228쪽).
14) 박태원, 「춘향전 탐독은 이미 취학 이전」(류보선 편, 위의 책, 231쪽)
15) 위의 책, 232-233쪽.

서는 그의 외국문예 독서의 시작이 일본어 번역본이었다는 것, 그가 특히 심취했던 것은 영문학(영어)이라는 것이다.

박태원이 읽은 책의 목록은 주로 「표현 묘사 기교―창작여록」(1934),16) 「구보가 아즉 박태원일때―문학소년의 일기」(1936),17) 「순정을 짓밟은 춘자」(1937),18) 「춘향전 탐독은 이미 취학 이전」(1940)19) 등에 집중적으로 소개되어 있는데, 이에 따르면 그의 외국문학 탐독은 시와 소설, 희곡 등 장르를 가리지 않았고, 미국, 영국, 아일랜드, 프랑스, 러시아, 일본 등 국적을 초월해 있었다. 특히 그의 관심은 동시대 작가들의 최신작에 향해 있었는데 위 인용문에서도 짐작할 수 있듯이 이 작품들의 상당수는 일본어 출판물이었다.

박태원이 1929년 도일하여 6개월 간 머물면서 법정대학 예과를 다니다가 1930년 초 귀국했다는 점을 고려하면, 이 때 조선에서보다 더 다양한 일본어 서적과 원서를 접했을 가능성도 있다. 그러나 독서가 집중적으로 이루어지던 시기는 도일 이전이며 쥘 르나르의 「博物誌抄」가 실려 있는 『近代短篇小說集』(1929)이나 『漱石全集』(1928~29)을 제외하면 그가 읽은 책들은 귀국 이후에 발간된 것들이다.

당대의 외국문학 출판물들에서 눈에 띄는 점은 대개의 외국 문학 작품이 일본어 편자 또는 역자에 의한 편집판(선집, 총서)의 형태로 소개되었다는 것이다. 이 시기는 일본 근대문학 (걸작)선집들이 발간되기 시작한 때이기도 한데, 이때 쏟아져 나온 국가별, 작가별, 시대별 번역 선집들 예컨대 『現代小英文學選』(1926), 『愛蘭劇集』(1928), 『モーパッサン

---

16) 쥘 르나르의 '박물지'("박물지초"), 알퐁스 도데의 '사포', 오 헨리의 단편들, 조이스의 '율리시즈'.
17) 『世界文學講座』, 고리키의 『夜の宿』, 『돈키호테』, 몰리에르의 「厭人病患者」, 체홉의 단편들, 골즈워디의 「투쟁」, 싱의 'Riders to the Sea', 'The Playboy of the Western world'.
18) 고리키의 『叛逆者の母』, 『모파상 선집』, 투르게네프의 『獵人日記』.
19) 맨스필드의 'A Cup of Tea', 헤밍웨이의 'The killers', 오플래허티의 '봄의 파종', '조세핀'.

選集』(1920), 『現代アメリカ短篇集』(1931), 『近代短篇小說集』(1929) 같은 것들을 박태원과 동시대 식민지인들이 접했으리라는 추정 역시 가능하다. 즉 박태원의 문학소년기 그리고 습작기는 일본어 (번역) 문학선집 출간 붐과 그 시기가 일치한다. 물론 한국에서도 1920년대에 특히 '해외문학파'들을 중심으로 세계문학 번역이 여러 지면을 통해 꾸준히 이루어지고 있었고, 한국어 번역 선집인 『세계문학 걸작집』(吳天園 역, 1925) 등이 출간된 바 있지만, 박태원은 실제로 보았든 안 보았든 한국어 번역 작품을 보았다거나 참고했다는 기록을 전혀 남긴 바 없다.

특히 세계 문학 가운데 박태원이 특히 심취했던 것은 영문학이었다. 박태원은 영어로 일기를 쓸 수 있었던 만큼이나 영어를 잘 읽을 수 있었으며,[20] "영문학을 공부하고 싶었다"[21]고 술회할 만큼 유독 영문학에 매료되어 있었다. 영문을 읽고 우리말로 번역을 해보겠다는 시도와 결과물이 그를 증명한다.[22] 그렇다면 외국문학이란 또 영문학이란 그에게 무엇이었고 어떤 의미를 가지는 것이었을까. 이를 고찰하기 위한 하나의 시도로서 박태원 소설에서 외국문학의 흔적들을 찾아보고 이를 박태원 문학의 기교적 특질과 관련시켜 살펴보기로 한다.

---

[20] "중학 2년이 되면서부터…… 가뜩이나 '센척'하려드는 구보 소년을 보고, 사람이 좋은 영어교사가 "태원인 단어에 매우 재주가 있어." 이렇게 그렇게 무책임한 말을 불쑥 한 것이 이르테면 탈이다. 그 말에 …… 자타가 공인하는 영어 실력을 발휘하기 위하여 위선 그날까지 순한문으로 하여오든 일기를 단연 영어로 기술하기로 결심하여 버렸다." (박태원, 「옹노만어」, 『조선일보』, 1938. 1. 26)
[21] "번역 말이 나왔으니 말이지, 나는 당시(-1930년 경) 영문학을 공부하고 싶다 생각하고 있던 때였다."(박태원, 「춘향전 탐독은 이미 취학 이전」)
[22] 박태원의 영문학 번역 작업의 특징과 그것이 가지는 의의, 특히 일역본과 한역본의 비교를 통해 발견할 수 있는 의미에 대해서는 다른 지면을 통해 검토하고자 한다.

Ⅲ. 박태원 소설에 나타난 외국문학의 흔적들23)

박태원이 자신의 독서편력에 대한 술회를 다양한 기록으로 남겨놓고 있는 만큼이나 그의 작품들에서 외국문학의 흔적을 찾는 것 역시 그리 어렵지 않은 일이다. 그는 특히 초기작에서 외국 문학 작품에 대한 현학적 과시를 노골적으로 드러내기도 했고, 작품 속에 외국작가들의 작품들을 자연스럽게 차용하기도 했다. 심지어 비평을 할 때조차 조선 작가와 외국 작품의 친연관계를 집어내어 표절 의혹을 제기하기도 했다.24) 작품에 나타난 외국문학의 흔적을 대표적으로 보여주는 작품이 「적멸」(1930)인데, 여기에서는 주로 서양의 다양한 작가의 실명과 문학 작품들이 언급되어 있다.

> 그것은 확실히 괴기한 장면이었다. 에드가 알렌 포가 우리에게 보여 주는 세계 이상으로 괴기한 장면이었다.(188쪽)25)
>
> 나는 '계집'이 따라 놓은 술 한 잔에 어쩐일인지 아슈 아놀드의 시 한구절을 연상하였다.
> ......
> 꿈은 깨여 사라지고 벗은 봄의 꽃이나 같이 웃다가는 그만 가 버리누나.(195쪽)
>
> 형께서는 로버트 루이스 스티븐슨(R. L Stevenson)'의 〈닥터 지킬 앤드

---

23) 이 논문의 3장과 4장은 필자의 박사논문 중 일부를 차용하여 수정 보완한 것임을 밝힌다.
24) "중간까지 읽어 오는 동안에 언뜻 「크로포토킨의 청년에게 호소하노라」를 연상하였다는 것을 작가에게 알리운다." "그 중에 「트럼프」 한 편은 안서가 西條八十의 애독자 내지 사숙자 혹은 번역자인 것을 명백히 표백하고 있다." "면밀히 조사하여 보면 生田春月이나 野口雨情 등의 시집 속에 발견할 수 있는지도 모른다."(「초하창작평」, 『동아일보』, 1929. 6. 12~19)
25) 이하 인용 쪽수는 박태원, 「적멸」, 『윤초시의 상경』, 깊은샘, 1991 참조.

미스터 하이드〉(Dr. Jekyll and Mr. Hyde)를 읽으신 일이 있으십니까? 물론 문학자이신 형께서는 읽으셨을 줄로 믿습니다마는……(207쪽)

—발자크(Balzac)의 〈인간희극〉(人間喜劇—La comedie humaine)이 십구세기 불란서의 완전한 사회사라할 것 같으면 내 눈에 비친 '희극'?은 '이십세기 경성의 허위로 찬 실극'이라고 —말이 좀 어색합니다마는— 할 수 있겠지요.(215쪽)

즉 나는 그 전날 딴때 없는 정성으로 밤중에 구두를 발갛게 닦아 놓고서 앨런 포우(Allan Poe)의 〈블랙캣(Black Cat)〉을 읽다가 새벽 세시나 되어서 비오는 소리를 들으며 잠이 들었던 것입니다.(219쪽)

—년 전에 자살한 일본 문사 모씨(日本文士某氏)의 〈어느 옛벗에게 주는 수기란〉 속에— ……나는 지금 '죽음'과 더불어 놀고 있다. …… 이런 구절이 있지 않았습니까?(225쪽)

에드가 알렌 포, 매슈 아놀드, 로버트 루이스 스티븐슨, 발자크 등의 작가들과 그들의 작품들이 줄줄이 원어가 병기된 채 등장하는 「적멸」은 1920년대 말 데뷔 이전 그의 문학 수련기의 풍경의 일단을 보여준다. 기이한 사나이의 독백이 작품의 전반을 차지하는 저 소설에서 사나이=작가가 결코 아니지만, 사나이의 독서 편력기는 작가의 그것과 등치가 가능하다. 등장인물의 정체와 무관하게, 작품에 언급된 작가의 실명과 작품 제목들은 현실 작가의 체험과 무관하다고 볼 수가 없기 때문이다.
위 인용문에서 '에드가 알렌 포가 우리에게 보여주는 세계 이상으로 괴기한'이라는 표현은 '에드가 알렌 포가 보여주는 세계'에 대한 독자의 이해와 공감이 전제 될 때에만 효력을 갖는 비유라고 할 수 있다. 즉 포의 작품을 읽지 않은 독자는 이 순간 작품으로부터 배제되는 것이다. 매슈 아놀드나 스티븐슨 그리고 발자크 등의 인용 역시 마찬가지이다. 그는 매슈 아놀드를 부분 인용하면서 독자들이 이 작품을 당연히 알고 있으리라 전제하는 포즈를 취하며, 〈닥터 지킬 앤드 미스터 하이드〉(Dr. Jekyll and Mr. Hyde)를 상대방이(물론 작품 속 소설가를 상대로 한 것이지만) 당연히 읽었으리라 가정한다. 〈인간희극〉을 패러디해 '이십세기 경성의 허위로 찬 실극'이라고 표현하는 것 역시 마찬가지이다. 이 작품의 미스터리한 인물 '레인코트 입은 사나이'는 낮에는 미치광이 '행세'를 하고 밤에는 형형한 눈빛으로 자신의 지적 편력을 풀어놓는, 전도된 '지킬 앤드 하이드'이며 몸소 인간의 희비극과 경성의 허위를 증언하는 인물이다. 이렇게 서양 외국문학을 직접적 간접적으로 차용하고 있는 「적멸」은 습작기를 막 통과하고 있는 작가의 현학적 독서 편력의 흔적들을 고스란히 간직하고 있다.

한편 「偸盜」(1941)의 경우는 문학 작품의 원전(〈레미제라블〉)을 이야기의 맥락 속에 유머러스하게 그리고 자유분방하게 통합시키는 모습을 볼 수 있다.

> 나는, 문득, 지금이라도 그 도적이 경관에게 붙잡힌 바 되어, 우리에게 훔친 물건을 한보따리 들고, 우리 문간에 와서 고개 숙이고 섰는 장면을 눈앞에 그려보았다. 경관은 그 보따리를 우리에게 내어 보이며, 이것들이 과연 당신네가 도적맞은 물건이요?— 하고 묻는다. 그 물음에 대하여, 나는 자애 깊은 웃음조차 입가에 띠우고, 아니오, 도적맞은 것이 아니라 내가 저 사람에게 준 것이오—하고 대답한다…….
> 그러나 나는, 한편으로, 우리가 도난을 당하였다고, 이미, 할멈을 파출소로 보내고 난 뒤였으니까, 그처럼 억지로, 내가 '미리엘 僧正'이 되고 싶더라도, 그것은 불가능한 일일밖에 없었다. 나는, 우리의 '장발장'이 도저히 죄에서 벗어나지 못할 것을, 잠깐 동안, 진정으로 안타깝게 생각하며, (……) 부디 가엾은 그의 몸에 형벌이 내려지지 말라고 빌고 싶었던 것이다……[26]

자신의 집에 든 도둑을 장발장으로 그리고 자기 자신을 미리엘 승정

---

26) 박태원, 「偸盜」, 『李箱의 悲戀』, 깊은샘, 1991, 230쪽.

으로 치환시켜 놓고 '자애 깊은' 공상을 펼치는 위의 장면은 외국문학 작품과 박태원의 유머감각이 적절히 결합되어 탄생한 결과물이다. 그런데 이러한 원전의 차용보다 더 의미심장한 것은 다음과 같은 대목이다.

> 구보는 그저 〈율리시즈〉를 논하고 있는 벗을 깨닫고, 불쑥, 그야 제임스 조이스의 새로운 시험에는 경의를 표하여야 마땅할 게지. 그러나 그것이 새롭다는, 오직 그 점만 가지고 과중 평가를 할 까닭이야 없지.(263쪽)[27]

「소설가 구보씨의 일일」에 등장한 유명한 〈율리시즈〉의 일화이다. 구보는 거리를 배회하다가 두 번째로 들른 다방에서 시인이면서 사회부 기자로 있는 벗을 만난다. 벗은 문인답게 구보의 소설을 평하고 문학론을 펼치면서 앙드레 지드를 인용하고 〈율리시즈〉를 논한다. 그런데 조이스의 새로움에는 경의를 표하지만 "새롭다는, 오직 그 점만 가지고 과중 평가를 할 까닭이야 없"다는 이 태도는 무엇을 의미하는가.

지금 우리 시대의 문학 독자들에게 제임스 조이스와 그의 〈율리시즈〉(1922)는 영문학의 고전이자 걸작으로 추앙되고 있다. 그 소설의 엄청난 볼륨과 그에 걸맞은 방대한 서술 그리고 독특한 문체에서 비롯한 기이함과 난해함은 아일랜드계라는 맥락과 더해져 그 소설의 가치를 매우 독보적인 것으로 만들어주고 있다. 그러나 박태원에게는 그 작품에 대한 이러한 '고전' 인식이 전혀 엿보이지 않는다. 그도 그럴 것이, 박태원에게 조이스는 한 사람의 동시대 작가일 뿐이었던 것이다. 1920~30년대 작가로서 박태원은 조이스와 그러한 동시대인으로서의 동류의식 또는 경쟁의식을 갖고 있었다고 보아도 그리 지나치지 않을 것이다. 그만큼 박태원의 작가로서의 자부심은 대단했다고 해야 할 것인데, 이는 김남천의 술회로도 뒷받침된다. 김남천은 박태원을 비판하는 자리에서 "작가로서의 원기와 자기 신뢰와 자신에 적지 않은 공감과

---

[27] 박태원, 「소설가 구보씨의 일일」, 『소설가 구보씨의 일일』, 깊은샘, 1994, 50쪽.

충격을 품었다"28)고 단순한 비아냥이 아닌 진정한 놀라움을 표시한 적이 있기 때문이다. 박태원의 「내 예술에 대한 항변」에 나타난 그의 자부심은 "모든 박해와 유혹으로부터 끝까지 자기의 예술을 지키려는 태도"일 수 있으며 "작가의 모랄"이라는 측면에서 높이 살 일이라는 것이다. 박태원의 이러한 "예술의 높은 프라이드"의 근거는 무엇일까. 이제 박태원의 습작기 외국문학 체험, 박태원의 예술적 자부심, 그리고 그의 작품 세계가 보여주는 수준 높은 기교의 세계 이 세 가지 항을 상호 관련시키는 작업이 남아 있다.

IV. 언어의 실험과 기교의 창조

사실 박태원이 당대 다른 문인들과 비판자들로부터 '기교파'라는 말을 들었던 데는 이유가 있다. 그가 피력한 기교론 또는 비평문들을 보면 그의 가장 큰 관심사가 문장에 있었으며("文藝 鑑賞이란, 究竟, 文章의 鑑賞이다."29)) '文章道'의 추구였음은 의심의 여지가 없다. 그가 말하는 '문장도'란 '문장의 억양'(리듬, 음악성), '어휘 선택', '묘사력'과 같은 것들을 포함하는 말로, 그는 문장도가 작가의 본령이라는 점을 누누이 피력한 바 있다.

> 이밖에 들어 말할 것은 군데군데 발견되는 용어의 부주의와 또 (……) 이러한 부주의한 문장 치졸한 문장일 것이다.(……)
> 위선 문장의 치졸함이 눈에 띈다. 누구든 한 개의 소설가이기 전에 한 개의 문장가이어야 한다. 아모튼 이 말에 이의를 가질 수는 없을 것이다.

---

28) 김남천, 「11월 창작평」, 『조선일보』, 1937. 11. 2. 그러나 이 글의 취지는 1937년 무렵의 박태원의 소설들이 작가 자신의 자부심의 원천인 소위 '순수 예술'이라는 것과 거리가 있으며 통속적이며 정치적으로 쉽게 변질될 수 있는 것임을 꼬집는 데 있다.
29) 박태원, 「표현·묘사·기교-창작여록」, 『조선중앙일보』, 1934 12 17~31.

문장에 대한 수련을 쌓는 일 없이 한 개의 작품을 공표한다는 것은 근본적으로 잘못이다.30)

'무엇'이 쓰여 있나 하는 것에 흥미를 느끼려는 것은 저급한 독자의 마음입니다. (……) 진보된 독자는 결코 그것으로 만족하지 않습니다.(……) 문예 감상이란 구경 문장의 감상입니다. 발자크나 졸라의 노력도 결코 무의미한 것이 아니었습니다.
작가들은 얼마든지 문장도에 정진하여야 하겠습니다.31)

'치졸한 문장', '억양이 결여된 문장', '무신경한 문장'에 대한 비판을 주된 비평 태도로 견지하고 있는 박태원의 비평적 언사들만 따지고 보자면 '문장만 알고 기교만 중시한다'는 비판자들의 주장이 틀렸다고만 보기는 힘들다. 이에 대해 '문장에 관한 이야기 말고는 아무런 비평의 내용도 기준도 없다'32)고 역공을 당하는 것도 무리가 아니다. 물론 그는 자신을 '기교주의', '기교파'로 치부하는 것을 달가워하지 않았을 뿐 아니라 불쾌해했는데(기교주의라는 말을 처음 쓴 것은 김기림이지만),33) 이는 주로 카프 진영의 비판자들이 '기교파'나 '예술파'라는 말을 '비현실적, 무사상적'이라는 말과 등치시켜 놓은 호명자들과 당대 담론의 흐름에 대한 거부감일 것이다.

그러면 박태원은 어떤 문장을 구사했던가. 다른 작가들의 문장이 얼

---

30) 박태원, 「문예시평」, 『매일신보』, 1933. 9. 21~10. 1.
31) 박태원, 「3월 창작평」, 『조선중앙일보』, 1934. 3. 29.
32) 엄흥섭, 「문예비평의 기본개념과 평가의 교양문제―주로 박태원씨의 時評을 논함」, 『조선일보』, 1935. 3. 2~5. 엄흥섭은 박태원이 작가들의 외래어나 용어 사용을 문제 삼는 태도가 '중학교작문교원적 유치'를 보여준다고 비꼬면서, 핵심을 건드리지 못하는 비평이라는 점을 비판하고 있다.
33) "경망된 수삼 평가들의 명명으로 나와 같은 사람은 기교파라는 레테르가 붙어 있는 모양이나 (……) 문장만 아느니 형식만 찾느니 기교만 중히 여기느니 하고 그것만 내세우는 데는 너무나 어이가 없어 말도 하고 싶지 않다."(박태원, 「내 예술에 대한 항변―작품과 비평가의 책임」, 『조선일보』, 1937. 8. 15)

마나 형편없는가를 지적하는 데 골몰했던 것이 그의 비평 활동이었다면, 자신의 작품에서 구현되는 문장으로 그에 대한 근거를 제시해야만 할 것이다. 그가 생각하는 문장이란 어떤 것인가. 그것은 단순히 '좋은 문장' 또는 '유려한 문장'과는 거리가 있었으며 새로우며 특별한, 특히 '기지와 해학'이 번득이는 문장이었다. 「방란장 주인」이 단적으로 보여주듯 무수한 쉼표로 문장을 끌어가는 그 유명한 '장거리 문장'이나 사투리로서의 경아리를 거침없이 구사하는 것을 박태원만의 기지의 표현이라 할 수 있다면, 이는 "'신선한, 그리고 또 예민한 감각'은, 또, 반드시 '기지'와 '해학'을 이해한다"34)는 맥락 안에 있었던 것이다. 박태원은 실로 시각적(회화성, 입체성) 청각적(음향, 어조) 감각과 같이 언어가 제공할 수 있는 모든 감각을 고민한 작가였다.

그런데 '언어의 신경'이라는 말로도 표현되는 이러한 예민한 언어 감각의 문제,35) 말하자면 스타일 가운데서도 가장 미묘한 지점이랄 수 있는 어감의 문제는 어느 수준에서 어디까지 검증이 가능한 것일까. 박태원이 다른 작가들의 문장을 거론하면서 "문장이 얼마나 무신경하고 무감각한가"를 지적할 뿐 구체적으로 그 무신경과 무감각이 무엇을 의미하는지 증명하지 못한 것도 '어감'과 그 효과의 문제를 증명하는 것 자체가 어렵고 불가능하다는 것을 증명하고 있다. 그렇다면 애초의 문제의식으로 돌아가서, 박태원 문장의 새로움과 예민함 그리고 기지와 해학을 즉 박태원의 '기교'를 만들어낸 것은 무엇인가. 그것은 외국문학 체험과 어떻게 관계되는가. 이 마지막 질문에 비로소 답을 해야 할 차례이다.

앞 절에서 보았듯이 박태원 문학에서 외국문학의 흔적을 찾아내는

---

34) 박태원, 「병상잡설」, 『조선문단』, 1927. 4.
35) 작가는 이 '어감'과 '신경'의 문제를 다음과 같이 유머러스하게 표현한 바 있다. "이제 네 개의 형용사와 네 개의 명사로 도합 열여섯 명의 미녀를 구하여 봅니다. '아름다운 여성', '아리따운 여인', '어여쁜 여자', '예쁜 계집', '아름다운 계집', '아리따운 여자', '어여쁜 여인', '예쁜 여성'……(이하 略)"(박태원, 「3월 창작평」)

것은 일차적으로 텍스트의 표면에 드러나 있는 저층의 차원에서 봤을 때 그리 어렵지 않은 일이다. 그러면 이보다 한층 더 심화한 차원에서 살펴볼 수 있는 것들이란, 작품의 발상, 구성, 스타일과 같은 것들일 것이다. 예컨대 박태원이 한자어를 우스꽝스럽게 조합하여 만든 문장을 남발하고 고전을 위트 있게 비틀어 차용하는 등 뛰어난 한문 실력과 고전에 대한 지식을 작품 창작에 활용했다는 것도 그 한 예가 될 수 있다. 「누이」와 같은 작품은 내용과 전혀 어울리지 않는 한자어들의 나열로만 만들어낸 소설이며,36) 「식객 오참봉」은 고전을 차용하여 사소한 에피소드를 상상적으로 '고전화'한 것이다.37) 또한 박태원 문체의 낯섦을 단적으로 보여주는 영어식 번역투 역시 외국 문학 접촉의 소산임은 부인하기 어려울 것이다.

    (A) 우선 '수염' 두 자를 <u>나의 입이</u> 발음한다는 것부터 너무나 대담한 짓임에 틀림없었다.(「수염」)
    (B) 호사다마라는 진부한 <u>문자가</u>, 하필, 나의 수염을 그 실례로 <u>선택할</u> 줄은 몰랐다.(「수염」)
    (C) 최 주사의 털실 신은 발은 제풀에 술집을 <u>찾아든다</u>.(「낙조」)
    (D) '옆구리 미어진 <u>구두는</u> 그렇게도 쉽사리 흙탕물을 <u>용납하고</u>, (……)' (「길은 어둡고」)
    (E) 그러나 <u>운명은</u> 바로 그때 최 주사의 옆으로 한 채의 자전거를 달려가게 하고 그리고 자전거 탄 젊은아이로 하여금 침을 퇴-뱉게 하였다.

---

36) '오빠'는 양말을 사달라고 조르는 '누이'의 청을 '놀라울 新學說의 提唱'이라고 칭하며, 누이가 치마를 염색하는 김에 와이셔츠를 염색해 준다면 이는 '相互扶助'의 '美擧'가 되리라고 표현하는 식으로, 거의 모든 문장이 이러한 어울리지 않는 한자어의 남발로 이루어져 있다.
37) 이들은 '유머소설'로 불릴 수 있는데, 작가는 유머소설에 강한 애정을 가지고 있었고 여러 차례 이를 발표하기도 했다. "내가 우리 문단에게 요구하는 작품의 일부는 (……) 유-모아 소설이라는 것이다. 내가 유-모아를 찬미하는 이유는, 그것이 인생에게 유쾌와 미소와 '환한 빛'을 재래(齎來)하는 까닭이다."(박태원, 「병상잡설」, 『조선문단』, 1927. 4)

(……)
　그때의 <u>운명은</u> 최 주사의 눈앞에다 건너편 아현 공동묘지를 <u>갖다 놓았다.</u>(「낙조」)

　이상의 인용문들은 쉽게 말해 사물(무생물) 주어, 곧 '물주구문'의 형태라고 할 수 있는데 이는 한국어에서는 자연스럽지 않은 '번역투'라고 하여 배척되는 문장이다.38) 박태원 문장에서 물주구문으로 표현되는 '주어(주체)의 사물화' 또는 '주체의 객체화'는 그것이 사람 주어 구문으로 다시 쓸 때 더 자연스럽다는 점에서 독특한 효과를 고려한 의도적인 문장이라고 할 수 있다. '나'와 나의 신체(입, 코, 발 등)를 독립적인 개별자로 설정한다든지, 비유기체가 유기체를 압도하는 주체로 등장한다든지 하는 식의 저러한 번역 투 문장쓰기는 '자연스러운' 한국어 문장을 영어식 구조로 2차 가공한 것이라는 점에서 분명 '문체의 서양화' 또는 '서양식 문체의 차용'이라고 볼 수 있다.
　그러나 박태원에게 있어 번역 투 문장의 의식적인 사용은 단지 서양 문체 흉내 내기 차원의 문제에 그치지 않는다. 영어로 쉽게 번역될 수 있는 문장39)을 지향했는가 하면 이와는 정 반대의 방향에 박태원의 문장들은 놓여 있다. 단어 차원에서만 봐도 '아이스크림'과 '아이쓰꾸리'의 음향의 차이, '없다니까'와 '없따닛까'의 어조의 차이를 세심하게 구

---

38) 거의 모든 한국어 번역론 또는 문장론에서는 무생물 주어 구문을 대표적인 영문 번역 투로 보고 이 주어를 부사적으로 고칠 것을 권고한다. 예를 들면 'Failure drove John to dispair'라는 문장을 '실패가 존을 절망으로 이끌었다'라고 번역(직역)하는 대신 '실패해서 존은 절망했다'로 번역하는 것이다. 영어에서 무생물 주어를 선호하는 이유는 무생물에 동작 주성(agency)을 부여하여 영어의 규범적 문형인 '행위자actor-행위action-목표goal'의 패턴을 관철시키기 위한 것으로 풀이된다.(이현석, 「문화와 언어표현의 차이에 기초한 영한번역의 방법론 연구」, 세종대 박사논문, 2006, 37-8면 참조.)
39) 다니자키 준이치로는 "서양풍의 문장을 쓰는 것이 소원"이었으며 "자신의 문장이 영어로 번역하기 쉬운지 어떤지 시종 고려에 넣으며 썼다."고 고백한 바 있다.(스즈키 토미, 한일문학연구회 역, 『이야기된 자기』, 생각의 나무, 2004, 286쪽 참조)

별했던 데서도 단적으로 드러나듯40) 박태원의 문장은 번역하기 가장 어려운 한국어 작품 가운데 하나일 것이기 때문이다. 이렇게 번역체이면서 또 단순한 외국 문체의 모방을 넘어서는 박태원의 문체는 어디서 기인한 것일까. 이 지점에서 앞에서 언급한 박태원의 문학적 자부심을 연결시킬 수 있지 않을까. 박태원이 해외문학과 함대훈의 작품을 비평한 다음과 같은 대목은 이 점에서 하나의 시사점을 던져준다.

> 외국어에 堪能한 이는 흔히 창작을 못한다. 그것은 문예가적 소질을 풍부히 가지고 있는 경우에라도 그렇다. 왜 그런고 하니 원래가 세계적 문호들의 걸작품을 직접 원문을 통하여 다독하였는지라 미처 흔히는 일종의 "기오쿠레(氣おくれ)"를 느끼는 까닭이다. (……) 그는 용감하게도 기오쿠레는 갖지 않았으나 불행하게도 문예가적 소질을 결하고 있다. 이 작품은 어떤 의미에서든 결코 한 개의 소설일 수 없다.41)

박태원의 "예술의 높은 프라이드"의 근거는 위 인용문에서 직감할 수 있다. 외국문학의 걸작들에 주눅이 들어 있지도 않았고 문예가적 소질을 결여하고 있지도 않았다는 것, 즉 당대 세계의 문인들과 어깨를 나란히 하고 있었다는 동시대 의식과42) 예민한 조선어 창작자로서의 자신감이 박태원의 무한한 자부심의 한 근거였던 것이다. 이 자부심이 작가로 하여금 그토록 낯설고 기이한 문장을 마음껏 구사하도록 길을

---

40) 박태원, 「표현·묘사·기교 – 창작여록」, 『조선중앙일보』, 1934. 12. 17~31.
41) 박태원, 「문예시평」, 『매일신보』, 1933. 9. 21~10. 1.(류보선, 앞의 책, 357쪽)
42) 박태원은 시인 三石勝五郎, 石川啄木, 소설가 夏目漱石, 芥川龍之介를 무척 흠모하는 작가로 꼽았는데, 동경을 넘어 그들을 모방하고자 했으며 그들의 경지에 오르고자 하는 욕망을 은연중 피력하기도 했다. 이런 대목, "夏目漱石 전집 중에〈日記及短篇〉의 일권이 있듯이 나도 내 자신, 후년에 당연히 가질 전집 중에 역시 그러한 한 권을 준비하려 착수하였다"는 발언은 자신감의 유머러스한 발현일 것이다. 한편 아쿠다가와의 작품집『梅. 馬. 鶯』(신조사, 1926)에 영문학 번역(또는 불-영 중역)이 실린 점은 그가 영문학을 번역하게 되는 데도 한 동기가 되었으리라 짐작된다.

열어준 창작의 동력이 아니었을까.

V. 나오며

박태원이라는 하나의 작가를 만들어낸 식민지 시대의 조건들과 힘들은 다양하다. 중인 계층, 서울 출신이라는 타고난 조건들뿐만 아니라 식민지 경성의 현실, 식민지의 문단 상황, 동시대의 일본과 세계의 문학, 근대 미디어의 발달 등 실로 많은 요소들을 언급할 수 있다. 이 글에서는 특히 박태원이 작가로서 형성되어 가던 무렵 그의 정신세계와 글쓰기에 큰 영향을 미쳤을 외국문학 체험 특히 독서체험을 그의 글쓰기 기교(특히 문상론)가 탄생되는 배경으로 삼고 그 체험 자체를 실증적으로 검토해 보고자 했다. 박태원이 식민지 작가 가운데 독보적인 스타일리스트이자 모더니스트가 될 수 있었던 것은 그런 과정을 세밀히 들여다보지 않고는 충분히 설명될 수 없다고 보았기 때문이다.

이에 따라 이 글에서 우선 주목한 것은 박태원이 구체적으로 어떤 형태의 책을 어떤 경로로 읽었을까 하는 점이다. 식민지 시기 유통된 출판물들을 바탕으로 그에 대해서는 어느 정도 근접할 수 있었다고 본다. 그 책들을 어떻게 읽었으며 그 독서 경험이 박태원의 조선어 창작과 기교의 창출에 근본적으로 어떤 영향을 미쳤는가 하는 점에 대해서는 좀 더 깊이 있는 연구가 필요한데, 이에 대해서는 박태원의 외국문학 번역 과정에 대한 연구가 구체적인 답을 제공해 줄 것이라고 본다. 이에 대한 연구를 후속 과제로 남긴다.

식민지에서 기교 또는 기교주의 그리고 외국문학 체험과 기교의 관련성 문제는 이런 기초 작업을 토대로 좀 더 확장될 필요가 있다. 이는 박태원 한 작가에게 국한될 수 없는 문제이며, 외국 문학과의 접촉이 한국어 문학 창작에서 갖는 중요성은 아직도 실증적 차원에서 고찰할 내용이 많이 남아 있기 때문이다. 특히 '번역과 문체의 창출'[43]이라는 문제는 텍스트와 그것이 놓인 문맥을 고려하는 실증적이고도 포괄적인 작업을 과제로 남겨놓고 있다. 이런 점에서 박태원의 외국문학 체험은 한 작가의 문학 세계를 재구성하는 차원에서뿐만 아니라 제국의 문학과 언어들의 틈바구니에서 투쟁하며 살아남았던 한국 문학사를 새로이 들여다보기 위한 하나의 실마리로서도 큰 의미가 있다. 이상을 바탕으로 한 좀 더 포괄적이고 확장된 연구 역시 이후의 과제로 남긴다.

---

[43] 번역이 새로운 문체를 발견하고 성립시키는 데 기여했다는 점에 대해서는 일본의 경우 꽤 천착이 이루어져 왔다. 고모리 요이치, 이현기 역, 「번역이라는 실천의 정치성」, 『번역의 방법』, 가와모토 고지・이노우에 겐 편, 고려대학교출판부, 2001; 가라타니 고진, 조영일 역, 『근대문학의 종언』, 도서출판 b, 2006, 참조. 이들은 후타바테이 시메이의 러시아어 산문 번역(투르게네프의 「밀회」)이 일본 근대 산문과 근대 소설 문체에 결정적인 영향을 미쳤다고 설명한다. 한국에서도 최근 번역과 한국어 및 한국문학의 관계에 관한 논의가 진전되고 있는 추세이다.

■ 참고문헌

1. 기본 자료

박태원, 『李箱의 悲戀』, 깊은샘, 1991.
박태원, 『윤초시의 상경』, 깊은샘, 1991.
박태원, 『소설가 구보씨의 일일』, 깊은샘, 1994.
박태원, 『구보가 아즉 박태원일 때』, 류보선 편, 깊은샘, 2005.

2. 논문 및 단행본

강상희, 「1930년대 한국 모더니즘 소설의 내면성 연구」, 서울대 박사논문, 1998.
구보학회, 『구보학보』 3집, 깊은샘, 2008.
김기림, 「시에 잇서서의 기교주의의 반성과 발전」, 『조선일보』, 1935. 2. 10~14.
김기림, 「시인으로서 현실에 적극 관심」, 『조선일보』, 1936. 1. 1~5.
김기림, 「과학과 비평과 시」, 『김기림 전집』 2, 심설당, 1988.
김남천, 「11월 창작평」, 『조선일보』, 1937. 11. 2.
김미지, 『박태원 문학의 담론구성 방식과 수사학 연구』, 서울대 박사논문, 2008.
김민정, 『한국 근대문학의 유인과 미적 주체의 좌표』, 소명출판, 2004.
김윤식, 「〈날개〉의 생성과정론―이상과 박태원의 문학사적 게임론」, 『한국현대문학비평사론』, 서울대학교출판부, 2000.
류보선, 『한국 근대문학의 정치적 (무)의식』, 소명출판, 2005.
박영희, 「6월 창작평(5) 기교의 자연성과 작자의 과도한 기지」, 『조선일보』, 1936. 6. 12.
박용철, 「을해시단 총평」, 『동아일보』, 1935. 12. 24~28.
박용철, 「기교주의설의 허망」, 『동아일보』, 1936. 3. 18~9.
상허문학회, 『근대문학과 구인회』, 깊은샘, 1996.
양문규, 「한국근대소설에 나타난 구어전통과 서구의 상호작용」, 『배달말』, 2006.
엄흥섭, 「문예비평의 기본개념과 평가의 교양문제―주로 박태원씨의 時評을 논함」, 『조선일보』, 1935. 3. 2~5.
이현석, 「문화와 언어표현의 차이에 기초한 영한번역의 방법론 연구」, 세종대 박사논문, 2006.
임 화, 「담천하의 시단일년―조선의 시문학은 어디로?」, 『신동아』, 1935. 12.

임　화, 「기교파와 조선 시단」, 『중앙』, 1936. 2.
정현숙, 「박태원 소설에 나타난 연속성과 불연속성 (1)」, 『한국언어문학』 61, 2007.
정현숙, 「박태원 소설에 나타난 연속성과 불연속성 (2)」, 어문연구 57, 2008.
천정환, 「식민지 모더니즘의 성취와 운명-박태원의 단편 소설」, 박태원, 『소설가 구보씨의 일일』, 문학과지성사, 2005.
한설야, 「기교주의의 검토-문단의 동향과 관련시키어」, 『조선일보』, 1937. 2. 4~9
스즈키 토미, 한일문학연구회 역, 『이야기된 자기』, 생각의 나무, 2004.
고모리 요이치, 이현기 역, 「번역이라는 실천의 정치성」, 『번역의 방법』, 가와모토 고지・이노우에 겐 편, 고려대학교 출판부, 2001.
가라타니 고진, 조영일 역, 『근대문학의 종언』, 도서출판 b, 2006.

■ 국문초록

 본 논문은 박태원 문학의 '기교' 문제에 접근하는 하나의 방식으로 박태원의 습작기 체험 가운데 특히 외국문학 독서에 주목하였다. 1930년대 모더니스트로서 박태원은 '기교의 작가'라는 정평을 얻음과 동시에 '기교주의자'라는 폄하에도 직면했는데, 고평이든 폄하든 그가 탁월한 기교를 구사하고 창조한 작가라는 데에는 이견이 없는 듯하다. 그리고 '세련된', '새로운'과 같은 수식어가 따라붙는 그의 문체와 스타일은 월북 이후에도 계속된 그의 작가 활동 전체를 꿰뚫고 있는 흔들리지 않는 원리이기도 하다. 본고는 그의 기교의 세계가 문학청년 시절이자 습작기인 1920년대 중후반 동시대 최고 수준의 세계 문학과의 만남을 통해 촉발되고 형성되었다고 보고, 그 시기 그의 외국문학 독서 체험에 대한 실증적인 연구를 행하였다.
 박태의의 학창시절 그리고 습작시절(1922~1929)은 일본의 외국문학 수용과 출판이 절정에 달하는 시기와 겹쳐지며 식민지의 외국어 교육이 가장 높은 수준에 도달했던 때이기도 하다. 따라서 박태원을 비롯한 식민지의 작가들 역시 제국의 수준 높은 외국문학과 접촉할 기회가 많았던 것이 사실이다. 이런 조건들이 식민지의 모더니스트를 키워낸 자양분이 되었음은 부인할 수 없는 일이다. 박태원은 특히 외국문학 독서 편력에 대한 기록들을 매우 많이 남겨놓고 있기 때문에 그에 대한 실증적 접근이 매우 용이한 작가에 속한다. 본고에서는 일차적으로 박태원 소설의 기교가 마련되는 하나의 배경으로서 박태원의 독서체험을 실증적으로 재구성하는 밑그림을 그려보았다. 이를 바탕으로 박태원의 습작기 흔적 가운데 하나인 영문학 번역 작업에 대한 연구를 후속 과제로 남겨두고자 한다.

주제어: 외국문학, 독서 체험, 습작기, 기교, 기교주의, 스타일

■ Abstract

Park Tae-Won's Literary Technique and Reading Experience of Foreign Literary Works

Kim, Mi Ji

Novelist Park Tae-Won is a leading modernist and technician of the 1930s. How was the technician born in colonial period? It is a question not only for Park Tae-Won but also for most of modernists in those days. This study aims to investigate the process of building of one novelist by examining Park's reading experience of foreign literary works.

During the 1920s, Park Tae-Won had made a great effort to read foreign literature and had started to write shot stories. In his training days as a novelist, he read huge amount of literary works from various foreign countries. But unfortunately the books which he read was works of Japanese translation. He read selected works and anthologies from Japan. In this study, it has been traced the list of books which he read and supposed the form of the books. The work was possible only because Park Tae-Won had written about his reading experience very concretely.

According to his documents about reading foreign literary works, he especially loved English literature. Then he had tried to translate a few English works, for example Ernest Hemingway's "The killers", Katherine Mansfield's "A cup of tea", and had published these works in newspaper. At the same time he had written several short stories his own, then the works of his early days had many signs and marks of foreign literature especially in style.

Key-words: foreign literature, reading foreign literary works, training days for a novelist, literary techniques, technicism, style

―이 논문은 2009년 11월 30일에 접수되어, 소정의 심사를 거쳐 2009년 12월 15일에 최종적으로 게재가 확정되었음.

전망의 부재와 구보의 소실(消失)
− 박태원의 「명랑한 전망」, 「애경」, 『여인성장』에 대한 연구

```
                    목 차
        Ⅰ. 문제제기
        Ⅱ. '소유', 조작된 전망
        Ⅲ. 타락한 구보, 교환가치가 된 '애정'
        Ⅳ. 사적(私的) 애정과 공적(公的) 결혼
        Ⅴ. 결론
```

류 수 연**

Ⅰ. 문제제기

박태원은 소설이 창작되는 과정 자체를 중시하고 그 자체로 하나의 소설이 될 수 있다고 본 작가였다. 그의 고현학적 창작방법론은 가장

---

* 이 논문은 졸고 「'공공적' 글쓰기와 소설의 통속화」(『구보학보』 제1집, 2006)의 논의를 보강한 것이다. 이미 발표한 「'공공적' 글쓰기와 소설의 통속화」는 「명랑한 전망」과 『여인성장』만을 분석 대상으로 삼은 한계를 가지고 있었다. 또한 『여인성장』 제목의 한자 표기가 잘못되었고, 제목과 관련된 분석 단락이 누락되면서 전체 논지가 오인될 여지가 다분했다. 이에 필자는 본인의 박사학위 논문(「박태원 소설의 창작기법 연구」, 인하대학교 박사논문, 2009)에서 이러한 오류를 수정하였고, 그 결과물을 다시 발표하고자 한다. 비록 동일한 문제의식을 담고 있는 논문이지만, 대상 텍스트의 범위가 넓어졌고 논지에 있어서도 많은 부분 수정하였으므로 여러 연구자들의 이해를 부탁드린다.
** 인하대학교.

사적인 기록들이 문학이라는 것을 통해 공적으로 전환되어가는 과정을 보여주는 것이라고 할 수 있다. 그런데 1930년대 중반까지 박태원이 이러한 고현학적 기법을 통해 창작해왔던 대부분의 소설들은 본질적으로 소외의 서사였다. 고현학적 관찰자란 기본적으로 도시를 떠도는 유민이었고, 그 관찰자는 계몽의 전망이 상실된 시대의 삶을 소설로 기록하였다. 『소설가 구보씨의 일일』은 내면의 목소리를 표출할 수 있는 유일한 공간이 '노트'라는 좁은 공간에 머물러 있는 시대를 향한 기록이었고, 『천변풍경』은 '수다'를 통해 그렇게 단편화된 목소리들을 하나의 총체성으로 묶어내고자 했지만 그것은 오직 천변이라는 이상화된 공간 속에서만 가능한 것이었다. 이는 모두 더 이상 토론이 불가능한 시대가 되었음을 반영하는 것이었다. 그러한 1930년대 후반기 현실 속에서 식민지 조선의 지식인들은 변질된 공공성과 마주하게 된다. 식민지인에게 허용된 진정한 의미의 토론 공간은 점점 좁아지고, 다른 한편에서는 일제의 주도로 이루어진 대동아공영권 등의 강요된 공공성이 확대되면서 그 빈자리를 채워가고 있었다. 그것은 구보의 노트를 덮게 만들었고, 구보로부터 거리를 앗아가는 폭력으로 작용하였다.

　박태원의 애정소설은 이렇게 토론과 관찰이 사라져가는 절망적 현실감각으로부터 출발한다. 그러나 박태원은 그 현실에 좌절하기보다는 보다 적극적으로 또 다른 방식의 전망 찾기를 시도한다. 따라서 박태원의 애정소설이 구보가 노트를 덮고 선택했던 '한 개의 생활'을 그 출발점으로 한다는 것은 의미심장하다. 이 '생활'은 빼앗겨버린 공공적 영역으로서의 거리를 대체할 사적 영역으로서의 '가정'을 새로운 전망으로 내세우고 있기 때문이다. 「명랑한 전망」·「애경」·『여인성장』은 생활로 뛰어든 고현학적 관찰자의 전망 찾기와 그 좌절의 과정을 분명히 보여주는 텍스트이다. 본고는 이 세 편의 애정소설을 분석함으로써 우리 근대사의 가장 예민한 시기를 관통하는 작가 박태원의 고민이 어떤 방식으로 소설에 반영되었는가를 살펴보고자 한다.

Ⅱ. '소유', 조작된 전망 —「명랑한 전망」(1939년)

「명랑한 전망(明朗한 展望)」[1]의 배경은 달라진 카페의 풍경을 통해 형상화된다. 「소설가 구보씨의 일일(小說家 仇甫氏의 一日)」[2]에서 고현학적 관찰자인 구보는 삶을 관찰하기 위해 경성 곳곳을 떠돌았다. 그는 1930년대 경성을 비추는 카메라였고 그의 노트는 그것을 기록하는 필름이었다. 그러나 이러한 「소설가 구보씨의 일일」의 시대는 아직 고현학적 관찰자가 관찰하고 탐구할 수 있는 시대였다. 그것은 아직 전망에 대한 기대가 남겨져 있었던 시대임을 의미한다. 탐구한다는 것은 대상이 가진 진실을 드러나고자 함이고, 그것은 아직 거기에 진실이 있음을 그가 믿고 있다는 것이다.

하지만 「명랑한 전망」에 드러난 카페의 풍경은 '관찰자'가 더 이상 관찰할 수 없는 시대가 도래됐음을 보여준다. 이제 카페는 연인들이 달콤한 밀어를 나누거나 몇몇 룸펜들이 유언비어나 음담패설을 나누는 장소로 기능한다. 그곳에서 고현학적 관찰은 거의 포기되어 있다. "공공적 공간이란 자신의 '행위'와 '의견'에 대하여 응답을 받는 공간이다."[3] 고현학적 관찰 행위는, 소통이 사라진 시대에서 상호응답가능성을 찾고자 하는 의지의 표명이었다. 그러나 「명랑한 전망」에는 더 이상 노트와 단장을 들고 거리를 배회하는 관찰자가 없다. 구보형 인물이어야만 할 주인공들은 더 이상 '구보'가 아닌 것이다. 이는 관찰을 통해

---

1) 「명랑한 전망」은 1939년 4월 9일부터 5월 16일까지 『매일신보』에 연재되었다. 본고에서는 『한국근대단편소설대계』9를 텍스트로 삼는다. 이하 텍스트는 인용면만 표기하겠다.
2) 「소설가 구보씨의 일일」은 1934년 8월 1일부터 9월 1일까지 『조선중앙일보』에 연재되었다. 본고에서는 『한국근대단편소설대계』9 수록본(문장사, 1938년)을 텍스트로 삼는다.
3) 사이토 준이치, 윤대석·류수연·윤미란 역, 『민주적 공공성』, 도서출판 이음, 2009, 16-17쪽.

전망을 발견하려는 시도 자체가 총체적 위기에 봉착했음을 의미한다.
　그럼에도 불구하고 박태원은 이러한 시대의 서사를 '명랑한 전망'이라고 명명한다. 전망이 상실된 시대의 서사가 어떻게 '명랑'할 수 있는가?「명랑한 전망」은 제목이 주는 이러한 아이러니로부터 주제를 형상화한다. 따라서「명랑한 전망」에 대한 분석은 제목과 시대 사이의 모순으로부터 출발되어야 한다. 전망이란 미래에 대한 가능성을 앞서 살피는 것이다. 그 전망을 '명랑'하다고 수식하는 것은 그렇게 예측된 미래가 긍정적인 가능성으로 가득 차 있음을 의미한다고 할 수 있다. 그러나 작가 박태원 앞에 놓인 현실은 그렇지 않았다. 이 제목이 역설일 수밖에 없는 이유는「명랑한 전망」의 서사가 독자에게 제공하는 전망이라는 것의 정체가 결코 진정한 의미에서 '명랑'할 수 없기 때문이다.
　1930년대 후반기, 왜곡된 공공성의 시대를 반영하듯「명랑한 전망」에서는 작가를 둘러싼 시대적 현실이 철저하게 지워져 있다. 작중 인물들이 지향하는 소위 '전망'이라는 것은 의도적이라 할 만큼 모든 사회적 관계로부터 분리된 상태에서 추구되고 있다. 그것은 그들이 말하는 전망이라는 것이 모든 공공적인 조건으로부터 떨어져 나온 채 '사적 영역'만을 지향하고 있음을 의미한다. 한 인간에게 있어서 사적 영역이 확보된다는 것은 그가 하나의 '생활'을 가지고 있다는 것을 의미한다. 이 생활이 영위되는 공간이 바로 '가정'이다.「명랑한 전망」의 서사는 가정을 획득하기 위한 주인공 허재의 고군분투를 담아낸다.

　　혜경이에게는 반지가 한둘이 아니다 석달전에 자기가 보낸 약혼반지도 잇다 그러나 혜경이와 가티 아름다운 여인에게는 그 여여분 손을 장식하기 의하여 갑나가는 반지가 암만이라도 필요한것이다.[4]

　「명랑한 전망」의 도입은 '소유'로 전락한 사랑의 현실을 보여준다.

---
[4]「명랑한 전망」, 202쪽.

연인인 혜경에게 줄 반지를 사기 위해 백화점으로 향하는 주인공 히재는 사랑에 들뜬 청년의 모습을 보여준다. 그러나 실제로 그것은 한 개의 반지만큼의 가치로 사랑을 저울질 하는 삶의 한 풍경일 뿐이다. 아름다운 여인에게 손을 장식한 값비싼 반지가 필수적이라고 그의 생각에는, 애정의 크기까지도 물질로 저울질 될 수밖에 없는 자본제 근대의 한 단면이 반영되어 있다. 이 첫 장면부터 「명랑한 전망」의 서사는 '사랑'이라는 것이 사실상 물질 혹은 소유의 문제에 깊이 결부되어 있음을 분명히 보여준다.

그렇다 하더라도 만약 주인공 히재의 곁에 구보가 있었더라면 그에게 '한 개의 부러움'을 가졌을지도 모른다. 안정된 직업과 사랑하는 여인을 모두 가진 히재야말로 구보가 그토록 바라던 '한 개의 생활'을 가진 존재처럼 여겨지기 때문이다. 히재 스스로도 생활인으로서 자신의 안정된 위치에 만족하고 있는 것처럼 보인다. 그것은 그가 카페에서 해경을 기다리는 장면에서 분명하게 드러난다. 만약 구보라면 끊임없이 노트에 무언가를 적었을 그 시간 동안, 히재는 오직 혜경과 자신에 대한 생각에만 골몰해 있다. 따라서 그는 그 누구도 관찰하지 않으며, 그 누구에게도 관찰당하지 않는다. 그것은 그가 무엇인가를 '소유(사적 영역을 소유)'하고 있는 자이기 때문이다.

여기서 박태원 소설의 주인공이 더 이상 관찰하지 않는다는 것은 중요한 의미를 갖는다. 사실상 구보가 관찰자라는 것은 그가 일상의 영역에서 소외된 자임을 의미한다. 타인을 관찰하는 자는 타인과 애초에 관계 맺기를 스스로 거부한 자이며, 또 거부당하는 자이다. 관찰이라는 것은 객관적인 시선을 필수적으로 요구하는 것이기 때문에 타인과 진정한 의미의 관계를 맺을 수 없다. 그렇게 되면 객관적인 관찰 자체가 불가능해지기 때문이다. 동시에 관찰자는 타인에게 거부당하는 자이기도 하다. 그 누구도 자신의 일거수일투족을 관찰하는 사람과의 소통을 유쾌하게 받아들일 수 없기 때문이다.

그런데 그러한 관찰자를 사적 영역(소유)으로 추락하지 않게 만드는 것은 역설적으로 그가 관찰하고 있기 때문이다. 관찰한다는 것은 여전히 타인에게 관심을 가지고 있다는 것이다. 그것은 아직 그곳에 타자의 자리가 마련되어 있음을 의미한다. "공공적 공간은 모든 사람들의 '자리'='장소'가 마련되어 있는 공간이다."5) 구보의 관찰은 공공적 공간을 확인하는 것이며, 동시에 타자에 대한 관심을 바탕으로 공공적 공간을 확대하는 행위이기도 했다. 「명랑한 전망」의 서사에서 이러한 구보가 등장하지 않는다는 것은 단순히 관찰의 포기를 의미하는 것만은 아니다. 그것은 이 작품의 서사가 공공적 공간의 부재가 현실화 되어가는 시대현실 속에 위치하고 있음을 의미하는 것이기도 하다. 이는 '사적' (private)이라는 말로 표현될 수 있다.

> 완전히 사적인 생활을 한다는 것은 우선 진정한 인간에게 필수적인 것이 박탈되었음을 의미한다. (…중략…) 타인에게 관심을 갖는 한 사적 인간은 나타나지 않으며, 따라서 마치 그는 존재하지 않았던 것처럼 된다. 사적인 인간이 행하는 것은 무엇이나 타인에겐 아무런 의미도 중요성도 없으며, 그에게 문제가 되는 것도 다른 사람에게는 아무런 관심거리가 되지 못한다.6)

사적인 삶에서 박탈된 것은 다름 아닌 '타자'이다. "'사적'으로 사는 것은 사람들로 하여금 자기 자신의 '현실성'에 의심을 품게 한다."7) 이러한 사람들은 근원적으로 '고독'하다. "자신은 없어져도 상관없지 않나 하는 존재의 현실성에 대한 의심은, 타인과 다른 나의 삶의 방식

---

5) 사이토 준이치, 윤대석·류수연·윤미란 역, 『민주적 공공성』, 도서출판 이음, 2009, 14쪽.
6) 한나 아렌트, 이진우·태정호 역, 『인간의 조건』, 한길사, 1996, 112쪽.
7) 사이토 준이치, 윤대석·류수연·윤미란 역, 『민주적 공공성』, 도서출판 이음, 2009, 15쪽.

이 동등한 가치를 가진 것으로서 존중과 승인을 받지 못하는 것에 대한 분노나 슬픔보다도 더욱 통절한 것"8)이기 때문에 고독은 더욱 문제적이다.

그러나 '고독'을 문제 삼는다는 것은 아직 타자의 존재에 대한 희망이 남겨져 있다는 것이다. 「소설가 구보씨의 일일」에서 구보가 자조적으로 자신을 도시의 소외자라고 인식하고 인정할 수 있었던 것은 그가 완전히 소외된 상태가 아니었기 때문이다. 그의 관찰 행위는 여전히 그가 타자에게 관심을 가지고 있음을 의미하고, 그것은 그가 공공적 공간을 되찾을 수 있는 하나의 가능성을 가지고 있었음을 의미한다.

그런데 그러한 구보가 노트를 덮고 꿈꾸었던 '한 개의 생활'로부터 시작된 「명랑한 전망」은 소외를 기록하는 서사가 아닌 그 자체로 소외된 삶을 반영하고 있다. 「명랑한 전망」에서 히재는 분명 관찰자가 아니며, 따라서 도시를 배회하던 구보와는 다른 삶의 조건을 가진 인물이다. 그는 누구도 관찰하고자 하지 않았고, 따라서 누구에게도 관찰당하지 않는다. 그러나 스스로 소외를 인정하지 않는다고 해서 소외되지 않은 것은 아니다. 오히려 그는 자신의 소외를 인정할 수 없을 만큼 완벽하게 소외되어 있을 뿐이다. 다만 사랑과 직업(경제력)이라는 사적 영역을 확실히 확보하고 있었기 때문에 자각하지 못했을 뿐이다.

그의 시련은 사랑을 잃는 것으로부터 시작된다. 약혼녀인 혜경이 그의 신뢰를 깨고 다른 남자와 만났기 때문이다. 혜경의 배신은 성실하고 소박하게 가정을 꾸리고 행복을 얻고자 했던 히재를 좌절시킨다. 그렇다고 해서 히재가 소외의 본질을 깨닫는 것은 아니다. 그것은 그가 혜경을 잃고 나서 그 대안으로서 또 다른 사랑이 아닌 '가정'을 찾고 있다는 데서 분명해진다. 그것은 그가 혜경에게 품었던 애정의 진위마저 의심하게 만든다. 그것은 진정한 애정이었는가? 그렇게 손쉽게 대체될 수

---

8) 사이토 준이치, 윤대석·류수연·윤미란 역, 『민주적 공공성』, 도서출판 이음, 2009, 40쪽.

있는 애정이라면 오히려 그것은 '가정'이라는 사적 영역에 안착하기 위한 하나의 통로에 불과했다고 말할 수 있을 것이다.

> 데리고 산다는 여급의 뱃속에 히재의 아이가 이미 들어잇나 보다는 말애도 별 감정을 가저보지못한 혜경으로서 그가 회사애서 나오는길에 저녁 반찬거리라도 사가지고 가는듯시푼 모양에 그처럼 불쾌한감을 느낀것은 어인연고나?⁹⁾

여기서 혜경이 느끼는 불쾌감의 정체는 무엇일까? 그것은 히재의 모습이 현재 혜경의 삶에 부재한 것들을 떠올리게 하기 때문이다. 퇴근하면서 저녁반찬거리를 사오는 남편의 모습, 그것은 안락한 가정과 일상의 행복을 연상시킨다. 그것은 한때 혜경의 것이 될 수 있었지만 이미 놓쳐버린 것이다. 히재가 자신의 소유였을 때는 느끼지 못했던 욕망이 혜경을 질투에 휩싸이게 한다. 그러나 혜경의 질투를 살 만큼 히재가 안정된 그 순간, 히재는 더 큰 절망에 봉착하게 된다. 가정이라는 생활을 영위할 수 있는 기반이 되는 경제력을 상실하게 되는 것이다.

히재의 실직으로 인해 히재/애자의 가정은 그 공간이 가진 본질적인 한계를 드러내고 만다. 애정을 바탕으로 유지된다고 생각했던 가정은 히재가 경제력을 상실한 순간부터 걷잡을 수 없이 붕괴되기 시작한다. 실직은 히재가 능동적인 소비자로서의 위치를 상실했다는 것을 의미한다. 소비는 타자로부터 자신의 존재를 가장 손쉽게 확인받을 수 있는 방법이다. 실직과 함께 히재는 자신과 가정의 '현재성'마저 의심해야만 하는 잉여자(혹은 난민)가 되어버린 것이다.

공공성은 "사람들 사이에 존재하는 세계가 사람들을 결집시키고 관계를 맺어주며 서로 분리시키는 힘"¹⁰⁾이다. 따라서 그것이 상실되었다

---

9) 「명랑한 전망」, 220쪽.
10) 한나 아렌트, 이진우·태정호 역, 『인간의 조건』, 한길사, 1996, 106쪽.

는 것은 익숙했던 사람들 사이의 적절한 관계 맺기가 불가능해졌음을 의미한다. '소유'(혹은 물질)는 소비를 통해 마치 그곳에 진정한 애정이 있는 것 같은, 그래서 상실된 관계의 끈이 마치 존재하는 것과 같은 환상을 일으킬 뿐이다. 그러나 「명랑한 전망」에서 히재의 고난은 그것이 얼마나 허구적인 것에 불과한지를 여실히 보여준다. 나름대로 성실하고 정직한 한 명의 생활인이었던 히재는 박태원 소설의 다른 주인공들과 마찬가지로 "생활에 뛰어들어 가족을 갖고 돈을 벌어야 했을 때 걷잡을 수 없이 훼손"[11]되고 마는 것이다.

그 이유는 그들의 지향이 처음부터 왜곡되어 있었기 때문이다. 사적 영역은 공공적 영역을 대체하는 공간이 아니라 각기 다른 성격으로 공존해야 하는 공간이다. "공론의 영역은 가족 구성원 사이에는 결코 존재한 적이 없었"[12]기 때문에 가정을 통해 소외로부터 벗어나고자 했던 히재의 지향은 처음부터 불구적일 수밖에 없다. 따라서 가정을 되찾기 위해 소유(혹은 직업)를 다시 획득하고자 했던 히재의 고군분투는, 그 소유를 위해 가정을 버리는 주객전도의 결말로 끝나버리고 만다.

> 그로서 사흘 뒤 애자는 경자를 데리고 시골로 나려가고히재는 지금 잇는 본점××아파ー트로 갓다 그리하여 취직과 함께 다시히재는 혜경이와 교섭을 가지게된것이다[13]

결국 히재의 고난은 전망으로서 가정의 존재 기반은 소유에 있음을 확인하는 것으로 끝이 난다. 애자는 딸 경자와 살아갈 수 있는 기반을 얻었고, 히재는 본래 연인이었던 혜경과의 재결합을 목도하고 있다. 소설은 애정의 삼각관계를 이루는 애자/히재/혜경이 모두 각자의 소유(사

---

11) 최혜실, 「'산책자'의 타락과 통속성」, 『박태원 소설 연구』, 깊은샘, 1995, 195쪽.
12) 한나 아렌트, 이진우·태정호 역, 『인간의 조건』, 한길사, 1996, 107쪽.
13) 「명랑한 전망」, 235쪽.

적 영역)를 확보하면서 '행복'해졌다고 이야기한다. 그럼에도 불구하고 「명랑한 전망」의 결말은 결코 명랑하지도 행복하지도 않다. 어쩌면 이 불행한 시대의 서사가 '명랑한 전망'이라고 지칭된 그 순간부터 진정성은 부재하고 있었는지도 모른다.

  제목이 갖는 의미가 완전히 추락하는 이 지점에서, 제목의 역설은 비로소 그 의미를 되찾는다. 「명랑한 전망」은 사랑과 돈이라는 통속적 코드를 전면에 내세워 결코 공존할 수 없었을 것 같았던 둘 사이의 갈등을 종식시킨다. 그러나 그것은 엄밀히 말해 사랑의 자리를 지우고, 소유 안에 포섭시키는 것에 불과했다. 그럼에도 불구하고 소설 속 인물들은 그 둘을 모두 획득할 수 있는 전망을 찾기 위해 노력한다. 이러한 히재와 등장인물들의 왜곡된 전망 찾기는 공공적 공간을 상실한 근대인의 삶을 반영한다. 소설의 결말은 사적 영역에서 존재의 의미를 찾는다는 것이 얼마나 허구적인 것인가를 분명히 보여준다.

  그렇다면 진정한 의미에서의 '명랑한 전망'은 어디에서 찾을 수 있는가? 「명랑한 전망」의 서사는 거기에 대해 충분히 답했다고 보기 어렵다. 소설의 서사는 히재의 전망 찾기가 사랑에서 가정으로 다시 소유로 변모되는 과정을 통해 그것이 가진 모순점을 드러내는 데는 성공했지만, 그 모순이 갖는 사회적 의미를 파악하는 데까지는 나아가지 못했기 때문이다. 그것은 더 이상 관찰하지 않는 주인공 히재를 통해 「명랑한 전망」의 도입에서부터 이미 예견되어 있다. 관찰이 포기된 순간, 박태원의 '전망 찾기'도 실패할 수밖에 없었던 것이다. 그리고 관찰자가 사라져 버린 빈자리는 타락한 욕망들로 채워진다. 구보가 사라진 박태원 소설의 서사적 추락은 「애경」과 『여인성장』을 통해 좀 더 분명하게 드러난다.

Ⅲ. 타락한 구보, 교환가치가 된 '애정'—「애경」 (1940~1941년)

『명랑한 전망』을 통해 박태원은 타락한 욕망의 도시에서 더 이상 전망을 꿈꾸는 것이 불가능해졌음이 명확하게 보여주었다. 그런데 『애경(愛經)』[14]은 그렇게 상실된 전망 위에서 또 다시 '사랑'을 유일한 대안으로 찾아다니는 인물들을 보여준다. 신호와 정숙, 수진과 숙자 부부는 잃어버리는 사랑을 또 다른 사랑으로 충족하기를 바란다. 각각 옥화, 태석과 준길이 이들 사랑에 개입되면서 「애경」은 복잡한 애정관계를 보여준다. 이러한 작중 인물들은 모두 행복하기를 꿈꾸며 그 행복을 이룰 수 있는 유일한 가치를 사랑에서 찾고자 한다. 그러나 이미 사랑이라는 감정조차 물질로 평가되는 현실 속에서 그들 각각이 추구하는 '사랑의 여로' 혹은 '사랑의 가치'는 예정된 실패를 향해 나아간다.

  한때는 젊은 예술가의 무리들이 밤으로 낮으로 찾아 들어, 그 흥성한 품이 제법 볼만도 하든 다방 「門」이었다. 그러나 그것도 겨우 개업 당초 몇 달동안의 일이고, 이제는 호옥 이 골목을 지나는 이가 새삼스러이 고개를 한번 끄덕하고,
  「참, 여기 이런 찻집이 있었지.」
  한번은 중얼거려도 보지만 다음 순간에는 또 다시 썻은듯키 잊고마는 다방 「門」이다.
  서울안의 긱다점은 거개 명치정 속에 모여 있다 하지만, 같은 명치정 속에서도, 이곳은 행인이 지극히 드믄 뒷골목이다. 쓸쓸한 뒷골목이길래, 이곳으로는 자동차의 통행도 자유이었다.[15]

---

[14] 「애경」은 1940년 1월부터 1940년 11월까지 『문장』에 연재되었다. 본고에서는 『한국근대단편소설대계』 9를 텍스트로 삼는다. 이하 텍스트는 인용면만 표기하겠다.
[15] 「애경」, 335쪽.

그의 다른 작품들과 마찬가지로 「애경」에서도 카페는 작품 전체의 서사를 출발하는 중요한 장소로 제시된다. "카페는 산책자가 거리 산책을 할 때 느끼는 방심 상태를 거의 똑같이 보여 준다는 점"16)에서 고현학적 관찰을 수행하기엔 매우 적절한 장소였다. 박태원의 고현학은 카페에서 출발했고 카페에 모인 사람들을 통해 동시대 경성의 삶을 포착하고자 했다. 그러나 「애경」에서 다방 '門'은 달라진 카페의 풍경을 보여준다. 사람들은 더 이상 토론하기 위해 카페를 찾지 않았다. 카페는 잠시 휴식하거나 누군가를 기다리기 위해 거쳐 가는 공간으로 변모되었다. 사람들은 각각의 사무를 위해 그곳을 찾았다. 바야흐로 카페는 차 한 잔만큼의 '무관심'을 파는 장소로 변화하였고, 사람들은 그만큼의 돈을 지불하고 '고독'을 소비하였다. 「애경」은 이처럼 타락한 카페와 함께 타락해 버린 관찰자의 모습이 비춰진다는 점에서 보다 주목된다.

> 남자는 저편, 그중 구석진 탁자 앞에가 자리를 잡고 앉아, 담배를 태고 있었다. 여자가 들어오는 것을 보자, 그의 입가에 뜻 모를 웃음이 잠깐 떠올랐다. 그것이, 마치,
> 「네가 별수 있니? 들어 왔지!」
> 그러는듯싶어, 여자는 일종 모욕을 느꼈으나, 난로 앞에 자리를 잡고 앉았는 다른 객들이 유심히 자기를 우아래로 훑어 보고 있는 것을 깨닫자, 그는 역시 남자의 탁자 앞으로 가지 않을수 없었다.17)

김태석은 고현학적 관찰자와는 완전히 상반된 지점에 놓여 있는 인물이다. 그는 경성이라는 공간의 욕망 안에서 행동하고 그것을 스스로 만끽하는 인물 유형이다. 권투선수인 그는 자신을 향한 사람들의 시선을 즐겼고 그것을 당연시하는 인물이었다. 그는 만나는 모든 여자들을,

---

16) 최혜실, 「'산책자'의 타락과 통속성」, 『박태원 소설 연구』, 깊은샘, 1995.
17) 「애경」, 339쪽.

자신의 매력을 발산함으로써 유혹해야 하는 게임의 대상으로 보았고, 숙자를 만나기 전까지 늘 그 게임에서 승리를 거머쥐었다. 그에게 사랑은 오직 육체에 국한된 것이었고 유희의 대상이었지만 그는 그것을 향한 욕망의 끈을 늦추지 않았다. 그는 경성이라는 도시가 가진 욕망을 또 다른 방식으로 육화시킨 인물이었던 것이다.

> 여자가 그곳에서 사라진 뒤, 남자는 쓰디쓴 침을 한덩어리 거북하게 삼키고, 얼마동안 그곳에가 그렇게 머엉하니 앉아 있었다.
> 그것은 도무지 이제까지에 없든 일이었다. 항상 여자를 농락하는 것이, 이를테면 자기의 직업이었다. 그러던 것이 이번 경우에는 도리어 여자에게 자기가 완전히 농락을 당하고 말았다 할 밖에 없었다.
> 「흥!」
> 하고 저모르게 코웃음이 나왔다. 그러나 그것은 무론 제자신만을 비웃은것이 아니다.
> (어디 좀 두구 보자!)
> 하고, 그는 마음 속에 은근히 별르는것이 있었던 까닭이다.[18]

경성이라는 도시에서 애정은 더 이상 순수한 호감에서 야기되지 않는다. 애정은 개인이 가지고 있는 사회적·물질적 배경에서 결코 자유롭지 않으며, 그것은 새로운 대상을 만날 때마다 끊임없이 재평가되고 저울질된다. 꽤 유명한 권투선수인 태석이 노골적으로 욕망을 드러냄에도 불구하고 그 앞에서 숙자가 당당하게 그 욕망을 조롱할 수 있었던 이유는, 그녀가 대중적 열광을 받았던 왕년의 유명 여배우였기 때문이다. 이 연애 게임에서는 대상을 더 욕망하는 쪽이 언제나 패배하기 마련이다. 욕망의 대상은 결코 욕망의 주체가 될 수 없지만, 자신의 욕망을 드러내지 않음으로써 욕망의 둘러싼 게임에서 더 우위에 놓일 수 있는 것이다.

---

18) 「애경」, 345쪽.

그러나 이것은 결코 권투선수와 여배우라는 특수한 상황에 놓여 있는 사람들만의 이야기가 아니다. 애정의 타락은 이제 경성에서는 보편적인 것이 되어버렸다. 그것은 「애경」에 반영된 식민지 근대도시 경성이 얼마나 타락한 공간인지를 분명하게 보여준다. 「애경」에서 각각의 인물들이 표방한 사랑은 이러한 속물적인 사회 속에서 너무나 무력하기만 하다. 특히 집안의 반대를 무릅쓰고 결혼했던 신호와 정숙 부부의 갈등은, 사랑이 생활과 가난이라는 문제 앞에 직접 던져질 때 얼마나 힘없이 무너지는가를 보여준다. 그것은 돈이라는 교환가치 앞에서 너무나도 취약한 사랑의 모습을 반영하는 것이었다.

> 가난한 속에서도, 이집의 주인되는 소학교 교원과 이집의 주부되는 유치원 보모는 구태어 비범한 것, 구태어 신기한 것을 구하려 들지 않고, 그저 평범한 생활 속에 그들의 평생을 마치고자 한다.…… 전에는 그처럼 무의미한 인생은 다시 없는드키 생각되던 이러한 종류의 생활방도가, 어인 까닭인지 오늘의 정숙에게 적지 않은 감동을 주었다.
> 낚싯대를 어깨에 메고, 어린것들의 손목을 이끌어 교외로 나간 남편은, 반드시 저녁 안에는 이 집으로 다시찾아 들 것이오, 젖먹이와 더부러 하루 종일 집을 지킨 안해는, 그들이 틀림 없이 돌아올 것을 믿고, 저녁 식탁을 이제 죽비할[19] 것이 아니겠느냐? 물론, 그것은 이 집, 이 가정 하나에만 있는 「약속」이 아닐 것이다. 모든 가정이 모두가 이 「약속」을 가지고 있고, 이를테면 이 「약속」이 있기 때문에 비로소 그것은 한 개의 「가정」이라 불리워지는 것이 아니겠느냐?
> 그러나 자기들ㅡ, 내외의 생활에는 이 「약속」이 없었다. 이 「약속」을 지켜 보려는 노력도 없었다.…… 정숙은 저도 무르게, 끝끝내 한숨을 토하고야 말았다.[20]

동창생인 유실의 집을 방문한 신호의 아내 정숙은 그곳에서 '생활'

---

19) 준비의 오기인 듯.
20) 「애경」, 447-448쪽.

을 발견한다. 그는 가정이란 생활이 있을 때 비로소 완성될 수 있는 것임을 깨닫는다. 그 생활을 만드는 것은 바로 가족 상호간의 약속이다. 여기서 정숙은 그 약속이란 각자의 사무로 나갔던 모든 가족 구성원이 정해진 시간에 한 집으로 모여들고 그곳에서 하루의 일과를 정리할 것으로 기대하는 것이라고 생각하고 있다. 그러나 그 약속의 이면은 실제로 그리 단순하지 않다. 그 약속의 중요한 전제는 사실 경제력, 즉 '소유'이기 때문이다. 타락한 도시에서 꿈꾸는 가정 혹은 생활이란 '돈'이라는 교환가치를 통해서만 구현될 수 있다. 이 도시에서 살아가는 모든 사람들은 이 속물적인 약속으로부터 결코 자유로울 수 없다.

정숙의 오빠인 수길과 그의 처 영자는 이렇게 타락한 사회에서 진정한 애정을 영위하는 것처럼 보인다. 신호와 정숙의 부부가 경제적인 문제로 인해 애정조차 잃어버리고 있는 반면, 수길과 영자는 가난 속에서도 여전히 사랑을 키워가고 있기 때문이다. 이 점에서 본다면 수길과 영자 부부는 「애경」이라는 제목과 가장 근접한 애정관계를 바탕으로 가정을 꾸려나가고 있다고 볼 수 있다. 그러나 「애경」의 서사는 그 사랑마저도 타락한 물질 위에서만 존재할 수 있음을 보여준다.

> 어머니는 아들 내외를 따라 방에서 나오며, 지금 마음 속에 조그마한 감격을 느낀다. 이것들이 가난살이 속에서도 그래도 나를 어머니라고, 어머니를 기쁘게 하여 주겠다고, 없는 돈에서 「동물원」이니 「화신상회」니 하고…… 그러한 것을 생각할 때, 늙은 어머니의 눈에는 거의 눈물조차 글성거렸다.
> 그는 오늘도 이 가엾은 며느리에게 찬 용이라도 보태어 쓰라고, 돈 오원을 싸가지고 온 길이다. 그는 지금 내어 놓을까 말까 하고 망살거리다가,
> (이따가 가는 길에 내주지……)
> 하고, 그렇게 마음에 작정을 하였다.[21]

---

21) 「애경」, 398쪽.

이 부분은 「애경」이라는 작품 전체를 관통하는 주제의식을 대단히 선명하게 보여준다. 아들 내외에게 감격한 어머니의 행복은 다름 아닌 '소비'에 의한 것이다. 가난 속에서도 어머니에게 무엇인가를 해 줄 수 있는 이유는 비록 카페의 여급일망정 영자에게 경제력이 있기 때문이다. 결국 이 도시에서 살아가는 모든 사람들은 궁극적으로 이러한 소비가 주는 행복으로부터 벗어나지 못한다. 태석처럼 거창하게 무엇인가를 욕망하지 않더라도 모든 등장인물들은 각각이 처한 상황에서 그 나름대로의 방식으로 소비라는 도시의 욕망을 추구하고 있는 것이다. 그것은 구보형 인물이면서도 결코 고현학적 관찰자라는 고유의 임무를 수행하지 못하는 최신호라는 인물을 통해 보다 분명히 드러난다.

> 다시 한번 지나치게 공손한 예를 하고 문으로 향하려다 그는 깨닫지 못하고 주춤하니 그곳에가 섰다. 난로에 앉아 있는 패들 중의 한 사나이와 시선이 마주친 까닭이다. 물론 아는 사람은 아니었다. 그러나 그는 그 샛별 같은 눈과 단정한 코가 분명히 어디서 본 일이 있는듯싶게 느꼈다. 여자는 눈을 아래로 깔고 분주히 밖으로 나갔다.[22]

숙자가 다방 「門」에서 우연히 마주친 주인공 신호는 김태석과는 전혀 다른 모습으로 묘사된다. '샛별 같은 눈과 단정한 코'는 신호라는 인물이 가진 지적인 면을 부각시킨다. 이러한 신호는 박태원의 페르소나인 구보를 다분히 연상시킨다. 그러나 그의 처남인 준길은 그를 '룸펜'이라고 냉소적으로 평가한다. 거기엔 신호에 대한 일종의 질투와 신호의 경제적 무능에 대한 경멸이 동시에 담겨져 있다.

그런데 「애경」의 서사를 이끌어가는 것은 바로 이러한 신호의 타락이다. 사랑을 한낱 게임으로 보는 태석과 달리 신호는 사랑에 많은 가치를 부여했던 인물이다. 이 점에서 그는 수길과 마찬가지로 「애경」이

---

[22] 「애경」, 344-345쪽.

라는 사랑의 서사에서 가장 긍정적인 인물로 형상화되어 있다. 그는 결혼 후 달라진 아내의 태도에 괴로워한다. 그러나 그 괴로움은 오직 그의 생각에만 머무를 뿐이다. 정숙의 말대로 그들 부부는 끊임없이 서로의 무능과 변심을 탓했을 뿐이다. 부부라는 가장 친밀한 관계 속에서도 소통이 단절되고 있는 것이다. 하지만 신호는 아내의 애정을 회복하기 위해 그 어떤 노력도 하지 않는다. 오히려 그는 태석의 방식을 선택함으로써 걷잡을 수 없이 타락하게 된다.

> 그는, 어쩌면, 막연히 한 「경우」를 생각하고 있는것인지도 모른다. 여자와 그렇게 몇번이고 만나는 동안에, 저모르게 자기의 욕정이 강렬하게 여자의 육체를 요구하게 되고, 그 강렬한 욕구는 자기의 건전한리성을 가지고도 억제하지 못하는 「경우」-, 그러한 때가 이르기를 막연하게 고대하고 있는 것인지도 모른다.
> (비겁하고, 또 불결한 사상……)
> 다시 쓴웃음이 입가에 떠오른다. 그러나, 미친 옆을 지나던 중년부인이 의아스러이 자기의 얼굴을 치어다 보는 것을 깨닫자, 그는 순간에 웃음을 걷우고, 그곳에 잠깐 걸음을 멈추었다가, 늘 하는 버릇으로 좌우를 둘러 보고, 다음에 샛골목으로 얼른 들어 섰다. 옥화의 집은 바로 그 골목안 막달은 집이었다.[23]

자신에게 지대한 호감을 보이는 기생 옥화를 만나면서 신호는 욕망에 빠져든다. 사실 그는 여자에게 대단히 육체적인 욕망을 느끼면서도 그것을 추구함에 있어서는 상당히 미온적이다. 그것은 그 스스로 그러한 자신의 욕망이 대단히 불결하고 속악한 것이라고 생각하기 때문이다. 그럼에도 불구하고 그는 그 욕망을 포기하기보다는 오히려 여자가 자신의 욕망을 이루어주기를 기대하고 있다. 욕망이 성취되기를 바라면서도 그 욕망을 직접 선택하지 않음으로써 스스로에게 면죄부를 주고

---

[23] 「애경」, 457쪽.

있는 것이다.

　이 점에서 본다면 신호는 플레이 보이인 태석보다도 더 타락한 인물이라 할 수 있다. 그는 자기 자신을 위선적으로 포장하고 있을 뿐이다. 태석은 수많은 여자들을 육적으로 탐닉했지만, 적어도 그것을 '행복'으로 포장하지는 않았다. 또한 그러한 자신을 바라보는 타인의 시선 앞에서도 당당하게 자신의 욕망을 인정했다. 그는 분명 타락한 인물이지만 그 타락을 인정할 만큼 용감한 인물이기도 했다. 그러나 신호는 자신의 타락을 스스로 경멸하면서도, 그 타락의 여정에 스스로 몸을 던진다. 더구나 그는 그러한 자신을 인정할 만큼 용감하지도 않았다. 그는 오히려 그러한 자신의 행위에 정당성을 부여하기 위해 그것을 '행복'으로 포장하기까지 한다. 미완으로 끝난 소설의 마지막은 그러한 신호의 타락과 위선을 매우 구체적으로 보여주고 있다.

　　　그리고 다시 상끗 웃으며 그를 돌아보는 여자의, 양장한 맵씨가 오늘 더욱 아리따웁다고, 신호는 생각하며, 이 여자가 만약 자기를 향하여 손만 잠깐 내어 민다 하면, 자기는 전후 생각 없이 그손에 매어달린채, 어떠한 곳으로든 이끌리어 가기를 사양 안할 것만 같았고, 그곳이 비록 치욕과 타락의 구덩이라 하더라도, 자기는 오히려 행복일수 있을 것 같이 느끼고싶은 것을 아무렇게도 하는 수가 없었다…….[24]

　결국 「애경」 역시 「명랑한 전망」과 마찬가지로 진실한 의미에서의 전망을 찾아내는 데는 실패하고 만다. 박태원은 「애경」에서 욕망을 줄다리기 하는 남녀의 복잡한 삼각관계라는 통속적 제재를 통해 타락한 경성의 한 풍경을 반영하고 있다. 그곳에서는 애정 또한 하나의 교환가치로 전락해 있다. 그러나 「애경」의 서사는 그러한 모순을 드러내는 지점에서 멈춘 채 미완으로 끝나고 만다. 타락한 삶의 풍경은 짚어냈지만

---

[24] 「애경」, 460쪽.

그 너머에 존재하는 전망은 여전히 묘연하기 때문이다. 오히려 「애경」에는 그 관찰자마저 타락시키는 위협적인 도시의 욕망이 꿈틀거린다.

Ⅳ. 사적(私的) 애정과 공적(公的) 결혼－ 『여인성장』(1941~1942년)

'소유'가 결코 '명랑한 전망'이 될 수 없음은 이미 명백해졌다. 그렇다면 무엇이 전망을 가능하게 하는가? 『여인성장(女人盛裝)』[25]이 내세우는 것은 '사랑'이라는 지고지순한 가치이다. 그러나 그 사랑의 지향점 역시 '가정의 완성'이라는 점에서 「명랑한 전망」이나 「애경」과 연장선상에 있다고 볼 수 있다. 「명랑한 전망」과 「애경」은 표면적으로는 남녀의 애정과 욕망이라는 문제를 다루고 있지만, 실제로 그 안에 반영된 것은 소유를 통해서만 존재를 확인받을 수 있는 소외의 공간인 도시였다. 그러나 『여인성장』에 오면 그러한 도시에 대한 탐색마저도 찾아보기 어려워진다. 화려하게 채색된 도시 앞에서 등장인물들의 사랑도 왜곡되고 만다.

그런데 여기서 말하는 사랑이란 본질적인 의미에서는 결혼을 통해서만 완성될 수 있는 것이다. 그 결혼은 종종 신분상승의 욕망을 미화하는 것으로 이용된다는 점에서 주목할 필요가 있다. 사랑과 희생이라는 이상화된 가치 아래 신분상승이라는 원초적인 욕망을 포장하는 이러한 전형은 김말봉(金末峰, 1901~1962)의 『찔레꽃』[26]에서 먼저 찾아

---

[25] 『여인성장』은 1941년 8월 1일부터 1942년 2월 9일까지 『매일신보』에 연재되었다. 본고에서는 『한국근대장편소설대계』 4에 실린 1949년 영창서관의 단행본을 텍스트로 삼는다.
[26] 『찔레꽃』은 1937년 3월 31일부터 10월 3일까지 『조선일보』에 연재되었다. 본고에서는 1970년 발간된 省곰社 본을 그 텍스트로 한다. 이하 텍스트는 인용면만 표기하겠다.

볼 수 있다. 작가 김말봉은 스스로 '대중소설가'를 자처할 만큼 대중의 취향에 영합하는 소설을 창작했으며, 실제로도 대중적인 인기를 얻은 작가이기도 했다. 특히 『찔레꽃』은 애정소설의 가장 기본적인 구조라고 할 수 있는 '삼각관계'의 한 전형을 완성했다는 점에서 흥미로운 텍스트라 할 수 있다.27)

『찔레꽃』의 배경은 자본주의 사회가 일정하게 성장한 1930년대 후반이다. 이 작품에서도 '돈'은 매우 중요한 혼사장애 요소로 사용되고 있다. 그런데 여기서 주목되는 것은 '돈'을 표상하는 부르주아지 계급이 두 가지 인물유형으로 나온다는 점이다. 이 소설의 표면적인 주제는 '사랑과 돈'의 갈등이지만, 실제로는 부르주아지 구세대와 신세대의 가치관에 따른 대립이라고 할 수 있다. 이는 방탕한 재산가와 건강한 상속자라는 구도를 지니고 있다. 『찔레꽃』의 주인공은 정순과 민수이지만, 실제로 이 작품이 지향하는 사랑을 성취한 것은 경애와 경구 남매이다. 타락한 화폐에 의해 구성된 부르주아지 가정에서 건강한 상속자가 나올 수 있도록 만드는 힘은 다름 아닌 '사랑'이다.

이러한 『찔레꽃』의 서사는 근대에 대한 겸허한 반성에 근간하고 있는 것은 아니지만, '돈'으로 인한 혼사장애를 오히려 신분상승의 새로운 기회로 본다는 점에서는 이전의 애정소설과 근본적인 차이를 보인다.

---

27) 애정을 둘러싼 삼각관계가 등장한 것은 『찔레꽃』이 최초는 아니다. 조일제(趙一齊, 1863~1944)의 『장한몽』에서부터 나도향(羅稻香, 1902~1926)의 『환희』에 이르기까지 삼각관계는 근대적 애정소설에서 중요한 혼사장애의 요소로 사용되었다. 그러나 그것은 실제로 세 남녀 사이의 진정한 감정교류에 의한 삼각관계라고 하기에 허술한 점이 많다. 특히 여주인공을 둘러싼 삼각관계는 '사랑과 돈'이라는 가치에 의한 것이었지 실질적인 연애감정에 의한 것은 아니었다. 그것은 삼각관계의 가장 중요한 축을 이루는 주인공 남녀의 사랑이 근대적 의미의 '사랑'이 아니라 '정혼이라는 관계로 맺어진 봉건적 의리'에 가까웠기 때문이다. 따라서 여주인공은 의리라는 도덕과 현실적인 물욕 사이에서 갈등하는 것이다. 한 사람을 사랑하면서도 다른 사람에 대한 호감으로 인해 갈등하는 진정한 삼각관계는 『찔레꽃』에서 본격적으로 제시되었다고 볼 수 있다. 이는 기본적으로 물욕에 대한 긍정을 기반으로 한다는 점에서 이전 작품들과 확연한 차이를 보인다.

여기서 결혼은 사랑의 결실이 아니라 서로 다른 두 계층의 결합을 합법적으로 가능하게 하는 장치로 활용되는 것이다. 이를 위해서는 정혼이라는 의리를 토대로 했던 사랑은 희생되어야 한다. '사랑의 희생'을 통해 '사랑을 완성'한다는 새로운 도식이 만들어진 것이다. 『찔레꽃』의 서사는 이러한 일방적인 사랑의 희생을 '찔레꽃'의 고결함으로 포장하며 마감된다.

> 어디서 레코오드 소리가 들려온다. 대청에 있는 라디오인 모양이다.
> 「찔레꽃 같이 괴론 그대 맘같이
> 내가슴 내가슴에 품어 주게나
> 시내 언덕 풀숲에 찔레꽃 피네
> 희고도 고운 찔레꽃 피었다지.」
> 하는 모 성악가의 독창이다.28)

박태원의 『여인성장』은 이러한 『찔레꽃』으로부터 촉발된 애정소설에 대한 기대를 충실히 따라가면서, 사랑과 배신이라는 익숙한 장면으로부터 시작된다. 여주인공인 숙자는 애인인 철수에게 일방적으로 이별을 고하고 상호와 결혼한다. 그러나 숙자는 결혼을 해서도 철수에 대한 간정한 사랑을 간직하고 있다. 따라서 맨 처음 독자의 흥미를 끄는 것은 철수와 숙자 두 사람의 연애스토리가 아니라 그 뒤에 은폐된 진실이다. 왜 숙자는 그토록 사랑하는 철수가 아닌 은행 두취의 아들 상호와 결혼했는가?

『여인성장』의 서사는 바로 이 비밀의 열쇠를 찾아나가는 과정이다. 숙자는 끊임없이 서술을 통해 철수에 대한 사랑을 드러내지만, 실제로는 그에게 매몰찬 편지를 보내는 이해할 수 없는 행동을 하고 있다. 이러한 숙자의 알 수 없는 태도는 독자의 호기심을 자극하며 소설의 결말

---
28) 『찔레꽃』, 399쪽.

까지 긴장을 유지하는 원동력이 된다. 숙자/철수/숙경의 삼각관계가 형성되면서 비밀은 또 다른 비밀을 야기한다. 철수와 숙자의 이별이 문제가 아니라, 철수와 숙자가 연인이었다는 사실 자체가 또 다른 비밀이 되는 것이다. 숙자의 시누이인 숙경이 철수를 짝사랑하면서 이 두 번째 비밀은 삼각관계를 형성하는 기반이 된다.

> 그뒷모양을 잠깐 얼빠진 사람처럼 바라보다가, 상호는 기쁨을 참지 못하고 중얼거렸다.
> 『숙자허구 철수하곤 아무관계가 업섯다! 숙자는 순결허다!』
> 그는 철수를 좃차 나려가서 멋번이고 절이라도 하고십게 그가 고마웟다.[29]

숙자를 강제로 범하여 결혼에 성공한 상호는, 이미 자신의 아내가 된 숙자의 순결에 집착한다. 그러나 그의 모든 내적 고민과 갈등은 숙자의 순결을 확인한 후 단숨에 해결된다. 숙자의 순결이 증명되면서『여인성장』을 둘러싼 모든 갈등은 순식간에 사라져 버리는 것이다. 더구나 숙자를 강간한 상호의 범죄는 그들이 결혼했다는 이유만으로 어떤 반성도 없이 용서되고 만다. "애정갈등에서 파생되는 연쇄적인 삽화들 사이의 착종 관계가 미로와도 같이 복잡하면서도 쉽게 풀리는 구조"[30]로 되어 있어서, 인물 관계는 복잡하게 얽혀 있지만 그에 비해 문제의 해결은 의외로 너무나 쉽게 끝나버리는 것이다. 비밀을 지키려고 했던 인물들의 노력이 너무나 컸던 것과 상관없이, 『여인성장』의 결말은 특별한 반전 없이 충분히 예상 가능한 결말을 향해 진행되어 나간다. 이는 이 작품을 유지했던 '두 개의 비밀'이라는 미스터리 구조가 통속적 흥미를 자극하는 것 이상으로 나아가지 못했음을 알게 해준다.

---

29)『여인성장』, 502쪽.
30) 공종구, 「통속적인 연애담의 의미」, 『박태원 소설 연구』, 깊은샘, 1995, 395쪽.

그러나 『여인성장』의 본질적인 문제는 다른 곳에 있다. 이 작품의 결말은 숙자와 철수가 자신의 진실한 사랑을 희생함으로써 숙자와 상호, 숙경과 철수가 행복한 가정을 이루는 것으로 끝이 난다. 그러나 '현재 삶의 인정'과 '또 다른 짝 찾기'로 귀결된 이러한 소설의 결말은 그들의 사랑이 가진 진정성을 의심하게 한다. 누군가를 사랑한다는 것은 단지 겉모습을 치장하는 것이 아니라, 그 내면까지도 가꾸고 변화되는 것이다. 따라서 '성장(盛裝)'의 이유가 사랑이라면 거기엔 반드시 그 사랑으로 인한 내면적 '성장(成長)'이 동반되어야 한다. 물론 상호와 숙경은 완전한 악인은 아니지만 숙자와 철수에 대한 그들의 사랑은 치기어린 질투와 소유욕을 뛰어넘지는 못한다. 결국 여인의 '성장(盛裝)'으로부터 '성장(成長)'을 이끌어내지 못한 바로 그 지점에서 『여인성장』의 한계는 보다 뚜렷해지는 것이다.

따라서 『여인성장』의 서사는 이미 『쎌레꽃』에서 익숙해진 신분상승의 통로로서 결혼의 의미를 다시 반복한 것 이상으로 나아가지 못한다. 그러나 처음부터 그 가능성이 봉쇄되었던 것은 아니다. 이 작품의 본래 주인공이었으나, 어느 순간 소설의 서사로부터 사라진 강순영은 『여인성장』의 서사적 추락을 그대로 보여주고 있다는 점에서 주목할 필요가 있다. 소설 초반, 순영에 대한 서사는 철수에 대한 것만큼이나 비중 있게 다루어졌다. 그것은 애초에 작가가 이 작품의 여주인공으로 순영을 염두에 두고 있었음을 짐작할 수 있게 한다. 그러나 소설의 중반 이후 순영은 거의 언급되지 않는다. 오히려 『여인성장』의 서사는 순영에게 지나칠 만큼 가혹하다. 순영은 숙자와 상호/숙경과 철수의 애정관계 속에서 철저한 타자로 자리한다. 이러한 순영의 진실한 사랑이 다른 네 사람의 유약한 사랑을 빛내주기 위해 의도적으로 무시되고 소외됨으로써 『여인성장』의 서사는 '성장(成長)'으로 나아갈 가능성을 상실하고 만다.

이러한 순영의 모습엔 「명랑한 전망」의 애자의 모습이 겹쳐져 있다. 두 여인은 모두 가난한 집안 사정으로 인해 기생이 되었다. 그녀들의 육체는 순결을 잃었지만, 그 정신은 누구보다도 순결한 여인들이었다. 그럼에도 불구하고 그녀들의 사랑은 소설의 서사 속에서 철저하게 외면당한다. 애자에게는 어린 경자를 혼자 키워야 하는 삶이, 순영에게는 고백도 해보지 못한 아픈 사랑의 상처만이 남겨진다. 사치스럽고 철이 없는 혜경(「명랑한 전망」)과 숙경이라는 두 여학생의 치기는 용서되지만, 가난을 위해 몸을 팔아야 했던 애자(「명랑한 전망」)와 순영에게 운명은 가혹하기만 하다.

> 그러나 순영은 슬펏다. 이미 저는 처녀가 아니오 처녀가아닐뿐 아니라 이미 한어린것의 어머니이엇던것이다. 저는 아무리 가슴을 태워 철수를 그리워하여도 도저히 철수의 사랑을 구할수는업는것만 갓흔것이 그에게는 슬펏다. 그러면서도 막연한 히망과 갓흔것을 가슴 한구석에 지니고 잇섯던 그는 철수가 숙경이와 약혼 하여 버렷다는 한마디 소식에 그막연한 히망마저 영구히 버리지안흐면 안되엇던것이다.[31]

혜경과 순영의 결정적인 차이는 '물질'의 소유 여부이다. 순영은 혜경과 달리 상실된 육체적 순결을 보상할 수 있는 물질을 소유하고 있지 못하다. 부유한 이혼녀인 혜경은 그 물질의 힘으로 히재의 사랑(?)을 되찾을 수 있었지만, 가난한 순영에게는 그런 기회조차 제공되지 않았다. 순결도 물질도 소유하지 못한 순영은, 철수에게 연민의 대상은 될 수 있어도 사랑의 대상은 될 수 없는 존재였던 것이다. 더구나 순영의 아이는 그녀의 삶에 찍힌 낙인과도 같았다. 『여인성장』이 여인들의 내면적 성장으로까지 나아갈 수 없었던 이유는 바로 이러한 순영을 서사의 중심으로부터 배제했기 때문이다. 오히려 『여인성장』의 서사는 상처 받은 여인들에게 현실에 안주할 것을 강요한다. 숙자가 강간으로 인해 맺어진 상호와의 결혼생활을 임신으로 인해 그대로 인정하고 안주하는

---

31) 『여인성장』, 572쪽.

것처럼, 순영에게도 사랑을 포기하고 생활에 안주할 것을 은연중에 강요하고 있다. 더구나 소설의 결말은 그것이 여인들의 진정한 행복이라고 우기기까지 한다.

> 비록 처녀는 아니라하더라도 그처럼 젊고 어엽부고 또 마음씨 고흔 여인이다. 압흐로 어데서 뜻하지안흔 인연이 행복을 담북 지니고 그를 차즐지 모르는 일이 아니겟느냐?32)

소설의 결말은 '모두가 행복하면 그만'이라는 근거 없는 낙관으로 채워진다. "김철수의 애인을 빼앗은 최상호의 누이동생에게 사랑을 느낀다는 상황 설정은 일종의 안이한 짝바꾸기, 제자리찾기에 불과할 뿐이다."33) 따라서 등장인물들은 모두 누군가를 '사랑'했지만, 그 사랑 중 어느 것도 진정한 의미의 '사랑'에 도달하지 못했다.

『여인성장』은 통속적 애정 코드를 차용한 박태원의 작품 중에서 가장 뚜렷한 해피엔딩을 보여주고 있다. 그러나 그것은 오히려 박태원 작품에서 지속적으로 추구되었던 그 전망에 대한 가능성을 닫아버린 것이기도 하다. 『여인성장』의 철수에게서는 구보의 고뇌와 강박증적인 관찰의 흔적을 더 이상 찾을 수 없다. 「명랑한 전망」과 「애경」의 서사 속에서 타락되어 가던 구보는 『여인성장』에 이르러 마침내 소실되어 버린 것이다.

박태원 소설에서 구보는 등장인물 이상의 의미를 지닌다. 그는 분명 허구적 인물이지만, 작가인 박태원 자신의 세계인식을 그대로 표상하는 인물이기 때문이다. 끊임없이 대상을 관찰하는 구보의 모습에는 이 세계를 향한 문제의식을 포기하지 않으려고 하는 작가의 치열한 고뇌가 담겨져 있다. 그러한 구보를 통해서 박태원은 '공공적 글쓰기'로서의 소

---

32) 『여인성장』, 574쪽.
33) 최혜실, 「'산책자'의 타락과 통속성」, 『박태원 소설 연구』, 깊은샘, 1995, 201쪽.

설을 꿈꿀 수 있었던 것이다. 구보의 소실은 변질된 공공성의 시대를 향한 박태원의 '공공적 글쓰기'가 마침내 시대의 무거운 벽 앞에 부딪쳤음을 의미한다. 따라서 통속적 코드로 구보의 빈자리를 메우고자 했던 『여인성장』의 서사적 실패는 어쩌면 필연적이다. 구보의 고현학적 관찰이 끝난 곳에서, 박태원의 서사 역시 그 본래의 건강함을 잃어가고 있는 것이다.

그러나 「명랑한 전망」, 『애경』과 마찬가지로 『여인성장』의 의의는 역설적으로 이 실패로부터 시작된다. 이 작품은 박태원의 1930년대가 끝났음을 알리는 한 전환점이 된다. 그의 소설 속에서 분신처럼 등장했던 구보와의 이별은 작가 박태원의 소설세계가 새로운 길로 들어섰음을 의미한다. 공공의 자리가 부재한 곳에서 관찰은 더 이상 힘을 쓰지 못한다. 구보형 인물인 김철수가 구보가 될 수 없는 이유는 바로 이 때문이다. 구보가 구보일 수 없는 세계, 구보가 추구했던 '한 개의 생활'이 결코 소박할 수 없는 세계가 바로 작가 박태원이 마주한 1930년대 후반이었던 것이다. 김철수가 숙경과의 경혼을 통해 상류사회에 안착하는 그 비현실적인 속물적 낭만성을 확인하면서, 박태원의 자신의 1930년대와 이별을 고하게 된다.

V. 결론

세 편의 애정서사, 「명랑한 전망」・「애경」・『여인성장』은 박태원의 소설이 놓인 총체적인 난국을 보여준다. 거기엔 고현학적 관찰자가 더 이상 관찰할 수 없는 시대가 반영되어 있다. 세 작품은 통속적 코드를 의도적으로 차용함으로써 타락한 현실의 문제를 드러내고자 했다. 그는 달라진 카페의 풍경을 배경으로 구보형 인물의 타락상을 보여줌으로써 사랑을 소유로 바꾸어 버리는 근대의 모순을 드러내는 데는 성공했지만, 그 모순이 갖는 사회적 의미를 파악하는 데까지는 나아가지 못한다. 오히려 구보의 관찰이 포기된 빈자리는 타락한 욕망들로 채워진다. 이들 작품에서 드러나는 구보의 소실은 박태원의 '공공적 글쓰기'로서의 소설이 마침내 시대의 무거운 벽 앞에 부딪쳤음을 의미하는 것이었다. 고현학적 관찰이라는 서사적 목표를 위해 차용되었던 통속적 코드들도 구보가 사라진 그의 서사 안에서는 긍정적인 동력으로 작용하지 못했던 것이다.

그러나 이 때문에 박태원의 애정소설이 부정적으로 매도되는 것은 정당하지 않다. 오히려 보다 의미 있는 것은 어떤 방식으로든 박태원이 공공성의 변질이 기정사실화된 식민지 현실 속에서 새로운 전망을 찾기 위해 노력하였다는 점이다. 비록 그의 추구는 전망 찾기에 실패하면서 통속화되었지만, 공공성이 밀려난 자리에 '사적 영역'과 '소유'가 채워진 식민지 말기의 시대현실은 오롯이 작품 안에 반영되었다. 너무나 기교적인 그의 문학이 오히려 강력한 현실성을 가질 수 있다는 역설은 이들 세 작품을 통해 또 다시 확인되는 것이다.

따라서 이 세 편의 애정소설을 통해 박태원의 고현학은 새로운 과제에 직면하게 된다. 현실의 무게가 이미 삶 전체를 장악해버린 순간, 오히려 관찰은 작가의 일상으로부터 다시 시작된다. 박태원은 세계를 관찰할 수 없는 시대 앞에 좌절해 버리기보다는 오히려 가장 작고 하찮은 일상의 문제들을 깊이 탐색함으로써 세계에 대한 또 다른 시선을 형상화하고자 한다. 그것은 고현학 본래의 '관찰', 그 자체로 돌아가는 것이었다. 이러한 과제는 사소설적 경향이 농후한 1940년대 그의 작품들, 「음우」・「투도」・「채가」・「재운」[34]을 통해 실현된다. 「명랑한 전망」,

---

34) 『여인성장』을 끝으로 박태원의 고현학은 새로운 국면으로 접어들게 된다. 흔히 자화상 3부작으로 불리는 「음우」, 「투도」, 「채가」와 이와 유사한 특성을 보이는 「재운」은 식민지 근대 앞에서 무너져버린 진정한 의미의 공공성을 확보하기 위한 작가의 고군분투를 보여준다. 작가는 구보가 아닌 '나'로 혹은 '복상'으로 호명되면서 '생활'의 차원으로부터 식민지 근대의 문제에 천착해 들어가고자 한다. 이러한 사소설적 성격을

「애경」, 『여인성장』은 이러한 새로운 지향으로 나아가기까지 박태원의 고뇌를 담아내면서, 그의 1930년대와 1940년대를 가로지르는 중요한 전환점으로서 그 의미를 확보할 수 있다.

보이는 네 작품은 더 이상 거리를 산책할 수 없었던 작가 박태원이 추구한 또 다른 관찰이라는 점에서 중요한 의미를 갖는다. 특히 그의 관찰 장소가 '까페'에서 '서재'로 이동되었다는 사실은 '거리'를 상실한 채 '골방'에 갇혀버린 식민지 근대인의 자화상을 반영하고 있다. 이에 대한 논의는 졸고, 「박태원 소설의 창작기법 연구」(인하대 박사논문, 2009)에 자세히 기술하였다.

■ 참고문헌

1. 1차 자료
박태원, 『한국근대단편소설대계』 9, 권영민·이주형·정호웅 공편, 태학사, 1988.
박태원, 『한국근대장편소설대계』 4, 권영민·이주형·정호웅 공편, 태학사, 1988.

2. 단행본
강진호 외, 『박태원의 소설 연구』, 깊은샘, 1995.
구보학회, 『박태원과 모더니즘』, 깊은샘, 2007.
김말봉, 『찔레꽃』, 성음사, 1970.
김윤식·정호웅 편, 『한국문학의 리얼리즘과 모더니즘』, 민음사, 1989.
사이토 준이치, 윤대석·류수연·윤미란 역, 『민주적 공공성』, 도서출판 이음, 2009.
스즈키 토미, 한일문학연구회 역, 『이야기된 자기』, 생각의나무, 2004.
이미향, 『근대 애정소설 연구』, 푸른사상, 2001.
이정옥, 『1930년대 한국 대중소설의 이해』, 국학자료원, 2000.
이토 세이 외, 유은경 역, 『일본 사소설의 이해』, 소화, 1997.
정현숙, 『박태원문학연구』, 국학자료원, 1993.
조나단 크래리, 임동근·오성훈 외 역, 『관찰자의 기술』, 문화과학사, 2001.
최원식, 『문학의 귀환』, 창작과비평사, 2001.
칸트, 이한구 편역, 『칸트의 역사철학』, 서광사, 1992.
한나 아렌트, 서유경 역, 『과거와 미래사이』, 푸른숲, 2005.
한나 아렌트, 이진우·태정호 역, 『인간의 조건』, 한길사, 1996.
홍정선, 『역사적 삶과 비평』, 문학과지성사, 1986.

3. 논문
곤 와지로, 「고현학이란 무엇인가?」, 『한국 근대문학과 일본문학』, 한국문학연구학회, 국학자료원, 2001.
김미지, 「박태원 소설의 담론 구성방식과 수사학 연구」, 서울대 박사논문, 2008.
방민호, 「박태원의 1940년대 연작형 '사소설'의 의미」, 『인문논총』 제58집, 서울대학교 인문학연구원, 2007.
류수연, 「고현학과 관찰자의 시선」, 『민족문학사연구』 23호, 2003.

류수연, 「박태원 소설의 창작기법 연구」, 인하대 박사논문, 2009.
진영복, 「한국 근대소설과 사소설 양식」, 『한국 근대문학과 일본문학』, 한국문학연구학회 편, 국학자료원, 2001.

■ 국문초록

　박태원의 애정소설, 「명랑한 전망」·「애경」·『여인성장』은 '공공성의 상실'이라는 후기 식민지 시대의 절망적인 현실적 감각으로부터 시작된다. 박태원은 소설이 창작되는 과정 자체를 중시하고 그것 자체도 하나의 소설이 될 수 있다고 본 작가였다. 그것은 그가 소설을 단지 사적인 글쓰기가 아닌 '공공적 글쓰기'로 파악하고 있음을 보여준다. 그의 고현학적 창작방법론은 가장 사적인 기록들이 문학이라는 것을 통해 공적으로 전환되어가는 과정을 보여주는 것이라고 할 수 있다. 이 세 편의 애정소설은 생활로 뛰어든 고현학적 관찰자의 전망 찾기와 그 좌절의 과정을 분명히 보여주는 텍스트이다. 이를 분석함으로써 우리 근대사의 가장 예민한 시기를 관통하는 작가 박태원의 고민이 어떤 방식으로 소설이라는 '공공적 글쓰기'에 반영되었는가를 살펴보고자 한다.

주제어: 박태원, 공공성, 공공적 글쓰기, 고현학, 「명랑한 전망」, 「애경」, 『여인성장』, 사소설

■ Abstract

Disappearing 'Gu-bo' with Absence of Prospects

Ryu, Su Yeon

Bak Tae-won's novels, which are 「The Cheerful Prospect(明朗한 展望)」, 「A Road of Love(愛經)」, 『Woman who is in Gala Dress(女人盛裝)』, are very important because it reveals 'loss of publicity' in the later colonial period. Bak Tea-won is the writer who had thought that a creative process of novel is able to be a novel. It means that he thought that his novel is not private writing but 'pubic writing'. These three novels show the process of his prospect and its collapse in the livelihood. This thesis intends to reveal how Bak Tae-won's anguish was reflected in his novels as 'public writing' through the later colonial period.

Key-words: Bak Tae-won, Publicity, Public Writing, Modernology, 「The Cheerful Prospect(明朗한 展望)」, 「A Road of Love(愛經)」, 『Woman who is in Gala Dress(女人盛裝)』

-이 논문은 2009년 11월 30일에 접수되어, 소정의 심사를 거쳐 2009년 12월 15일에 최종적으로 게재가 확정되었음.

모더니즘과 도시

― 박태원 소설에 나타난 산책자 모티브 재고

목 차

Ⅰ. 박태원, 모더니즘, 도시
Ⅱ. 박태원 소설에 나타난 산책자 모티브
Ⅲ. 산책자 모티브에 대한 비교문학적 고찰의 필요성
Ⅳ. 발자크의 소설 『페라귀스(Ferragus)』에 나타난 산책자 모티브와 도시 공간의 탐색
Ⅴ. 「소설가 구보씨의 일일」에 나타난 산책자 모티브 재고

박 성 창[*]

Ⅰ. 박태원, 모더니즘, 도시

박태원이 활동하던 1930년대부터 최근에 이르기까지 박태원은 모더니즘 작가라는 인식이 일반화되어 있다. 대부분의 문학사에서 박태원은 이상, 김기림 등과 함께 1930년대 대표적인 모더니즘 작가로 규정된다. 김기림이 모더니즘 시의 이론적 입지를 탄탄하게 했다면, 박태원은 모더니즘 소설의 입지를 탄탄하게 다진 작가로 받아들여진다. 1990년대 이후로 본격화된 박태원 연구에서는 그가 시도한 모더니즘의 구체적 방법론과 의미에 대한 탐색이 이루어지기 시작한다. 박태원 자신이 남긴 다양한 문학론을 통해 볼 때 그가 모더니즘이라는 문학적 범주를 자

---

[*] 서울대학교.

기 시대의 문학적 과제로 인식하고 천착했음은 분명해 보인다. 박태원을 서구적인 의미의 모더니즘 작가로 동일시하는 인식에는 몇 가지 중요한 전제가 깔려 있는 듯이 보이는데, 그 대표적인 것으로 모더니즘이 근대적인 도시의 생성 및 발전과 긴밀한 연관성이 제시되곤 한다. 즉 1930년대 경성을 서구 모더니즘의 발흥지인 19세기 후반 파리와 같은 대도시와 동일시하거나, 서구 모더니즘의 특정 주제나 모티브가 박태원 문학에서 발견된다는 식이다. 특히 모더니즘과 도시, 1930년대 경성과 모더니즘은 모더니즘을 거론할 때 항상 거론되는 일종의 클리셰와도 같다. 마치 박태원 문학을 거론할 때 '박태원=모더니즘 작가, 모더니즘=근대적 대도시'라는 공식이 성립되어 있는 듯하다:

> 도시 또는 도시 생활에 대한 자력과 반감 등의 도시 경험이 문학에 있어서 중요한 의미를 가지게 된 것은 이미 리얼리즘에서 비롯되었다. 그러나 현대적인 의식이 깊게 잠재된 현대의 도시적 삶의 긴장과 복잡성이 가장 현저하게 나타나게 된 것은 모더니즘에서이다. 근대성의 경험에 대한 반응인 모더니즘의 지리학은 도시이다. 많은 점에서 19세기 마지막 몇 해 동안에 출현하고 현재까지 발전된 실험적 모더니즘의 문학은 도시의 예술이었으며, 특히 수 개 국어의 도시였다. 모더니즘의 문학은 도시 속에서의 경험을 혼용하려는 강한 경향을 지니고 있으며, 도시 소설이나 도시 시의 중요 형태까지 산출시키고 있는 것이 사실이다.[1]

여기서 이재선은 모더니즘 문학을 "도시를 공간적인 배경으로 삼고 있을 뿐만 아니라, 도시의 보편적인 삶의 양식"을 제시한 1930년대 소설을 중심으로 살펴보면서, 그 가운데 "특별히 도시 그 자체나 삶의 도시성의 본질적인 의미를 재현하고 있는" 작품으로 이상과 박태원의 모더니즘 소설을 들고 있다.

---

1) 이재선, 『한국소설사』, 민음사, 2000, 356쪽.

이런 측면에서 박태원의 소설, 특히 그 중에서도 「소설가 구보씨의 일일」에 나타난 산책자(flâneur) 모티브는 매우 중요한 의미를 지닌다. 즉 모더니즘=도시 체험이 일종의 대전제라면, 모더니즘 소설의 한 전형으로서 산책자 모티브는 이를 뒷받침해주는 소전제의 구실을 한다. 마치 박태원 소설에 나타난 산책자 모티브는 김기림으로 대표되는 모더니즘 시에서 이미지즘이 수행하는 역할과 유사한 것으로 간주된다. 이를 통해 우리는 '모더니즘=도시'라는 일반화된 공식에서 더 나아가 '모더니즘=도시=산책자 모티브'라는 또 다른 공식을 이끌어낼 수 있을 것이다. 이러한 공식에서 산책자 모티브는 모더니즘이라는 예술적 경향을 도시라는 현실적 토대에 연결시켜주는 매개가 되며, 박태원 소설의 미적 근대성의 현실적 상관성을 해석하는 한 방식으로 기능한다. 박태원 소설에 대한 논의가 「소설가 구보씨의 일일」과 『천변풍경』에 집중된 감이 없지 않지만, 특히 「소설가 구보씨의 일일」의 경우 이 작품에 나타난 산책자 혹은 산책의 모티브를 거론하지 않는 경우는 드물다. 대부분의 연구는 이 작품을 산책자 모티브가 잘 구현된 소설로 간주하고 이를 1930년대 경성이라는 대도시의 공간 체험과 연결시켜 해석하고 있다. 이러한 연구사의 배경에는 서구 모더니즘의 발흥을 19세기의 수도로 불리는 파리라는 공간에 연결시키고 이를 산책자 모티브로 읽어낸 발터 벤야민의 연구가 그 전제로 깔려 있다. 우리는 서구 모더니즘 문학에서 모더니즘과 도시를 매개하는 중개자 역할을 하는 산책자 모티브가 과연 박태원의 소설, 그 가운데에서도 「소설가 구보씨의 일일」에도 동일한 의미를 갖고 비슷한 양상을 드러내는지, 그리고 산책자 모티브를 통해 이 작품을 당대 경성이라는 도시 공간에 대한 탐색으로 읽어내려는 기존의 독법이 어느 정도 타당한 것인가를 살펴보고자 한다. 이를 위해서는 「소설가 구보씨의 일일」을 산책자 모티브를 중심으로 해석하고자 한 일련의 선행연구들을 검토할 필요가 있다.

Ⅱ. 박태원 소설에 나타난 산책자 모티브

산책자 모티브를 통해 박태원의 「소설가 구보씨의 일일」에 접근한 최초의 시도로 최혜실의 연구를 들 수 있다.2) 이 연구에서 "「소설가 구보씨의 일일」에 나타나는 '경성공간'은 단순히 소설의 소재나 배경의 차원을 뛰어넘어 내용이나 방법론으로 기능할 뿐만 아니라, '산책자'라는 방법론과 밀접한 관련을 갖는" 것으로 파악된다. 1930년대 경성은 이 소설을 포함한 모더니즘 문학의 기반이 된다. 모더니즘 문학이 그 기반이 되는 도시문명의 성숙함을 동반하지 않는다면 이는 "외국 문명의 모방 내지 한 개인의 댄디즘으로 전락할 우려가 있으며, 그것은 실제로 1930년대 모더니즘의 결과이기도 하"기 때문이다. 이런 측면에서 「소설가 구보씨의 일일」이 중요한 이유는 이 작품에 나오는 "경성 공간이 현실적으로는 당시 조선의 도시공간의 최대치이자, 그 공간 체험의 소설화가 성립될 수 있는 도시적 기반의 최소치"라는 사실에 기인한다. 바로 여기서 산책자 모티브의 중요성이 부각된다. 즉 산책자는 '모더니즘 소설의 한 전형'으로서 모더니즘의 기반이 되는 경성이라는 도시 체험의 주체로 받아들여진다. 이 소설은 1930년대 식민지 지식인의 도시 체험을 깊이 있게 드러낼 뿐만 아니라, 당시 경성의 풍속과 풍물에 대한 면밀한 관찰을 제시한다는 점에서 박태원이 말하는 고현학적 방법

---

2) 최혜실, 「소설가 구보씨의 일일에 나타나는 산책자(flâneur) 연구」, 『관악어문』 13집, 1988. 최혜실은 후속 연구에서 산책자 모티브를 박태원 소설 전체로 확대시켜 해석하면서, 1930년대 경성 공간 산책의 의미가 내용 및 형식의 차원에서 완결감 있게 구성된 작품이 「소설가 구보씨의 일일」이라면, 1930년대 후반의 작품들, 특히 「애경」, 「명랑한 전망」, 『여인성장』과 같이 산책(자)의 모티브로 해석할 수 있는 작품들에서는 산책자의 의식이 일상성 속에 매몰되면서 소설의 통속화라는 부정적인 결과를 초래했다고 보고 있다. 다시 말해서 산책자 모티브는 「소설가 구보씨의 일일」 이후 1930년대 후반에 이르기까지 박태원의 작품을 해석하는 중요한 주제로서 박태원 소설의 변화를 설명할 수 있는 기준 역할을 하게 된다.(강진호·류보선 외, 「산책자(flâneur)의 타락과 통속성」, 『박태원 소설 연구』, 깊은샘, 1995)

이 산책자의 모티브를 통해 구체적으로 드러난 경우라고 할 수 있다는 것이다. 이 작품은 산책자 모티브를 통해 1930년대 지식인들의 '경성 체험'을 잘 드러내줄 뿐만 아니라, '고현학적' 창작 방법과 결합됨으로써 객관적인 도시 묘사의 골격을 갖추게 된다:

> 본고에서는 「소설가 구보씨의 일일」을 분석, '산책자'로서 구보를 제시함으로써 당대 리얼리즘 소설에 반하는 인물 유형을 드러내고자 했다. 또 '산책자'의 기반이 되는 당대 지식인의 생활사 및 작품의 소재이자 방법론의 문헌이 되고 있는 구인회 동인들의 경성 체험을 검토했고, 작품 전체의 도회 감각을 효과적으로 묘사할 수 있게 한 박태원의 '모데로오로지오-고현학'의 창작 방법 및 도시의 제도와 의식의 흐름 기법과의 관계도 아울러 살펴보았다. 요약한다면, '의식의 흐름'은 근대인의 도회 풍물에 대한 대응 양상, '산책자'의 정신구조로 파악될 수 있을 것이다.3)

이렇듯 도시 체험의 주체로서 '산책자'를 모더니즘 소설의 한 전형으로 제시하면서, 「소설가 구보씨의 일일」을 산책자의 모티브가 구현된 도시 체험 및 관찰이 드러난 작품으로 파악하려는 관점은 이후의 연구에도 지속된다.

예컨대 조영복은 1930년대 모더니즘 문학을 해석하는 자리에서 모더니즘과 도시 체험의 불가분성을 강조하면서 산책자 모티브가 박태원뿐만 아니라 이상, 김기림, 오장환, 박재륜 등 1930년대 작가들에게 폭넓게 공유된 문학적 주제였음을 밝히고자 한다.4) 특히 모더니즘 문학에 나타난 군중의 모티브를 중요하게 여기면서 군중과의 태도 혹은 관계라는 기준으로 산책자의 '계보학적 차이'를 구분할 것을 제안한다. 이를 통해 "'보이는 것'으로서의 산책자, '보는 자'로서의 산책자, '자신을 바라보고 있는 자에 의해 보여지는 자'로서의 산책자"라는 세 가지 유형

---

3) 최혜실, 앞의 글, 205쪽.
4) 조영복, 『한국 모더니즘 문학의 근대성과 일상성』, 다운샘, 1997.

의 산책자를 구별해내고, 이를 각각 박태원, 김기림, 이상의 문학에 대응시키고 있다. 즉 "대상에 대한 놀라움이나 낯선 풍경에 대한 호기심만 있지 그 풍경들에 대해 일정한 '태도'를 견지하거나 반성적 성찰을 보여주지 않는" '가짜 산책자'와 도시의 거리에서 문명 비판의 시선을 던지는 '진정한 산책자'를 구별한 다음, "진정한 산책자란 대상이나 풍경에 대해 일정한 거리 두기를 통해 단순히 거리 풍경을 묘사하거나 관찰하는 것으로 머물지" 않고, 도시 깊숙이 들어가 근대문명을 비판적으로 바라보는 시선을 유지한다는 사실을 강조한다. 이러한 진정한 산책자의 시선은 김기림에게 가장 잘 구현되는데, 박태원의 경우 특히「소설가 구보씨의 일일」에서 "고현학으로서의 산책은 필연적으로 경성 시내의 풍경과 대상들을 '외부적으로' 바라보게 한다"는 점에서 김기림보다는 완화된 형태이기는 하나, 산책자 모티브를 통해 도시 체험을 구현한 소설이라는 기본적인 관점은 그대로 유지한다. 즉 김기림이나 이상의 산책자에 비해 박태원의 산책자는 도시의 관찰자로서의 성격이 강하다는 것이다.

이 작품을 산책자 모티브를 통한 도시 체험의 구현, 관찰을 통한 체험의 기록이라는 기본적인 골격에서 더 나아가 경성이라는 도시 공간에 대한 정치경제적 해석이라는 틀로 바라본 연구는 연구사에서 각별한 중요성을 갖는다.[5] 즉 1930년대 도시공간과 박태원의 소설을 연결지으면서 이 소설이 단순히 고현학적 풍속 관찰의 차원을 뛰어넘어, 도시 공간에 얽혀 있는 사회정치적 관계망을 드러낸다고 본다:

> 「소설가 구보씨의 일일」은 구보가 경성 곳곳을 세밀히 관찰하면서 그 물망처럼 도시 도처에 편재해 있는 권력의 메커니즘을 밝혀내고, 이를 부정하는 의식을 점차 분명하게 나타내는 과정을 내보인다. 요컨대 구보의 네 차례에 걸친 거리와 다방 관찰은 도시 공간에 결집되어 있는 식민 권력

---

[5] 정현숙,「1930년대 도시공간과 박태원 소설」,『현대소설연구』제31집, 2006.

의 역학 관계를 주변부에서 진원지로 향하면서 섬세하게 확인하고 이를 비판하는 과정이다. 구보가 경성의 물리적인 공간을 세밀하게 관찰하는 것은 식민자본주의에 의해 무차별 파괴되고 생성되는 식민지 수도의 경제와 정치 그리고 사회상을 면밀히 밝혀내보겠다는 의지를 암시하는 단어들이다.6)

일종의 '공간정치경제학' 이론을 통해 박태원의 소설이 1930년대 도시 공간에 대한 피상적인 관찰이 아니라, 경성을 둘러싸고 진행되는 식민지 도시화의 내적 메커니즘에 대한 천착을 보여주고 있다는 시각은 이 작품에 나타난 산책자 모티브를 적극적으로 해석하게 한다. 즉 산책자라는 용어는 단순히 바라보고 관찰하며 이를 통해 즐거움을 느낀다는 측면만을 부각시키기 때문에 도시공간의 비판적 해부라는 이 작품의 주제에 걸맞지 않으며, 이를 '도시 관찰자'라는 용어로 대체할 필요가 있다는 것이다. 산책자-도시 관찰자는 더 이상 현실을 방기한 채 부유하는 주체들이 아니라, 도시 공간에 대한 적극적인 탐색을 통해 도시 공간 속에 놓여진 "권력, 계급, 자본 등을 현실과 관련하여 사고"하고자 한다. 다시 말해 박태원 소설의 도시 관찰자들은 도시의 현상과 본질에 대하여 치밀하게 바라보고 이를 지각하고 있다는 점에서 산책자 모티브는 경성에 내밀하게 얽혀 있는 사회 정치적 관계망과 그 공간에 존재하는 인물들의 일상성을 효과적으로 파악할 수 있게 해주는 문학적 장치로 기능한다. 그리하여 "구보의 거리 관찰은 단순한 반복이 아니라, 경성 외곽에서 도심을 향해, 주변부에서 도시의 핵심공간으로 이동하며, 공간 이동에 따라 현실에 대한 부정의식이 점차 심화"되는 과정으로 이해된다.

백문임은 이와는 다른 각도에서 이 작품에 나타난 공간이 사회경제적 의미를 갖지는 않지만, '산만한 산책자'라는 형식을 통해 식민지 상황에 대한 비판의식을 보여주고 있다고 해석한다:

---

6) 앞의 글, 69-70쪽.

경성은 자본주의적 도시 공간인 동시에 식민지 수도로서 과거에 대한 기억과 전통의 활력을 거세당한 공간이다. 그런데 제국주의의 야심찬 공간 조직화가 진행되어 가던 식민지 수도 한복판을 배회하는 산책자의 행적을 따라가면서 이 작품은 순전히 무심한 발옮김과 자유로운 연상에 의존하여 비합리적이고 상상적이고 이질적인 공간들을 끌어들인다. 도시 구획화를 위한 제국의 지도를 지우고 연상과 상상과 기억으로 가득찬 지도를 다시 그려내고 있는 것이다. 이를 달리 표현하자면 이 작품은 산책이라는 형식을 통해 현실의 공간을 재조직화함으로써 식민지 상황에 대한 부정과 비판을 함의하게 된다고 할 수 있다.[7]

산책자는 자본주의적으로 도시화된 공간 속에서 일상을 영위해가는 군중들에 대해 절망과 매혹을 동시에 느끼며 '산만한' 가운데 도시 공간을 배회함으로써, 단순히 자본주의화 되어가는 경성의 세태에 대해 수동적인 자세로 관조하는 데 그치는 것이 아니라 산책자의 산만한 지각—수용 태도가 가질 수 있는 당대의 합리화되고 파편화도인 체험에 대한 부정의 함의를 극대화시킨다는 것이다. 구체적으로 '산만한' 산책은 일상적 공간과 기억과 상상 속의 공간이 섞인 이질적인 공간들의 배열을 만들어내고, 이러한 '콜라쥬(collage)'의 방식을 통해 이 작품은 현실의 공간을 재조직하고 식민지 상황에 대한 부정과 비판을 보여준다는 것이다. 이 작품에 두드러지게 나타나는 기억과 회상의 장면은 단순한 과거로의 회피나 의식의 흐름이라는 기법적인 차원의 의미를 보여주는 것이 아니라, 도시의 구획화를 위한 제국의 지도를 지우고, 이를 새로운 공간으로 재조직하려는 비판의식을 함축하고 있다는 것이다.

물론 이 소설을 산책자 모티브로 읽을 것이 아니라, 일종의 '배회형' 소설로 간주해야 한다는 비판적 시각[8]도 존재하지만, 이 경우에도 이

---

7) 백문임, 「모더니즘과 공간: 박태원의 '소설가 구보씨의 일일'을 중심으로」, 『현대문학의 연구』 제7집, 1996, 493-494쪽.

8) 김명인, 「근대소설과 도시성의 문제: 박태원의 '소설가 구보씨의 일일'을 중심으로」,

작품을 "본격적인 도시탐구소설이라고 할 수는 없지만, 도시화의 충격이 막 현실화되던 1930년대의 현실에서 도시성을 최대치로 반영한 소설"이며, "식민지 도시와 일상성에 대한 의도적 탐구의 소산"이라고 결론지음으로써 용어의 변화 이외의 근본적인 시각의 변화가 이루어진 것은 아니다. 그러나 이 작품에 나타난 산책자의 모티브를 벤야민이 언급했던 산책자 개념에 연결지으려는 기존의 시각을 비판하고, 벤야민의 산책자 개념이 일종의 반근대적인 귀족적 낭만주의자로서 댄디에 해당한다면 박태원의 소설에서는 근대에 대한 매혹과 반성이 동시에 나타난다는 측면에서 오히려 벤야민이 참조하고 있는 보들레르의 작품보다 훨씬 더 근대적인 욕망을 드러낸다는 점을 밝힌 점은 박태원의 이 작품과 벤야민의 보들레르론을 연결짓는 시도와는 다른 비교문학적 탐색을 이끌어낸다는 점에서 시사적이다.9)

III. 산책자 모티브에 대한 비교문학적 고찰의 필요성

사실 박태원의 「소설가 구보씨의 일일」을 산책자 모티브를 통한 도시 체험의 구현이라는 관점에서 해석하려는 틀은 벤야민이 19세기 파리라는 공간을 산책자의 모티브를 통해 가장 잘 구현한 것으로 판단한 보들레르에 대한 해석을 그 기준점으로 삼고 있음을 부정할 수 없다. 벤야민은 이른바 아케이드 프로젝트라는 모더니티 탐구에서 근대적 의미의 대도시 속에서 관찰할 수 있는 다양한 인물들을 조명하고 있다.

『민족문학사연구』, 제16집, 2000.
9) 박태원 소설을 '산책자' 개념으로 해석하는 관점에 대한 비판은 부분적이나마 이루어져 왔다: "작품의 외형적인 내용과 작가의 돌출적인 풍모에서 엿보이는 부분적인 현상만 가지고 소설가 구보를 비롯하여 일련의 작품 주인공 또는 서술자를 산책자적 성격을 지녔다고 하는 것은 해석의 과잉이자 작가론적 환상에 빠졌다는 혐의가 짙다." (김홍식, 「박태원 소설과 고현학」, 『한국현대문학연구』 제18집, 2005, 354쪽)

산책자는 댄디, 게으름뱅이, 매춘부, 시인, 넝마주의와 같은 다양한 도시 인물들 가운데 한 유형이라고 할 수 있다. 벤야민은 댄디와 더불어 산책자의 모티브가 가장 잘 구현된 경우로 보들레르를 들고 보들레르를 중심으로 19세기 파리와 산책자 모티브의 상관성을 검토하고 있다. 여기서 가장 중요하게 간주되는 것은 이른바 '도시성'이라는 개념과 '군중'이라는 개념이다. 벤야민의 아케이드 프로젝트와 '메트로폴리스'에 대한 탐색의 상관성을 검토하고 있는 한 연구에 의하면,10) 벤야민의 산책자 개념의 토대가 되는 도시성의 탐구는 '관상학'이라는 용어로 설명될 수 있다. 즉 도시의 건축물은 도시 관상학자에 의해 '독해'되어야 하는, 씌어지지 않은 비밀스러운 '텍스트'를 구성하고 있다는 것이다. '관상학적 독해'는 대도시의 외적, 표면적 현시에 사로잡히지 않고 사물의 표피 밑을 관통하는 참된 성격을 파악하려는 벤야민의 비판적 기획을 드러낸다. 여기서 관상학적 독해를 시도하는 도시 관상학자를 우리는 산책자라는 말로 바꾸어 생각해볼 수 있을 것이다. 이러한 도시 관상학자가 관상학적 독해를 위해 우선적으로 갖추어야 할 것이 바로 '시각의 변증법'11)이다.

벤야민이 파악하는 도시성의 또 다른 핵심 주제가 바로 군중이다. 벤야민은 "군중만큼 19세기 작가의 관심을 불러일으키는 주제는 없다"고 하면서 1840년대 초반부터 군중이 불러일으키는 다양한 감정(공포, 불쾌감)을 완화하기 위한 노력으로 도시 군중을 관통하여 걷는 산책자 또는 관찰자의 모티브를 활용한 소설이 등장하기 시작했다고 지적하고 있다. 벤야민이 보들레르의 작품을 중요하게 생각하는 것은 그의 작품이 군중의 체험과 관련된 두 가지 중요한 주제를 보여주기 때문이다. 하나는 도시성은 '경험(Erfarhung)'에서 '체험(Erlebnis)'으로의 이동을 낳

---

10) 그램 질로크, 노명우 역, 『발터 벤야민과 메트로폴리스』, 효형출판, 2005.
11) 이 용어는 수잔 벅 모스가 벤야민의 아케이드 프로젝트를 설명하기 위해 사용한 용어이다.(수잔 벅 모스, 김정아 역, 『발터 벤야민과 아케이드 프로젝트』, 문학동네, 2004)

는다는 점이며, 다른 하나는 산책자의 모티브는 댄디로 대표되는 '현대적 삶의 영웅주의'를 보여준다는 점이다.12)

여기서 벤야민의 산책자 개념을 자세하게 논의할 여지는 없다. 다만 박태원의 소설, 특히 그 가운데에서도 「소설가 구보씨의 일일」을 산책자 모티브를 통한 경성이라는 근대적 도시 공간의 탐색으로 해석하고자 하는 시도에는 명시적이건 암묵적이건 간에 벤야민의 산책자 개념 혹은 보다 폭을 넓히자면 벤야민의 모더니티 탐색을 전제로 삼는 일종의 비교문학적 의식이 깔려 있다는 점이다. 즉 이러한 해석은 1930년대 한국의 모더니즘/ 19세기 후반 서구의 모더니즘, 1930년대 경성/ 19세기의 수도 파리, 박태원 소설의 산책자 모티브/ 보들레르 작품에 나타난 산책자 모티브 등과 같은 일련의 비교의 항목들을 전제로 삼고 있다. 중요한 것은 비교문학적 잣대를 지나치게 엄격하게 적용하여, 벤야민의 산책자 모티브를 기준으로 박태원의 작품에 나타나는 산책사 모티브가 이러한 기준에 얼마나 근접해 있는가, 또는 정반대로 그러한 기준에서 얼마만큼 이탈해 있는가를 따지는 것이 아니다. 비교의 모델을 서구문학에 두고 한국문학에 나타난 특정한 유형이나 모티브가 그로부터 떨어져 있는 거리를 측정하는 것은 한국문학의 특수성을 고려하지 못할 뿐만 아니라, 서구문학의 틀로 한국문학을 재단하는 우를 범할 수도 있

---

12) 벤야민은 도시성이 '경험(Erfarhung)'에서 '체험(Erlebnis)'으로의 이동을 낳는다고 파악한다. 경험이 지식의 축적으로 인한 응집적이고 의사소통 가능한 성격을 지닌다면, 이러한 지속적이고 응집적인 경험은 도시의 삶 속에서 파괴되며, 무작위적인 일련의 반(半) 인상과 부분적으로만 기록되어 이해되지 않는 이미지와 사유로 변형된다는 것이다. 산책자는 이러한 파편화된 부분적 이미지들을 기록하고 수집하며 관찰하는 자이다. 이러한 수집과 관찰이 가능한 것은 산책자가 군중 속으로 섞여 들어가 '군중 속의 사람'이 되는 것이 아니라, 군중의 일부가 되는 것을 거부하고 영웅적 산책자로 남기 때문이다. 산책자가 아무 목적 없이 느릿느릿 빈둥대며 걸어다니는 이유는 현대적 삶의 리듬으로부터 벗어나고자 하는 '영웅주의'의 발로이다. 산책자는 군중과 거리를 둔 독립성과 거드름 피우는 개연성을 오만하게 유지한다는 점에서 영웅적이며, 댄디적 성격을 지닌다.

기 때문이다. 한국문학의 특수성과 보편성을 확인하기 위해서라도 비교의 행위 그 자체는 매우 중요하지만, 비교의 기준을 어디에 둘 것이며, 그 방식은 어떤 식으로 이루어져야 할 것인가에 대한 의식이 이에 수반되어야 한다.

이와 같은 지적을 토대로 우리는 이 글에서 크게 두 가지 문제를 제기하고자 한다. 우선 박태원의 「소설가 구보씨의 일일」을 산책자 모티브가 드러난 도시성의 탐색으로 보는 시각이 온당한가 라는 질문을 던져보고자 한다. 우리가 위에서 연구사를 다소 길게 검토한 것은 '모더니즘=도시=산책자'라는 등식이 이 소설을 중심으로 얼마나 일반화되어 있는가를 보여주기 위해서였다. 다소 다른 관점의 지적이지만 박태원은 같은 모더니스트로 분류되는 김기림이나 이상과는 달리 도시나 문명에 관한 본격적인 사유가 개진된 에세이를 거의 남기고 있지 않다. 그의 고현학적 취미나 산책자 모티브에 대한 관심이 투영된 것으로 볼 수 있는 「이상적 산보법」과 같은 글에서도 도시 문명에 대한 탐색의 열정이나 의욕이 담겨져 있지 않다. 이는 위에서 지적했듯이 김기림이 다수의 에세이를 통해 모더니즘과 도시성과의 연관성이나 도시의 풍속에 관한 예리한 지적을 남겼다거나, 이상이 농촌(혹은 자연)과 도시(혹은 문명)의 철저한 이분법에 근거하여 사유를 진행시킨 것과 극명하게 대조된다. 이는 박태원 소설에서 도시성이나 문명의 양상에 대한 탐색이 그 전면적인 위치를 차지할 만큼 중요한 것이 아닐지도 모른다는 추측을 가능하게 한다. 도시성이나 문명에 대한 성찰은 박태원 문학을 구성하는 여러 주제들 가운데 하나로서의 의미만을 지니고 있으며, 「소설가 구보씨의 일일」도 그런 측면에서 접근해볼 필요가 있지 않은가 하는 점이다.

두 번째 질문은 위에서 언급한 산책자 모티브를 중심으로 한 비교문학적 고찰의 유효성에 관한 것이다. 즉 박태원 소설에 나타난 산책자 모티브의 원형이라고 할 수 있는 벤야민의 논의가 박태원 소설의 도시성이나 산책자 모티브를 고려하는데 적절한 틀인가 하는 질문을 던질 필요가 있다는 점이다. 기실 벤야민이 산책자 모티브의 전범으로 간주한 보들레르의 경우 『악의 꽃』 가운데 「파리 풍경」 시편들이나 산문시집 『파리의 우울』 그리고 화가 콩스탕탱 기(Constantin Guy)를 다룬 「현대적 삶의 화가」 같은 에세이가 논의의 중심에 놓여 있다. 이는 모더니티나 도시성과 같은 큰 틀에서는 일치할지 몰라도 소설 분석을 위한 비교의 틀로는 적합하지 않은 측면이 있다. 한 편의 시에 나타난 응축된 시적 표현과 서술과 묘사로 이루어진 소설적 장치는 산책자 모티브를 공유하고 있다 하더라도, 그 표현양상은 매우 다르기 때문이다. 여기서 우리는 다소 관점을 달리 하여 산책자 모티브가 구현된 서구의 근대소설에 눈을 돌려서, 그 가운데 대표적인 작품을 선택해 이를 「소설가 구보씨의 일일」과 비교해보는 작업을 수행하면서 이 소설을 산책자 모티브가 구현된 도시 소설로 파악하는 관섬에 대해 비판적인 독해를 시도하고자 한다.

사실 산책자 모티브는 벤야민이 지적했듯이 19세기의 수도였던 파리만을 대상으로 관찰할 수 있는 문학적 모티브는 아니며 19세기 전반 유럽 사회가 근대화의 길을 걷게 되면서 다양하게 퍼져나간 문학적 모티브로 간주할 수 있다. 영국의 런던이나 독일의 베를린 등은 프랑스의 파리와 더불어 도시성에 대한 문학적 탐색이 이루어진 대표적인 공간이다. 또한 우리는 서구의 경우 도시성에 대한 탐색이 반드시 모더니즘이라는 문학적 사조에만 대응되는 것이 아님을 명심해야 할 필요가 있다. 예컨대 런던을 중심으로 한 디킨즈의 소설이나 포의 탐정소설 등은 그 대표적인 사례이다.13) 프랑스의 경우에도 산책자 모티브를 통한 도시성에 대한 탐색은 보들레르 이전의 근대소설에서도 탐색되는데, 발자크의 소설이 그 대표적인 경우이다. 우리는 발자크의 소설을 단순히 모

---

13) *The Flâneur*(edited by Keith Tester, Routledge, 1994)는 그 대표적인 경우로서, 주로 영국의 런던을 중심으로 이루어진 산책자의 모티브를 집중적으로 다루고 있다.

더니즘과 대비되는 리얼리즘 소설이라는 경직된 이분법적 틀에 가두지 않고, 도시를 중심으로 한 모더니티의 탐색이라는 측면에서 접근할 필요가 있으며, 이는 박태원의 「소설가 구보씨의 일일」과의 비교 가능성을 던져준다고 생각한다. 발자크와 박태원은 서로 영향관계에 놓여 있지 않으며, 문헌상으로 박태원이 발자크를 읽었다거나, 발자크의 독서로부터 많은 문학적 영감을 시사 받았다는 기록은 없다.14) 하지만 '모더니즘=도시=산책자'라는 등식의 유효성을 검토함에 있어, 비교의 기준을 벤야민이나 벤야민이 본 보들레르라는 기존의 틀에서 벗어나 새로운 비교의 등식을 성립할 필요가 있다고 판단된다.

Ⅳ. 발자크의 소설 『페라귀스(Ferragus)』에 나타난 산책자 모티브와 도시 공간의 탐색

잘 알려져 있듯이 발자크는 『인간희극』이라는 이름 아래 수많은 작품을 발표했다. 이 방대한 『인간희극』의 구성을 살펴보면, '풍속연구', '철학적 연구', '분석적 연구'라는 3부로 구성되어 있다. 그 가운데 1부에 속하는 '풍속연구'에는 전부 6개의 하위 분류가 포함되는데, '사생활의 장면들', '지방생활의 장면들', '정치생활의 장면들', '군인생활의 장면들', '전원생활의 장면들', '파리 생활의 장면들'이 그것들이다. 이 가

---

14) 박태원이 발자크와의 영향관계를 명시하는 글을 찾아보기 힘들지만 그의 소설 속의 한 대목에서 발자크의 『인간희극』을 언급하는 다음 대목은 흥미롭다. 박태원은 단편 「적멸」속의 '레인코트 입은 사나이'가 "발자크의 '인간희극'이 십구 세기 불란서의 완전한 사회사라 할 것 같으면 내 눈에 비친 '희극'은 이십 세기 경성의 허위에 찬 실극"(「적멸」, 『윤초시의 상경』, 깊은샘, 2005, 215쪽)이라고 쓰고 있다. 발자크의 『인간희극』을 '불란서의 완전한 사회사'라고 보면서 총체적 사회상의 재현이라는 관점에서 파악한 점, 발자크의 작품과 '경성'을 연결 짓고 있다는 점, 마지막으로 발자크의 인간 '희극'을 코미디 혹은 유머의 의미로 축소시켜 좁은 의미의 '희극'으로 받아들인 점 등은 추후에 더 논의되어야 할 부분이다.

운데에서 '파리 생활의 장면들'에 속하는 작품들은 그야말로 19세기 전반 격동기에 처한 파리, 모더니티로의 전환이라는 급물살에 휘말린 파리, 전근대와 근대의 교차지점에 선 파리의 모습과 풍속, 그리고 그 이면에 깔린 사회경제적 의미 등을 탐구한 작품들이다.15) 우리에게 잘 알려진 『고리오 영감』이라는 작품도 '파리 생활의 장면들'에 속한 대표작이다. 이 소설이 초판에는 '파리의 이야기〉'라는 부제가 달려 있었다고 하니 그 제목만으로도 발자크의 의도가 충분히 느껴진다.

발자크는 『고리오 영감』에서 파리라는 공간을 이야기의 단순한 배경이나 무대로서만 아니라 그 핵심적인 주제로 다룬다. 파리는 어느 측면에서 이 소설의 주인공이라고 말할 수 있다. 이 소설에는 파리에 대한 다양한 비유가 등장할 뿐만 아니라 소설의 무대가 파리라는 공간을 단 한 번도 벗어나지 않는다. 도시성의 탐색 혹은 모더니티의 탐구와 관련해 이 소설에서 빈드시 기억해야 할 점은 발자크 특유의 이분법적 체계에 따라 파리라는 공간이 지리적 · 사회적 의미에서 두 지역으로 구분되고, 대조되며, 대비된다는 사실이다. 즉 생 마르소 거리를 중심으로 한 밑바닥의 세계 혹은 전락한 인간들의 세계와 생 제르맹, 쇼세 당탱을 중심으로 한 귀족과 부르조아의 세계가 중심부와 주변부의 대립으로 나타나면서, 이 소설은 이 두 지역과 공간 사이의 끊임없는 이동과 순환으로 특징지워진다. 이를 통해 발자크는 왕정복고시대의 파리의 정치 · 사회적 생활의 표본이라고 할 수 있는 두 지역을 정확하게 대립시킴으로써 파리라는 공간을 지배하는 구조적 관계를 분명하게 보여줄 뿐만 아니라, 이러한 구조적 분석에서 더 나아가 변화하는 힘의 관계(부르주아/귀족)와 대조적인 풍속을 조명하고 있다. 특히 발자크 특유의 조

---

15) 19세기 전반기 파리의 근대화 양상을 발자크 소설과 연관시킨 흥미로운 사례로 다음 책을 참조할 수 있다: 데이비드 하비, 김병화 역, 『모더니티의 수도, 파리』, 생각의 나무, 2005. 주로 이 책의 1장인 '근대성의 신화, 발자크의 파리'에서 다루어지고 있으며 나머지 부분은 19세기 파리의 전반적인 도시문화를 다루고 있다.

직적이고 치밀한 묘사는 파리라는 공간을 선명하게 대비시키는 이 두 지역의 생활방식과 풍속을 효과적으로 재현해준다.16)

발자크의 이 소설은 19세기 전반의 파리의 풍속의 재현이라는 측면과 그 당시 파리라는 공간 속에 나타나는 사회적 역학관계의 탐구하는 측면을 모두 보여주고 있다. 즉 풍속과 이념이 따로 분리되어 있는 것이 아니라 풍속의 묘사가 궁극적으로 이념의 탐구로 귀결되며, 이념의 탐색이 추상적인 언설로 드러나는 것이 아니라, 구체적인 인물과 생활의 묘사로 나타난다는 점이다. 가히 풍속과 이념의 결합 혹은 조화라고 부를 만하다. 그러나 아쉽게도 이 작품에는 이른바 산책자 모티브가 등장하지 않는다. 우리는 도시성의 탐색 또는 모더니티의 탐구와 관련한 이 소설의 중요성을 인정하면서도 「소설가 구보씨의 일일」과의 효과적인 비교를 위해 발자크의 '파리 생활의 장면들'에 속한 작품들 가운데 산책자의 모티브를 함유하고 있는 다른 작품을 선택하여 비교문학적 고찰을 수행해보고자 한다.

우리가 비교의 대상으로 택한 발자크의 『페라귀스(Ferragus)』는 앞서 말한 '파리 생활의 장면들'에 포함되어 있는 작품이다.17) 1833년에 발표된 이 작품은 『고리오 영감』(1835) 같은 발자크의 대작들 이전에 씌여진 작품으로, 근대문명의 전환기에 휘말린 파리의 혼돈상을 그려내고 있다. 이 시기의 파리는 19세기 후반의 파리와는 달리 도시화가 막 진행되면서 근대와 전근대가 충돌하고, 계급적으로도 전통적 귀족 사회와 근대적 시민사회가 공존하는 유일한 시대라고 할 수 있다. 표면상으로 이 소설은 작품의 제목에도 나와 있듯이 페라귀스라는 신비스러운 인물(작품에는 거의 등장하지 않지만 주인물들의 추적과 감시의 대상이

---

16) 발자크의 작품에 나타난 이러한 공간의 대조와 대비, 그리고 『고리오 영감』에 나타난 파리의 공간 묘사에 대해서는 김화영, 『발자크와 플로베르』(고려대학교출판부, 2000)를 참조했다.

17) Balzac, *Ferragus, chef des Dévorants*, Gallimard, Folio Classique, 2001[1833].

된다는 점에서)을 추적하는 긴박한 드라마의 형식을 갖추고 있다. 상당히 복잡한 플롯을 지닌 이 소설의 줄거리를 간략하게 요약하면 다음과 같다.

소설의 전반부에는 '산책자-주인물'인 오귀스트(24살의 귀족 한량)이 거리를 산책하다가 미지의 여주인공인 클레망스에 반해서 그녀를 추적하다가 그녀와 그녀의 아버지 페라귀스(범죄자이며 악한의 전형)에 얽힌 삶의 비밀을 추적하게 되고, 이에 위협을 느낀 페라귀스는 마치 장발장처럼 거처를 옮기고, 급기야는 여러 방식을 동원해 오귀스트를 살해하려고 하며 결국 오귀스트는 독극물에 중독되고 만다. 이제 작품의 후반부에서는 클레망스의 남편인 쥘 데마레(능력 있고 활동적인, 자수성가한 중산층 시민으로 주식 중개인이라는 직업을 갖고 있다)가 아내의 수상한 행동에 의심을 품고 오귀스트를 방문해 아내에 관한 비밀을 듣고 난 후, 그 자신 '산책자-주인물'이 되어 파리 시내를 놀아다니며 아내와 페라귀스에 얽힌 비밀을 풀고자 시도한다. 마지막으로 남편에게 비밀을 들켜버린 클레망스가 자살하고 파리의 공동묘지인 페르라셰즈에 묻히는 것으로 끝난다.

이렇듯 작품의 표면적인 줄거리는 각각 전반부와 후반부에 산책자-주인물로 나오는 오귀스트와 쥘이 클레망스와 페라귀스를 추적하는 드라마로 읽힌다. 즉 이 소설은 파리라는 미궁 속에서 두 산책자-주인물들이 페라귀스라는 괴물을 처치하기 위해 클레망스라는 아리아드네의 실을 따라 전개되는 이야기로 요약될 수 있다.

발자크는 *Revue de Paris*에 이 작품을 연재하면서 "파리의 몇몇 특징들이 드러나는 모험, 그 모험을 이야기하면서 여담이 작가에게 중요한 주제가 된다"고 말한 바 있는데, 이 작품에서 파리는 작품의 초반부에서부터 매우 중요한 위치를 차지하고 있다. 발자크는 이 소설의 첫 번째와 두 번째 문단 전체를 파리의 거리 묘사에 할애하고 있다:

파리에는 치욕스런 죄를 저지른 사람이 그런 것만큼이나, 불명예스런 거리들이 있다. 또한 고상한 거리들이 존재하며, 간단히 말해 점잖은 거리들, 더불어 아직은 여론이 그 자질에 대해 평가를 내리지 못한 젊은 거리도 있다. 게다가 암살자 거리들, 늙은 귀부인들보다도 더 늙은 거리들, 존경할 만한 거리들, 항상 깨끗한 거리들, 항상 더러운 거리들, 그리고 노동판의, 공사판의, 장사판의 거리들도 있다. 요컨대, 파리의 거리들은 인간적인 자질들을 지닌다. 그리고 그 생김새로써 우리의 뇌에 물리칠 수 없는 생각들을 각인시켜 놓는다.[18]

또한 발자크는 『고리오 영감』에서와 마찬가지로 파리를 일종의 괴물의 이미지로 형상화하고 있는데, 이 이미지는 그 이후로도 소설에서 계속 반복되어서 일종의 라이트모티브 역할을 한다. 물랭쿠르에 대한 첫 번째 암살 기도 이후 "그때에는 파리가 건설 열풍이었다. 파리가 괴물이라면, 확실히 모든 괴물들 가운데 가장 미친 괴물이다"(822)라고 하거나, 파리를 "괴물스러운 도시"(866)나 "괴물들의 집합소"(895)로 부르는 것 등을 예로 들 수 있다. 주요한 점은 이 작품에서 파리는 단순히 묘사나 여담으로만 그치는 것이 아니라, 파리에 대한 일반화가 사건과 인물, 배경에 계속해서 연결된다는 점이다. 이를 이 작품에 나타난 서술자의 역할과 관련해 살펴보기로 하자.

이 작품에서 산책자-서술자는 크게 세 유형으로 나눌 수 있다. 우선 작가인 발자크가 산책자가 되어 전지적 시점에서 파리의 거리와 근대화된 파리의 풍속에 대한 묘사를 제시하고 있다. 전부 4장으로 구성

---

[18] 앞의 책, 793쪽: "Il est dans Paris certaines rues déshonorées autant que peut l'être un homme coupable d'infamie; puis il existe des rues nobles, puis des rues simplement honnêtes, puis de jeunes rues la moralité desquelles le public ne s'est pas encore formé d'opinion; puis des rues assasines, des rues plus vieilles que de vieilles douairières ne sont vieilles, des rues estimables, des rues toujours sales, des rues ouvrières, travailleuses, mercantiles. Enfin, les rues de Paris ont des qualités humaines, et nous impriment par leur physionomie certaines idées contre lesquelles nous sommes sans défense."

된 이 소설에서 발자크는 새로운 에피소드가 전개되고 소설이 새로운 국면으로 전환될 때마다 일종의 전지적 화자가 되어 파리에 대한 특유의 입담을 과시하고 있다. 물론 이는 엄밀한 의미에서의 산책자-서술자는 아닐지도 모르지만, 근대화된 파리에 대한 발자크의 입장과 태도를 읽을 수 있다는 점에서 흥미롭다. 이 소설에서 발자크 자신이 산책자-서술자가 되어 파리에 관한 진술을 제시하는 대목은 전부 15군데인데, 이 가운데에서 가장 흥미로운 대목을 하나 들어 설명해보자. 이 소설의 도입부는 파리의 거리들에 대한 개관으로 시작되는데, 이 개관은 아직 이 소설의 구체적인 인물들이 등장하기 이전에 나오며, 발자크 자신이 산책자가 되어 파리를 활보하면서 전지적 관점의 서술자로서 '파리 거리의 생리학'에 대한 진술을 거의 4페이지에 걸쳐 제시한다. 산책자-전지적 서술자는 파리를 '인간적 자질'에 비유하여 10개의 유형으로 제시하고(불명예스러운 거리, 고상한 거리, 점잖은 거리, 젊은 거리, 암살자 거리, 늙은 거리, 존경할 만한 거리, 깨끗한 거리, 더러운 거리, '노동판, 공사판, 장사판'의 거리) 이를 대립과 대조의 유형학(불명예스러운/고상한, 젊은/늙은, 암살자/존경할 만한, 더러운/깨끗한)으로 구분한다. 물론 파리의 거리에 대한 개관이 추상적인 유형학으로 끝나는 것이 아니며, '몽마르트 거리, 라 뻬 거리, 루와이얄 거리, 트라베르시에르 생 토노레 거리, 프로망토 거리' 등 구체적인 지명 등과 결합되면서 파리의 전체적인 지형도를 드러낸다. 도입부에서 발자크 자신이 산책자가 되어 전지적 화자의 시점에서 제시한 파리의 이러한 지형도는 뒷부분으로 가면서 두 산책자-서술자가 제시하는 구체적인 파리의 지형도의 안내 구실을 하면서 이와 맞물린다.

이제 이러한 작가-산책자-서술자의 파리 공간 제시가 끝나고, 본격적으로 작품의 주요 인물인 오귀스트(전반부)와 쥘(후반부)가 등장하여 산책자가 되어 파리라는 공간을 탐색하고 그 지형도의 비밀을 추적하게 된다. 여기서 흥미로운 것은 전반부의 산책자-서술자 역할을 맡은 오귀스트는 귀족 계급 출신이며, 후반부의 산책자-서술자 역할을 맡은 쥘은 신흥 부르주아 계급의 전형으로 제시된다는 점이다. 귀족과 부르주아라는 그 시대를 특징짓는 대표적인 계급에 속하는 두 인물들로 하여금 번갈아 산책자-서술자의 역할을 맡김으로써 소설은 파리라는 공간을 두 개의 상이한 시선으로 관찰할 수 있는 여지를 만들어주고, 보다 역동적인 파리의 지형도를 작성하게 해준다. 두 인물들이 종횡무진 파리를 오가며 펼쳐내는 파리의 지형도는 실로 파리 지도를 참조하지 않고서는 정확하게 이해할 수 없을 정도로 복잡하다. 흔히 발자크와 파리를 연결시킬 때 언급하는 '파리-역동적인 의미의 지도'라는 표현은 이 소설에 나타난 주인물들의 동선과 역학관계를 지적하기에 더할 나위 없이 적합한 표현이라고 생각된다. 그러나 이 소설이 흥미로운 것은 단순히 파리의 지형학을 제시하는 것에서 더 나아가, 이 지형학속에 숨겨져 있는 사회, 정치적 의미나 계급적 함의를 읽어낸다는 사실이다. 즉 단순히 수평적으로 파리를 하나의 플랜에 펼쳐내는 것으로 만족하지 않고, 그 밑에 숨어 있는 힘의 역학관계를 수직적인 위상학으로 전환시키고 있다는 사실이다. 보다 구체적으로 파리를 센느 강을 중심으로 좌안과 우안으로 나누고, 이를 각각 남쪽과 북쪽, 그리고 동쪽과 서쪽으로 나누어 전체적으로 4구역으로 구분한 다음 이 구역들을 분주하게 오가면서 근대화된 파리의 역동적 관계망을 해부하고 있다는 점이다.[19] 예컨대 다음과 같은 인용문은 대조와 대립의 체계에 의한 파리의 공간 구획을 잘 보여준다:

파리를 가로나 세로로 가로지르며 그 몇몇 단면들 하에서 그려내는 것.

---

[19] 이 부분은 임헌의 「발자크의 '페라귀스', 그리고 파리 근대화의 그림자」(『한국프랑스학논집』 제61집, 2008)을 참조했다. 이밖에도 「발자크: 근대성, 유동성, 문화비평」(『프랑스어문교육』 제22집, 2006)에서도 발자크의 작품을 모더니티의 탐색이라는 관점에서 살펴보고 있다.

생제르맹 교외에서 마레까지, 거리에서 안방까지, 호텔에서 다락방까지. 창녀에서 결혼을 사랑을 건 아내의 모습까지, 그리고 삶의 움직임에서 죽음의 휴식까지.[20]

수평적인 플랜(topography)에서 수직적인 위상학(topology)으로의 전환이야말로 이 소설을 단순히 19세기 전반기 파리의 풍속에 대한 묘사에 그치게 하지 않고, 당시의 현실을 움직이고 지배하는 역학관계의 전모를 파악하게 해주는 결정적인 열쇠가 되는 셈이다. 앞서 우리는 『고리오 영감』에서 잘 드러나는 것처럼 발자크 특유의 대립 및 대조 또는 대응 및 대칭의 체계에 따라 파리라는 공간을 구획 짓고 이 다양한 공간 속에 전형적인 집단과 개인을 대응시킨다는 사실을 살펴본 바 있다. 발자크의 이러한 도시 공간 탐색은 『페라귀스』에 이르러 더욱 본격적으로 이루어진다고 볼 수 있다.

『페라귀스』는 파리라는 도시의 지형학으로부터 도시라는 텍스트를 읽어내고 그것을 소설의 형식으로 써내려가고자 한 시도로 간주할 수 있다. 화자는 처음부터 "거리는 말한다"거나 "수많은 소설들을 지닌 도시"라는 표현을 사용하면서 파리의 서사화에 심혈을 기울이고 있다. 다시 말해서 파리를 단지 무대 배경으로 삼는 것이 아니라, 파리라는 텍스트를 '읽고' '쓰는' 소설로 이 작품을 해석할 수 있다. 이 소설은 파리라는 공간을 그 자신의 소설적 공간으로 변형시킨다. 『페라귀스』는 도시의 지형학으로부터 도시라는 텍스트를 읽어내고 그것을 소설의 형식으로 써내려가고자 한 '선구적' 시도로 간주할 수 있다.

앞서 우리는 세 가지 유형의 산책자—서술자를 살펴보았거니와, 각각의 유형이 제시하는 파리에 대한 관찰과 지형도는 그 모습과 의미를

---

20) Balzac, *Ferragus, chef des Dévorants*, p. 789: "peindre Paris sous quelques-unes de ses faces, en le parcourant en hauteur, en largeur; en allant du faubourg Saint-Germain au Marias; de la rue au boudoir; de l'hôtel à la mansarde; de la prostituée à la femme qui avait mis l'amour dans le mariage, et du mouvement de la vie au repos de la mort."

달리 한다. 우선 전지적 작가-산책자-서술자의 경우 말 그대로 전지적 시점에서 파리를 바라보고 그 전체의 지형도를 읽어낸다. 이와는 반대로 나머지 두 유형의 산책자-서술자는 자신의 계급적 이해관계라는 특정 시점에서 제한된 공간 속에서 파리를 읽고 이에 근거하여 파리의 지형도를 제시한다. 이 소설은 파리의 전경이 텍스트의 배면에 깔리고 등장인물-산책자-서술자에 의한 제한된 시점의 부분적인 풍경이 텍스트의 전면에 배치되는 이중적 혹은 액자 형식의 구조를 갖고 있는 것이다. 이를 우리는 전지적 시점과 주관적이고 상대적인 시점의 절묘한 절충 형태라고 할 수 있는 '파노라마적 시선(panoramic view)', 혹은 '만화경적(萬華鏡的) 시선'이라고 부를 수 있을 것이다.21) 바로 이 부분에서 벤야민이 바라본 파리와 발자크가 묘사한 파리 사이의 차이를 읽어낼 수 있다. 벤야민과는 달리 발자크는 도시 공간의 파편화된 경험을 인정하지 않았으며, 도시 공간의 분절화가 경험에서 체험으로의 이동을 초래한다는 벤야민 식의 견해를 갖지 않았다. 그는 특유의 파노라마적 시선을 통해 도시 공간의 응집성을 보여주고자 했다. 그런 점에서 이 소설의 마지막 장면이 『고리오 영감』의 마지막 장면처럼 주인공이(이 소설의 경우 쥘, 『고리오 영감』의 경우는 라스티냐크) 파리의 변두리에 위치한 공동묘지인 페르 라셰즈(Père-Lachaise)에 올라가 파리를 내려다보며 긴 대사를 외치는 것은 매우 흥미롭다:

① 얼마나 야비한 코미디인가! 거리와 간판과 공장과 호텔로 가득찬 파

---

21) 이에 관해서는 S. Pold, 'Panoramic Realism', *Nineteenth-Century French Studies* 29, 2000~2001을 참조할 것. 파리를 마치 현미경처럼 자세하게, 그리고 망원경을 들여다보듯 거시적으로, 그리고 마치 파노라마처럼 미시적인 세부와 거시적인 전망을 뒤섞는 발자크 특유의 시점은 그 당시에 발명되고 활용되던 다양한 광학도구들-현미경, 망원경, 만화경, 파노라마, 은판사진기 등-이 문학에 미친 영향과 무관하지 않을 것이다. 특히 파노라마의 발명과 19세기 시각문화의 변화에 대해서는 바네사 R. 슈와르츠, 『구경꾼의 탄생: 세기말 파리, 시각문화의 폭발』(마티, 2006)을 참조할 수 있다.

리이지만 작은 망원경의 유리로 들여다보면 그림자와 애벌레 그리고 주검들의 사소한 차원들로 환원된, 이미 허영심밖에 아무 것도 남지 않은 인간과도 같은 아주 작은 파리가 보인다. 그리고 쥘은 발 밑에서 센 강의 긴 계곡에서, 보지라르와 뫼동의 언덕 사이에서, 벨빌과 몽마르트의 언덕 사이에서 푸른 천으로 둘러싸인, 빛과 태양이 반투명으로 만들어 놓은 진정한 파리를 보았다. 그는 이 수많은 집들을 한 눈에 둘러보고서는 방돔 광장과 불치병자 병원의 둥근 지붕 사이의 공간을 가리키며 다음과 같이 말했다: 나는 흔들리며 몰려드는 이 세계의 불길한 호기심 때문에 그녀를 그곳에서 빼앗겨버렸어.22)

② 혼자 남은 라스티냐크는 묘지 꼭대기를 향해 몇 걸음 옮겼다. 그리고 그는 센 강의 두 기슭을 따라서 꾸불꾸불 누워 있는, 등불들이 빛나기 시작하는 파리를 내려다보았다. 그의 두 눈은 방돔 광장의 기둥과 불치병자 병원의 둥근 지붕 사이를 뚫어지게 바라보았다. 그곳에는 그가 들어가고 싶었던 아름다운 사교계가 있었다. 그는 벌들이 윙윙거리는 벌집에서 꿀을 미리 빨아먹은 것 같은 시선을 던지면서 우렁차게 말했다. "이제부터 파리와 나와의 대결이야!"23)

『고리오 영감』에서 라스티냐크가 외쳤듯이 이제 파리와의 대결은 소설 속 등장인물의 과제가 아니라 발자크 그리고 그 이후의 소설가들의 과제가 된 셈이다. 벤야민과 발자크 사이의 이러한 대립과 차이는

22) Balzac, Ferragus, chef des Dévorants, 898쪽: "C'est une infâme comédie! c'est encore tout Paris avec ses rues, ses enseignes, ses industries, ses hôtels; mais vu par le verre dégrossissant de la lorgnette, un Paris microscopique, réduit aux petites dimensions des ombres, des larves, des morts, un genre humain qui n'a rien de grand que sa vanité. Puis Jules aperçut à ses pieds, dans la longue vallée de la Seine, entre les coteaux de Vaugirard, de Meudon, entre ceux de Belleville et de Montmartre, le véritable Paris, enveloppé d'un voile bleuâtre, produit par ses fumées, et que la lumière du soleil rendait alors diaphane. Il embrassa d'un coup d'oeil furtif ces quarantes mille maisons, et dit, en montrant l'espace compris entre la colonne de la place Vendôme et la coupole d'or des Invalides: — Elle m'a été enlevée par la funeste curiosité de ce monde qui s'agite et se presss pour se presser et s'agiter."
23) 발자크, 박영근 역, 『고리오 영감』, 민음사, 1999, 396쪽.

기실 19세기 전반기의 파리와 19세기 후반기의 파리 사이의 대립으로도 읽을 수도 있을 것이다.

V. 「소설가 구보씨의 일일」에 나타난 산책자 모티브 재고

발자크의 『고리오 영감』에 나타난 도시성의 탐색이나 『페라귀스』에 나타난 산책자 모티브를 통한 도시 공간의 치밀한 탐구의 양상들을 박태원의 「소설가 구보씨의 일일」에서 발견하기는 어렵다. 사실 발자크의 소설과 박태원의 소설은 상당한 거리가 있으며 동일한 기준을 놓고 볼 때에도 차이점이 두드러진다. 무엇보다도 커다란 차이는 도시를 배회하는 구보의 산책은 도시적 삶을 객관화시키기 위한 것이라기보다는 실제 현실과 거리를 두고 자신의 내면을 드러내기 위한 장치로 사용되고 있다는 점이다. 말하자면 구보의 내면이 경성이라는 도시를 압도한다. 도시라는 공간과 인물이 상호작용을 일으킨다기보다는 도시는 배경으로 인물의 내면을 부각시키는 장치로 활용되는 성격이 강하다.

「소설가 구보씨의 일일」에서 산책자의 모티브는 '소설가의 자의식'을 드러내는 장치이다. 즉 산책자가 도시화된 경성을 무대로 자본주의적 현실에 대한 비판적인 자세를 보여주기보다는 도시적 풍경을 내적 성찰을 위한 기호나 발판으로 삼으려고 한다. 그가 걸으면서 마주치는 모든 것은 기호로서만 존재하며 공간 그 자체는 의미를 지니지 않는다. 또한 그가 걸어다니는 공간은 경성이라는 전체적인 지형도에서 볼 때 매우 제한되어 있으며, 그는 갔던 곳을 반복해서 가거나 같은 장소를 맴도는 식의 행보를 보여준다. 만일 도시소설을 "도시로 이주 왕래하는 삶의 수평적인 유동화 현상에서 비롯하여 인구 과잉과 밀도 과잉이 수반되는 도시 사회에 내재하는 구조적 특성과 특수지역의 생태는 물론 도시인의 퍼스낼리티 및 도시의 다기다양한 삶의 군거적이고 이질적인 형상과 풍속 및 세태를 총괄적으로 두루 재현하거나 수용할 수 있는 성격을 지닌 소설"24)이라고 정의할 수 있다면, 「소설가 구보씨의 일일」을 도시소설의 범주에 넣을 수 없으며, 산책의 모티브가 소설의 서사를 진행시키는 중요한 역할을 하고 있기는 하지만, 산책의 배경이 되는 경성의 공간에 대한 치밀한 탐구나 근대화된 경성의 모더니티에 대한 탐색으로 귀결되지는 않는다고 보아야 한다. 그러나 산책자의 모티브를 둘러싼 발자크의 작품과 박태원의 작품 사이의 이러한 차이, 즉 발자크의 작품에는 나타나지만, 박태원의 작품에는 나타나지 않는 특성을 반드시 박태원의 작품의 부정적인 결핍으로 해석해서는 안 된다. 이러한 차이는 오히려 박태원 작품의 특수성을 규명할 수 있는 적극적인 계기가 되어야 한다.

'소설가의 자의식'이라는 이 작품의 돌출된 특성으로부터 더 이상 도시성에 대한 탐색이나 이를 위해 활용되는 산책자의 모티브를 거론하는 것이 아니라, 새로운 해석의 지점을 향한 출발점을 삼을 필요가 있다. 이 작품은 소설가의 자의식과 일상 세계 혹은 자본주의 사회의 세속화된 가치 규범 사이의 팽팽한 긴장을 잘 보여주고 있다. 이 작품 속에 빈번하게 출몰하는 고독과 행복의 대립은 소설가의 자의식과 일상세계 사이의 만남과 충돌의 양상을 잘 보여준다. 이 팽팽한 긴장이 구보에게 신경쇠약으로 대표되는 질환을 안겨다준다. 속물스러운 삶을 완전히 거부할 수도, 그렇다고 해서 그 속에 편입될 수도 없는 긴장감. 구보가 길을 걷다가 우연히 화신상회에 들렀을 때 새로운 근대문명의 총화로서 백화점의 모습을 묘사하는 것이 아니라 백화점에 온 한 가족의 행복한 모습에 눈을 돌리는 것은 이런 맥락에서 이해할 수 있다. 전

---

24) 이재선, 「1930년대의 도시소설」, 『월북문인연구』, 권영민 편, 문학사상사, 1989, 121쪽. 물론 이재선의 논의도 「소설가 구보씨의 일일」이 아니라 박태원의 『천변풍경』을 대상으로 하고 있다.

차를 탔을 때에도 구보는 전차가 지나치는 거리의 풍경이나 사람들의 모습을 붙잡아내는 데에는 무심하다. 그는 근본적으로 도시에 매혹과 열정을 지닌 도시의 관찰자로서의 산책자가 아니기 때문이다.

그렇다면 일상세계 혹은 일상적 삶과 팽팽한 긴장을 유지하는 소설가의 자의식이란 무엇인가. 아마도 우리는 이를 모더니스트로서 박태원의 자의식이라고 바꾸어 부를 수 있을 것이다. 그가 따르고자 했던 고현학적 방법을 최대한 의식하고 실현하고자 하는 의식이 이 작품에는 현실과의 긴장을 동반하여 나타나고 있는 것이 아닐까. 고현학적 방법이 실현된 것이 아니라 고현학적 방법이야말로 최선의 문학적 방도임을 자신에게 주지시키는 박태원의 자의식이 드러난 소설로 읽을 수는 없을까. 그런 의미에서 이 작품의 결말에서 어머니로 대표되는 일상적 삶과의 화해를 꿈꾸며 소설가의 길을 걷겠다는 구보의 선언은 오히려 이러한 팽팽한 긴장을 깨뜨린다. 이러한 팽팽한 긴장을 거두어들이고 소설가로서의 자의식을 약화시켰을 때 비로소 객관세계, 혹은 도시적 풍경의 일상적 삶이 온전하게 소설가의 눈에 들어올 수 있는 것은 아니었을까.『천변풍경』에서 도시의 세속적 삶의 관찰이 두드러지는 것이나 1930년대 후반으로 들어서면서 박태원의 소설이 생활세계의 일상성 속으로 함몰하는 것도 이런 각도에서 살펴볼 수 있지 않을까. 이러한 가설적인 성격의 생각들을 보다 구체적이고 깊이 있게 논의하기 위해서는 「소설가 구보씨의 일일」을 산책자 모티브의 구현을 통한 도시 공간의 탐색이라는 기존의 관습화된 시각에서 벗어나야 할 필요가 있다.

■ 참고문헌

박태원, 『소설가 구보씨의 일일』, 문학과지성사, 2005.
류보선 편, 『구보가 아즉 박태원일 때』, 깊은샘, 1995.
Balzac, *Ferragus, chef des Dévorants*, Gallimard, Folio Classique, 2001[1833].
발자크, 박영근 역, 『고리오 영감』, 민음사, 1999.

그램 질로크, 노명우 역, 『발터 벤야민과 메트로폴리스』, 효형출판, 2005.
김명인, 「근대소설과 도시성의 문제: 박태원의 '소설가 구보씨의 일일'을 중심으로」, 『민족문학사연구』 제16집, 2000.
김화영, 『발자크와 플로베르』, 고려대학교출판부, 2000.
데이비드 하비, 김병화 역, 『모더니티의 수도, 파리』, 생각의 나무, 2005.
바네사 R. 슈와르츠, 『구경꾼의 탄생: 세기말 파리, 시각문화의 폭발』, 마디, 2006.
백문임, 「모더니즘과 공간: 박태원의 '소설가 구보씨의 일일'을 중심으로」, 『현대문학의 연구』 제7집, 1996.
수잔 벅 모스, 김정아 역, 『발터 벤야민과 아케이드 프로젝트』, 문학동네, 2004.
이재선, 「1930년대의 도시소설」, 『월북문인연구』, 권영민 편, 문학사상사, 1989.
이재선, 『한국소설사: 근·현대편 1』, 민음사, 2000.
임 헌, 「발자크의 '페라귀스', 그리고 파리 근대화의 그림자」, 『한국프랑스학논집』 제61집, 2008.
임 헌, 「발자크: 근대성, 유동성, 문화비평」, 『프랑스어문교육』 제22집, 2006.
정현숙, 「1930년대 도시공간과 박태원 소설」, 『현대소설연구』 제31집, 2006.
조영복, 『한국 모더니즘 문학의 근대성과 일상성』, 다운샘, 1997.
최혜실, 「소설가 구보씨의 일일에 나타나는 산책자(flâneur) 연구」, 『관악어문』 13집, 1988.
최혜실, 「산책자(flâneur)의 타락과 통속성」, 『박태원 소설 연구』, 강진호·류보선 외, 깊은샘, 1995.
The Flâneur, edited by Keith Tester, Routledge, 1994.
S. Pold, 'Panoramic Realism', *Nineteenth-Century French Studies* 29, 2000~2001.

■ 국문초록

　　박태원 문학을 거론할 때 〈박태원=모더니즘 작가, 모더니즘=근대적 대도시〉라는 공식이 일종의 상식으로 굳어져 있다. 이런 측면에서 박태원의 소설, 특히 그 중에서도 「소설가 구보씨의 일일」에 나타난 산책자(flâneur) 모티브는 매우 중요한 의미를 지닌다. 즉 모더니즘=도시 체험이 일종의 대전제라면, 모더니즘 소설의 한 전형으로서 산책자 모티브는 이를 뒷받침해주는 소전제의 구실을 한다. 우리는 서구 모더니즘 문학에서 모더니즘과 도시를 매개하는 중개자 역할을 하는 산책자 모티브가 과연 박태원의 소설, 그 가운데에서도 「소설가 구보씨의 일일」에도 동일한 의미를 갖고 비슷한 양상을 드러내는지, 그리고 산책자 모티브를 통해 이 작품을 당대 경성이라는 도시 공간에 대한 탐색으로 읽어내려는 기존의 독법이 어느 정도 타당한 것인가를 살펴보고자 한다. 〈모더니즘=도시=산책자〉라는 등식의 유효성을 검토함에 있어, 비교의 기준을 벤야민의 논의나 벤야민이 본 보들레르라는 기존의 틀에서 벗어나 새로운 비교의 등식을 성립할 필요가 있다고 판단된다. 이를 위해 산책자 모티브가 드러난 서구 소설 가운데 발자크의 Ferragus를 선택하여 이를 박태원의 「소설가 구보씨의 일일」과 대비시켜 비교문학적 고찰을 수행하고자 한다. 결론으로 〈소설가의 자의식〉이라는 이 작품의 돌출된 특성을 중심으로 더 이상 이 작품을 산책자의 모티브를 통한 도시성에 대한 탐색으로 간주하지 말아야 한다는 점과, 이를 박태원 작품의 특수성을 규명할 수 있는 새로운 해석의 지점을 향한 출발점을 삼을 필요가 있음을 제시하고자 한다.

주제어: 박태원, 발자크, 벤야민, 모더니즘, 모더니티, 도시공간, 산책자 모티브, 고현학

■ Abstract

Modernism and City
- Reconsidering the motif of 'flâneur' in the Novel of Park Tae-Won

Park, Sung Chang

Previous research has shown that modernism and urbanity constitute main themes in Park Tae-Won's work. It is widely recognized that he is one of the most important figures in Korean Modernism and that his work is largely based on various aspects of modern urban life. It is said that his main works, more specifically, *One day of a Novelist, Mr. Gubo* (『소설가 구보씨의 일일』) and *Streamside Scenery* (『천변풍경』), describe urban landscape of 'Kyungsung' in 1930s. Moreover, *One day of a Novelist, Mr. Gubo* has occupied a distinctive position in the novels of Park Tae-Won to the extent that Gubo as a novelist explore the urban space of 'Kyungsung' in walking through the street of the city. In this regard, the motif of flâneur' plays an important role to link modernism with urban aspects of life.

The main purpose of this paper is to examine the validity of the equation 〈Modernism=Urban City=Motif of 'Flâneur'〉 through the comparative study of two novels, *One day of a Novelist, Mr. Gubo* and *Ferragus* (1833), one of the novels written by Balzac to describe rapidly changing aspects of Paris as modern city. New model of comparative study could be determined beyond the existing framework of the comparaison between Walter Benjamin (Baudelaire examined by Benjamin) and Park Tae-Won. We will examine whether the motif of flâneur has the same meaning in these works and reveals a similar pattern. The main focus will be laid on whether it is relevant to read this novel as the exploration of modern urban space.

Key-words: Park Tae-Won, Balzac, Benjamin, Modernism, Modernity, Urban Space, Motif of 'Flâneur', Modernology

-이 논문은 2009년 11월 30일에 접수되어, 소정의 심사를 거쳐 2009년 12월 15일에 최종적으로 게재가 확정되었음.

박태원 『삼국지』의 판본과 번역 연구

```
                    목 차
    I. 서론
    II. 『신시대』 「신역삼국지」의 번역과 문제
    III. 박문서관 『삼국지』의 의미
    IV. 정음사 박태원 『삼국지』의 번역 분석
    V. 정음사 최영해 『삼국지』의 역자 문제
    VI. 북한본 『삼국연의』의 특징
    VII. 결론
```

송 강 호*

I. 서론

    오늘날 한국문학사에서 구보(丘甫) 박태원은 구인회(九人會)의 동인으로, 이상(李箱)·이태준(李泰俊)과 함께 1930년대 모더니즘을 대표하는 작가의 한 사람으로 널리 알려져 있다. 「소설가 구보 씨의 일일(小說家仇甫氏의一日)」, 『천변풍경(川邊風景)』으로 대표되는 그의 작품 세계는 소설 기법상의 새로운 모색과 일제 강점기 경성(京城)이라는 도회(都會)의 인정과 세태를 묘파한 고현학(考現學)이라는 측면에서 주로 논의되어 왔다. 그러나 박태원의 문학적 성취는 『갑오농민전쟁』 등으로 대표되는 역사소설에도 잘 나타나 있을 뿐만 아니라, 제3의 작품군이라고

---
* 고려대학교.

할 수 있는 중국소설의 번역에서도 찾아볼 수 있다. 이처럼 박태원의 작품 세계는 대단히 중층적이고 다원적인 측면을 지니고 있는데,[1] 이 같은 특성은 그의 성장과 배움 그리고 시대적 상황에서 기인한 것이라고 할 수 있다. 실제로 박태원은 비록 작품 속 인물이기는 하지만 다양한 지식이 소설가에게 필요하다는 것을 누구보다도 먼저 체득하고 있었고,[2] 창작의 준비는 카페 안에서라도 이루어져야 한다고 여겼으며,[3] 심지어 방기(芳紀) 19세 여성과의 순정을 잃은 슬픔까지도 작가로서의 소중한 체험으로 승화시키는 태도를 보여주고 있다.[4] 이처럼 박태원은 그가 보고 듣고 관찰한 모든 것을 작품으로 구현하는데 남다른 관심을 쏟았다고 할 수 있는데, 이 같은 면에서 중국소설의 번역 역시 그의 작품 활동의 주요 원천이 되었다고 할 수 있다.

박태원의 중국소설 번역에 대해서는 사상적인 통제가 심했던 일제 때 일종의 글쓰기로 나아갔다는 평가가 주를 이루었으며, 이는 이념적 성향을 드러내는 소설 창작과 다소 거리가 있는 방편적인 활동으로 다루어졌다. 그러나 이들 중국소설의 번역도 분량이나 규모로 보아 결코

---

1) 정현숙, "박태원은 모더니즘 소설뿐만 아니라, 리얼리즘, 번역과 전기, 역사소설에 이르기까지 다양한 작품 세계를 형성하고 있다. 「소설가 구보 씨의 일일」, 「골목안」, 『신역삼국지』, 『군국의 어머니』, 『약산과 의열단』, 『갑오농민전쟁』 등은 그의 문학 세계가 복잡하고 중층적임을 잘 보여준다." 「박태원 소설에 나타난 신체제 수용 양상」, 『구보보』 1집, 구보학회, 2006, 271쪽.
2) "그곳에서 젊은 화가는 골동품을 경영하고 있었다. 구보는 그 방면에 대한 지식을 갖지 않는다. 그러나 하여튼, 그것은 그의 취미에 맞았고, 그리고 기회가 있으면 그 방면의 이야기를 듣고 싶다, 생각한다. <u>온갖 지식이 소설가에게는 필요하다</u>." 「소설가 구보 씨의 일일」, 깊은샘, 2006, 개정판 5쇄, 36쪽.
3) 박태원의 소설 쓰기와 창작과정 및 소설가의 임무에 대한 자의식적 고찰에 대해서는 나은진, 「소설가 소설과 '구보형 소설'의 계보」, 『구보학보』 1집, 2006, 참고.
4) "그러한 감정은 퍽 '문학적'이라고 느끼고 구보는 또 한편으로 자기가 <u>작가로서 귀중한 한 개의 체험</u>을 얻을 수 있었음을 기뻐하였다." 「純情을 짓밟은 春子」, 『朝光』, 1937. 10; 류보선 편, 『구보가 아즉 박태원일 때-박태원 수필집』, 깊은샘, 2005, 230쪽 재수록.

적지 않은 바, 박태원 문학의 한 축을 담당하는 중요한 문학적 유산이라고 하지 않을 수 없다. 과거 이들에 대한 연구가 드물었던 것은 월북 문인이라는 제약도 있었지만, 서구문학 중심의 연구 성향에서도 그 원인을 일부 찾을 수 있지 않나 생각한다. 그러나 당대 작가들이 새로 '글쓰기'한『삼국지』가 유행하면서,5) 기존의『삼국지』번역본들에 대한 연구가 진행되었고, 또 북한에서 번역한 박태원의『삼국연의』가 남한에서 재출간6)되는 등 중국소설 번역자로서의 박태원의 문학적 성취도 주목을 받기 시작하였다.

중국소설 번역 가운데 박태원이 가장 많은 시간과 정력을 쏟은 것은 단연『삼국지』라고 할 수 있다. 사실 박태원처럼 남과 북에 걸쳐『삼국지』와 관련해서 그렇게 기이한 인연을 맺은 작가도 없다. 그도 그럴 것이 여타 역자들과 비교해 보아도 특이할 정도로『삼국지』를 거듭 번역했기 때문이다. 그런데 이 같은 경향은 박태원의 삶의 역성과도 일치하는 면이 있다. 실제로 그는 일제강점기가 시작하던 해인 1910년 1월 17일(음력 1909. 12. 7)7) 태어나, 일제 35년을 거쳐 8·15 해방, 6·25 동란 그리고 월북과 사상적 고난 및 복권 등 한국 근현대사의 격동기를 겪은 작가이다. 이처럼 고난의 시대와 굴곡진 삶은 사상적 색채가 드러나지 않는 글쓰기 내지 현실의 방편으로서의『삼국지』번역이라는 과

---

5) 이문열 평역본을 비롯한 한국의『삼국지』문화 현상에 대한 탐색은 졸고,「삼국지를 찾아서」,『작가들』10호, 작가들, 2004 참고. 번역 글쓰기에 대해서는 손지봉,「번역에서 글쓰기의 위상과 전략」,『번역학연구』제9권 3호, 2008 참고.

6) 박태원『삼국지』(전10권)의 출판기념회가 깊은샘과 구보학회 주관으로 2008년 4월 29일 출판문화회관에서 있었다. 이 자리에서 박현숙,「박태원 전집과 삼국지를 만드는 과정」; 박재연,「삼국지의 중요성에 대하여」; 김윤식,「박태원의 문학세계」; 정현숙,「박태원 연구 상황 및 연보」등이 소개되었다.

7) 생일에 대한 구보 자신의 언급이 나온 것은 수필「仇甫가 아즉 泊太苑일 때」(『중앙』, 1936년 4월호)로 1930년 당시 양력으로 1월 6일(음력 12월 7일)이다. 문학사상사의 발굴 자료에 수록된 정태은의「나의 아버지 박태원」(『문학사상』2004년 8월호)에는 "주체68년(1979) 12월 7일 생일 70돐"이라는 기록이 나온다.

제를 끊임없이 부과했던 것으로 보인다. 그러므로 박태원과 『삼국지』의 인연을 추적하는 일은 작가의 드러나지 않았던 이면을 탐색하는 작업인 동시에, 작가가 낳은 단일 작품의 거듭된 번역이 남과 북에 걸쳐서 시간적으로 어떻게 변모했는지를 살펴보는 계기도 될 것이다.[8]

II. 『신시대』「신역삼국지」의 번역과 문체

1. 「신역삼국지」 연재

박태원 『삼국지』가 그 모습을 처음 선보인 것은 신시대사에서 발행하는 월간 『신시대』[9]이다. 박태원은 이 잡지에 「신역삼국지」라는 이름으로 1941년 4월부터 1943년 1월까지 1년 10개월에 걸쳐 총 22회분을 연재하였다.[10] 「신역삼국지」에 대한 당시의 예고편을 보자.

"好評의 『新時代』 小說, 새달에는 李無影 氏의 創作을 비롯하야 文壇總動員의 力篇이 星座처럼 燦爛히 發表되겠습니다. 더욱 仇甫 朴泰遠 氏의 麗筆로 現代文으로 飜譯된 「全譯三國誌」가 새로 連載되겠습니다. 四月號

---

8) 박태원의 『삼국지』 번역은 ① 『신시대』에 「신역삼국지」를 연재한 시기. ② 박문서관에서 단행본을 간행한 시기. ③ 박태원의 이름으로 정음사에서 간행된 시기. ④ 정음사에서 최영해 번역 및 발행으로 간행된 시기. ⑤ 월북해서 북한에서 『삼국연의』를 번역한 시기로 나누어 볼 수 있다. 이밖에 북한에서 나온 『삼국연의』를 남한에서 『삼국지』로 재출간한 상황과 잡지 『소학생』 연재의 「소년삼국지」 등을 추가할 수 있다.
9) 『新時代』는 1941년 1월 창간되어 1945년 2월까지 지속되었던 월간지로 박문서관의 기관지였던 『博文』과는 자매지였다고 할 수 있다. 「新譯三國志」 제1회(1941. 4) 연재 당시 편집 및 발행인에 "端原益亨"이라고 되어 있는데, 바로 노익형(盧益亨)이다.
10) 연재 횟수가 전체 횟수와 일치하지 않는 경우도 더러 있다. 예를 들어 〈제4장 공명과 주랑 1. 형주〉 대목을 제15회라고 했는데, 그 앞에 이미 제15회분인 〈제3장 적벽대전 15. 동남풍〉이 있으므로 제17회분에 해당한다. 또 〈제4장 공명과 주랑 5. 노장황충, 6. 합비일전〉 대목도 제16회라고 했는데 실제로는 제19회에 해당하는 것 등이다.

期待해 주옵소서."(『新時代』, 1941. 3)

'仇甫 朴泰遠 氏의 麗筆로 現代文으로 飜譯된 「全譯三國誌」'라는 대목을 통해서 박태원의 문장이 '미려했다'는 것과 특히 '현대문'으로 번역되는『삼국지』에 일종의 기대가 있었다는 것을 알 수 있다. 현대문이 강조될 필요가 있는 것은 춘원을 비롯한 당대 문인들의 작품과 더불어 박태원의「신역삼국지」가 연재된다는 측면도 있지만, 그 당시 여전히 유통되고 있었던 현토(懸吐)나 언문(諺文)『삼국지』그리고 구활자본들과의 차별화로 볼 수 있기 때문이다.11) 그때까지『삼국지』독서의 근저에 놓여 있던 문장은 띄어쓰기 등이 시행되지 않은 고어투, 예를 들면 '각설촉한건흥육년츄구월에'라든가 '이른바텬하합한지오래면반다시난호이고난혼지오래면반다시합하는것이라'12) 또는 '孔明이勸曰主上은 少憂ᄒ소셔'식이있다.

『신시대』에 연재된「신역삼국지」는 중국 모종강본(毛宗崗本)13) 120회를 기준으로 할 때, 〈제34회 채부인은 병풍 뒤에서 밀담을 듣고, 유황숙은 말 타고 단계를 뛰어넘다(蔡夫人隔屛聽密語, 劉皇叔躍馬過檀溪)〉에서 〈제57회 시상구에서 와룡은 조상을 하고, 뇌양현에서 봉추는 공사를 보다(柴桑口臥龍弔喪, 耒陽縣鳳雛理事)〉에 해당한다. 이것을『신시대』에 연재된「신역삼국지」의 목차를 통해서 살펴보면 다음과 같다.

「新譯三國志」(1~3회 일부) 제1장 삼고초려(적로/ 실언/ 단계/ 수경 /단

---

11) "우리나라에서『삼국지』의 문장으로 말한다면, 먼저 박태원(朴泰遠)의『삼국지』를 빼놓을 수 없다. 박태원은 이 소설에서 가장 먼저 한문투를 벗어낸다." 권영민, 「『삼국지』, 그 동양적 수사의 정채(精彩)」,『즐거운 삼국지 탐험』, 창작과비평사, 2003, 45쪽.
12) 著作兼發行者 姜羲永,『原本校正諺文三國誌』卷五, 京城, 永昌書館, 1942.
13)『三國志演義』의 주요 판본의 하나로 보통 '모본(毛本)'이라고 하는데, 청대 모륜·모종강 부자의 평개본(評改本)을 말한다. 현존 간본은 청대 강희 간본의 120회본이며, 300여 년 동안 가장 유행한 판본이다.

복/ 명령/ 서모/ 와룡강/ 초당)
「新譯三國志」(3회 일부~6회) 제2장 당양장판파(초현/ 오태부인/ 감령/ 유기/ 박망파/ 공융부자/ 유종/ 신야성/ 애민/ 유종모자/ 상산조자룡/ 연인장익덕/ 한진구)
「新譯三國志」(7~16회) 제3장 적벽대전(허실/ 군신/ 설전/ 손권/ 주랑/ 호구/ 군영회/ 차전/ 간세/ 고육계/ 사항서/ 연환계/ 야연/ 풍력/ 동남풍/ 용병/ 적벽대전/ 화용도)
「新譯三國志」(17~22회) 제4장 공명과 주랑(형주/ 영릉/ 계양/ 무릉/ 노장황충/ 합비일전/ 미인국/ 동작대/ 공근요절)

당시 연재와 관련해서 3월 예고편을 보면 「全譯三國誌」가 연재된다고 했는데, 4월 목차를 보면 「全譯三國志」로, 다시 본문에서는 「新譯三國志」 등으로 표기한 것이 보인다. 5월호에서는 목차에 '連載長篇小說 全譯三國志'라고 하고, 6월호에서는 '支那古代小說 三國志' 등으로 소개했는데, 장편소설과 고대소설, 신역과 전역, 지(志)와 지(誌) 등의 표기가 혼재되어 것을 볼 수 있다.

『신시대』에 연재된 「신역삼국지」는 처음부터 번역하지 않고, 중간 부분인 〈제갈량편〉부터 시작하였는데, 이 때문에 독자들에게 내용 전개의 이해를 돕기 위하여 제1회 연재시 간략한 소개가 나오며, 연재 도중 '前號까지의 대강 이야기' 등을 삽입하였다. 연재 당시 「신역삼국지」의 삽화는 한용운『삼국지』[14]의 삽화를 담당했던 웅초 김규택의 작품이다.

2. 「신역삼국지」의 연재 배경

「신역삼국지」 번역과 관련해서 박태원의 중국문학에 대한 소양과

---

14) 한용운『삼국지』에 대한 자료로는『原本新聞連載小說全集(1930~1940年代)』, 깊은샘, 1987년, 1999년 2쇄 참고. 관련 논문으로 조성면, 「한용운『삼국지』의 판본상의 특징과 의미」, 『삼국지연의' 한국어 번역과 서사 변용』, 인하대학교출판부, 2007.

능력은 『지나소설집(支那小說集)』(人文社, 1939)의 간행으로도 충분히 알 수 있지만, 『신시대』에 「신역삼국지」를 본격적으로 연재하게 된 배경에는 어떤 요인이 있었던 것일까? 이에 대해 기존의 논의들을 보면 대체로 일제의 대동아공영권, 대륙병참기지론 등이 횡행하던 시절, 사상적 색채의 부담을 피하여 글쓰기로 나아간 측면을 부각시킨 점이 두드러진다.15) 이처럼 엄혹한 검열 속에서 글을 써야 했지만,16) 작가는 독자라는 소비자를 지닌 문화콘텐츠 생산자의 입장에서 신문사나 잡지사로부터 원고 청탁을 받으며,17) 이에 따른 원고료 수입으로 생활해야 하고,18) 또 신문사나 출판사도 경제적인 운영을 해야 한다는 것을 간과

---

15) 김윤식, 「박태원론-모더니즘과 리얼리즘의 관련 양상」, 『한국현대현실주의소설연구』, 문학과지성사, 1990과 정선태, 「모던 보이, 중국 고전에 빠지다-1930년대 최고의 모더니스트였던 박태원이 중국의 '옛 소설'을 번역한 까닭은 무엇일까?」, 『한겨레 21』 제487호, 2003. 12. 11.
16) 일제강점기 언론출판 검열 등에 대해서는 김근수, 「1920年代의 言論과 言論政策」, 『日帝治下言論·出版實態』, 永信아카데미韓國學硏究所, 1974. 당시 상황을 증언하는 흥미로운 일화도 있다. "『조선일보』가 폐간되고 『조광』만이 발행될 때, 총독부의 검열은 여간 혹독한 게 아니었다. 그 때 채만식 씨에게 「어머니」라는 장편 소설을 청하셨던가 보다. 그 때의 오고간 말이야 내가 재현할 수 없지만, 그 암시와 묵계가 서로의 굳은 믿음 위에 제대로 통했던 모양으로 총독부 검열관 곯리는데 손발이 척척 맞았다. 우선 잡지사 입장의 아버님이 총독부에 들어가 작자·작품명·작품 내용과 줄거리를 이야기하고 게재 승낙을 받아와야 한다. 그래서 작품 내용은 그때의 왜정이 원하던 군국의 어머니상을 그린다는 것으로 해 놓는다. 그러면 허락은 당연히 나오고, 따라서 첫회분이 가마타고, 소타고 시집 장가가는 장면부터 펼쳐진다. 소설의 도입부란 작중 인물 성격 묘사와 장소 및 시대 설정 등 잔소리가 많은 법인데 그걸 이용해서 채만식 씨의 원고에는 주로 한국 고유의 풍속만이 자꾸 그려진다." 최동식, 「아버님의 회갑을 맞으면서」, 『歲月도 江山도-崔暎海先生華甲紀念頌辭集』, 정음사, 1974, 234쪽.
17) "노산鷺山 이은상李殷相씨와 알기도 그 전후의 일인 듯싶다. 당시 이씨는 『신생新生』지를 편집하고 있었다. 나는 그가 청하는 대로 수필, 시, 소설 등을 함부로 제공하였다." 류보선 편, 앞의 책, 232쪽.
18) 전업 작가로서의 박태원의 치열한 글쓰기와 생활고에 대해서는 천정환, 「1941년 박태원과 '자화상 3부작': 식민지 자본주의와 문학기계에 관한 일고」, 『전환기, 근대문학의 모험(탄생 100주년 문학인 기념문학제)』, 2009에서 '窮巷賣文記' '財運' '債家' 등의 분석을 통해 일부 논의되었다. 「소설가 구보 씨의 일일」에도 원고료와 관련해서 조

해서도 안될 것이다.19)

박태원이 『삼국지』를 번역하기 이전에 현토본이나 구활자본 외에도 『매일신보(每日申報)』(1929. 5~1931. 9)에 번역 연재된 양백화20)의 『삼국지』21)가 있었고, 가깝게는 한용운이 『조선일보(朝鮮日報)』에 『삼국지』를 연재한 적이 있다. 그러나 일본 요시카와 에이지(吉川英治)의 『삼국지』22)가 『경성일보(京城日報)』에 1939년 9월 2일(夕刊)부터 연재되고

선 작가를 언급하는 대목이 등장한다.
19) 당시 신문사의 연재소설에 대한 관심과 인기를 확인하는 것은 어렵지 않다. 조용만, "碧初가 '임꺽정전'을 시작할 무렵, 春園은 동아일보에 '단종애사'를 연재중이어서 독자들의 인기의 절정에 있었다. 신문 경영자 측으로 본다면 독자들이 연재소설에 맛을 들여서 연재소설이 재미있는 신문으로 우루루 몰려드는 경향이 있으므로 좋은 소설작가를 물색하느라 고심하였다. 그러나 春園이 원체 소설을 재미있게 잘 쓰므로 春園을 당할 사람이 없었다. 이래서 성망이 높은 碧初에게 소설 집필을 종용하게 되었고 碧初도 한번 써보고 싶은 생각이 있어서 속으로 준비하고 있던 터라 이렇게 궁합이 맞아서 '임꺽정전'이 나오게 된 것이다." 『30년대의 문화 예술인들』, 범양사출판부, 1988, 322쪽.
20) 양백화는 양건식(梁建植)으로 호를 국여(菊如) 또는 백화(白華)라고 하는데, 중국문학의 소개자라는 시각에서 주목을 받아왔다. 박태원은 그의 숙부인 박용남을 통해서 백화 양건식을 새로운 스승으로 소개받고 가르침을 받았다. 양백화가 『月刊野談』 12, 13호에 연재했던 '賣油郞'이라는 작품은 나중에 박태원에 의해서 같은 제목으로 『朝光』 4권 2호, 1938. 2에 소개된 바 있다. 양백화 관련 자료로는 남윤수·박재연·김영복 편, 『양백화문집』, 강원대학교출판부, 1995이 있으며 관련 논문으로 최용철, 「白華 梁建植의 中國文學 硏究와 飜譯에 대하여」, 『中國語文學』 제28집, 영남중국어문학, 1996; 홍상훈, 「梁建植의 『三國演義』 번역에 대하여」, 『'삼국지연의' 한국어 번역과 서사 변용』, 인하대학교출판부, 2007 등이 있다.
21) 양백화의 『삼국지』 연재 시작 무렵, 벽초 홍명희의 『임꺽정』이 1928년에서 1939년까지 『조선일보』에 연재되었는데, 박태원은 양백화는 물론 벽초의 『임꺽정』을 통해서도 영향을 받았으리라 여겨진다. 박태원, "이 봉건적인 사상은 근래 내가 되풀이 읽은 〈林巨正〉에 말미암은 것인지도 모를 일이다." 「淫雨」, 『(박태원단편집)李箱의 秘戀』, 깊은샘, 1991, 197쪽; "碧初 先生의 『林巨正』은 이제 古典이다. 이는 實로 一代의 巨匠이 心血을 기울이어 비로소 이루어진 大作이다. 앞으로는 모르겠다. 그러나 아직까지는 『林巨正』과 그 빛을 다툴 作品은 어느 力量 있는 作家의 손으로도 製作되지 않았다." 『벽초 홍명희 연구』, 창작과비평사, 1999 초판, 2002년 3쇄, 541-542쪽. 원본 광고 자료에 대해 도움을 주신 오영식 선생님과 벽초 연구자 강영주 선생님께 감사드린다.

있었다는 점에 보다 주목할 필요가 있다.23) 이는 박태원의 「신역삼국지」가 1941년 4월 연재 시작이므로 한용운의 『삼국지』는 이미 중단된 뒤였고, 요시카와 에이지의 『삼국지』가 한창 연재되던 시기였기 때문이다. 요시카와 에이지의 『삼국지』가 『경성일보』에 연재되고 있었다면 1930년을 전후해서 일본에 유학24)까지 다녀온 박태원이 이 같은 일본어 연재를 모르고 있었다고 보기 어렵다.25) 그렇다면 박태원이 이로부터 직접적인 영향을 받았다는 어떤 증거라도 있을까? 「신역삼국지」〈제갈량편〉에 해당하는 목차를 비교해보자.

---

22) 요시카와 에이지(吉川英治, 본명 英次, 1892~1962)의 『삼국지』는 1939년 9월 2일(夕刊)부터 1943년 9월 13일까지 『京城日報』에 연재되었는데, 일본 국내의 『中外商業新報』, 1939. 8. 26~1943. 9. 5와 1주일 가량의 시차를 두고 연재되었다. 『川辺の風景』(作品社, 2005)의 역자인 마키세 아키코(牧原曉子, 본명 마키하라 아키코) 선생에 의하면 "『나고야신문』, 『오타루신문』에 동시 연재되었고, 시기는 불분명한데, 『대만일일신보』와 『경성일보』에도 연재되었다고 합니다. 제 자신 확인한 것은 연세대학교 도서관에서 본 축쇄판 『경성일보』에서는 1주일 후인 9월 2일이 연재 제1회였다는 사실만입니다."(e-메일 답신) 요시카와 에이지의 역본은 신문 연재 후에도 꾸준히 한국에 단행본으로 번역 소개되었다. 한국의 『삼국지』문화에 커다란 영향을 끼친 판본의 하나이다. 요시카와 에이지의 『삼국지』에 대한 소개는 권용선, 「요시카와 에이지 『삼국지』의 수용과 사적 의미」, 『'삼국지연의' 한국어 번역과 서사변용』, 인하대학교출판부, 2007. 기타 일반 번역 작품 및 관련 서지목록에 대해서는 『일본문학번역60년-현황과 분석 1945~2005』, 소명출판, 2008 참고.
23) 『京城日報』는 총독부 기관지 성격으로 1906년 9월 1일 창간되었는데, 당시 조선통감이었던 '伊藤博文'의 지시에 의한 것으로 알려져 있다. 흥미로운 것은 나중에 정음사 『삼국지』를 펴낸 최영해도 해방 전에 교정부에 근무한 적이 있다. 조선일보사 사료연구실 지음, 「교정부 고집한 최현배 아들-최영해」, 『조선일보 사람들-일제시대편』, 랜덤하우스중앙, 2004, 444쪽.
24) 박태원은 일본 동경의 법정대학(法政大學, Hosei University)에 소화 5년(1930) 4월 입학하여 이듬해 중퇴하였다. 당시의 성적증명서를 보면 영어(1-5), 국어(日語), 한문이 모두 갑(甲)이고, 작문이 을(乙)을 기록하는 등 언어 분야의 능력이 뛰어났음을 알 수 있다.
25) "'시국의 변천에 따라 민간 지식 계층에서는 국문판 '매일신보'보다도 오히려 '京日'을 보는 경향과 풍조가 생겼다.'고 하였다. 대체로 『경성일보』의 독자 중 40%가 일본인이라면 한국인은 60% 정도를 차지했다고 한다." 박용규, 「일제말기(1937~1945)의 언론통제정책과 언론구조변동」, 『韓國言論學報』 제46-1호, 2001. 겨울, 주38) 참고.

요시카와 에이지『京城日報』(1939. 9~)
공명편(孔明の卷)
식객/ 단계를 뛰어넘다/ 거문고를 연주하는 선비/ 유랑하는 선비/ 군사의 지휘봉/ 서서와 그의 어머니/ 떠나는 새의 소리/ 제갈씨일가/ 와룡강/ 공명을 방문하다/ 설천장/ 입춘대길

한용운『朝鮮日報』(1939. 11~)
유표와 현덕(1)-유표와 현덕(7)/ 서서(1)-서서(7)/ 삼고초려(1)-삼고초려(7)

박태원『新時代』(1941. 4~)
제1장 삼고초려
1. 적로 2. 실언 3. 단계 4. 수경 5. 단복 6. 명령 7. 서모 8. 와룡강 9. 초당

위의 목차를 보면 박태원의 「신역삼국지」는 요시카와 에이지와도 그렇지만 앞서 연재한 한용운『삼국지』의 목차와도 다르다는 것을 알 수 있다. 물론 한용운『삼국지』의 목차는 요시카와 에이지의『삼국지』를 의식하면서 의도적으로 다르게 잡은 결과일 수도 있으나 박태원 역시 나름대로 새롭게 목차를 설정한 것을 알 수 있다. 그러나 전통적인 회목(回目) 방식에서 근대소설적 작풍으로의 목차를 설정하게 된 데는 요시카와 에이지『삼국지』의 영향이 크다고 하지 않을 수 없다. 「신역삼국지」의 목차 가운데 요시카와 에이지의『삼국지』와 특히 유사한 것을 보면 '와룡강(臥龍の岡)'이 있고,[26] 이밖에 요시카와 에이지의 영향으로 볼 수 있는 것은 '지난 호까지의 이야기'라는 부분도 들 수 있다.『경성일보』1941년 3월 1일자 연재를 보면 작은 글상자 안에 '三國志梗槪'라는 해설이 들어있는데, 박태원의 「신역삼국지」에도 '前號까지의 梗槪'라는 설명이 등장하고 있다. 이것은 물론 독자적인 측면도 있겠지

---

26) 박문서관본의 경우 "신정묘(神亭廟)"도 요시카와 에이지의 목차와 유사한 부분이다.

만, 당시 요시카와 에이지 『삼국지』의 연재 분위기와도 무관하지 않았던 것으로 보인다. 역자와 편집부에서 요시카와 에이지의 『삼국지』를 의식하고 있었다는 것은 『삼국지』를 처음부터 번역하지 않고 상당부분 진행된 이후부터 했다는 점에도 그 같은 추론이 가능하다.

『신시대』 1941년 3월호에 「신역삼국지」를 예고하던 당시, 요시카와 에이지의 『경성일보』 연재(1941. 3)를 보면 출려의 권[出廬の卷] 가운데 '관우를 흠모하는 조조[戀の曹操]'로, 조조가 관우를 흠모하여 수하에 두고자 하는 장면에서 시작하여 관우의 천리독행(千里獨行)을 앞두고 있다. 그러니까 박태원은 4월호에 「신역삼국지」를 시작하면서, 요시카와 에이지의 연재를 어느 정도 고려하여, 관우의 〈단기천리편〉에 곧바로 이어지는 〈제갈량편〉부터 연재를 시작했다고도 볼 수 있다. 그러나 이 또한 역자 자신의 입장이 따로 있었을 것인데, 박태원은 〈제갈량편〉을 먼저 연재하게 된 동기를 이렇게 밝힌 바 있다.

"나의 『신역삼국지』는 현대어역(現代語譯)으로 원작의 면모를 충분히 전하도록 노력할 생각이다. 다만 한 가지 유감되는 바는 이것을 본지에 전부 연재할 수 없는 점이다. 양(量)에 있어 이를 전부 게재하기 위하여서는 대략 오십 회-사년 이상의 시일이 필요한 것으로 이것은 도저히 불가능한 일이다. 그래, 나는 편의상 삼국지를 네 부분으로 나누어 첫째 권을 『조조편』(曹操篇), 둘째 권을 『제갈량편』(諸葛亮篇), 셋째 권, 넷째 권을 각각 『관운장편』(關雲長篇), 『사마씨편』(司馬氏篇)이라 하고 본지에는 그중에 가장 흥미가 깊은 『제갈량편』을 연재하기로 하였다."[27]

이밖에 박태원의 「신역삼국지」 연재와 밀접한 관련이 있는 작품으로는 「회피패(廻避牌)」도 있다.[28] 이 작품은 박태원이 『삼국지』의 한

---

27) 박태원, '첫머리에' 「신역삼국지」, 『신시대』, 1941. 4. 「신역삼국지」 제1회가 연재된 『신시대』, 1941년 4월호는 그동안 자료 문제로 확인이 어려웠는데, 재단법인 아단문고의 도움으로 원본을 직접 확인할 수 있었다. 귀중한 자료를 열람할 수 있도록 편의를 제공해주신 박천홍 선생을 비롯한 재단 관계자분께 감사드린다.

대목을 토대로 새롭게 구성한 작품인데, '단편소설'이라고 명명한 것에서도 알 수 있듯이 단순 번역은 아니고 약간 근대적인 소설로 각색한 것이다.

"오늘도 회피패(廻避牌)를 걸어 놓고, 曹操는 승상부중(丞相府中)에 깊이 들어 앉어, 그 마음이 심히 우울하였다. 마침내, 關羽가 자기에게서 떠나, 다시 劉備에게로 돌아가려하고 있었던 까닭이다. 사람의 마음을 사기란 지극히 어려운 모양이다. 자기가 그 사이 關羽에게 베풀어 온 은혜가, 가히 막중한 것이 있었다. (…중략…) 曹操는 일즉부터 關雲長의 무예(武藝)와 인재(人材)를 사랑하여 마지 않았다."

이 작품은 「신역삼국지」의 연재가 시작된 1941년 4월 『신세기(新世紀)』에 실렸는데,29) 작품 발표 당시 요시카와 에이지의 『삼국지』가 『경성일보』에 관우의 천리독행을 앞둔 '피객패(避客牌)'30) 대목을 연재한 것으로 보아 양자를 우연의 일치로만 보기 어렵다. 「신역삼국지」는 일단 1943년 1월호를 끝으로 막을 내렸다.

"社告, 그間 讀者諸位에 絶讚을 받고 있던 三國志는 이달로써 우선 끝을 맺기로 하였다. 譯者 朴泰遠氏는 方今 全編 完譯에 힘쓰시고 있으니 不遠 全編 完譯本이 나올 것이다."(『新時代』, 1943. 1)

3. 「신역삼국지」 번역 분석

『신시대』에 연재된 「신역삼국지」는 본문의 부분 생략과 축약 그리

---

28) 「회피패」 자료는 구보의 유족인 박재영 선생으로부터 복사본을 받은 것이다. 자료 발굴 및 문의에 응해주셨던 정현숙 선생님께도 감사드린다.
29) 정현숙, 「朴泰遠作品年譜(1923~1950)」, 『朴泰遠小說硏究』, 이화여대 박사논문, 1990.
30) 『경성일보』 1941년 4월 10일부터 12일까지 피객패 (1) (2) (3)이 연재되었다.

고 역자에 의한 보충 및 한시의 전반적인 생략 등이 두드러진다.

① 부분 생략

　　모종강본, 제35회
　　"저의 스승님은 복성(複姓) 사마(司馬)이시고, 명(名)은 휘(徽), 자(字)는 덕조(德操), 영천인(潁川人)으로, 도호(道號)는 수경선생이십니다.(吾師複姓司馬, 名徽, 字德操, 潁川人也. 道號水鏡先生.)"

　　〈제갈량편 제1장 삼고초려〉
　　"사마휘(司馬徽)시죠. 자(字)는 덕조(德操)시고, 도호(道號)는 수경선생(水鏡先生)이시랍니다."(『신역삼국지』, 1941. 4)

복성 사마와 이름 휘를 하나로 묶고, 영천인이라는 출신 지역을 생략하는 등 간략하게 번역하였다.

② 본문 생략

　　〈제갈량편 제1장 삼고초려〉
　　"'봉추는 양양 방통(龐統)이오, 복룡이 바로 제갈공명입니다.'
　　현덕은 기쁨을 마지 않고 말하였다.
　　'오늘에야, 비로소, 복룡 봉추가 누군지를 알겠소그려. 그러나, 선생이 일깨어 주시지 않었더면, 그처럼 어진이를 바로 눈 앞에 두고도, 나는, 종시 모를번 하였구료.'
　　공명을 현덕에게 천거한 뒤, 서서는 다시 말을 달리어 허창으로 갔다."
(『신역삼국지』, 1941. 4)

모종강본을 보면 서서는 현덕에게 공명을 천거하고, 바로 허창으로 간 것이 아니다. 공명이 세상에 나와서 현덕을 돕지 않을까 염려되어

서서 자신이 직접 찾아가서 당부하는 장면이 생략되었다. 공명이 서서에게 "그대는 나를 제향(祭享)에 쓸 희생(犧牲)으로 만들 생각이오."라고 말하는 유명한 대목도 「신역삼국지」에서는 전부 생략되었다.

③ 보충 번역

〈제갈량편 제1장 삼고초려〉
"건안(建安) 십이년 봄-감부인(甘夫人)은, 유비 평생의 다만 한 점 혈육(血肉), 유선(劉禪)을 낳았다."

이 대목은 원래 모종강본 원문에 "건안 12년 봄, 감부인은 유선을 낳았다(建安十二年春, 甘夫人生劉禪)"로 나온다. 그러므로 "유비 평생의 다만 한 점 혈육(血肉)" 같은 부분은 원문에 없는 것으로 역자가 보충해 넣은 것이다.

④ 의역과 각색

"쾌는 걱정. 현덕은 어진 사람이야."
"그렇게만 믿구 기시구료.31) 사람은 속 다르고 겉 다른 법이라우."(「新譯三國志」, 1941. 4)

「신역삼국지」는 원문 그대로 직역하지 않았음을 보여준다. 위에 인용한 대목은 「신역삼국지」〈제갈량편 제1장 삼고초려〉 가운데 유표와 채 부인이 나누는 대화인데, 모종강본의 원문을 직역하면 "유표가 말하기를 '현덕은 어진 사람이오.' 채씨가 말하기를 '다만 다른 사람이 당신 마음과 같지 않을까 하는 것이오.'(表曰: '玄德仁人也.' 蔡氏曰: '只恐他

---

31) 박문서관본(1943)에는 "믿고 계시구료"로 나온다.

人不似汝心.')"이다. 그러므로 '괘는 걱정', '그렇게만 믿구 기시구료' 등은 역자의 보충이며, '사람은 속 다르고 겉 다른 법' 등도 우리말 표현을 잘 살린 번역이라고 할 수 있다.32)

⑤ 한시 번역

「신역삼국지」는 한시 번역이 매우 드문 편인데 『신시대』에 연재된 것을 보면 군영회 장면에서 주유의 '장부처세혜(丈夫處世兮)' 대목과 '대주당가(對酒當歌)'로 시작하는 조조의 「단가행(短歌行)」 등이 소개되었다. 현덕이 공명을 찾아서 삼고초려하는 대목에도 원래 여러 편의 한시가 등장하지만 이들도 거의 찾아보기 어렵고, 적벽대전편에서 주유를 격분시키는 「동작대부」도 전개상 필요한 한 두 구절만 차용되었다. 다음은 삼고초려 대목에 등장하는 한시의 일부이다.

"하늘 높이 나는 봉새/ 오동에만 기뜰이고
산 속에 숨은 선비/ 아무나 안섬기네.
밭 갈고 들어 와선 초당에 높이 앉아
거문고 히롱하며/ 시절만 기다리네."
　　　　　　　　　　　－「신역삼국지」 제2회, 1941. 5.

"대몽을 수선각고　大夢誰先覺
평생을 아자지라　平生我自知
초당에 춘수족하니　草堂春睡足
창외에 일지지라　窓外日遲遲"
　　　　　　　　　　　－「新譯三國志」 제3회, 1941. 5.

---

32) 박태원의 이 같은 번역은 일종의 창작물에 가까운 성취를 보인 것으로 보인다. 이를 방증하는 것이 채만식의 언급이다. "내가 보기에는 『지나소설집』은 결코 지나나 고담의 유치한 번안이거나 또는 한글로 번역된 지나문학이 아니라 많이 조선문학에 가깝지 않은가 한다…… 따라서 그를 한 권의 창작집이라고(그것이 완전히 조선문학화 했다는 의미에서는)해서 허랑한 추앙은 아닐 것이다." 「朴泰遠 氏 著 『支那小說集』」, 『조선일보』 1939. 5. 22; 『蔡萬植全集』 10, 창작과비평사, 1989, 246쪽.

한시 번역의 경우 '대몽수선각(大夢誰先覺)'의 경우 독음만 취했고, 전자는 간략하게 옮긴 것에 불과하다. 또 '초당에 높이 앉아'에 해당하는 부분은 모종강본의 원문을 보면 '오애오려(吾愛吾廬)'로 나오는데, 이를 직역하면 '나는 내 집을 사랑하네'로 「신역삼국지」의 번역은 의역에 가깝다는 것을 알 수 있다.

⑥ 역자의 문체 분석

"조운이, 곧, 군사를 들이키어 치니, 하후돈은 당해낼 도리 없어, 그대로 연기를 무릅쓰고 불속을 뚫어, 미처 수하장병들을 돌볼 사이도 없이 목숨을 도망하고, 한편 후군에 남아 있던 이전은 형세가 크게 이로웁지 않은 것을 보자, 급히 박망성을 바라고 말을 달렸으나 미처 이르기 전에 문득, 화공 속에 한떼 군사와 마주치니, 앞선 대장은 관운장이라, 이전은 말을 놓아, 어지러히 싸우다가 간신히 혈로(血路)를 뚫고 달아나고, 우금은, 치중양초에 불붙는 것을 보자 그대로 샛길을 찾아 도망하였으며, 하후란, 한호는 양초에 붙은 불을 잡으러 왔다가, 장비를 만나, 하후란은 죽고, 한호만 겨우 목숨을 보전하여 돌아가니, 날이 밝기까지 한마당 싸움에, 조가 군사의 시체는 들에 가득하고, 피는 흘러 내를 이루었다."(「신역삼국지」 제4회, 1941. 7)

이 부분은 공명이 유비에게 와서 처음 공을 세우는 박망파 전투인데, 하후돈이 이끄는 조조의 군사들이 공명의 뛰어난 용병술에 의해 속수무책으로 당하는 것을 묘사한 장면이다. 번역문임에도 불구하고 박태원 특유의 치렁치렁한 장거리 문장33)이 긴박한 상황을 잘 묘사한 대목이다.34) 이 같은 박태원의 문장이 나중에 박문서관본과 최영해의 정음

---

33) "구보는 누구보다도 선각(先覺)한 스타일리스트다. 그의 독특한, 끈기 있는 치렁치렁한 장거리 문장, 심리고 사건이고 무어든 한번 이 문장에 걸리기만 하면 일사(一絲)를 가리지 못하고 적나하게 노출된다." 이태준의 『小說家 仇甫 氏의 一日』 발문.
34) 조남현, 「박태원 소설, 장문주의 미학과 비의」, 『새국어생활』 제11권, 2001. 겨울호에

사본 그리고 월북 이후 북한에서 번역한 『삼국연의』 등에서 어떻게 변모되는가를 살피는 것도 흥미로운 일이다.

Ⅲ. 박문서관 『삼국지』의 의미

「신역삼국지」의 최종 연재가 이루어진 『신시대』 1943년 1월호를 통해서 박태원 『삼국지』가 조만간 전편 완역되어 나온다고 했는데, 그렇다면 박태원 『삼국지』는 그 후 어떻게 되었을까? 이에 대한 것을 당시의 박문서관 단행본에서 확인할 수 있다.[35] 박문서관본이 갖는 의미는 남다른데, 과거 양백화의 경우 비록 완역에 가깝게 번역했으나 단행본으로 간행되지 못했고, 한용운 『삼국지』 역시 신문 연재가 중단되면서 단행본 출판의 기회를 갖지 못했기 때문이다.

박문서관본 제1권은 1943년 5월 5일 발행되었다. 「신역삼국지」 연재를 마친 것이 1943년 1월이었으므로, 3, 4개월 남짓한 시기에 나머지 부분을 번역하였다고 할 수 있다. 연재하고 나서 간행까지는 비교적 짧은 기간이었고, 다른 작품의 집필과 번역 때문에 박문서관본은 기본적으로 축약본이 될 수밖에 없었을 것이다. 이 시기는 해방을 2년 정도 남겨둔 시점인데, 이 무렵 『경성일보』에는 요시카와 에이지의 『삼국지』가 여전히 연재되고 있었다.

서는 "이렇듯 심각한 상황은 마라톤 문장을 만났을 때 적나라하게 그 실체를 드러낸다고 박태원은 확신하고 있는 것이다."라고 했는데, 보기의 대목도 심각한 상황의 일종으로 보아 박태원이 이런 상황에서도 장거리 문장을 적절히 구사하는 기교를 보여주었다고 할 수 있다.

35) 박문서관의 일제시대 역할론은 출판사적으로도 연구의 가치가 있는 분야이다. 박문서관 창업주는 노익형으로 『博文』이라는 잡지도 간행하였다. 박태원도 박문서관에서 『川邊風景』을 출판한 바 있다. 박문서관본 『懸吐三國誌』가 나중에 김구용 『삼국지』의 저본이 되었다는 것도 널리 알려진 사실이다.

1. 박문서관본 제1권(1943. 5. 5)

박문서관본은 현재 국내에서 확인한 자료에 의하면 1943년에 나온 제1권과 1945년에 나온 제2권 두 책이 있다. 1943년에 간행된 박문서관본 가운데 한국현대문학관36)에 소장된 자료가 있는데, 본고에서 참고한 자료는 대구효성가톨릭대학교 장서인이 찍힌 1943년 제1권이다.37) 이 해에 나온 제1권을 보면 겉표지에 "三國志"라는 제목을 붙였으나 속지에 "新譯三國志"라고 하여, 이전『신시대』연재인「신역삼국지」의 계승임을 알 수 있다. 박문서관본의 장정은「신역삼국지」의 삽화를 담당했던 웅초 김규택의 작품으로 본문은 세로 조판이며, 전체 분량은 442쪽으로 되어 있다.38)

    박문서관본 1943년 제1권 목차
    제1장 도원결의(변이/ 황건적/ 도원결의/ 토적)
    제2장 십상시란(지극총중/ 혼군/ 태자, 황자/ 동태후/ 무모하진/ 북망초숙)
    제3장 호뢰관(온명원/ 견리망의/ 쌍비연/ 칠보도/ 진현령/ 제후회맹/ 선봉 손견/ 제일공/ 영용무쌍)
    제4장 전국새(회연/ 전국새/ 반하일전/ 석전)
    제5장 연환계(초선/ 봉의정/ 천리초/ 왕윤/ 서량병)

---

36) 한국현대문학관은 1997년 계원조형예술대학 내에서 동서문학관으로 개관했다가 2000년 서울 장충동 (주)파라다이스 별관으로 이전하여 지금에 이르고 있다. 우리 현대문학사의 주요 판본과 문인들의 육필 원고 등이 전시 및 소장되어 있는데, 박태원의 박문서관본도 이곳에 소장되어 있다.
37) 이 자료는 구보의 유족인 박재영 선생을 통해서 확인한 것이다. 구보에 대한 남다른 애정과 열정으로 여러 차례 좋은 자료를 소개해주신 것에 감사드린다.
38) 간기 사항을 보면 당시 정가가 2원 20전이고, 저작자에 박태원, 발행자에 "端原聖"이라고 되어 있다. 端原聖은『新時代』를 발행한 노익형(盧益亨)의 아들 노성석(盧聖錫)의 일본식 이름이다. 간기에 박태원을 역자가 아닌 저작자(著作者)라고 한 것이 흥미로우며, 당시 박태원의 주소가 '경성부(京城府) 돈암정(敦岩町) 487-22'라는 사실도 확인할 수 있다.

제6장 복양대전(위진산동/ 응보/ 도겸/ 복양열화/ 농가성진)
　　제7장 대권귀조(반간계/ 천수/ 서주)
　　제8장 소패왕(신정묘/ 엄백호)
　　제9장 온후여포(원문사극/ 소불간친계/ 전위/ 수춘성/ 가후/ 백문루)
　　제10장 의대조(허전타위/ 의대조/ 영웅론/ 밀수/ 혈수/ 문사/ 무략/ 예형/
　　　　길태의)
　　제11장 단기천리(형제이산/ 토산삼약/ 신은, 구의/ 안량/ 문추/ 회피패/ 오
　　　　관참장/ 군신중취)
　　제12장 손권(허공/ 우길/ 손권)
　　제13장 원소부자(허유/ 십면매복/ 유비의거/ 원가형제)
　　제14장 삼고초려(적로/ 실언/ 단계/ 수경/ 단복/ 명령/ 서모/ 와룡강/ 초당)

　박문서관본의 목차 가운데 제1권 마지막 제14장을 보면 『신시대』에 연재되었던 「신역삼국지」,〈제갈량편〉〈제1장 삼고초려〉의 '적로/실언/단계/수경/단복/명령/서모/와룡강/초당'과 동일함을 알 수 있는데, 이 같은 것을 보더라도 박문서관본은 「신역삼국지」를 계승한 판본임이 확인된다.

2. 박문서관본 제2권(1945)

　박문서관에서 1945년도에 나온 제2권은 8·15 해방을 몇 개월 앞두고 출판되었다. 제1권 역시 세로 조판과 속표지에 「신역삼국지」라고 한 것은 1943년에 나온 것과 같다. 간기 사항을 보면 1945년 2월 20일로 저작자가 박태원으로 나온 것 역시 제1권과 동일하다.[39]

　　박문서관본 1945년 제2권 목차
　　제15장 형주성(오태부인 /감녕/ 유기/ 박망파/ 공융부자/ 유종)

---

[39] 정가는 1943년에 비해 다소 오른 3원 20전이다. 서책 장정을 담당한 이가 정현웅(鄭玄雄, 1911~1976)으로 바뀐 것이 보인다.

제16장 당양장판파(화공, 수공/ 애민/ 모자/ 상산조자룡/ 연인장익덕/ 한진구)

제17장 설전(허실/ 군신/ 설전/ 손권)

제18장 신기묘산(주랑/ 호구/ 군영회/ 차전)

제19장 적벽대전(간세/ 고육계/ 사항계/ 연환계/ 야연/ 동남풍/ 용병/ 적벽대전/ 화용도)

제20장 공명과주랑(형주/ 영릉/ 계양/ 무릉/ 노장황충/ 합비일전/ 미인국/ 동작대/ 공근요절)

제2권의 목차에서 볼 수 있듯이 이들은 기존의 『신시대』에 연재되었던 「신역삼국지」의 개정판에 가깝다. 「신역삼국지」〈제2장(당양장판파)〉 부분은 박문서관본에서 〈제15장(형주성)〉, 〈제16장(당양장판파)〉의 두 장으로 나뉘었다. 목차도 일부 개정되어 「신역삼국지」의 '초현(招賢)'이나 '풍력(風力)' 같은 목차는 박문서관본에서 생략되었다. 1945년에 나온 제2권의 경우 전체 분량이 342쪽으로, 1943년에 간행된 박문서관본 제1권에 비해 대략 100쪽 가량이 줄어든 형태로 간행되었다. 목차를 보면 제2권은 〈제15장〉부터 시작하여, 1943년 박문서관본 제1권의 〈제14장〉에 연결된 것을 알 수 있다.

3. 박문서관본 번역 분석

박문서관본은 기본적으로 모종강본을 토대로 번역하였으나 상당 부분 축약된 번역본이다. 모종강본의 서두에 나오는 '천하대세, 분구필합, 합구필분(天下大勢, 分久必合, 合久必分)'도 등장하지 않고, '한(漢)나라의 기수가 거의 다하고, 천하가 장차 크게 어지러우려하매, 가지가지 상서로웁지 못한 조짐이 뒤를 이어 일어난다.'라고 시작하였다. 또 본문의 대화 장면도 일부 새롭게 구성하였는데 이를 살펴보면 다음과 같다.

① 부분 각색

〈제1권 제1장 도원결의 3. 도원결의〉
"그들이 마악 몇잔 술을 나누고 있을 때, 문득 수레를 타고 지나던 한 사나이가, 주막 앞에 나려 안으로 들어오더니, 주인을 보고 말한다.
'나, 술 한 잔 빨리 주오.'
'<u>어데, 가실 길이 바쁘신가요?</u>'
'응, 방문을 보고, 지금 성으로 들어 가는 길이오.'(박문서관, 제1권, 1943)

이 부분은 「신역삼국지」 연재 당시에는 없었으나 박문서관본이 간행되면서 추가로 번역되어 나온 부분이다. 밑줄 친 부분의 모종강본을 보면 "빨리 술 따라오게 마시고, 내 성에 들어가 군에 지원하려 하네(快斟酒來吃, 我待趕入城去投軍.)"이다. 관우의 대사로만 이루어져 있는 부분을 '어데, 가실 길이 바쁘신가요?'라는 물음을 넣어서, 주막집에서 흔히 있을 법한 주객간의 대화로 구성하여 관우의 등장이 범상치 않음을 보여주고 있다. 이 같은 대화체로의 각색은 나중에 정음사본에서 절정에 달한다. 다음은 『신시대』에 연재되었던 「신역삼국지」와 박문서관본의 변화를 살핀 것이다.

② 부분 개정-1

"건안(建安) 십이년 봄-감부인(甘夫人)은, 유비 평생의 <u>다만 한 점 혈육(血肉)</u>, 유선(劉禪)을 낳았다. 그날밤, <u>백학(白鶴)</u> 한 마리가 <u>지붕에 와서</u> 마흔아믄번40)을 높이 울고 서편 하늘로 날아 가더니, 낳을 때에는, 또, 이상한 향기가 방안에 가득하였다. 본래, 감부인이, 꿈에 북두(北斗)를 삼키고 그를 잉태하였으므로 유선의 아명을 아두(阿斗)라 한다."(「신역삼국지」, 1941. 4)

---

40) "마흔아믄번"이라고 한 대목의 모종강본 원문은 "四十餘聲"으로 나온다. "40여 회"라는 뜻으로 보아야 한다.

"건안 십이년 봄—, 감부인은, 유비 평생의 일점혈육, 유선(劉禪)을 낳았다. 그날밤, 흰 두루미 한 마리가 현아(縣衙) 지붕 우에 와서, 마흔아믄번을 높이 울고 서편 하늘로 날아 가더니, 낮을 때에는, 또, 이상한 향기가 방안에 가득하였다. 본래 감부인이, 꿈에 북두(北斗)를 삼키고 그를 잉태하였으므로, 유선의 아명을 아두(阿斗)라고 한다."(박문서관, 제1권, 1943)

「신역삼국지」의 '建安' '甘夫人' 등 괄호 안 한자가 박문서관본에 와서 생략되었고, '다만 한 점 혈육'이 '일점혈육'으로, '백학(白鶴)'을 '흰 두루미'로, '지붕에 와서'를 '지붕 우에 와서' 등으로 일부 개정된 것이 보인다.

③ 부분 개정-2

"서남편을 바라고 말을 달리기 얼마만에, 문득, 고개를 들어 보니, 어느 틈엔가 해가 뉘엿뉘엿 서산을 넘으려 한다.
(어데 가서 오늘밤 잠자리를 빌꼬?……)
말을 멈추고 둘러 보려니까, 마침, 한 목동이 소를 타고 오며, 시름 없이 피리를 분다.
(내, 너만 못하구나!)
현덕이 탄식을 마지 않으며, 물끄럼이 바라보자, 목동도 소를 멈추고 서서, 이윽히 현덕을 마주 바라보더니,
「장군은 유현덕이 아니신가요?」
하고 묻는다.
현덕은 깜짝 놀랐다.
「네, 촌구석에 있는 애가, 내 이름은 어떻게 아니?」
「제 사부(師父)님이 늘 그러시드군요. 유현덕이란 이가, 신장이 칠척오촌이오, 팔이 길어 무릎을 지나고, 귀가 커서 자기 눈으로 자기 귀를 보는데, 당세영웅이라고. 그래 알았지요.」"(「신역삼국지」, 1941. 4)

"서남편을 바라고 말을 달리기 얼마만에, 문득, 고개를 들어 보니, 어느

틈엔가 해가 뉘엿뉘엿 서산을 넘으려 한다.
　　(어데 가서 하룻밤 잠자리를 빌꼬?……)
　　말을 멈추고 둘러 보려니까, 마침, 한 목동이 소를 타고 오며, 시름 없이 피리를 분다.
　　(내, 너만 못하다! ……)
　　현덕이 탄식을 마지 않으며, 물끄럼이 바라보고 있으려니까, 목동도 소를 멈추고, 서서, 이윽히 현덕을 마주 바라보다가,
　　「장군이 유현덕이 아니신가요?」
하고 묻는다.
　　현덕은 깜짝 놀랐다.
　　「네, 촌구석에 있는 아이가, 내 이름은 어떻게 아니?」
　　「저의 사부(師父)님이 늘 그러시드군요. 유현덕이라는 이가, 신장이 칠척오촌이오, 팔이 길어 무릎을 지나고, 귀가 커서 자기 눈으로 자기 귀를 보는데, 당세영웅이시라고. 그래 알지오」(박문서관, 제1권, 1943)

위의 인용 가운데 밑줄을 친 부분이 나중에 박문서관본에서 개정한 부분이다. 전체적으로 큰 변화는 없다는 것을 알 수 있다.

④ 문장 분리와 대화 구성

　　"원직이 그만 조조 꾀에 속았구나! 그의 대부인은 뛰어나게 어진 어른이라 설혹 조조가 핍박이 심하더라도 결단코 그처럼 글을 보내어 자기 아들을 부르지는 않았을 것입니다. 만약에 원직이 아니갔다면 오히려 그가 살아있겠지만 이제 갔으니 반드시 돌아가고야 말았을 것이지오."(「신역삼국지」, 1941. 5)

　　"'원직이 그만, 조조 꾀에 속았구나!'
　　'어찌 하시는 말씀이십니까?'
　　'원직의 대부인은 어진이라 설혹 조조의 핍박이 심하더라도 결단코 그처럼 글을 보내어 아들을 부를 사람이 아니지오.'"(박문서관, 제1권, 1943)

『신시대』「신역삼국지」에서는 한 사람의 대사로 처리되었던 부분이 박문서관본에서는 주고받는 대화로 분리된 경우이다. 이처럼 원래 연재했던 내용을 개정하고 새롭게 대화를 구성하였으며 또 연재 당시의 내용 중 일부는 생략하기도 하였다. 이밖에 연재 당시에 있던 한시 가운데 박문서관본에서는 생략된 것을 볼 수 있는데, 그 같은 예의 하나가 바로 앞장에서 보기로 든 삼고초려 대목의 한시 "하늘 높이 나는 봉새/ 오동에만 기뜰이고/ 산 속에 숨은 선비/ 아무나 안섬기네"이다. 결론적으로 『신시대』에 연재되었던 「신역삼국지」와 박문서관본의 내용은 대체적인 틀은 유지하고 있지만 이처럼 세부적인 면에서 일정 부분 변화가 있음을 알 수 있다.

Ⅳ. 정음사 박태원『삼국지』의 번역 분석

정음사의 박태원『삼국지』는 1950년에 간행된 제1권과 제2권에 "朴泰遠"이라는 이름 석 자가 나오므로 박태원의 번역이 분명하다.[41] 박태원의 정음사본은 "完譯三國志"라는 이름으로 간행되었는데, 모종강본을 토대로 역자의 각색이 이루어졌다. 정음사본에 와서 비로소 박태원의『삼국지』는 풍성한 각색을 통해 독자를 끄는 힘을 배가시켰다고 할 수 있다.

박태원이 정음사에서『삼국지』를 출판하게 된 배경에는『中國小說選』(1, 2)과『水滸傳』을 단행본으로 간행한 전례도 있지만,[42] 최영해 사장의 적극적인 권유가 크게 작용했던 것으로 보인다.[43] 최영해가『중국

---

41) 참고로 본고에서 확인한 박태원의 정음사본(1, 2)은 깊은샘 대표 박현숙 소장본이다.
42) 박태원이 번역한『수호전』은『조광』에 1942년 8월부터 1944년 12월까지 2년 5개월 동안 총27회가 연재되었으며 나중에 정음사에서 전3권(1948, 1949, 1950) 형태로 간행되었다.

소설선』과 『수호전』에 이어 박태원에게 『삼국지』 번역을 권유한 데는 당시 일제 때 연재되었던 요시카와 에이지 『삼국지』의 단행본이 한국에서 번역 출판되던 분위기와도 무관하지 않을 것이다.44)

정음사의 박태원 『삼국지』는 제1권에 이어 제2권이 같은 해 4월 간행되었는데, 제3권을 비롯한 나머지 원고는 6·25로 인해서 세상에 나오지 못하였다. 구보의 장남 박일영 선생의 회고에 의하면 『삼국지』 원고 셋째 권과 넷째 권의 100여 매 원고는 안타깝게 불태워졌다.

"어쨌거나 종군 나들이 후면 며칠씩 누워 계시던 기억과, 9·28 서울 수복이 되어 부랴부랴 『삼국지』 원고 셋째 권과 백여 매는 실히 되는 넷째 권 원고를 어머니와 아궁이에 태우던 기억이 있습니다. 이 일은 후에 정음사 최영해 사장을 만나서 얘기했더니, '그것만 있었더라면 내 팔뚝에 땀띠가 한 말은 줄었을 텐데' 하셨던 기억이 납니다."45)

---

43) "수호전을 세 권으로 정음사에서 발행한 후, 최영해 사장의 권유로 다시 『삼국지』 번역에 착수하시게 되었습니다." 박일영, 「나의 아버지 박태원과 삼국지」, 『三國志』 제1권, 깊은샘, 2008. 출판사에서 인기 작가에게 『삼국지』 번역을 권하는 것은 예나 지금이나 크게 다르지 않은 것 같다. 이문열의 경우도 마찬가지이다. "요시카와 에이지(吉川英治)는 '미야모도 무사시'를 비롯해 일본에서 인기 있는 역사물을 많이 쓴 작가인데, 어떤 인터뷰에서 자기가 일생 창작한 작품보다 재구성한 '삼국지'가 더 많이 팔렸다고 하더군요. 그 말이 충격적이었던 데다 또 박맹호 사장님이 설득합니다. 작가가 할 수 있는 부업 중에 '삼국지' 번역만한 것도 없을 거라고. 게다가 그때 경향신문이 파격적인 대우로 연재를 제안했어요. 소설 연재료가 월 80만 원일 때 2백만 원을 쳤으니까. 이렇게 3박자가 맞아서 시작했는데 과연 요시카와의 말대로 됐어요. 1백만 부 넘게 판 책이 5종은 되는 내 창작소설 다 합친 것보다 '삼국지' 판매가 조금은 더 많을 거예요."(「황석영과 이문열 시대를 논하다-5. '삼국지'는 불멸의 역사」, 『중앙일보』, 2003년 10월 29일자.
44) 요시카와 에이지 『삼국지』의 한국어 번역 단행본 가운데 비교적 이른 시기의 것으로 현재덕 역, 『三國志』, 一成堂, 1949년이 있다. 정음사본이 나오던 1950년 4월, 현재덕이 번역한 일성당본 요시카와 에이지 『삼국지』가 4권까지 간행되었다. 역자 현재덕(玄在德)은 당시 최고의 아동문학가로 알려진 현덕(玄德, 본명 玄敬允)의 아우이기도 하다. 현덕의 작품 「남생이」에 대해서는 박태원의 「우리는 한갓 부끄럽다」, 『조선일보』, 1938. 2. 8가 있다.
45) 박일영, 「나의 아버지 박태원과 삼국지」, 『三國志』 제1권, 깊은샘, 2008. 또 「나의 아

정음사본은 박문서관본과 마찬가지로 세로 조판이며, 등장인물도가 삽화 형태로 들어있다.46) 박태원의 정음사본은 일부 수정이 있으나 기존의 『신시대』에 연재했던 「신역삼국지」나 박문서관본과 기본적으로는 같은 계통이다. 제1권의 목차를 보면 다음과 같다.

> 정음사 박태원 삼국지, 제1권 목차
> 제1장 도원결의(재이/ 황건적/ 도원결의/ 토적)
> 제2장 십상시란(지극총중/ 혼군/ 태자, 황자/ 동태후/ 무모하진/ 북망초숙)
> 제3장 폐립(온명원/ 적토마/ 폐립/ 비가)
> 제4장 제후회맹(칠보도/ 진현령/ 제후회맹/ 선봉손견/ 제일공/ 영용무쌍)
> 제5장 전국새(초토낙양/ 형양일전/ 전국새/ 반하일전/ 석전)
> 제6장 연환계(초선/ 봉의정/ 천리초)
> 제7장 이곽지란(동탁여당/ 사도왕윤/ 서량병)
> 제8장 기화(위진산동/ 응보/ 서주도겸/ 북해공융/ 소패주군)
> 제9장 복양대전(여포영용/ 복양열화/ 삼양서주/ 장사허저/ 농가성진/ 호랑지도)
> 제10장 대권귀조(반간계/ 이곽해화/ 호가, 겁가/ 왕패지업/ 허도천행)

박태원의 정음사본은 제1권과 제2권이 모두 10장으로 구성되었는데, 이 같은 체제는 나중에 최영해의 번역에서도 그대로 유지되어 전10권이 각 10장으로 체제를 갖추게 된다.

① 본문 번역

박태원의 정음사본은 '완역'이라는 이름에 걸맞게 박문서관본에 비해서 많은 부분이 추가로 번역되어 원본에 가까운 풍성한 내용을 갖추

버지, 구보 박태원」,(기획특집-구보 박태원의 장남 박일영 씨와 대담), 『문예비전』, 진실한 사람들, 2008. 7. 8, 24쪽에도 유사한 내용이 보인다.
46) 서책 장정은 이주순(李朱筍)의 작업으로 알려져 있고, 당시 액면 정가는 1,000원(圓)으로 나와 있다.

게 되었다. 그러나 모종강본 120회본을 기준으로 볼 때 회목과 본문을 그대로 따르지 않고 목차를 새로 설정하였으며 한시도 중요한 몇 대목 외에는 대부분 생략하거나 본문의 일부로 풀어서 번역한 것이 특징이다.

모종강본 〈제1회〉를 예로 들면 박태원은 제1장 도원결의를 〈1. 천재지이, 2. 황건적, 3. 도원결의, 4. 토적〉 등으로 세분하여 소제목을 달았다. 또 〈단기천리편〉도 박문서관본에서는 제1권에서 〈제11장 단기천리〉라고 하여 1장으로만 구성되어 있지만 정음사본에서는 제2권에서 제19장과 제20장 두 개의 장으로 분리되었다.

<blockquote>
박문서관본

〈제11장 단기천리(형제이산/ 토산삼약/ 신은, 구의/ 안량, 문추/ 회피패/ 오관참장/ 군신중취)〉

정음사본

〈제19장 토산삼약(1. 형제이산/ 2. 관공삼약/ 3. 신은, 구의/ 4 안량, 문추/ 5. 괘인봉금)〉

〈제20장 단기천리(1. 동령관/ 2. 낙양관/ 3. 기수관/ 4. 형양관/ 5. 황하도구/ 6. 주창/ 7. 형제석의/ 8. 군신중취)〉
</blockquote>

위의 보기처럼 축약 내지 생략되었던 박문서관본의 〈오관참장〉 부분도 정음사본에서는 〈1. 동령관 2. 낙양관 3. 기수관 4. 형양관 5. 황하도구〉식으로 상세하게 번역되었다.[47] 이들 구체적인 번역의 예를 살펴보자.

<blockquote>
〈제1권 제11장(단기천리) 회피패〉

"만약 조조가 듣지 않으면 어찌하실 생각이십니까?" "내 차라리 죽을지
</blockquote>

---

47) '오관참장(五關斬將)' 대목은 관우의 의리정신을 나타내는 대표적인 장면인데, 연의 저자의 예술적 허구에 속하는 것이다.

언정, 이대로 이곳에 머물러 있을까싶소?" 운장은 답서를 진진에게 주어 곧 돌려보내고 안에 들어가 두 부인에게 이 뜻을 고한 다음에 상부(相府)로 들어가서 조조에게 하직을 고하려 하였다.(박문서관, 1943)

"만약에 조조가 듣지 않으면 어떻게 하실 생각입니까?" "내 차라리 죽을지언정 이대로 이곳에 머물러 있지는 않겠오이다." 운장이 곧 붓을 들어 회서(回書)를 초하니, 글 뜻은 대강 다음과 같다.(가마니 들으매 의리는 마음을 저바리지 않고 충성은 주검을 돌보지 않는다 하니 우(羽)도 어릴 때부터 글을 읽어 대강 예의를 배운 터이라 일찌기 양각애(羊角哀)와 좌백도(左伯桃)의 사적을 보고 미상불 세 번 탄식하여 눈물을 흘렸나이다. 전자에 하비(下邳)를 지킬 때, 안에는 양식이 떨어지고 밖에는 원병이 없어 곧 죽으려하였사오나 두 분 아주머님이 계심으로 하여 감히 목숨을 버리지 못하고 잠시 몸을 조공에게 매어 뒷날을 기약하옵더니 근자에 여남에 갔다 비로소 형님 소식을 듣자옵고 이제 곧 조공을 하직하고 두 분 아주머님을 뫼셔 돌아가려 하나이다. 우가 만약에 딴 마음을 품는다면 신령과 사람이 함께 죽이실지라 그윽한 심사를 어찌 붓 끝에 다 하오리까, 통촉하소서.) 운장은 회서를 진진에게 주어 곧 돌아가게 하고 안으로 들어가서 두 부인께 이 뜻을 고한 다음에 그 길로 상부(相府)로 들어갔다. 조조에게 하직을 고하려는 것이다.(정음사, 1950)

인용문의 괄호 속 부분이 보완 번역된 부분인데 박문서관본 〈제11장(단기천리) 5. 회피패〉 대목에서 나오지 않았던 '관우의 답신 내용'이 이처럼 정음사본에서는 전부 등장하고 있다.

② 부분 개정 및 각색
다음은 부분 개정의 예인데, 표현을 바꾸고 구체적인 묘사를 보태서 원문을 보다 생동감 있게 만들었다.

"조조는 속으로 한 계교를 생각해 내고, 어느날 숙부가 들어오는 것을

보자, 거즛 땅에 쓸어지며, 중풍(中風)든 형상을 하였다."(박문서관, 제1권 제1장)

"조조는 마침내 속으로 한 계교를 생각해 내고, 어느날 숙부가 들어오는 것을 보자, 거짓 땅에 쓰러져 지랄병이 들린 형상을 하였다."(정음사, 제1권 제1장)

박문서관본에서는 '중풍'이라고 한 부분을 '지랄병'[48]으로 개정하였다. 지랄병이라는 표현으로 조조가 갑작스레 땅바닥에 쓰러져 발작을 하는 모습을 보다 실감나게 묘사하였다.

"말을 듣자, 곽사의 안해는 깜짝 놀라며,
'어쩐지, 근자에 밖에 나가 자는 일이 많다고 하였더니, 원 이런 괘씸할 데가 있나?…… 아이, 부인께서 일깨 수시지 않았더면, 정말이지, 모르고 지낼번 하였어요.'
칭사함을 마지 않고, 그뒤부터는, 남편의 동정만 살피기에 골몰이었다." (박문서관, 제1권 제7장 대권귀조 1. 반간계)

"듣고 나자 곽사의 부인은 벌써 눈이 샐쭉해지며,
'오호라, 어쩐지 근자에 밖에 나가서 자고 들어오는 일이 많기에 이상도 하다 하였더니, 원 이런 무례한 짓을 하고 있을 줄이야 뉘 알았노. 아니 부인께서 일깨워 주시지 않았다면 정말이지 모르고 지낼뻔 하였어요.'
양표 부인이 하직을 고하자, 곽사 부인은 재삼 칭사하여 보냈다.
그 뒤부터, 이 투기 많은 계집은 영감의 동정만 살피기에 골몰이다."(정

---

[48] 지랄병은 간질병을 말하는데, 박태원이 1942년 2월호『신시대』에 「신역삼국지」를 연재할 무렵, 광고 가운데 '간질에 직효'라는 문구가 보인다. "오늘까지 그 무서웁고 참혹한 광경을 당하고 있는 간질환자는 서슴치 말고 하로라도 速히 '지라누신'을 복용하야 곳치시요." 또 '지랄'이라는 표현은『천변풍경』제22절에도 등장하는데, 여기서 '지랄병'은 단순히 비속어의 사용이라기보다 당대의 유행하던 발작성 질병을 활용하여 조조의 꾀를 절묘하게 묘사한 경우라고 할 수 있다.

음사, 제1권 제10장 대권귀조 1. 반간계)

박문서관본에서는 단지 '깜짝 놀라며'라고 한 것을 정음사본에 와서는 '벌써 눈이 샐쭉해지며' 등으로 번역하여 여자의 질투심을 보다 구체적으로 부각시켰다.

③ 보충 번역 및 각색

박태원의 정음사본은 기존의 누락된 부분을 추가로 번역하는 동시에 다음과 같은 각색도 시도하였다. 〈제15장(온후여포)〉의 〈유안살처〉 대목으로 박문서관본에는 〈발시담정(拔矢啖睛)〉 대목과 더불어 모두 생략되었으나 정음사본에서 추가로 번역된 부분이다.

"이때 유안이 자기 집에 든 관인(官人)이 평소에 우러러 보던 유현덕이라 알고, 없는 살림이나마 제 정성껏 대접이 하고 싶었다.
사냥질이 생업이니 산돼지나 노루라도 잡아서 한상 배 불리 자시게 하고는 싶건만 내일 아침이면 떠날 손님을, 이미 날 저문 이제 어찌할 길이 없고, 가난한 촌구석에 이웃집에를 가 본대야 모두 뻔한 노릇이다.
그는 생각다 못하여 젊은 안해를 죽여, 그 고기를 삶아서 내어 놓았다.
'이게 무슨 고긴다'
현덕이 저를 들어 한 점 집어 먹으며 묻는다.
'이리 고기올시다'
유안의 음성은 낮고 또 떨렸다.
그러나 현덕은
'음, 이리 고기야……'
한 마디하고 맛이 훕치 않든지 손건과 함께 배불리 먹고 밤이 어두서야 자리에 들었다.
이튿날 주인에게 하룻밤 신세를 사례하고 말을 끌어 내려 후원(後院)으로 돌아가느라니까, 지나는 부엌 뒤에 한 젊은 여인이 죽어 쓰러져 있는데 두 젖통을 몽탁 베어내어 갈빗대가 들어난 무참한 시쳐다.

현덕은 깜짝 놀라며 마음에 의심이 버썩 들어 유안에게 묻고 그제야 간밤에 먹은 고기가 이 젊은 여인의 두 개 젖통인 것을 알았다.
 그 그지없이 비감(悲感)한 정회(情懷)를 일러 무엇하랴.
 현덕은 한동안 유안의 손을 잡고 말없이 눈물만 흘리다가 마침내 길이 한숨짓고 말께 올랐다."(정음사, 제2권, 1950)

위의 인용문도 박태원의 정음사본에서 새롭게 번역하여 보충한 부분이다. 그런데 여기서 우리가 눈여겨보아야 할 것은 박태원의 번역 태도이다. 이 장면은 모종강본으로 말하면 〈제19회 하비성에서 조조는 군사를 무찌르고 백문루에서 여포는 목숨이 끊어지다〉에 나오는데 위의 번역은 원문을 토대로 역자가 각색한 점이 두드러진다. 모종강본의 원문은 비교적 간결한 편이다.

"그때 유안은 예주목이 이르렀다는 것을 듣고 사냥한 짐승을 구하여 식사 대접하고 싶었으나 일시에 구할 수 없었으므로 그의 아내를 죽여서 대접했다. 현덕이 말하기를 '이것이 무슨 고기인가?' 유안이 말하기를 '이리 고기입니다.' 현덕은 의심하지 않고 한 끼 포식하고는 밤이 늦어서 잠자리에 들었다. 날이 밝아 떠나려고 후원에 가서 말을 꺼내려 하는데, <u>문득 한 부인이 부엌에 죽어 있고 팔의 살이 발라진 것이 보인다</u>. 현덕은 놀라 묻고서야 어젯밤에 먹은 것이 그 아내의 살인 것을 알았다. 현덕은 비감을 이기지 못하여 눈물을 흘리며 말에 오른다."[49]

---

49) 모종강본 원문: 當下劉安乃聞豫州牧至, 欲尋野味供食, 一時不能得. 乃殺其妻以食之, 玄德曰, '此何肉也' 安曰, '乃狼肉也.' 玄德不疑, 乃飽食了一頓. 天晚就宿. 至曉將去, 往後院取馬, 忽見一婦人殺於廚下, 臂上肉已都割去. 玄德驚問, 方知昨夜食者, 乃其妻之肉也. 玄德不勝傷感, 灑淚上馬. 이 부분에 대한 국내 다른 역자의 번역도 흥미롭기는 마찬가지이다. 박종화는 위 대목을 이렇게 옮겼다. "유예주하면 하늘의 태양처럼 우러러보고 사모하던 인물이다. 이러한 귀한 손님을 그대로 굶겨서 밤을 지나게 할 수는 없다고 생각했다. 안에 들어가 보니 젊은 아내는 곤한 잠이 들었다. 유안은 부엌으로 들어가 식칼을 들었다. 얼마쯤 망설였다. 아내는 또 얻을 수 있으나 귀한 손님 유현덕은 굶겨서 보낼 수 없다고 결심했다. 식칼로 잠이 든 아내의 머리를 뎅겅 잘라 버렸다. 아내의 둔부며 팔과 다리의 살을 베어 끓는 가마솥에 넣고 삶았다. 얼마 뒤에

박태원은 모종강본 원문에는 없지만 위에서 본 것처럼 일부 내용을 각색하여 독자의 흥미를 배가시켰다는 것을 알 수 있다. 예를 들어 이것이 무슨 고기냐는 현덕의 물음에 '유안의 음성은 낮고 또 떨렸다.'라는 심리적인 묘사로 긴장된 분위기를 살렸으며, 부인의 시체를 묘사하는 대목에서는 한 걸음 더 나아가, 살을 저며 낸 부위를 모종강본에 나오는 "팔[臂上肉]"이 아닌 "두 젖통"으로 다르게 번역하였다. 유교적인 전통에서 볼 때 인육(人肉)을 먹는 문화는 자식을 삶아서 늙은 부모를 대접하는 동자삼 고사 같은 효도와 깊은 연관이 있지만, 박태원의 번역에서 손님 접대에 활용한 '여인의 젖통'은 약간 시각이 달라 보인다. 오늘날에 보더라도 다소 '엽기적'이라고 할 수 있는데, 이것을 박태원의 '익살스러움'이라고 할 수 있을지 아니면, 일제 때 『베니스상인』의 번안물인 『人肉장사』나 태평양전쟁 당시 극한의 굶주림으로 인육을 먹은 일화 등은 없었는지 여러 가능성이 제기될 수 있다.50) 이 같은 번역은 나중에 정음사 최영해 『삼국지』에 그대로 존속되었다.

④ 변형과 새로운 각색

정음사 박태원 『삼국지』의 독특함은 변형과 각색을 통해 창작에 가까운 번역을 보여준다는 점이다. 서두부터 여러 부분에 걸쳐 등장하는

유현덕과 손건의 앞에는 김이 무럭무럭 나는 고기 한 반이 담겨 나왔다. 현덕은 배고픈 김에 고기를 대하니 비상하게 맛이 좋았다. '이것이 무슨 고긴가?' 유안에게 묻는다. 유안은 주저주저하다가 '이리 고기(狼肉)올시다' 대답했다. 현덕은 의심치 않고 배불리 먹었다" 『삼국지』 제1권, 어문각, 1967, 355-356쪽.

50) 이문열 평역본의 번역은 "이튿날 새벽이었다. 다시 길을 떠나려고 말을 매둔 후원으로 가는데 부엌에 한 젊은 부인네가 죽어 있었다. 유비가 놀라 그 시체를 살피니 허벅지며 엉덩이께에 살이 도려내진 게 보였다." 참고로 평문을 보면 "오늘날도 어떤 의미에서는 마찬가지이다. 대의의 내용은 달라졌지만, 자기가 옳다고 믿는 것을 위해서 아내나 자식들을 죽음보다 고통스러운 처지에 빠뜨리는 일이 얼마나 많은가. 가까운 예를 들어, 자유 또는 평등의 대의에 몸바친 사람의 경우에도 적의 손에 떨어진 그의 처자가 겪어야 할 고통은 종종 순간적인 죽음 뒤에 그 시체의 허벅지살 몇 근이 도려진 유안(劉安)의 아내에 비해 크게 뒤지지 않았다. 『삼국지』 제3권, 민음사, 1988, 187-188쪽.

데 몇 가지 사례를 살펴보도록 하자. 먼저 동탁의 횡포 장면으로 서술문을 발화식으로 새롭게 구성한 경우이다.

"동탁이 연회 자리를 베풀어 그들과 술잔을 나누려 할 때 마침 북지에서 반란을 일으켰다가 항복한 군졸 수백 명이 압송되어 왔다. 동탁은 즉석에서 어떤 자는 손발을 자르고 어떤 자는 눈알을 뽑아버리고 어떤 자는 혀를 자르고 어떤 자는 큰 가마솥에 넣고 삶아서 모두 죽이라고 했다. 울부짖는 소리가 하늘을 뒤흔들고 자리에 있던 관원들이 모두 몸서리를 치며 들고 있던 수저를 떨어뜨렸다. 그러나 동탁은 태연히 먹고 마시며 웃고 떠들었다."(모종강본, 제8회)

"하루는 이 자리에 마침 북지(北地)에서 항복 받은 군졸 수백명이 이르렀다.
'그놈들을 모주리 이 앞으로 끌어 오너라.'
'형구를 갖추어 오너라'
동탁의 입에서 연달아 분부가 내렸다.
'우선 저놈은 두팔을 썽둥 짤러라'
'저놈은 다리를 짤러라'
'저놈은 눈알을 빼라'
'저놈은 코를 베라'
'저놈은 귀를 베라'
'저놈은 혀를 베라'
'가만 있거라, 가마에 물이 끓었느냐. 끓었거든 저놈은 그 속에다 넣고 푸욱 삶어라……'
갖은 악형(惡刑)을 다 가하니 울부짖는 소리가 문자 그대로 천지를 뒤흔든다.
백관들은 모두가 너무나 끔찍끔찍하고 악착스러워서 제일이 저(箸)를 놓고 외면들을 하는데, 동탁은 홀로
'어서 술을 쳐라.-자아 식기 전에 많이들 드시교.'
하고, 연해 먹고 마시며 담소자약(談笑自若)한다."(정음사, 제1권, 1950)

박태원은 이처럼 모종강본에 얽매이지 않고 역자의 상상력으로 많은 부분을 고쳐서 번역했는데, 다음과 같은 부분도 거의 창작에 가깝다고 할 수 있다. 비록 번역이지만 판소리 적벽가처럼 일종의 토착화인 셈이다.

"양식이 떨어져서, 기와집에 들어 밤을 보내는데, 들녘의 늙은이가 조밥을 바치니, 헌제가 황후와 함께 먹는데, 거칠어서 삼킬 수 없다."(모종강본, 제13회)

"촌을 찾아들어갔으나, 난리통에 백성들은 거의다 어디로 도망하여 버리고, 남아 있으니 오직 빈 집 뿐이다.
저녁거리를 어디 가서 구하여 볼 것이냐. 그래도 그 중에서는 좀 나아보이는 기와집 한 채를 치우고 천자를 뫼셔 하룻밤을 드새게 하는데, 어디 숨어 있었던지 한 파파 늙은 노인이 조밥 한 사발을 들고 찾아왔다.
'이것이나마 상감님 잡수시사—'
헌제는 복황후와 마주 앉아서 수저를 들었다. 기갈이 감식이라고는 싶으나, 천생 처음 대하는 험한 밥이 입에 넣고 씹어도 목구멍을 넘지 못한다. 이를 보고, 백관은 모두 울음을 삼켰다."(정음사, 제1권)

간단한 원문에 비해 역자의 풍성한 각색이 돋보인다. 그런데 여기서 박태원의 이 같은 각색을 굳이 한국의 역사나 사회상과 결부시켜 본다면, 헌제의 처지는 임진왜란 당시 선조의 의주 피란행이나 구한말 고종 황제가 일제로부터 받은 핍박이고, 울음을 삼킨 백관은 나라 잃은 백성의 설움으로 확대 해석할 수도 있겠으나 이에 대해서는 보다 깊이 있는 검토가 필요할 것이다.

박태원은 또 전투 장면의 묘사에도 장점을 발휘하여 원문의 단순한 번역을 넘어섰다. 모종강본의 '두 사람이 창을 버리고, 맨손으로 맞붙어 치고 싸우니, 전포가 모두 찢어져 조각났다(兩個棄了槍, 揪住廝打, 戰袍抵得粉碎)'는 내용을 다음과 같이 풀었다.

"주먹이 들어가고, 발길질이 나오고, 복장을 지르면 정갱이를 걷어차고, 목줄기를 우리면 허구리를 쥐어박아, 어느 틈에 전포(戰袍)들은 갈갈이 찢어지고, 황소처럼 힘 센 사람들이 황소보다도 더 무섭게 우당퉁탕 싸우는 중에, 손책이 재빠르게 손을 놀려 태사자 등에 꽂힌 단극을 빼어드니, 태사자는 또한 손책이 머리에 쓰고 있는 투구를 홀떡 벳긴다."(정음사, 제2권, 1950)

박진감 넘치는 장면을 쉼표로 연결하여 빠르게 전개했는데, 이 같은 묘사 역시 박태원 특유의 장거리 문장이 적절하게 구사된 대목의 하나이다. 다음의 '영웅론'도 역자의 변형과 각색이 나타난 좋은 예이다. 이 장면은 정음사본 제2권(단기천리편) 〈제16장 의대조 3. 영웅론〉에 등장하는데, 이전의 박문서관본과 비교해보면 얼마나 새롭게 각색했는지 잘 알 수 있다.

〈제1권 제10장(의대조) 영웅론〉
"'그러면 내가 말씀하리까?'
조조는 손으로 먼저 현덕을 가리키고, 다음에 다시 자기를 가리키며,
'당세의 영웅으로는 오직, 사군(使君)과 조(曹)가 있을뿐이오.'
말을 마치자, 조조는 호탕한 웃음을 웃는다. <u>현덕은 얼마동안 아연하여 할뿐이다.</u>"(박문서관, 제1권, 1943)

조조의 말에 깜짝 놀라는 현덕의 반응을 단 한 문장으로 처리한 박문서관본에 비해 정음사본에서는 다음과 같이 흥미롭게 구성되었다. 이를 세분해서 살펴보자.

〈제2권 제16장 의대조 3 영웅론〉
"현덕은 물었다.
'당대에 그런 사람이 대체 누구란 말씀이오.'
가) 조조는 빙그레 웃고,

'지금 천하영웅은—'
하고, 손으로 현덕을 가리키며,
'오직, 사군(使君)과—'
다음에 제자신을 가리키고,
'이 조(操)뿐이외다.'
현덕이 그 말에 소스라쳐 놀라 손에 들고 있던 저를 땅에 떨어트렸다.
이때 마침 비가 퍼부으려고 우뢰소리가 크게 들린다. 현덕은 몸을 굽혀 떨어트린 저를 집으면서 반은 혼잣말처럼 한마디 하였다.
'무슨 천둥을 그리도 대단히 하시노……'
그 모양을 보고 조조가 웃으며 묻는다.
'그래 장부(丈夫)도 우뢰를 무서워한단 말씀이오.'
현덕은 말하였다.
'성인(聖人)도 신뢰풍렬(迅雷風烈)에 필변(必變)이라 하셨다오. 어찌 두렵지 않으리까.'
나) 우뢰소리가 멈추며 비가 억수로 퍼부었다. 두 사람은 잠시 말 없이 비 오는 양을 구경한다.
다) 지금의 현덕은 비유하자면 곧 호랑이 굴에 잠시 몸을 붙여 살고 있는 신세다. 전전긍긍하여 마지 않는 사람을 보고 조조가 영웅이라 설파(說破)하여 버리니 어찌 놀라지 않으랴. 부지중에 손에 들었던 저를 땅에 떨어트리고 때마침 크게 울려온 우뢰소리를 빌어 교묘하게 엄식(掩飾)하여 버린 것은, 현덕도 수기응변(隨機應辯)에 능하다고 하겠다.
조조도 별로히 그의 말을 의심하지는 않는 눈치다. 비가 그쳤다. 조조와 현덕이 다시 권커니 작커니 술잔을 기우리고 있으려니까, 문득, 밖에
라) '어디를 함부로 들어 가려고 그러오.'
'안됩니다.'
'여기 계십쇼. 들어 가서 승상께 품하리다.'
막는 사람의 말소리와
'이놈들 비켜나거라.'
누군지 크게 꾸짖는 소리가 연달아 들리더니 두 장수가 땅을 쾅 울리며 후원으로 뛰어 들어 바로 정자를 바라고 달려 오는데, 손에는 각기 칼을 한 자루씩 빼어 들었다."(정음사, 제2권, 1950)

가) 부분을 보면 기존의 한 문장을 둘로 나누어 대화 형태로 변형시켰다는 것을 알 수 있고, 박문서관본에서는 '현덕은 얼마동안 아연하여 할뿐이다'라고 간단히 처리한 대목을 위의 인용처럼 원문에서 추가로 번역하였다.

나) 부분은 원래 모종강본에도 나오지 않는다. 모종강본에는 '현덕은 조조의 말을 듣고 놀라서 저를 떨어뜨렸던 것을 슬쩍 덮어버린 것이다.'라는 식으로 나오는데, 박태원은 여기서 '우뢰소리가 멈추며 비가 억수로 퍼부었다. 두 사람은 잠시 말없이 비 오는 양을 구경한다.'는 부분을 삽입하여 두 영웅의 묘한 긴장과 이완의 순간을 탁월하게 묘사하였다.

다) 부분도 원래 모종강본에서는 후세 사람이 칭찬한 한시의 내용에 해당하는 것이다. 이것을 박태원은 별도의 한시 번역으로 독립시키지 않고 본문의 일부로 변형시켜 해설처럼 부연한 것이다.

라) 부분도 역자의 새로운 구성이다. 모종강본에는 옥신각신하며 문을 열라고 다투는 대화 장면이 나오지 않는다. 관우와 장비 두 사람은 그냥 손에 보검을 들고 곧장 후원에 뛰어들어 정자 앞으로 다가간 것이다. 이것을 두 사람이 문을 사이에 실랑이를 벌이는 것처럼 구성하여 긴장감을 높이는 데 기여하였다.

⑤ 번역의 기법과 역자의 사상성 및 표현

중국소설 『삼국지』는 기본적으로 작품 자체에 촉한정통론이 구현된 작품이다. 촉한정통론이란 유비 집단에 우호적인 태도를 취하여, 유비는 높이고 조조는 깎아내리는 경향을 말하는데, 역자에 따라서 이 같은 기조를 강화하기도 하고 축소하기도 한다.[51] 이것을 역자의 사상성이라는 측면에서 살펴볼 수 있는데, 박태원은 처음부터 의도적으로 촉한정

---

51) 중국에서도 명대 가정 임오본에 비해 청대 모종강본이 촉한정통론이 강화된 면이 있는데, 일본에서는 근래에 와서 진순신 등의 작가는 조조를 중심으로 새롭게 번역한 경우가 있다. 한국의 이문열 평역본도 조조를 적지 않게 복권시켰다.

유비	조조
이때 탁현(涿縣) 적은 고을에 한 영웅이 때를 못만난채로 숨어 있었다.(그로 말하면 글 읽기를 썩 좋아하지 않았다.) 타고나기를 천성이 너그럽고 말이 적으며, 기쁘나 성나거나 도무지 얼굴에 내지를 않고, 일찍부터 마음에 큰 뜻을 품어, 전혀 천하 호걸들과 사귀기를 좋아하는 이다.	그에게 한 숙부가 있어, 매양 잘못이 있을 때마다 조숭에게 고하여 꾸지람을 듣게 하니, 조조는 마침내 속으로 한 계교를 생각해내고, 어느날 숙부가 들어오는 것을 보자, 거짓 땅에가 쓰러져 지랄병이 들린 형상을 하였다. 숙부는 깜짝 놀라 곧 가서 조숭에게 이를 보하였다. 아비가 소스라쳐 놀라 급히 들어와 보니, 조조는 아무 탈이 없이(저의 방에서 글을 읽고 있다.)
모종강본 원문-不甚好讀書	모종강본 원문-없음
생략-글 읽기를 썩 좋아하지 않았다.	보충-저의 방에서 글을 읽고 있다.

통론을 한층 더 부각시키려고 했다기보다는 원문에 준해서 번역하다가 필요한 대목에서 부분적인 각색을 한 것으로 보인다. 먼저 유비와 조조의 대비를 통해서 역자의 번역 기법을 살펴보자.

유교문화권에서 지니는 독서의 효용을 생각할 때, 유비가 책 읽기를 썩 좋아하지 않았다는 것은, 장구(章句)에 얽매이지 않았다는 의미가 있지만, 이를 문자 그대로 직역하면 부정적인 것으로 비칠 소지가 있으므로, 역자 박태원이 이 부분을 생략한 것으로 볼 여지가 있다.[52] 반면에 조조는 그의 방탕함을 좋지 않게 보던 숙부와 부친의 책망에서 벗어나기 위하여 거짓으로 땅에 쓰러졌다가 조용한 독서인의 모습을 가장, 반전을 꾀한 경우이다. 독서의 긍정적인 측면을 활용하여 조조의 기지를 돋보이게 한 것인데, 단지 탈이 없다고 하지 않고 저의 방에서 글을 읽고 있다는 구체적인 묘사를 통해, 동적인 장면에서 정적인 장면으로의 극적인 전환을 가져온 경우이다. 다음과 같은 부분은 역자가 직접 개입

---

[52] 윤진현, 「박태원『삼국지』연구」, 『'삼국지연의' 한국어번역과 서사변용』, 인하대학교 출판부, 2007, 262쪽.

하여 조조를 깎아내린 부분이다. 널리 알려진 조조의 여백사 살해 대목이다.

> "'그래도 알고 죽이는 건 아주 의롭지 못한 짓이오'
> '나는 그렇게 생각하지 않소. 영인부아(寧人負我)언정 무아부인(毋我負人)이라는 말이 있소마는, 나는 반대로 영아부인(寧我負人)이언정 무인부아(毋人負我)요.'
> 나는 차라리 남을 저버릴지언정 남은 나를 저버리게 안 하겠다-,
> 이것이 착한 사람이 할 말이냐."(정음사, 제1권)

원래 위의 문장을 모종강본 원문으로 보면 "진궁이 말하기를 '알면서도 고의로 죽이는 것은 크게 불의한 일이오!' 조조가 말하기를 '내가 천하 사람을 저버릴지언정, 천하 사람이 나를 저버리지 않게 할 것이다.(宮曰: '知而故殺, 大不義也!' 操曰: '寧教我負天下人, 休教天下人負我')"인데, 여기에 '이것이 착한 사람이 할 말이냐'와 같은 추임새를 보탬으로써 조조에 대한 비판적인 시각을 강화했다고 할 수 있다. 그런데 이 같은 역자의 추임새는 작품 내적인 요소라기보다는 작자가 작품 속에 개입하는 현상으로, 동양의 서사 전통에서 보면 평점의 일종이다.[53] 고전소설에서도 서술자가 개입하여 감정을 이입시키는 경우가 있는데, 흔히 서사체의 평가절이라고도 하는 것이다.[54] 조조에 대한 부정적인 평가에 기여한 대목은 또 있다.

> "이날 밤에 달이 밝았다. 달빛을 띠고 다시 두어 마장을 가서 객점(客店)

---

[53] 『삼국지』와 평점에 대해서는 민혜란, 「毛宗崗의 評點『三國志演義』考」, 『중국인문과학』 제7집, 1988; 이진국, 「三國演義 毛評의 敍事理論研究」, 서울대 박사논문, 1994.
[54] 김현주, 「구술전통으로서의 서사체 평가절」, 『구술성과 한국서사전통』, 월인, 2003, 140-159쪽; 김미지, 『박태원 소설의 담론 구성 방식과 수사학』, 서울대 박사논문, 2008, 85쪽 참고.

을 찾아들었다. 밥을 시켜 배불리 먹고 나자, 조조는 먼저 자리에 들어 코를 골았다. 죄 없는 사람을 아홉 명이나 죽인 사람 같지가 않다."

박태원은 '조조가 밥을 배불리 먹고, 코를 골며 잤다'고 번역했는데, 원문에 의하면 '말[馬]을 배불리 먹이고, 먼저 잔 것이다(喂飽了馬, 曹操先睡).' 여기에다 '죄 없는 사람을 아홉 명이나 죽인 사람 같지가 않다'는 평을 더하여 조조의 잔인한 인간성을 그려냈다. 그 결과 '이것이 어찌 사람일까 보냐'는 독자의 공감을 불러일으키는 효과를 거두고 있다. 이밖에 조조에 대한 좋은 평을 삭제하여 존유억조의 경향을 강화시킨 대목도 있다. 아래 장면에서 괄호 안의 내용을 생략한 것이 그렇다.

"나이 스물에 효렴에 뽑혀 낭이 되었고 낙양북도위에 제수되었다.(그는 부임하는 길로 오색 몽둥이 10여 개를 만들어 고을 사대문 좌우에 설치하고 법을 범하는 자는 지위고하를 막론하고 몽둥이로 문책하였다. 한 번은 중상시 건석의 아재비 되는 자가 칼을 들고 밤중에 나다녔다. 조조가 야간 순찰하다가 잡아서 그 즉시 몽둥이로 문책하였다. 이 일로 안팎에서 감히 다시는 법을 범하는 자가 없어서 조조의 위엄과 명성이 자못 진동하였다) 나중에 돈구령이 되어 황건적이 일어나자 기도위에 제수되어 마보군 오천을 거느리고 영천으로 싸움을 도우러 오는 중에 마침 패해서 도망하는 장량, 장보와 마주친 것이다."(모종강본, 제1회)

"나이 이십에 효렴(孝廉)에 뽑히어 낙양북도위(洛陽北都尉)가 되고, 다음에 돈구령(頓丘令)이 되었다가 이번에 황건적 난리를 당하여 기도위(騎都尉)가 되어 마보군(馬步軍) 오천을 거느리고 영천으로 싸움을 도우러 오는 길에 마침 패군을 이끌고 도망하는 장보 장량의 무리를 만난 것이다." (정음사, 제1권)

조조가 지위고하를 막론하고 범법자를 국법에 따라 엄벌에 처했다는 것은 조조의 명성을 높여준 사건이지만 역자는 이 부분을 생략하였다. 그런데 이 같은 처리가 반드시 촉한정통론에 입각해서 역자의 존유억조 경향을 강화한 것인지 아니면 번역 분량상의 제한으로 축약하는 과정에서 나온 것인지에 대해서는 판단이 다소 어려운 측면도 있으나 관리로서 조조가 보여준 엄정한 법집행 대목이 삭제된 것은 분명하다. 또 조조의 부친과 일행이 몰살당하는 장면에서 조조의 여백사 일가 살해를 연상시켜서 인과응보를 그려낸 '응보'장도 역자의 묘사가 탁월하게 이루어진 대목이다.55)

이밖에 번역에 사용한 어휘를 살펴보면 시대의 흐름을 보여주는 독특한 예들이 있는데, "강 언덕에서 노느매기 하는 것을 보자,"(제1권 1장 4. 토적) "늙은 놈이 우리 부친을 모살하고 오히려 주둥이를 놀려 발명을 하려 드느냐."(제1권 8장 3. 서주도겸) "제 뒤만 바특이 따르십쇼." (제1권 9장 2. 복양열화) "이곽·곽사의 눈을 기어" "대장군 부중으로 반기를 보내 왔다."(제1권 10상 1. 반간계) "건너편 언덕으로 건네어 뫼신 다음에 배는 다시 몇 고팽이하여"(제1권 10장 3. 호가겁가) 같은 표현들이 두드러진다.56)

V. 정음사 최영해 『삼국지』의 역자 문제

정음사 최영해『삼국지』는 박태원의 월북 이후 최영해가 보완해서 번역한 것으로 한국의『삼국지』번역사에서 한 시대를 풍미한『삼국지』의 하나이다.57) 최영해의 정음사본은 대략 다음과 같이 나누어 볼 수 있다.

---

55) 윤진현, 앞의 책, 254-259쪽.
56) '고팽이'라는 표현은 벽초 홍명희의 『林巨正』에도 나오는 것으로 보고되는데, 이들 어휘가 지니는 특징 및 동시대 여타 작품과의 비교는 보다 면밀한 검토가 요청된다.
57) 정음사본의 문인 지식인에 대한 영향력은 오늘날 대표적인 소설가이자 『삼국지』역자로 주목받는 황석영, 이문열 두 사람의 대화에서도 찾아볼 수 있다.
 "황(석영): 나는 정본 '삼국지'가 하나 있어야겠다는 생각에서 번역을 했어요. 주위 얘기로는 우리가 어렸을 때 읽은 '박태원 삼국지'만한 것이 없다는 거야. 그가 월북하

(1) 전10권 형태로 번역 및 발행자의 이름이 최영해로 나온 경우.
(2-1) 전3권 형태로 번역 및 발행자의 이름이 최영해로 나온 경우.
(2-2) 전3권 형태로 번역 및 발행이 최동식으로 나온 경우.
(3) 전6권 형태로 번역은 최영해, 발행은 최동식으로 나온 경우이다.

번역 및 발행 모두 최영해의 이름으로 나온 것은 1955년에 완간된 전10권 형태와 그 후 전3권의 정음사본이며, 번역 및 발행이 최동식으로 나온 것은 최영해 이후 전3권 형태이다. 그리고 최영해 번역 최동식 발행으로 나온 것은 1984년 10월 간행된 가로 조판의 전6권이다. 최영해는 한글학자 외솔 최현배 선생의 자제이며 최동식 역시 최영해의 자제로 외솔의 손자이다. 그런데 최영해, 최동식 이들 부자가 모두 번역을 했다고 보기는 어려우며 최영해의 경우 박태원 정음사본의 보완 계승이고, 최동식은 번역과는 직접적인 관련은 없으나 나중에 출판사인 정음사를 이어받아 번역 및 발행인으로 기재되었다고 보는 것이 옳을 것이다. 정음사 최영해『삼국지』는 위의 (1)~(3)이 비록 간기의 내용도 다르고 역자의 이름에도 변동이 있으나 일부 목차 개정과 맞춤법 등을 제외하면 기본적으로 동일한 계통이다.

1. 정음사 전10권본

정음사 전10권본은 세로 조판이며 각 권이 모두 10장으로 이루어져 전체가 100장으로 구성되었다. 모종강본을 토대로 번역한 것이지만 120

는 바람에 출판사 사장 이름으로, 최영해로 역자가 둔갑하기는 했지만. 이른바 그 유명한 '정음사 판'입니다.
이(문열): 나중에 '월탄 삼국지'와 '구용 삼국지'가 가세했지만, 기성세대에게는 '박태원 삼국지'와 '요시카와 에이지 번역판'이 가장 많이 읽혔죠.
황(석영): 그렇지. 그 둘이 국내 '삼국지'의 상징이지. '박태원 삼국지'는 우리 입맛에 딱 맞는 문장과 시를 읽는 맛이 기막혀요." 「황석영과 이문열 시대를 논하다—5. '삼국지'는 불멸의 역사」, 『중앙일보』, 2003. 10. 29.

회본 회목을 그대로 따르지 않고 독자적으로 재구성한 것이다. 서책의 장정은 김용환58) 화백이 담당하였으며 제1권(도원결의편) 앞부분에 등장인물도가 나온다. 등장인물은 모두 10쪽에 걸쳐 1쪽당 4명씩 모두 40명의 인물이 등장한다. 유비, 관우, 장비, 미부인을 시작으로 제갈량, 마초, 황충, 조운 그리고 조조, 손권 측 인물이 나오고 마지막에 동탁, 여포, 초선, 사마의가 등장한다. 이 판본은 간기와 예고편 등을 통해서 볼 때 전10권이 일시에 간행되지는 않았다.59)

"天下一統篇(七月刊 第十卷)" "옛말이 있다. 天下大勢는 合한즉 오라면 반드시 分 하고, 分한즉 오라면 반드시 合하노라고. 이리하여 天下는 마침내 晉나라 司馬炎에게로 돌아간다. 卷을 나누기 十冊, 章을 나누기 百章, 原文으로 六00000字의 本三國志는 드디어 第十卷으로 그 完譯本을 完成한다. 解放以來 最大의 出版物, 最高의 人氣를 占하며 讀者諸彦의 好評裡에 우리나라 最初의 完譯本이 이로써 終決을 보는 것이다. 삼가 數年 동안 愛讀하시며 激勵하여 주신 여러분께 謝意를 表한다. 옛말이 있다. 天下에 三國志 三讀한 者와는 더불어 벗하지 말라고.60) 오늘의 讀者諸彦은 써 어떻게 생각하뇨!"(정음사, 1955. 5. 20)61)

---

58) 김용환은 한국 현대만화 선구자의 한 사람으로『코주부 삼국지』가 유명하다. 이 만화는『學園』이라는 잡지에 1952년 11월 창간호부터 약 2년 반 연재되었다.『오, 한강』,『식객』등으로 유명한 만화가 허영만도『코주부 삼국지』와의 대면이 만화와의 인상적인 첫 만남이었으며 큰 영향을 받았다고 회고한 적이 있다.「황호택 기자가 만난 사람-『식객』만화가 허영만」, 2006.
59) 정음사 최영해『삼국지』제1권 간기 사항에 1952년 6월 20일(국립중앙도서관 소장본)이라고 되어 있는 것을 볼 때, 1952년에 이미 전10권본의 간행이 시작되었다고 할 수 있다. 제3권(서울대중앙도서관 소장본)의 경우 1952년 10월 30일 발행의 간기를 확인한 바 있다.
60) 여기서 한 가지 흥미로운 것은 후기에 나오는 "天下에 三國志 三讀한 者와는 더불어 벗하지 말라"는 표현이다. 이 같은 표현은『삼국지』가 토착화되어 '삼국지를 세 번 읽은 이와 상대하지 말라'는 이야기가 널리 전해온 증거로도 볼 수 있는 것이다. 중국에서는 "老不看三國, 少不看水滸"라는 표현이 있다. 우리말로 직역하면 "늙어서는 삼국지를 읽지 말고, 젊어서는 수호지를 읽지 말라"는 뜻이다.

1955년 5월 20일 간행된 정음사본 제9권(대성귀천편)의 뒷부분에 마지막 제10권 "천하일통편"이 7월 나온다고 알리고 있다. 정음사 최영해 『삼국지』의 최종 제10권의 간기를 확인하면 1955년 7월 20일이라고 되어 있는 것으로 보아 최종 제10권은 제9권이 나온 지 2개월 가량 지난 무렵 간행된 것으로 보인다.

2. 정음사 전3권본

정음사 전3권본은 기존의 전10권본을 세로 조판의 전3권으로 간행한 것으로 일부 극히 미세한 수정과 맞춤법 등을 제외하면 동일한 본문이다.62) 확인한 판본 가운데 1959년 정음사 최영해『삼국지』의 표지를 보면 금박인자로 다색 인쇄한 모습인데, 본문은 8포인트의 세로 2단 조판으로 글씨가 매우 작다. 흥미로운 것은 부록으로 실린 인물표 작성자의 이름에 최동식이 나온다는 사실이다. 나중에 이 판본은 중국고전문학선집 시리즈의 하나로 새롭게 구성된다.63) 전10권 분량을 새로운 구성에 맞추어 제1권부터 제3권까지는 상권에, 제4권부터 제7권 상편까지는 중권에 그리고 제7권 하편부터 제10권까지는 하권으로 나누어 편집하였다. 서책 장정과 삽화는 김용환 화백의 작품이고 표지화는 천경자 화백의 작품으로 알려져 있다. 전10권본에서는 본문 삽화가 없었으나 전3권본에서는 권과 장의 서두에 삽화가 등장한다.

목차를 대조해본 결과 전10권본 제1권 제1장(도원결의)의 1. "재이

---

61) 정음사본 제9권마다 전부 나오는 것은 아니고 1955년 5월 20일 간행 자료에 나온다. 이후의 자료, 예를 들어 1956년도 등에 간행된 판본에는 같은 제9권이지만 위의 내용이 나오지 않는다.
62) "탁현(涿縣) 적은 고을에"가 "탁현(涿縣)이라는 작은 고을에"로 수정된 예가 있다.
63) 1963년 3월 15일 간행된 전3권 정음사본을 보면 뒷부분에 "中國古典文學選集"이라고 홍보하는 내용이 나오는데 당시『삼국지』,『홍루몽』,『수호전』,『금병매』외에『서유기』와『열국지』는 근간이라고 소개한 것이 보인다.

(災異)"가 전3권에서는 "천재지이(天災地異)"로 개정되면서 4자로 구성되었다. 제1권 제2장 "십상시란(十常侍亂)"과 제7장 "이곽지란(李郭之亂)"이 전3권에서는 "십상시(十常侍)의 난리(亂離)"와 "이곽(李郭)의 난리"로, 또 제2권(단기천리편) 제18장 의대조의 "허전타위(許田打圍)"가 전3권에서는 "허전사록(許田射鹿)"64) 등으로 개정되었다. "허전타위(許田打圍)"와 "허전사록(許田射鹿)"을 비교해보면 "타위(打圍)"라는 표현은 모종강본 제20회 조아만허전타위(曹阿瞞許田打圍)에 이미 나오는데, 양백화의 삼국지 역시 이 대목의 목차를 "타위(打圍)"라고 하였다. 요시카와 에이지는 "허전의 엽(許田の獵)"이라고 하였고, 한용운은 "전렵(田獵)"이라고 하였다. 이 대목은 목차에서 뿐만 아니라 전10권본의 제3권(삼고초려편) 제30장 당양장판파 4. 한진구에서 "그날 허전타위(許田打圍) 때 만약 내 생각대로만 하게 두셨더면 오늘날 이 변이 없었을 것이 아닙니까"라고 하여 다시 등장하는데, 이 부분 역시 나중에 정음사 선3권본에서는 "허전사록(許田射鹿)"으로 개정되었다.

3. 정음사 전6권본

정음사 전6권본은 전3권본 시대를 거쳐서 1984년에 전6권의 가로 조판으로 새롭게 태어난 판본이다.65) 그러나 맞춤법과 일부 개정된 것을 제외하면 기본적으로 같은 본문이다.66) 전6권의 권명은 다음과 같다.

---

64) 명대 가정 임오본에서는 이 대목의 목차를 조맹덕허전사록(曹孟德許田射鹿)이라고 한 것이 보인다.
65) 정음사본 가운데 번역 및 발행이 최동식으로 나온 자료가 있다, 간기 사항을 보면 1984년 3월 25일 중판.
66) "三國志"라는 표지 제자는 서예가 여초(如初) 김응현(金膺顯)의 작품이며, 표지 디자인에 정병규라는 이름도 보인다. 정병규는 나중에 이문열 『삼국지』의 서책 장정도 담당하였다.

제1권(제1장~제15장)
도원결의(도원결의/ 십상시의 난리/ 폐립/ 제후회맹/ 전국사/ 연환계/ 이관의 난리/ 기화)
대권귀조(복양대전/ 대권귀조/ 전변무상/ 소패왕/ 원술칭제/ 가후요적/ 온후여포)
제2권(제9장~제30장)
단기천리(의대조/ 원소무략/ 조조행흉/ 토산삼약/ 단기천리/ 손권/ 원소패적/ 원가형제)
삼고초려(조조북정/ 수경선생/ 모현자효/ 삼고초려/ 강동풍운/ 형주성/ 당양장판파)
제3권(제31장~제46장)
적벽대전(설전군유/ 도독주유/ 신기묘산/ 연환계/ 동남풍/ 적벽대전/ 형주양양/ 구원지계)
복룡봉추(미인국/ 주랑귀천/ 봉추선생/ 마초설한/ 서촉행/ 손권퇴조/ 낙봉파/ 명장엄안)
제4권(제47장~제63장)
조위위왕(파촉41주/ 평정한중/ 조위위왕/ 장비취관/ 하후연/ 병퇴사곡/ 한중왕/ 위진화하)
관공현성(형주함몰/ 의수만고/ 곡도어지/ 간웅수종/ 공조역모/ 한왕속대통/ 촉주출사/ 진동강남/ 관공신상)
제5권(제64장~제82장)
팔진법도(화파연영/ 백제유촉/ 촉오동맹/ 친자남정/ 평만지장도/ 용색박정/ 해엽운향/ 만방귀복)
공명출사(공명상표/ 지취삼성/ 방압득봉/ 철거군/ 탄금주적/ 휘루참마속/ 무후재상표/ 촉오재동맹/ 위병대패/ 한병파조진/ 제갈장신)
제6권(제83장~제100장)
대성귀천(목우유마/ 추풍오장원/ 한승상귀천/ 금랑계/ 일장춘몽/ 손권병사/ 용봉한삼/ 배수파적/ 의토사마소)
천하통일(화중지병/ 정봉참손림/ 사마소시군/ 보국안신/ 종회입한중/ 부자조손/ 촉제항복/ 사마염수선/ 천하통일)

전6권본에서는 기존의 세부 목차 가운데 '대권귀조(大權歸曹)'와 '조위위왕(曹爲魏王)'을 내세우고, '복룡봉추(伏龍鳳雛)'를 새로운 목차로 설정하였으며, '천하일통(天下一統)'에서 전통적인 '일통(一統)'이라는 표현을 '통일(統一)' 등으로 개정하였다. 정음사 전6권본은 최영해의 작고 3주기를 맞아 가로쓰기 보급판으로 간행하면서, 기존의 본문을 전6권 체제에 맞추어 새로 구성한 것이다. 전6권본이 나오게 된 배경에 대해서는 다음과 같은 언급이 보인다.

"그 시절 정음사판 10권의 삼국지를 읽지 않은 학생, 지식인은 거의 없으며 KBS에서는 아침, 저녁으로 이 소설을 낭독하여 최초의 '라디오 소설' 겸 그 당시 최장수 프로의 영예를 누리었다. '어찌 하였난다!' '뉘 있어 오늘을 후세에 전하랴' 같은 옛 말투의 구절구절이 정다운 이 삼국지는 뒤이은 다른 번역들을 너무나 낯설게 만들 정도로 서울 장안의 인기를 계속 누려 왔다. 행촌 선생의 벗들로 문단의 원로 중진이신 정비석, 송지영, 조병화 선생님을 비롯한 여러 어른들의 바람도 계시고, 발행인, 편집위원의 친구분들도 이구동성으로 재촉하시어 이제 정통 삼국지 압권의 번역판을 내어놓는 바이다."[67]

4. 정음사본 저본 문제

정음사 최영해 『삼국지』의 특색 가운데 하나는 기존의 다른 판본들과 달리 저본을 공식 언급한 점이다. 최영해는 후기(後記)에서 이렇게 밝히고 있다.

"이 「完譯三國志」의 底本 역시 毛宗崗의 一百二十回本임은 毋論이다."

그러나 모종강본 또한 이본이 많아서 어느 특정한 판본을 확정하기

---

[67] 「책 머리에」, 『三國志』 제1권, 정음사, 1984. 10. 15일 초판.

란 간단한 일이 아니다. 박태원의 경우 중국에서 평문을 제하고 간행한 모종강본을 저본으로 삼았을 수도 있지만, 국내에서 판각하여 전해오던 한문본이나 영창서관, 회동서관 및 박문서관 등에서 간행한 현토본일 가능성도 높다.

저본과 관련해서 같은 모종강본이지만 정음사 최영해『삼국지』내에서도 본문 인명과 한자 표기 등에 차이가 있다. 예를 들어 제1권 도원결의편에서 십상시의 한 사람인 하운(夏惲)에 대한 표기가 좋은 예이다. 정음사 전10권본에서는 '하휘(夏暉)'라고 하였는데, 정음사 전3권본에 와서는 독음은 '하휘'이고, 괄호 안의 한자는 '하운(夏惲)'이라고 하여 독음과 한자가 일치하지 않는다. 정음사 전6권본에서도 전3권본과 마찬가지로 독음은 '하휘', 한자는 '하운(夏惲)'식으로 표기되었다.[68]

이밖에 정음사 전10권본의 저본과 관련해서 판본 내의 서로 다른 지명 표기 문제이다. 최영해의 정음사본 제2권(단기천리편)〈제20장 단기천리〉를 보면, 진국사(鎭國寺)의 보정(普淨)이 기수관(沂水關) 장면에서 나오는데, 제6권(관공현성편)〈제56장(의수만고) 4. 영혼돈오〉에는 보정이 '범수관 진국사'라고 자신을 소개하는 것으로 나온다. 이 같은 문제의 발생에는 몇 가지 원인을 들 수 있다.

> 첫째, 제2권과 제6권 모두 동일한 저본을 사용하여 번역했으나 동일 저본 내의 서로 다른 표기상의 문제로 보는 것인데, 이것은 저본 자체의 오류이다.[69]

---

68) 명대 가정 임오본에서는 하휘(夏輝)라고 하여 휘(輝)자를 사용하였다. 서울대중앙도서관 가람문고 소장본으로 호적(胡適), 전현동(錢玄同)의 서문이 실린 모종강본『三國演義』, 上海, 亞東圖書館, 1922 초판, 1933 10판에는 "하운(夏惲)"으로 나온다. 박태원의 박문서관본에서는 "하휘(夏暉)"라고 하였다. 원래 휘(暉)는 휘(輝)와 통하지만 운(惲)과는 다르다.

69) 명대 가정 임오본에는 '沂水關', '氾水關'으로 다르게 나온다. 청대 모종강본의 경우 판본에 따라 다른데, 양자 모두 '氾水關'으로 나오기도 하고, '沂水關' '氾水關'으로 나오기도 한다.

둘째, 제2권 번역의 저본과 제6권 번역의 저본이 다른 데서 발생한 경우이다.

셋째, 두 번째와 관련이 있는데 제2권과 제6권의 표기가 다른 것은 역자가 다른 저본을 사용한 데서 문제가 발생한 경우이다.

이외에도 위와 같은 문제가 발생한 근본적인 요인으로 사(沂)자와 범(氾)자가 유사하기 때문에 생긴 착오로도 볼 수 있는데, 최영해의 정음사본 제2권에서는 기수관(沂水關)으로 다시 제6권에서는 '범수관'으로 읽고 한자 표기는 '사수관(氾水關)'으로 했기 때문에 이와는 또 다른 경우이다.[70] 또 모종강본 제27회 기수관 진국사에 등장하는 '보정(普'淨')'은 판본에 따라 제77회에서는 '보정(普'靜')'으로 나오므로, 이 역시 저본 판정의 근거가 될 수 있는데, 최영해의 정음사본 제6권(관공현성편) 56장 의수만고 4. 영혼돈오 대목에는 '보정(普淨)'으로 나온다.[71]

5. 정음사본 역자 문제

정음사본의 역자를 확정하는 문제는 박태원의 월북으로 그동안 베일에 가려져 있었던 것으로 주요 관심사에 해당하는 문제이다. 정음사 전10권본은 당시 정음사 사장이었던 최영해의 이름으로 모두 간행되었다. 그런데 흥미로운 것은 정음사 박태원 『삼국지』 제1권(도원결의편)과 제2권(단기천리편)이 정음사 최영해 『삼국지』 제1권, 제2권의 내용과 완벽하게 일치한다는 것이다. 두 판본은 목차에서 권의 체제가 전10장으로 구성된 것도 같고 내용면에서도 동일하다. 이로써 알려진 것처럼 정음사 최영해 『삼국지』는 박태원 『삼국지』의 차명 출판이라는 것이 설

---

70) 정음사본 내에서도 전10권본은 범수관['氾'水關], 전3권본은 범수관(氾水關), 전6권본은 범수관['氾'水關]으로 되어 있다.
71) 『三國演義』, 上海, 亞東圖書館, 1922 초판, 1933 10판에는 보정(普'靜')으로 나온다.

득력을 얻는 셈이다.

① 최영해 번역 여부

그렇다면 박태원의 월북 이후 최영해에 의해 이루어진 번역은 어떤 부분인가? 그보다도 최영해는 과연 정음사본을 직접 번역했는가? 1955년 6월 30일에 작성한 최영해의 후기를 보면 그 자신 '붓을 놓는다'는 내용이 나온다.

> "붓을 놓으려니 走馬燈처럼 明滅하는 作中의 人物들, 關羽, 張飛의 義勇함, 玄德의 慈愛 그리고 全篇을 通해 智謀의 第一人者인 孔明과 曹操. 모두가 우리들의 腦裡에서 길이 사라지지 않을 것 같다."(정음사, 제10권, 1955)

이 같은 후기를 보면 붓을 놓는다는 것은 번역을 마무리 짓는다는 의미로 보아서 최영해는 분명 『삼국지』를 번역한 사실이 있다. 그러나 이것만 가지고 번역의 전체 정황을 파악하기는 어렵다. 1954년 5월에 나온 정음사 최영해 『삼국지』 제3권에 나오는 예고편을 보도록 하자.

> "제1권 도원결의편/ 제2권 단기천리편/ 제3권 삼고초려편/ 제4권 적벽대전편/ 제5권 조조집권편/ 제6권 관공현성편 <u>以上 發賣中, 以下 續刊</u> 卷之三 終"(정음사, 1954. 5, 337쪽)

제6권(관공현성편) 다음에 "以上 發賣中, 以下 續刊"이라고 한 것으로 보아 제7권을 비롯한 나머지 권은 이후에 간행되었을 것이다. 그런데 1954년 5월이라면 월북한 박태원의 번역일 수 없음은 자명하다. 그렇다면 최영해의 번역은 제7권부터라고 할 수 있는가?

② 최영해 번역 상황

앞에서 최영해가 직접 번역을 한 사실을 확인하고 또 그의 번역이 제7권부터일 가능성에 대해서 논하였다. 그렇다면 최영해의 번역을 밝혀줄 보다 앞선 근거는 없을까?

"처음 얼마는 6·25 전에 소설가 박태원(朴泰遠) 씨가 번역하였는데, 박씨가 월북한 후 나머지 부분은 자기 선친이 번역하셨다는 이야기였다. 그러면서 관우가 충절을 지키다가 살해되는 대목을 번역하시면서 눈물을 흘리시던 선친의 모습을 생생히 기억한다는 것이었다."[72]

이 같은 언급을 보면 '처음 일부'는 박태원이 번역한 것이 분명하고 '나머지'는 최영해의 번역임을 알 수 있는데 문제는 바로 '처음 일부'와 '나머지'이다. 최동식의 증언에 의하면 최영해가 『삼국지』를 번역하는 도중 눈물을 흘렸다고 했는데, 그렇다면 '관우가 충절을 지키다가 살해되는' 대목은 어디에 나오는가? 이 대목은 정음사 최영해 『삼국지』 전10권의 〈제6권 관공현성편 제56장 의수만고(義垂萬古)〉의 '3. 부자우해(父子遇害)' 대목에 나온다. 관공 부자가 해를 당하는 대목을 살펴보자.

〈제6권 관공현성, 제56장(의수만고) 부자우해〉
"때는 이미 오경(五更)도 지날 무렵이다.
길까지 안 보인다. 돌아 설 수도 없다. 관공 일행은 천신만고하며 허둥허둥 달리는데 다시 함성이 산곡을 울리며 대진(大震)한다.
양편으로 복병(伏兵)이 일시에 쏟아져 나오는데, 적병들의 손엔 긴 갈구리와 쇠줄과 쇠그물이 들려 있다.
긴 갈구리와 쇠줄과 쇠그물이 일시에 관공의 말을 향하여 모여 들었다.
아! 이 천운이런가!

---

[72] 최명, 「서문」, 『소설이 아닌 삼국지-삼국연의 평전』, 조선일보사, 1993년 초판, 1994년 초판 4쇄.

또는 귀신이 시기함인가!
던져진 갈구리와 쇠줄은 한꺼번에 관공이 탄 말다리에 독사처럼 감기고 만다.
적병들은 사정 없이 쇠줄과 쇠그물을 잡아 다렸다. 네 다리가 허공으로 치켜 들리며 말이 모둑두리로 쓰러지는 순간! 이 어이할고! 관공의 몸도 뒤집히며 땅위로 굴러 떨어지고 말았다."

'아! 이 천운이런가!' '귀신이 시기함인가!' '이 어이할고!'와 같은 탄식은 모종강본 원문에 없는 것이며, 또 '쇠줄이 독사처럼 감기고 만다' 같은 부분도 최영해에 의해서 각색된 것으로 역자의 개입이 두드러진 대목이다. 이렇게 본다면 최영해의 번역은 제7권부터가 아니라 제6권부터라고 할 수 있다. 그러나 최영해의 보다 이른『삼국지』번역을 보여주는 증거는 또 있다.

"서울 수복 후 1953년 여름. 전쟁의 화를 입고 거의 폐허가 되다시피 한 거리를 누비고, 회현동 뒷골목에 살아남은 정음사를 찾았다. (…중략…) 그때 더위를 무릅쓰고 케케묵은 한서(漢書)를 뒤적이며 최 선생님은 손수『삼국지(三國誌)』를 펴냈다."[73]

정음사 최영해『삼국지』가 1952년부터 간행되었음을 보여주는 자료가 있으므로 1953년 여름이면 정음사에서『삼국지』가 연속으로 간행되어 나오던 시기로 볼 수 있다. 최영해가 1953년 여름,『삼국지』번역에 열중하고 있었다면 그 시기와 이후에 간행된 정음사본은 최영해의 번역을 거쳤다고 볼 수 있을 것이다. 그러므로 1953년 여름에는 이미 상당수가 번역 간행되었음을 알 수 있다.
그렇다면 제5권의 역자는 누구일까? 제5권의 내용을 검토하면 번역

---

[73] 이진섭,「기이한 因緣」,『歲月도 江山도-崔暎海先生華甲紀念頌辭集』, 정음사, 1974, 91-92쪽.

어휘 가운데 변화가 생긴 것이 나타난다. 박태원의 번역이 분명한 정음사 제1권에는 천자(天子)나 동탁에 의해 강제로 폐위된 소제(少帝) 등을 가리켜 '인군(人君)'이라는 표현을 사용한 곳이 여러 차례 등장하고, 이에 앞서 박문서관본 제1권에서도 박태원은 '인군'이라는 표현을 주로 사용하였다. 그러나 최영해의 번역으로 판단되는 제5권에서는 천자를 가리켜 '인군'이 아닌 '임군'이라는 표현을 사용한 것이 보인다. 임군은 임금의 방언 형태인데, 제5권에 들어와 기존의 '인군'이라는 표현 대신에 '임군'이라는 표현을 여러 차례 사용한 것은 비록 '인군'의 단순한 오기 내지 식자상의 착오일 가능성도 있지만, 역자의 무의식에 의한 표현으로 볼 수 있다. 최영해가 『삼국지』를 번역하면서 앞의 '인군'을 따르지 않고 '임군'이라는 표현을 사용한 것은 제5권의 역자가 앞의 역자와 다르다고 판단할 근거의 하나가 될 수 있을 것이다.[74]

③ 최영해 보완 번역

이제 제3권과 제4권의 역자에 대해 살펴볼 차례이다. 이 부분은 박태원이 번역한 셋째 권과 넷째 권의 100여 매 원고가 불태워진 사실로 알 수 있듯이 박태원의 작업으로 보기 어렵지만, 다음의 몇 가지 분석을 통해 최영해의 보완 번역임을 밝혀보도록 한다. 정음사 최영해 『삼국지』 제3권의 목차는 다음과 같다.

〈제3권 삼고초려편〉
제21장 손권(허공가객/ 요인우길/ 손책요사/ 손권)
제22장 원소패적(관도대전/ 허유투조/ 오소소량)
제23장 원가형제(유비의거/ 원소귀천/ 기주함몰)
제24장 조조북정(조자조비/ 원담패망/ 고간말로/ 곽가유계/ 동작길상)

---

[74] '임군'이라는 표현이 박태원의 박문서관본에도 나오며, 최영해도 정음사 전10권본의 제6권에서 '임군'과 '인군'을 혼용하였으나 집중적인 사용은 아니라 제외하였다.

제25장 수경선생(준마적로/ 유비실언/ 단계/ 수경선생)
제26장 모현자효(군사단복/ 팔문금쇄진/ 의자유봉/ 현재서모)
제27장 삼고초려(수경내방/ 일고초려/ 이고초려/ 삼고초려)
제28장 강동풍운(강동영준/ 재절쌍전/ 오태부인/ 감녕투오)
제29장 형주성(유기구계/ 출려제일공/ 공융부자/ 유종항조/ 화공, 수공/ 애민/ 유종모자)
제30장 당양장판파(추병래/ 상산조자룡/ 연인장익덕/ 한진구/ 허실)

이 부분을 박태원의 박문서관본과 비교해보면 제1권 제12장 손권(허공/ 우길/ 손권)부터 제2권 제17장 설전(허실)까지에 해당한다. 두 판본을 비교해보면 정음사 최영해『삼국지』는 과거 박태원이 정음사본에서 보여준 번역과 마찬가지로 박문서관본의 목차를 일부 개정하고 누락된 부분을 추가로 번역하였으며 일부 문장은 새롭게 다듬었다.

〈삼고초려편〉
"시 한수를 외우고 나더니 공명은 눈을 들어 동자를 돌아 보고 묻는다.
「누가 찾아 오시지나 않았더냐」
「유황숙께서 벌써부터 오셔서 기다리고 계십니다.」
「웨, 진작 나를 깨지 않고…… 내 잠깐 들어가서 옷을 갈아 입고 나오마」
후당으로 들어 가더니, 다시 한참만에야, 공명은 의관을 정제하고 나와서 손을 맞는다.
현덕이 눈을 들어 보니 공명의 신장이 팔척이오, 얼굴은 관옥 같고, 머리에는 윤건(輪巾)을 썼으며, 몸에는 학창의(鶴氅衣)를 입어, 표표연(飄飄然)히 신선의 풍개가 있다."(박문서관, 제1권, 1943)

〈제3권(삼고초려편) 제27장 삼고초려 4. 삼고초려〉
"시 한수를 읊고 나더니 공명은 눈을 들어 동자를 보고 묻는다.
「누구 속객(俗客)이 찾아 오시지나 않았더냐」
「유황숙께서 벌써부터 오셔서 기다리고 계십니다.」
동자가 보하자 공명은

「그럼 웨 진작 나를 깨지 않았느냐」
한 마디 나무래고
「내 잠간 들어가서 옷을 갈아 입고 나오마」
자리를 일어 후당으로 들어 가더니 다시 한동안이 지난 뒤에야 공명은 비로소 의관을 정제하고 나와서 객을 맞는다.
현덕이 눈을 들어 보니, 공명의 신장이 팔척이오, 얼굴은 관옥(冠玉) 같고, 머리에는 윤건(輪巾)을 썼으며, 몸에는 학창의(鶴氅衣)를 입어 표표연(飄飄然)히 신선(神仙)의 풍개가 있다."(최영해, 정음사, 제3권)

이처럼 박문서관본과 최영해의 정음사본이 상당히 유사한데, 특히 '현덕이 눈을 들어 보니 공명의 신장이 팔척이오, 얼굴은 관옥(冠玉) 같고, 머리에는 윤건(輪巾)을 썼으며, 몸에는 학창의(鶴氅衣)를 입어 표표연(飄飄然)히 신선(神仙)의 풍개가 있다.'는 대목은 그대로 유지한 것처럼 같다. 또 다음과 같은 부분 역시 박문서관본과 정음사본이 일치하는 부분이다.

"내, 근자에 제명을 받자와, 글을 받들어 죄를 칠새, 깃발이 한번 남쪽을 가리키매, 유종이 손을 묶고, 형양의 백성이 바람을 따라 귀순하였도다. 이제, 웅병 백만과 상장 천원을 거느리고, 장군과 더부러, 장하에 회렵하여, 함께 유비를 치고, 같이 토지를 나누어, 길히 맹호를 맺고자 하니, 다행히 관망하지 말고 속히 회음을 내리라."(박문서관 제2권 제17장 설전 2 君臣/정음사 제4권(적벽대전편) 제31장(설전군유) 1. 강동군신)

이밖에 〈공명차전〉 대목에서 '조조 군사가 내일 모레라도 곧 쳐들어올 지금 형세에 만약 열흘씩 잡았다가는 반드시 대사를 그르치고 마오리다.'라는 부분도 박문서관본과 유사하며, 〈주랑귀천〉의 '기생유(旣生瑜)하고, 하생량(下生亮)고!' 하는 대목에 나오는 공명의 글 〈한군사 중랑장 제갈량(漢軍師 中郎將 諸葛亮)은 삼가 동오 대도독 공근 선생 휘하(東吳 大都督 公瑾先生 麾下)에 드립니다〉도 박태원의 박문서관본과 정음사 최영해『삼국지』가 대부분 일치하고 있다.

④ 최영해 보완 번역의 특징
이상에서 정음사 최영해『삼국지』제3권과 제4권은 박문서관본의 보완 번역일 가능성에 대해 살펴보았다. 그렇다면 이들 제3권과 제4권에 나타난 최영해의 보완 번역이 지니는 특징은 무엇일까?

"그 목숨이 위태로웁기 바루 풍전등화(風前燈火)일 때, 난데 없는 한줄기 붉은 빛이 토갱 안으로부터 뻗혀 나오며, 조운의 탄 말이 네굽을 모으고, 한번 솟아, 밖으로 뛰어 나온다."(박문서관, 제2권)

"그 목숨이 위태롭기 바로 풍전등화일 때, 고이도 한 일이다. 난데 없는 일도홍광(一道紅光)이 토갱 안으로부터 뻗혀 나오며 조운의 탄 말이 네 굽을 모으고 한번 몸을 솟쳐 밖으로 뛰어 나온다."(정음사, 제3권)

"적은 군사를 가지고 많은 적병을 당하여낼 수는 없는 일이오. 더구나 승패는 병가지상사라, 옛적에 고황제께오서 여러 차례 항우에게 패하셨오되, '개'하(垓下) 한번 싸움에 공을 이루셨으니, 이는 한신(韓信)의 좋은 계책에 힘입으심이 아닙니까?"(박문서관, 제2권)

"과불적중(寡不敵衆)이요, 승패(勝敗)는 병가상사(兵家常事)라, 옛적에 고황제(高皇帝)께오서 여러 차례나 항우(項羽)에게 패하셨으되, 해하(垓下) 한 번 싸움에 공을 이루셨으니, 이는 곧 한신(韓信)의 좋은 계책에 힘입으심이 아닙니까."(정음사, 제4권)

이처럼 최영해의 보완 번역으로 판단되는 제3권과 제4권에는 박문서관본과 비교해서 일도홍광, 과불적중 등 한자어가 빈번하게 등장한다. 그런데 이들을 곧바로 최영해 고유의 특징이라고 할 수 있는지에 대해서는 다소 의문이다. 왜냐하면 박태원의 이전 번역에도 그 같은 한

박태원 박문서관 제2권	최영해 정음사 제3권
조운이, 곧, 군사를 들이키어 치니, 하후돈은 당해낼 도리 없어, 그대로 연기를 무릅쓰고 불속을 뚫어, 미처 수하장병들을 돌볼 사이도 없이 목숨을 도망하고, 한편 후군에 남아 있던 이전은 형세가 크게 이로웁지 않은 것을 보자, 급히 박망성을 바라고 말을 달렸으나 미처 이르기 전에 문득, 화공 속에 한떼 군사와 마주치니, 앞선 대장은 관운장이라, 이전은 말을 놓아, 어지러히 싸우다가 간신히 혈로(血路)를 뚫고 달아나고, 우금은, 치중양초에 불붙는 것을 보자 그대로 샛길을 찾아 도망하였으며, 하후란, 한호는 양초에 붙은 불을 잡으러 왔다가, 장비를 만나, 하후란은 죽고, 한호만 겨우 목숨을 보전하여 돌아가니, 날이 밝기까지 한마딩 싸움에, 조가(曹家) 군사의 시체는 들에 가득하고, 피는 흘러 내를 이루었다.(제15장 형주성, 4. 박망성)	조운은 때를 놓치지 않고 군사를 돌이켜 그 뒤를 급히 몰아 쳤다. 하후돈이 미처 수하장병들을 돌볼 사이 없이, 그대로 연기를 무릅쓰고 불 속을 뚫어 목숨을 도망한다. 이때 후군에 남아 있던 이전은 형세가 크게 불리한 것을 보자, 급히 말을 놓아 박망성을 바라고 달렸다. 그러나 얼마 가지 않아, 화광 속으로서 한떼 군사가 내달으며 앞을 막으니 앞선 대장은 곧 관운장이다. 이전은 말을 놓아 한바탕 어지러이 싸우다가 간신히 혈로를 뚫고 달아나고, 우금은 치중양초에 불이 붙은 것을 보자, 그대로 샛길을 찾아서 도망하여버렸다. 한편 하후란·한호는 양초에 붙은 불을 잡으러 왔다가 바로 장비를 만났다. 두 사람은 일시에 달려 들어 장비를 좌우로 끼고 쳤다. 그러나 사오합이 못되어 장비가 장팔사모 번쩍 들어 하후란의 목을 찔러 말 아래 거꾸러트리자, 한호는 소스라쳐 놀라 그대로 길을 앗어 달아나버렸다. 날이 훠언히 밝을녘까지 한마당 싸움에, 조조 군사의 시체는 들을 덮어 널리고, 피는 내를 이루었다.(제29장 형주성, 2. 출려제일공)

자어의 사용이 나타나고 있기 때문이다. 그러므로 이 같은 특징은 최영해 본인의 문체[75]로 인한 측면과 최영해가 '구보의 문체'를 감안하여

---

75) 최영해는 출판사 사장으로 비록 작가는 아니었지만 그의 문장 또한 나름대로 독특한 맛이 있었던 것으로 보인다. 소설가 정비석도 그의 문장을 이렇게 평하였다. "영해 형은 어느 누구도 따르기 어려운 대문장가요, 명문장가다. 나는 한 평생 글을 써오기는 하면서도, 내 글이 영해 형에게 읽힐 일을 생각하면 언제나 얼굴이 화끈거린다. 많은 사연을 한 마디로 표현해버리는 그 압축되고도 세련된 문장력은 거의 선경(禪境)에 도

번역했다는 두 가지 가능성을 모두 고려해야 하므로 판단에 신중을 요한다.

"이 소설 삼국지는 행촌 최영해 선생께서 해방 직후 그의 벗 구보의 문체로 번역을 시작하여 환도 후에 끝을 낸 작품이다."76)

그런데 중요한 것은 이렇게 최영해가 '구보의 문체'로 번역했다고 하지만, 박태원 특유의 장거리 문장이 정음사본 제3권에 와서 단문으로 바뀐 사실을 보면 결국 최영해의 보완 번역임을 보여준다고 할 수 있다.

⑤ 정음사본 역자에 대한 결론

이상의 논의를 토대로 정음사 최영해『삼국지』의 역자를 판단한다면, 최영해 번역 및 발행으로 나온 정음사 전10권본의 제1권과 제2권은 이전에 박태원의 이름으로 나왔던 정음사본과 같으므로 박태원의 번역이고, 제3권부터는 최영해의 번역이기는 하지만 제3권과 제4권의 경우 과거 박태원의 박문서관본과 일치하는 부분이 많으므로 최영해의 보완적인 번역이라고 할 수 있으며, 제5권부터 제10권까지는 최영해의 번역이라고 할 수 있다. 이를 도표로 정리하면 다음과 같다.

〈정음사본 전10권〉 번역
박태원 번역-제1권(도원결의편), 제2권(단기천리편)
최영해 번역(보완)-제3권(삼고초려편), 제4권(적벽대전편)
최영해 번역-제5권(조조집권편), 제6권(관공현성편), 제7권(팔진법도편)
제8권(공명출사편), 제9권(대성귀천편), 제10권(천하일통편)

달했다고 나는 생각하는 것이다." 정비석,「作家 아닌 文章家」,『歲月도 江山도-崔暎海先生華甲紀念頌辭集』, 정음사, 1974, 66쪽.
76)「책 머리에」,『三國志』제1권, 정음사, 1984. 10. 15 초판.

신역삼국지 1941. 4~1943. 1		박문서관 1943/1945		정음사 (박태원) 1950		정음사 (박태원/최영해) 1952~1955	
		1권	1장 도원결의 ~7장 대권귀조 2. 천적	1권	도원결의편 1장~10장	1권	도원결의편 1장~10장
			7장 대권귀조 3. 서주 ~11장 단기천리	2권	단기천리편 11장~20장	2권	단기천리편 11장~20장
		2권	12장 손권 13장 원소부자			3권	삼고초려편 21장 손권 ~30장 당양장판파
제갈량편	1장 삼고초려		14장 삼고초려				
	2장 당양장판파		15장 형주성 16장 당양장판파				
	3장 적벽대전 4장 공명과주랑		17장 섭전 18장 신기묘산 19장 적벽대전 20장 공명과주랑			4권	적벽대전편 31장 설전군유 ~40장 주랑귀천
						5권	조조집권편 41장~50장
						6권	관공현성편 51장~60장
						7권	팔진법도편 61장~70장
						8권	공명출사편 71장~80장
						9권	대성귀천편 81장~90장
						10권	천하일통편 91장~100장

VI. 북한본 『삼국연의』의 특징

박태원은 8·15 이후 해방 공간에서의 활동도 그렇지만,[77] 월북하게 된 사연에 대해서도 모호한 부분이 많다. 모호하다는 것은 월북과 관련해서 그의 사상성에 대한 뚜렷한 증거를 찾아보기 힘들다는 말로도 입증된다.

"박태원이 조선문학가동맹의 중심인물로 활동했다 하더라도 그는 이념주의자라기보다는 여전히 자유분방한 문필가였다고 할 수밖에 없다. 그의 소설이 이념성을 거부하고 있음을 보아도 이것을 쉽게 짐작할 수 있는 일이다. 그렇다면 6·25 전쟁 당시 박태원의 월북을 어떻게 설명할 수 있을까? (…중략…) 당시 수도 서울에 북으로부터 다시 내려온 이태준이 있었고 이원조·임화·김남천 등도 함께 활동했던 것을 생각한다면, 박태원이 이들과 함께 행동했을 가능성도 배제할 수 없는 일이다. 그러나 그것이 박태원의 사상성을 말하는 것이라고는 아무도 단언할 수 없다."[78]

월북 문인의 정황에 대해서는 여러 부류가 있음을 시사하는 글도 있는데,[79] 박태원의 월북에 대해서는 뚜렷한 결론은 없고, 여전히 다양

---

[77] 박태원은 해방공간에서 조선문학가동맹 중앙집행위원이었던 적이 있다. 조선문학가동맹 엮음, 최원식 해제, "임화(林和)가 주도한 '문건(조선문학건설본부)'은 부르조아민주주의혁명론에 입각한 진보적 민족문학의 건설을 당면목표로 하였는데, 이 때문에 이태준·정지용·김기림(金起林)·이원조(李源朝)·박태원(朴泰遠)·안회남(安懷南) 등 옛 KAPF계와 깊은 관련을 가지지 않은 인사들이 핵심적인 역할을 수행하였다." 『건설기의 조선문학(제1회 전국문학자대회 자료집 및 인명록)』, 온누리, 1988 등을 참고할 수 있다.

[78] 권영민, 「월북작가시리즈 ④ 모더니스트 朴泰遠, 의문의 北行」, 『월간경향』, 1988. 12.

[79] 김윤식, "월북 시기는 꼭 같지 않다는 점이 지적될 수 있다. 이를 따져보면 다음과 같다. ① 처음부터 북에 있었던 문인(崔明翊을 위시한 斷層派) ② 1946년 무렵 일찍이 월북한 문인(金史良, 홍명희, 李泰俊 등) ③ 五·十선거(1948) 전후해서 월북한 문인(林和를 위시 대부분이 소위 남로당계열) ④ 6·25를 전후해서 월북한 문인(정지용, 김기림 등) 등 몇 가지 시기적 분류가 가능한 것이다." 「附錄 韓國近代文學硏究의 난

한 가능성만 제기되고 있는 형편이다. 백철은 그의 문학적 자서전에는 '6·25의 막바지에서 유엔군의 폭격이 격심해지자 문학가동맹은 종로의 한청빌딩의 사무실을 포기하고 혜화동의 어느 개인집으로 피해 와 있던 일이 있다. 한번은 박태원이 일부러 우리집까지 찾아와서 중대회의가 있다고 하니, 꼭 나와야 한다고 해서 그 장소를 찾아간 일이 있다'고 회고하였다. 그런데 '내 옆에 앉았던 구보가 누군가 높은 자리에 있는 사람이 와서 이야기를 하기로 되어 있는 모양이라고 했다.'든가 '백형도 그 과업이란 것을 뭘 맡았소?'라는 대화로 볼 때, 박태원의 월북은 본인 자신이 어떤 사상적인 입장을 취하고 행동한 것이라기보다는 지인들과의 오랜 친분 등 어쩔 수 없는 상황에서 이루어진 것이 아닌가 하는 모종의 추측을 가능케 한다.[80)]

1930년대 박태원을 구인회에 소개하였던 조용만도 '6·25 사변이 나던 7월 그믐께의 무더운 어느 날 저녁때, 그를 창경궁 앞에서 만나 잠시 이야기를 나누고 헤어진 것이 그와의 마지막 만남이었다.'고 하였는데,[81)] 그의 회고록에는 박태원이 월북하게 된 경위에 이태준과의 친분이 적지 않게 작용했음을 짐작케 하는 대목이 보인다.[82)]

6·25때 종군작가로 전선에 나서기도 했던 박태원은 월북 이후 「조국의 깃발」, 「리순신 장군」 등을 집필했으며,[83)] 평양문학대학 교수와 국

관」, 『한국근대문학양식논고』, 일지사, 1980, 305쪽과 정영진, 『통한의 실종문인』, 문이당, 1989 참고.
80) 백철, 「朴泰遠과의 마지막 對話」, 『續·眞理와 現實－白鐵의 文學生涯 그 反省의 記錄』, 박영사, 1976, 429-432쪽.
81) 조용만, 「머리말」, 『소설가 구보 씨의 일일』, 깊은샘, 1989 초판, 2006 개정판 5쇄.
82) "초면에 박태원이 무슨 익살을 터뜨리자 尙虛는 기분이 좋아서 '글이 치렁치렁하더니 말도 치렁치렁 잘 하시는군!' 하고 10년의 知己를 만난듯 반겼다. 그 뒤로 이 두 사람의 사이는 급속히 가까와져 尙虛가 文章社를 할 때, 박태원의 단편집 「仇甫氏의 一日」을 출판해 주었고, 해방 후에는 상허가 芝溶을 이끌고 좌익측 '文聯'의 대장 노릇을 할 때 박태원도 그리로 끌려 들어갔다." 조용만, 『30년대의 문화 예술인들』, 범양사 출판부, 1988, 136-139쪽.
83) 박태원은 월북 이후 1952년 『로동신문』에 「리순신장군」을 연재하였다. 통일부 북한

립고전예술극장의 전속 작가로도 활동했으나, 1956년 이태준이 숙청당할 때 어려움을 겪기도 하였다.[84] 그 같은 고난이 끝나고 복권이 이루어질 무렵, 번역의 첫 성과물인 『삼국연의』 제1권이 나왔다.[85]

북한에서의 박태원 『삼국지』는 크게 두 가지 유형으로 나눌 수 있는데 하나는 1960년을 전후해서 간행된 전6권본 『삼국연의』이며, 다른 하나는 1989년 이후 문예출판사에서 나온 전4권본 『삼국연의』이다.[86] 문예출판사본은 기본적으로 전자에 기초한 같은 계통의 판본이나 번역문의 표현에 많은 차이가 있다.

1. 북한본 『삼국연의』 전6권

박태원이 북한에서 번역한 『삼국지』는 『삼국연의』라는 이름으로 1959년 제1권이 국립문학예술서적출판사에서 처음으로 간행되었다.[87]

자료센터에서 이 같은 내용을 확인하였으나 일실된 부분이 있어서 자료가 온전치 못하다. 박태원의 '리순신장군' 및 '임진조국전쟁' 등에 대해서는 방민호, 「박태원의 『임진조국전쟁』론」, 깊은샘, 2006이 있다. 「조국의 깃발」에 대해서는 『문학사상』 2005년 5월호 참고.

84) 이철주, 『北의 藝術人』, 啓蒙社, 1966, 207-214쪽; 조영복, "1954년 북한에서는 '자백사업'이라는 폭풍이 휘몰아치면서 특히 월북 문인들에게 공포의 시대가 도래한다. 남로당 계열 숙청 이후 잔존파를 온전히 제거할 필요가 생겼고 거기다 이태준이라는 존재의 제거가 긴급한 사정에서 준비작업이 필요했다. 1956년 이태준이 숙청될 때 그와 함께 구인회 동인이었던 박태원도 구인회 시절에 대한 자기비판을 하지 않을 수 없는 처지에 이르게 된다." 「월북지식인들의 행로(9) 박태원」, 『조선일보』, 2001. 3. 4.

85) 박태원은 북에서 『삼국연의』를 번역하는 기간에도 상당수 역사물을 연재했는데, 『천리마』에 실린 작품을 보면 「조국을 위하여」, 1961. 4; 「들끓는 만호 장안」, 1962. 6; 「부랑」, 1962. 12 등이 있다.

86) 제1권은 1989년 간행본, 제4권은 1991년 간행본을 확인하였다.

87) 북한본의 제목을 '삼국지'라 하지 않고 '삼국연의'라고 한 것에 대해서는 박홍병, "『삼국지연의』, 『삼국지통속연의』, 『삼국지평화』, 『삼국연의』 등등의 명칭과 여러 가지 판본으로 수백 년을 중국 인민들의 손에 전해 내려오면서 광범한 중국 인민들의 사랑을 받아 온 이 작품을 우리나라에서는 『삼국지』라고 불러 왔다. 그러나 지금 우리는 중국의 한말로부터 3국 정립시기의 력사를 서술한 력사 문헌인 진수라는 력사가가

제1권이 1959년 3월 31일 인쇄 회부, 1959년 9월 30일 발행, 제2권이 1959년 6월 23일 인쇄 회부, 1960년 2월 28일 발행되었다고 했으므로 그전에 이미 『삼국지』 번역이 시작되었을 것이다. 제3권은 1960년 10월 15일 인쇄 회부, 1961년 3월 10일 같은 출판사에서 간행되었다. 제4권부터는 조선문학예술총동맹출판사(1962)에서 간행되었으며, 제5권과 마지막 제6권 역시 조선문학예술총동맹출판사(1964)에서 간행되었다. 그런데 박태원의 『삼국지』가 국립문학예술서적출판사에서 나오게 된 배경은 무엇이었을까?

> "국립문학예술서적출판사에서는 금년에 세계문학선집을 비롯하여 쏘련의 탁월한 작가들의 작품들과 인민 민주주의 국가 및 자본주의 국가의 선진적 작가들과 작품들을 다량 출판하게 된다. (…중략…) 이와 동시에 인민 민주주의 나라들의 작품들로서는 중국의 고전소설 『삼국연의』(2)와 단편소설집 『준엄하고도 영광스러운 길』이 출판되게 된다. (…중략…) 이 외국 문학 작품 번역에는 최일룡, 변문식, 박우천, 박태원, 리영규, 전창식, 박영근, 한면상 등 많은 외국 문학 작가들이 망라된다."[88]

박태원이 북한에서 『삼국지』를 번역하게 된 배경에는 세계문학작품들에 대한 번역 계획이 있었던 때문으로 보이는데,[89] 그중에 『삼국지』는 인민 민주주의 나라의 작품 가운데 하나로 선택되었다. 이렇게 번역되어 나온 북한본 전6권의 특징은 무엇보다도 원문에 충실하다는 점을 꼽을 수 있다. 이 같은 배경에는 당시 북한본의 저본이었던 중국 모종강본의 우수함도 크게 기여했을 것이다.

편찬한 『삼국지』와 작가 라관중의 손에 의해 완성되었다고 보는 이 걸출한 력사 소설을 구별하여 부를 필요가 있어서 중국에서 통용하는 『삼국연의』라는 책명으로 이 책을 출판하였다." 「『삼국연의』와 번역」, 『문학신문』, 1960. 3. 1.
88) 「새해 번역 출판되는 외국 문학 작품들」, 『문학신문』, 1960. 2. 19.
89) 「번역 문학의 사상 예술성을 제고하기 위하여」, 『문학신문』, 1959. 8. 18.

"여러 백년을 두고 중국 인민 뿐만 아니라 우리나라 인민에게 사랑을 받아 온 중국 라관중의 『삼국연의』가 가장 좋은 판본으로 인정되는 원서에서 좋은 필치로 번역되어 나오기 시작한 것은 우리 문단과 문학 애호가들을 위하여 기꺼운 일이다."[90]

박태원이 번역한 『삼국연의』의 저본은 북경의 작가출판사(作家出版社)에서 1955년에 나온 모종강본 『삼국연의(三國演義)』인데, 작가출판사는 당시 인민문학출판사의 계열 내지 부출판사로 인민문학출판사 고전편집실에서 오늘날 홍루몽 전문가로 알려진 중국학자 주여창(周汝昌)의 교열 작업을 거친 판본이다.[91]

북한본 『삼국연의』는 모종강본 120회를 남김없이 번역하였으므로 서사(序詞)는 물론이고 한시의 번역 또한 모두 이루어졌다. 또 본문의 어려운 부분에는 친절한 각주까지 붙여서 이해를 돕고 있다. 이 같은 번역 태도는 본문의 일부 생략이 있고, 또 한시 번역에서 누락이 있던 「신역삼국지」나 박문서관본 그리고 정음사본과도 다른 것이다.

① 서사(序詞) 번역

　　서 시
"장강(長江)은 흐르고 흘러
동해로 들어 간다
물 거품 거품마다
영웅의 자취로다

시비(是非)와 성패(成敗)가
돌아 보니 부질없다

---

90) 박홍병, 앞의 글.
91) 박태원 역, 「『三國志演義』의 해설」, 『三國志』 제10권, 깊은샘, 2008.

청산은 의구한데
몇 번이나
석양은 붉었던고

강가의 두 늙은이
어옹(漁翁)과 초부(樵夫)로다
추월(秋月) 춘풍(春風)에
머리털이 다 세였다

서로 만나 반가워라
탁주 한 병 앞에 놓고
고금의 이 얘기 저 얘기를
모두 다
웃음 속에 주고 받더라"

—『삼국연의』, 1959

② 회목(回目) 번역

회목 역시 모종강본의 120회 회목에 준해서 제1회부터 마지막 제120회까지 모두 번역하였다.

제1회 도화 만발한 동산에서 의형제를 모으고
　　　세 영웅은 나가서 황건적을 쳤다.

제120회 두예를 천거하매 노장은 새로운 계책을 드리고
　　　　손호를 항복받아 삼분천하가 통일되다.

③ 본문 번역

모종강본의 서두에 해당하는 천하대세 운운하는 대목부터 매회의 마지막에 나오는 부분까지 번역하였다. 다만 '하회의 분해를 보라' 같은 대목들은 남한에서 재출간되면서 편집 과정에서 생략되었다.

"무릇 천하대세란 나뉜 지 오래면 반드시 합하고 합한 지 오래면 나뉘는 법이다. 주나라 말년에 칠국이 서로 싸우다가 진나라로 통합되고 진나라가 멸망한 뒤에는 초한이 서로 싸우다가 다시 한나라로 통일되었다."
(제1회)

"필경 동탁의 목숨이 어찌 되려는고, 하회(下回)의 분해(分解)를 보라."
(제1회)

또 1930년대 박태원이 보여주었던 특유의 장거리 문장도 북한본에 와서는 많은 변화가 생겼다. 박망파 전투 장면을 묘사한 문장을 비교해 보면 다음과 같다.

신역삼국지 (제4회) 1943. 7.	북한본 삼국연의 (제2권, 제39회) 1960년
조운이, 곧, 군사를 들이키어 치니, 하후돈은 당해낼 도리 없어, 그대로 연기를 무릅쓰고 불속을 뚫어, 미쳐 수하장병들을 돌볼 사이도 없이 목숨을 도망하고, 한편 후군에 남아 있던 이전은 형세가 크게 이로웁지 않은 것을 보자, 급히 박망성을 바라고 말을 달렸으나 미쳐 이르기 전에 문득, 화공 속에 한떼 군사와 마주치니, 앞선 대장은 관운장이라, 이전은 말을 놓아, 어지러히 싸우다가 간신히 혈로(血路)를 뚫고 달아나고, 우금은, 치중양초에 불붙는 것을 보자 그대로 샛길을 찾아 도망하였으며, 하후란, 한호는 양초에 붙은 불을 잡으러 왔다가, 장비를 만나, 하후란은 죽고, 한호만 겨우 목숨을 보전하여 돌아가니, 날이 밝기까지 한마당 싸움에, 조가 군사의 시체는 들에 가득하고, 피는 흘러 내를 <u>이루었다</u>.	조운이 군사를 돌려서 쫓아 들어 몰아<u>친다</u>. 하후돈은 연기를 무릅쓰고 불 속을 헤치며 <u>달아났다</u>. 이 때 이전은 형세가 이로웁지 못한 것을 보고 급히 말을 달려 박망성으로 <u>돌아갔다</u>. 그러자 화공 속으로서 한 떼 군사가 뛰여 나와 길을 막으니 앞을 선 대장은 <u>관운장이다</u>. 이전은 말을 놓아 혼전하다가 길을 뺏어 <u>달아났다</u>. 한편 우금은 양초와 치중이 모두 불에 타는 것을 보자 바로 지름길로 빠져서 도망해 버렸고, 하후란과 한호는 양초를 구하러 왔다가 바로 장비를 만나서 어울어져 싸우는 중에 사오 합이 못되여 장비가 하후란을 한 창에 찔러 말 아래 떨어뜨리니 한호는 혈로를 뚫고 몸을 빼쳐 달아나 <u>버렸다</u>. 밤새도록 싸우고 날이 훤히 밝을 녘에야 비로소 군사를 거두었는데 적의 시체는 들을 덮었고 피는 내를 <u>이루었다</u>.

④ 한시 번역

한시는 원문에 나오는 모든 작품이 번역되었다. 특히 자구 번역에 얽매이지 않고 의취(意趣)를 잘 꿰뚫어 우리말로 리듬감 있게 번역하였다.

> "귀신도 곡을 하리 왕 사도의 묘한 계책(司徒妙算託紅裙)
> 칼 하나 안 쓰고도 적을 잡는 다홍치마(不用干戈不用兵)
> 세 영웅들 부질없이 호뢰관서 싸웠구나(三戰虎牢徒費力)
> 승전의 노랫소리는 봉의정에서 오르는 것을(凱歌却奏鳳儀停)"

'귀신도 곡을 하리'와 같은 부분은 원문의 '묘산(妙算)'이 지니는 함의를 거의 완벽하게 우리말로 그 의미를 풀은 탁월한 번역이라고 할 수 있다.

⑤ 번역 특징 및 문제점

북한본 전6권 『삼국연의』는 전체적으로 원문에 충실한 번역이라고 할 수 있다. 그러나 아무리 원문에 충실한 번역이라고 해도 미묘한 변형은 피해가기 어려운 것이다.

> "현덕은 조금도 의심하지 않고 저녁 한 끼를 포식한 다음에 그날 밤 그에게서 묵었다. 이튿날 새벽에 현덕이 길을 떠나려고 말을 끌어 내오려고 뒤뜰로 갔다가 문득 보니 부엌 안에 한 젊은 부인이 무참하게 칼에 맞아서 죽어 쓰러졌는데 팔에 붙은 살이 다 저며 내고 없다. 현덕이 깜짝 놀라 유안에게 물어서 그제야 그는 어제 저녁에 자기가 먹은 것이 바로 그의 안해의 고기였다는 것을 알았다. 현덕이 마음에 비감함을 이기지 못하여 눈물을 뿌리고 말께 오르니."

'한 젊은 부인이 무참하게 칼에 맞아서 죽어 쓰러졌는데'라고 번역했지만, 모종강본 원문을 보면 극히 간단하다. '한 부인이 부엌에 살해되어 있는 것이다.' 칼에 맞아 죽었는지, 무참하게 살해당했는지 등은 정확하게 알 수 없는 것이다. 그러므로 원문에 충실하다고 하더라도 역자에 의한 미묘한 변형은 피할 수 없는 것이다.

"어느덧 해가 뉘엿뉘엿 서산을 넘으려 한다. 한창 가느라니까 목동 하나이 소 잔등에 걸터 앉아서 피리를 불며 온다.
현덕이, '내가 저 애만 못하구나'
하고 탄식하며 말을 세우고 바라다 보는데 <u>그 목동이 또한 불던 피리를 뚝 멈추고 소를 세우더니</u> 한동안 현덕을 바라보다가,
'장군께서 혹시 황건적을 깨뜨리신 유현덕이란 분이나 아니신가요'"

밑줄을 친 부분은 모종강본 원문에 '목동역정우파적(牧童亦停牛罷笛)'으로 나오는데 '그 목동이 또한 불던 피리를 뚝 멈추고 소를 세우더니'라고 하여, 원문의 내용 가운데 '소를 멈추고(停牛)'와 '피리를 멈추고(罷笛)'를 도치시키고, '뚝'이라는 표현을 삽입하여 번역하였다. 이밖에도 일부 오류와 편집상의 윤색 등 의문이 가는 대목이 더러 있다. 예를 들면 동탁에 의해 폐위된 홍농왕은 소제(少帝)인데, 이것을 묘호(廟號)가 아닌 그냥 '어린 황제'로 번역한 것이다.[92] 이밖에 같은 장면에 등장하는 용어의 일관성에 문제가 있고,[93] 중요한 대목의 표현에 있어서 소홀히 넘어간 부분도 있다.[94]

---

[92] 이 같은 것은 박문서관본 제1권(1943)에도 보인다. "애닯다! 어린 인군이 사월에 위에 올랐다가 구월에 폐함을 당하여, 그대로 영안궁 안에, 한 많은 몸이 갇히운 바 되었다."

[93] "간질이 일어난 시늉을 하였다. 네가 중풍이 일어났다고 하시던데"『삼국지』제1권, 깊은샘, 2008, 39쪽.

[94] '현덕이 두 사람을 불렀다. 들어가 보니 '하후돈이 군사를 거느리고 온다는데 어떻게 대적했으면 좋을까?' 하고 현덕이 묻는다. 장비는 불쑥 한마디 하였다. '형님은 왜 공명더러 가라지 않으시오.'"『삼국지』제4권, 깊은샘, 2008, 114-115쪽. '공명'은 원문에

⑥ 북한의 평가

그렇다면 1959년 북한에서 처음 나온 박태원의『삼국연의』제1권에 대한 반응과 평은 어떤 것이었을까?

"역자는 웅건하고 활달한 필치로서 이 력작을 우리말로 재현시키는데 노력하였다. 역자는 우리 고전문학이 가지고 있는 언어의 특성들을 대담하게 많이 활용하였으며 원작의 언어가 가지는 운률적인 요소들을 살리는 데도 엄정한 노력을 기울였다. 복잡한 사건들로 얽혀진 원작의 언어들을 전개력 있는 필치로 박력 있게 끌고 내려갔다."95)

뿐만 아니라 박태원의 번역은 성격의 예술적 형상에서 중요 수단의 하나이며, 사건 전개의 중요한 내용을 이루는 대화 부분도 원숙하게 번역 처리하였다고 하였다. 이밖에 인물들의 성격을 특징짓는 대화들도 그 인물의 감정 상태와 제 분수에 맞게 일정한 억양을 살려가며 재현하는데 있어서 창작적 기량을 보여주고 있다고 했으며, 한시의 번역에 있어서도 '간간이 삽입된 시편들도 대부분 원작의 '빠포스'96)를 비속화함이 없이 우리 시가 운률의 좋은 점들을 훌륭하게 활용하였다.'라고 평하는 등 전반적으로 작품 번역에서 거둔 긍정적인 면을 높이 평가하였다.

그러나 당시 북한의 반응 가운데 박태원의『삼국지』번역의 공을 높이 평가하면서도 번역문에 나타난 어려운 한자어들, 예를 들어 안병부동(按兵不動), 홍광자무(紅光紫霧) 같은 표현들을 되도록 쉽게 풀어야 한다는 요청 또한 강력히 제기되었다.

"우리는 올해에 나온 가장 큰 중국의 고전 작품 박태원 역,『삼국연의』

의하면 물[水]로 해야 '水魚之交'와 관련해서 그 의미가 더욱 살아난다.
95) 박흥병, 앞의 글.
96) 러시아어에서 온 단어로 일반적으로 작품 전반에 일관되어 있는 열정을 말한다.

에 대해 언급할 필요가 있다. 우리는 마땅히 찬양해야 할 역자의 우점과 노력을 크게 평가하면서 일련의 문제를 제기하는 바이다. 그것은 역자가 이 작품들의 대중성을 인식하고 언어의 평이성에 응당한 주의를 기울였어야 할 것이다. 원작이 가지는 음률적 요소를 살리면서도 보다 더 리해하기 쉽게 번역해야 할 것이다. 우리말로 충분히 소화될 수 있는 것까지 구태여 어려운 한자어로 쓸 필요는 없지 않는가. 이것을 원작의 '쓰질'에 충실한 것으로 생각하면 인식 착오이다."[97]

즉 한자어를 그대로 번역문에 사용하는 것을 원작에 충실한 번역으로 오해해서는 안 된다는 것을 말하고 있다.

"그렇다고 그냥 한자어를 쓸 것이 아니라 어떻게 하면 더 간결한 우리말로 될 수 있게 하는가에 노력을 기울여야 한다고 생각한다. 일부 어휘들을 한자어로 쓰면『삼국연의』와 같은 고전 력사 소설에서는 원작의 풍격이 더 잘 풍길 수 있다고 주장할지 모르나 여기에는 심각하게 생각할 여지가 있다. 우선 우리의 많은 독자들이 한자와 점점 인연이 멀어지고 있는 엄연한 사실을 경시해서는 안 된다. 이것은 무엇보다도 문학이 대중 속에 들어가야 한다는 우리 문학의 인민성과 직접 관련되는 문제의 하나이다."[98]

이 같은 지적과 요구가 반영되어 나온 것이 문예출판사본이라고 할 수 있다.

2. 북한본『삼국연의』전4권

문예출판사에서 나온 전4권본『삼국연의』는 기존의 전6권을 전4권 형태로 새롭게 구성한 것이다. 모종강본 120회를 각 권마다 30회씩 나

---

97)「외국 문학의 예술 번역과 연구사업의 보다 큰 성과를 위하여-1959년도 외국문학 분과총회 회의에서 한 최일룡 동지의 보고」,『문학신문』, 1960. 1. 19.
98) 박홍병, 앞의 글. 북한의 특수한 입장과 상황을 보여주는 대목이라고 보여진다.

누어 전4권으로 분책하였는데, 형태상에서 뿐만 아니라 전4권으로 간행되면서 많은 변화가 생겼다. 그 가운데 가장 큰 특징은 한자어의 평이화(平易化), 대중화(大衆化)라고 할 수 있다. 먼저 전4권의 서사(序詞)를 살펴보자.

    장강은 흐르고 흘러 거세찬 장강물결
    동해로 들어간다 동해로 사품친다
    물거품 거품마다 물보라 그쳤는가
    영웅의 자취로다 영웅들 다 갔고나

    시비와 승패가 시비와 승패도
    돌아보니 부질없다 돌아보니 부질없다
    청산은 옛대론데 청산은 옛대론데
    몇 번이나 얼마나 석양빛에 붉었던고

    강가의 두 늙은이는 백발의 어부와 나무군
    어옹과 초부로다 강가에서 자주 만나
    추월춘풍에 추월춘풍 즐기며
    머리털이 다 세였다 한생을 보냈으리

    서로 만나 반가워라 탁주 한 병 생기면
    탁주 한 병 앞에 놓고 서로 찾아 반기며
    고금의 이 얘기 저 얘기를 고금의 많은 일들
    모두다 웃음으로 넘기더라
    웃음 속에 주고 받더라
                                     -『삼국연의』, 1989.

  문예출판사본은 전6권본 실린 중국학자 주여창의 「전언(前言)」도 준박사 김왕섭의 「중국고전소설 『삼국연의』에 대하여」로 교체되었는데, 이는 북한의 문예미학적인 입장을 강화하기 위한 조치로 판단된다.

"이 소설의 주제사상적 내용에서 긍정적인 측면의 하나는 삼국시기의 복잡한 사회현실을 재현하면서 반동적 봉건통치배들과 군벌들의 죄행을 생동하게 폭로비판하는데 있다. (…중략…) 이 소설에서는 무엇보다도 작가의 관념론적 력사관과 계급적 제한성이 그대로 반영되고 있다. 그것은 소설에서 력사의 주체인 인민 대중이 력사를 창조하는데서 노는 역할이 무시되고 제갈량, 류비를 비롯한 그 어떤 영웅호걸들이 문제를 결정하는듯이 이야기되고 있으며 비과학적이며 미신적인 이야기가 많이 나오고 농민 봉기자들이 도적떼로 묘사되고 있는 것을 비롯하여 여러 가지로 나타나고 있다."99)

목차도 변화가 생겼다. 제1회 '도화 만발한 동산에서 의형제를 모으고 세 영웅은 황건적을 쳤다'는 '복숭아 동산에서 세 호걸 결의형제 모으고 황건적을 무찔러 영웅위훈 떨치다'로 제17회 '형님을 찾아가는 한수정후 관운장 천 리 먼 길을 필마로 달리면서 오관(五關)을 돌파하고 육장(六將)을 베었다.'의 오관과 육장은 각각 다섯 관문, 여섯 장수로 바뀌면서 한자어를 보다 쉽게 풀었다.

제1회 서두의 '무릇 천하 대세란 나뉜지 오래면 반드시 합하고 합한지 오래면 반드시 나뉘는 법이다.'도 '무릇 천하의 대세란 갈라진지 오래면 합쳐지기 마련이고 합쳐진 지 오래면 또 갈라지는 것이 세상 이치라할가'로 개정되었으며, '벽안동안(碧眼童顔)'은 그 '눈정기의 맑음'이나 '얼굴의 혈색은 마치 젊은이를 방불케 하였으나' 등으로 고쳤다. 본문 내용 가운데 각주로 처리한 대목을 일부 새롭게 풀어서 본문으로 옮긴 것도 있다.

"한나라는 본래 류방이라는 사람이 못가를 거닐다가 '큰 뱀 한 마리가 나타나자 검을 뽑아 동강내려 죽였더니' 밤이 되자 그 자리에 웬 로파가 나타나 통곡하면서 하는 말이 '우리 아들은 백황제의 아들로 일시 뱀으로

---

99) 김왕섭 해설, 『삼국연의』 제1권, 문예출판사, 1989.

화신하여 길을 가다가 적황제의 아들에게 죽었다'고 하였다"100)(문예출판사, 1989)

이처럼 전반적으로 한자어를 보다 쉽게 풀이하려고 노력한 것이 문예출판사본의 특징인데, 이들은 북한본이 인민들 속으로 가깝게 다가서려는 노력의 일환에서 나타난 것으로 보아야 할 것이다. 한편 한자어를 한글로 쉽게 풀이하고자 하는 노력은 높이 평가할만하지만 너무 지나쳐서 원작을 가볍게 만든 경우도 보인다. 예를 들어 '십상시(十常侍)'라는 표현을 문예출판사본에서 '열고자'로 고친 것 등이 좋은 예이다.

박태원은 『삼국연의』 번역을 통해서 다시금 북한 문단에서 인정을 받고 사상적으로 회복되었으며 번역을 하면서 '글쓰기' 감각 또한 유지할 수 있었던 것으로 보인다. 그리하여 이 같은 감각은 나중에 북한 최고의 역사소설로 평가받는 『갑오농민전쟁』을 집필하는 데도 잠재적인 동력으로 작용하지 않았을까 생각해 볼 수 있다. 『갑오농민전쟁』의 전편에 해당하는 『계명산천은 밝아오느냐』101)를 집필하던 당시 박태원의 심경을 들어보자.

"정말 나는 제 력량을 충분히 타산 못하고, 또 건강에 대한 고려도 없이 자신에게는 너무나 지나치게 힘겨운 일을 시작했다고 할 밖에 없다. 다만 창작적 정열만은 별로 남에게 지지 않을만치 가지고 있다. 내가 스스로 믿

---

100) "한나라는 고조(高祖)가 '참사기의(斬蛇起義)'하여 천하를 통일하고 세운 나라로서 뒤에 광무(光武) 중흥(中興)을 보았는데 헌제(獻帝) 대에 이르러 드디어 삼국으로 분열되고 말았으니"『삼국지』제1권, 깊은샘, 2008, 21-22쪽.
101) 「계명산천은 밝아오느냐」 "이 장편 력사 소설은 파란 많던 리조 봉건 사회의 와해 과정을 대서사시적 화폭 속에 구현할 것을 목적으로 한 장편 력사 소설의 첫 번째 권이다. 이 첫 번째 권에서는 1860년대를 시대적 배경으로 하고 있는데 이야기는 주로 당시 지배 계급의 폭압을 반대하여 일어난 익산 농민 폭동을 중심으로 하여 벌어지고 있다. 당대의 사회악을 여실하게 폭로하여 다른 한편으로 피지배 계급의 인정, 세태 풍습을 담담한 필치로 엮어 나간 이 장편 소설은 한 번 독자들이 손에 쥐기만 하면 좀체로 놓을 수 없게 한다."『문학신문』, 1966. 2. 18.

는 것은 이것이다. 나는 어떻게든 이 작품을 완성해 놓고야 말겠다."102)

그렇지만 안타깝게도 『계명산천은 밝아오느냐』제2부 집필 도중 심각한 시력감퇴가 찾아왔다.103) 작가로서 치명적인 실명의 위기 그리고 이어서 찾아온 전신불수라는 극한의 상황 그러나 불굴의 창작혼은 구술에 의존하면서까지 초인적인 힘을 발휘하였다. 『갑오농민전쟁』은 바로 그 같은 상황에서 탄생한 것으로 더욱 의미가 크다고 할 수 있다.

"세계문학사의 어느 페이지를 더듬어보아도 완전 실명, 두 차례의 뇌혈전과 뇌출혈로 전신불수의 몸을 가지고 장편소설을 창작하면서 자기의 생을 유지했다는 사람은 찾아볼 수 없다. 죽음을 선고하는 불치의 병마와 싸우면서도 한편으로는 창작과 사색에 노력을 집중해 온 작가 박태원의 초인간적인 활동은 20세기 지식인이 도달할 수 있는 능력의 최대한의 것이라고 해도 과언이 아니다."104)

VII. 결론

이상에서 박태원 『삼국지』의 판본과 번역에 대해 살펴보았다. 그동안 박태원은 한국문학사에서 주로 1930년대 모더니스트라는 평가를 중심으로 다루어져 왔다. 물론 그 같은 평은 모더니스트로서의 그의 역할과 비중을 말해주는 것이기는 하지만, 그의 중층적이고 다원적인 작품세계를 볼 때, 그동안 소외되었던 작품들을 검토하는 데 보다 많은 관심을 쏟아야 한다는 과제를 남기고 있다.

구보는 비록 작품 속 인물이기는 하지만 『율리시즈』를 논하고 있던

---

102) 박태원, 계명산천은 밝아오느냐 (2) 중에서」(둘째 권을 쓰며), 『문학신문』, 1966. 6. 7.
103) 배민옥, 「빛의 시작점」, 『조선문학』, 1985. 2.
104) 방철림, 「작가 박태원과 장편소설 『갑오농민전쟁』」, 『천리마』 제11호, 1993.

벗에게, '제임스 조이스의 새로운 시험에는 경의를 표하여야 마땅할 게 지. 그러나 그것이 새롭다는, 오직 그 점만 가지고 과중 평가를 할 까닭이야 없지'105)라고 한 일이 있다. 이는 박태원이 단지 새로움만을 추구하는 것의 한계를 누구보다 잘 알고 있었다고 생각되며, 따라서 그는 '새로움' 이상의 것을 항상 작품 속에 담으려고 노력한 것으로 보여진다. 그 자신 현대문으로 시도하는 '새로운 번역[新譯]'에 단지 새로움만이 아닌 동양적이며 전통적인 그리하여 이 땅의 문학을 풍성케 하는 '순수한 조선학파 문인'으로서의 체취를 불어 넣은 것도 좋은 예일 것이다. 판소리 적벽가의 토착화처럼 중국소설 번역을 통해 달성한 그의 문학적 성취도 우리가 진지하게 논의할 필요가 그래서 있다고 생각한다.

　박태원의 번역 작품에 대한 연구는 그동안 전무했다고 해도 과언이 아니다. 그러나 『삼국지』, 『수호전』을 비롯해서 어린이를 위한 『중국동화집』까지 망라한다면 그 양과 질에 있어서 박태원에게 중국문학 번역가라는 타이틀을 붙여도 손색이 없을 정도이다. 그의 작품 가운데 「방란장주인(芳蘭莊主人)」의 '수경선생(水鏡先生)'이나, 「소설가 구보 씨의 일일」에 나오는 공융(孔融)의 원하는 바, '좌상객상만(座上客常滿), 준중주불공(樽中酒不空)'이라는 표현도 『삼국지』 속의 인물과 관련이 있으며, 특히 「회피패」 같은 작품은 중국소설 『삼국지』의 한 대목을 단편소설로 각색한 작품이라는 점에서 박태원과 『삼국지』의 남다른 의미를 찾아볼 수 있을 것이다.

　최근 박태원의 중국소설 번역 작품에 대한 관심이 많이 일고 있고, 또 이에 따라 한국학술진흥재단의 「『삼국지』 한국어역본과 서사변용연구」라는 과제나 『박태원 번역소설연구─중국소설의 한국어 번역을 중심으로』 같은 논문이 나오게 된 것은 박태원 문학 연구의 지평을 넓혔

---

105) 박태원, 「소설가 구보 씨의 일일」, 깊은샘, 2006, 50쪽.

다는 의미에서 큰 소득이라고 할 것이다. 그러나 다른 한편으로 『삼국지』를 토대로 한 단편이 있고, 작가 특유의 글쓰기 기법 등이 『삼국지』 번역에 나타난다고는 하지만, 개별 작품은 어디까지나 그 나름의 일관된 맥락이 있으므로, 중국소설 『삼국지』 번역의 많은 것이 작가의 다른 작품에 그대로 투영되었다고 쉽사리 판단하는 일에는 여전히 신중을 기해야 할 것이다.

끝으로 박태원이 번역한 중국소설 『삼국지』는 남과 북 뿐만 아니라 연변 조선족과 재일동포 같은 디아스포라 한국인의 『삼국지』에도 일정 부분 영향을 끼쳤을 것으로 보이는 바, 향후 이들에 대한 연구도 이루어진다면 박태원 『삼국지』가 지닌 동아시아적 파급력과 영향 관계를 살피는 데도 커다란 진전이 있을 것으로 생각한다.

■ 참고문헌

1. 기본 자료

1-1 신문 잡지
『京城日報』, 『每日申報』, 『소학생』, 『新時代』, 『月刊野談』, 『朝光』, 『朝鮮日報』

1-2 단행본
박태원 역, 『(신역)삼국지』 1-2, 박문서관, 1943~1945.
박태원 역, 『(완역)삼국지』 1-2, 정음사, 1950.
박태원 역, 『삼국연의』 1-3, 국립문학예술서적출판사, 1959~1961.
박태원 역, 『삼국연의』 4-6, 조선문학예술총동맹출판사, 1962~1964.
박태원 역, 『삼국연의』 1-4, 문예출판사, 1989.
박태원 역, 『(완역)삼국지』 1-10, 깊은샘, 2008.
최영해 역, 『(완역)삼국지』 1-10, 정음사, 1952~1955.
최영해 역, 『삼국지』 1-3, 정음사, 1959.
최영해 역, 『삼국지』 1-6, 정음사, 1984.

2. 단행본 및 논문
강영주, 『벽초 홍명희 연구』, 창작과비평사, 1999년 초판, 2002년 3쇄.
강진호 외, 『박태원 소설연구』, 깊은샘, 1995.
권영민, 「『삼국지』, 그 동양적 수사의 정채(精彩)」, 『즐거운 삼국지 탐험』, 창작과비평사, 2003.
권영민, 「월북작가시리즈 ④ 모더니스트 朴泰遠, 의문의 北行」, 『월간경향』, 1988. 12.
김근수, 「1920年代의 言論과 言論政策」, 『日帝治下言論·出版實態』, 永信아카데미韓國學研究所, 1974.
김미지, 『박태원 소설의 담론구성방식과 수사학』, 서울대 박사논문, 2008.
김왕섭, 「해설」, 『삼국연의』 제1권, 문예출판사, 1960. 1. 19.
김윤식, 『한국근대문학양식논고』, 일지사, 1980.
김윤식, 「박태원론-모더니즘과 리얼리즘의 관련 양상」, 『한국현대현실주의소설연구』, 문학과지성사, 1990.
김재용, 『북한문학의 역사적 이해』, 문학과지성사, 1994.
김현주, 「구술전통으로서의 서사체 평가절」, 『구술성과 한국서사전통』, 월인, 2003.
나은진, 「소설가 소설과 '구보형 소설'의 계보」, 『구보학보』 1집, 2006.
류보선 편, 『구보가 아즉 박태원일 때-박태원 수필집』, 깊은샘, 2005.
민혜란, 「毛宗崗의 評點 『三國志演義』考」, 『中國人文科學』 제7집, 1988.
박용규, 「일제말기(1937~1945)의 언론통제정책과 언론구조변동」, 『韓國言論學報』 제46-1호, 2001.
박일영, 「나의 아버지 박태원과 삼국지」, 『삼국지』 제1권, 깊은샘, 2008.
박홍병, 「『삼국연의』와 번역」, 『문학신문』, 1960. 3. 1.
방민호, 「박태원의 『임진조국전쟁』론」, 『임진조국전쟁』, 깊은샘, 2006.
방철림, 「작가 박태원과 장편소설 『갑오농민전쟁』」, 『천리마』 제11호, 1993.
배민옥, 「빛의 시작점」, 『조선문학』, 1985. 2.
백 철, 「朴泰遠과의 마지막 對話」, 『續·眞理와 現實-白鐵의 文學生涯 그 反省의 記錄』, 박영사, 1976.
손지봉, 「번역에서 글쓰기의 위상과 전략」, 『번역학연구』 제9권 3호, 2008.
이진국, 「三國演義 毛評의 敍事理論硏究」, 서울대 박사논문, 1994.
이철주, 『北의 藝術人』, 계몽사, 1966.
인하대학교 한국학연구소 기초학문연구단, 『'삼국지연의' 한국어 번역과 서사 변용』, 인하대학교출판부, 2007.
정선태, 「모던 보이, 중국 고전에 빠지다-1930년대 최고의 모더니스트였던 박태원이 중국의 '옛 소설'을 번역한 까닭은 무엇일까?」, 『한겨레21』 제487호, 2003. 12. 11.
정영진, 『통한의 실종문인』, 문이당, 1989.
정현숙, 『朴泰遠小說硏究』, 이화여대 박사논문, 1990.
정현숙, 「박태원 소설에 나타난 신체제 수용 양상」, 『구보학보』 1집, 구보학회, 2006.
조남현, 「박태원 소설, 장문주의 미학과 비의」, 『새국어생활』 제11권, 2001. 겨울호.
조영복, 「월북지식인들의 행로 (9) 박태원」, 『조선일보』, 2001. 3. 4.
조용만, 『30년대의 문화 예술인들』, 범양사출판부, 1988.
천정환, 「1941년 박태원과 '자화상 3부작': 식민지 자본주의와 문학기계에 관한 일고」, 『전환기, 근대문학의 모험(탄생 100주년 문학인 기념문학제)』, 2009.
최동식, 「아버님의 회갑을 맞으면서」, 『歲月도 江山도-崔暎海先生華甲紀念頌辭集』, 정음사, 1974.

최 명, 『소설이 아닌 삼국지-삼국연의 평전』, 조선일보사, 1993년 초판, 1994년 초판 4쇄.
최원식, 「해제」, 『건설기의 조선문학(제1회 전국문학자대회 자료집 및 인명록)』, 온누리, 1988.
최유학, 『박태원 번역소설연구-중국소설의 한국어번역을 중심으로』, 서울대 석사논문, 2006.
최인훈, 「박태원의 소설세계」, 『문학과 이데올로기』, 문학과지성사, 1980년 초판, 1998년 재판 2쇄.

■ 국문초록

　박태원은 한국문학사에서 1930년대를 대표하는 모더니스트 작가의 한 사람이다. 그의 작품세계는 대단히 다양한데, 그는 중국소설의 번역에서도 탁월한 성취를 거두었다. 박태원은 『삼국지』를 번역하면서 전투 장면의 묘사에 장거리 문장을 활용하는 등 단순한 원문의 번역을 넘어섰다. 한시의 번역에서도 자구에 얽매이지 않고 원문의 의취를 꿰뚫어 리듬감 있는 언어로 번역하는데 성공하였다. 박태원은 『삼국지』 번역에 순수한 조선학파 문인으로서의 체취를 불어넣었으며, 한국의 『삼국지』 번역사에 커다란 족적을 남겼다.

주제어: 박태원, 글쓰기, 문체, 번역, 삼국지, 텍스트비평

■ 中文提要

關于朴泰遠譯『三國演義』之版本及其翻譯

宋 康 鎬

    朴泰遠爲在韓國文學史上代表二十世紀三十年代的現代主義作家之一, 其作品涵盖面十分寬广, 至於其翻譯中國小說, 成就卓越非凡, 他譯三國演義描寫戰闘場面時, 喜採多用遁號的長文式寫法, 旣述又作, 超越逐字翻譯的水平; 至於翻譯漢詩, 絶不拘於字句間, 用詞生動得当, 深得原作旨趣. 作爲一个屬於純粹的朝鮮學派的文人作家, 他在韓國三國演義翻譯史上留下了一个輝煌的足迹.

主題詞: 朴泰遠, 寫作, 体裁, **翻譯**, 三國演義, 文本批評

-이 논문은 2009년 11월 30일에 접수되어, 소정의 심사를 거쳐 2009년 12월 15일에 최종적으로 게재가 확정되었음.

구보의 일상 생활과 자화상

목 차
Ⅰ. 세 편의 자화상
Ⅱ. 경험된 일상과 생의 형성
Ⅲ. 일상의 재생과 자화상
Ⅳ. 생활의 활성화 양식

송 기 섭*

Ⅰ. 세 편의 자화상

'자화상'이란 미제(尾題)를 붙인 세 편의 작품들은 박태원의 문학적 역정에서 주목을 요한다. 자화상 제1화인 「음우(淫雨)」는 1940년 10월, 제2화인 「투도(偸盜)」는 1941년 2월 『조광』에 각각 발표되며, 제3화인 「채가(債家)」는 1941년 4월 『문장』 폐간호에 실리게 된다. 개인의 삶을 스스로 표현하면서 근대소설은 탐구의 형식으로서 하나의 양식적 특성을 정초한다. 그렇듯 작가가 자신을 말하는 자기 반영성에 있어 유표(有表)한 근대 문인이 박태원인데, 우리는 「소설가 구보씨의 일일」을 통해서 그것을 생생하게 목도해 왔다.

박태원이 창작방법으로 전유한 고현학은 작가의 내면을 드러내는 자기 탐구의 형식과 융합되면서 자기 반영적인 소설의 유형을 형성한

---
* 충남대학교.

다. 그러한 기법적 모색을 통해서 박태원은 소설이란 허구세계를 실감 나는 현실세계로 바꾸어 놓으면서 자신의 존재 조건을 사유한다. 우리의 모든 사고, 감정, 의지가 동일한 현실을 지향하고 있다는, 그리하여 생활 안에서 우리의 존속이 무엇보다도 긴요한 명제임을 박태원은 항변하고자 한다. 글쓰기의 자의식이 개입된 작가의 자기반영적 목소리에서 우리가 발견해야 할 것은 바로 개체적 존재로서의 인간적인 생활이며, 그것의 안정되고 지속적인 활성화이다. 그렇다면 박태원의 고현학은 삶의 진정한 존재 조건에 대한, 더 정확하게는 근대라는 변화하는 생존 환경에 대한 관찰이자 그것에의 적응에 대한 탐구 전략이었다고 말할 수 있겠다. 하우저는 현대 문학이 지칠 줄 모르고 적나라한 현실, 직접적 경험, 그리고 순수한 생을 표현하는데 밀착[1]해 왔음을 통찰한 바 있다. 박태원의 고현학은 현실에 적나라하게 다가가서 그것을 몸으로 느끼고, 그 속에서 가정의 생활을 존속시키기 위한 현실 적응 방법이었던 셈이다. 우리가 여기서 살펴보려는 자화상 연작 세 편을 염두에 둔다면, 적어도 박태원의 고현학은 그렇게 다가온다.

 글쓰기의 자의식이 강하게 표출된 초기 소설들은, 그러나 아직 현실이 투명하게 반영되어 있지 못하다. 거리에서 목격한 근대의 풍물들은 육화되지 않은 기호로 머물러 있으며, 그곳을 거닐면서 빠져든 공념들은 불확실한 젊음을 혼란스럽게 가리고 있다. 그러한 망상의 끝에서 현실 감각을 찾게 되는 것이 생활을 얻어야 한다는 희망의 표명인데, 그 희망은 늘 현실을 냉철하게 투시하는 이성에 기대인 것이어서 구체적인 실현 가능성을 지닌다. 일상생활은 지극히 사소하게 움직이면서 실존을 느끼는 우리들 삶의 거처이다. 누구도 이 일상을 초월하여 삶을 살아간다 말할 수 없다. 박태원은 아주 작고 지루하나 우리가 살아내야 할 이 허접스러운 일상 속의 자신을 발견한다. 그렇게 일상의 한 가운

---

[1] 아놀드 하우저, 한석종 역, 『예술과 사회』, 홍성사, 1981, 15쪽.

데에서 민망스럽게 거주하는 자신의 모습을 주시하면서 그것을 글을 통하여 모사(模寫)하고자 한다. 성년의 구보는 반성적 경험을 잉태한 일상 세계에 잠류되어 있다.

자화상은 자기 성찰을 전제로 한다. 그러나 박태원의 자화상 연작소설에는 그것이 결여되어 있는 듯하다. 일상을 혼절스럽게 살아가고 있는 구보, 그 일상을 미망에 젖어 투시하는 구보, 그리하여 일상의 번잡스러움에 문학의 영혼을 잃어버린 듯한 구보가 그곳에는 담겨져 있다. 일찍이 생활의 중대함을 깨닫고 그 속에 성실하게 들어가자고 다짐한 구보였으나 막상 그가 살아내야 하는 가장으로의 생활은 정신 활동을 침해할 만큼 궁색하고 번잡하기만 하다. 정현숙은 박태원의 소설이 "일상적인 자기 생활 주변에 연결되어 있는 것들에 대한 소설화"에서 비롯되었는데, 그가 "문제 삼고 있는 것은 경험세계 자체에 있는 것이 아니라 그것에 반응하는 작중인물들의 심리적인 상황과 내면 의식의 탐구"[2])에 있음을 일찍이 통찰한 바 있다. 초기 소설에서 이러한 면모를 엿보는 것은 그리 어려운 일이 아니다. 그러나 일상에 매몰되어 버린 듯한 자화상 연작소설에 이르면, 그것이 일상의 잡사에 압도되어 버린다. 우리가 여기서 살펴보고자 하는 것은 박태원이 분망하게 빠져든 그 일상 속의 본모습, 일상생활에서의 자화상이다.

II. 경험된 일상과 생의 형성

1. 젊은 구보

누구든 일상을 살아낸다. 근대의 균질화된 삶이란 이 일상을 떠나서

---

2) 정현숙, 『박태원 문학연구』, 국학자료원, 1993, 81쪽.

말하기 곤란하다. 특별한 조건이 주어져 있지 않다면 누구든 별 자각도 없이 이 표준화된 일상생활을 영위해야 할 것이다. 그러한 일상이 처음부터 주어졌던 것은 아니다. 그것은 근대의 권력과 제도의 묵시적 요구에 따라 만들어진 것이라 해야 할 것이다. 근대는 근대 나름의 독특한 일상을 만들어내고, 이 일상생활에 동일하게 적응해 살아가도록 권유하고 압박한다. 근대의 제도에 포획될 이 일상은 근대소설이 반영하는 인간 삶의 원천이라 할 것이다. 박태원은 그렇게 자신이 살아가고 있는 삶을 기반으로 하여, 말하자면 '경험된 일상'을 만들어 낸다. 그것은 일상을 재현하는 수단이자 일상을 유용하게 활용한 경우에 해당한다. 이를 통해 일상은 사소하게 흘러버릴 가벼운 잡사들로 배제되는 것이 아니라 기억해 두어야 할 의미 가득한 경험이 된다. 그런 점에서 박태원은 식민지라는 제한된 조건에서 전개된 근대적 일상을 발견하고 그것의 조건을 통찰한 작가라 할 수 있다. 물론 그것의 조건이란 그 속에서 살아가는 개인이 어떻게 생을 지속하는가, 또는 생존을 위한 관계를 형성하는가, 나아가서 그것들에 어떤 의미를 부여하는가를 포괄한다.

일상이란 말은 아무런 반성적 여지도 없이 무심코 사용하는 낱말 중의 하나이다. 하지만 이 말이 통용되고 사회적 의미를 획득하게 되는 것은 사회 문화의 역사적 과정을 거치면서이다. 일상이란 영역은 근대의 경험이 이루어지는, 생활을 재조직화하는, 새로운 근대성의 역사가 펼쳐지는 새로운 사회적 공간[3]이다. 생활의 전환, 근대적 개선이라는 일상에 대한 새로운 시각의 제고는 실제 박태원의 고현학이 환기하는 모더니티에 병치된다. 근대의 문화와 문물을 체득한 근대 문명인의 생활을 탐구하려는 고현학은 사십년대에 들어서면 일정한 벽에 부딪친다. 박태원은 소설가의 방법으로서 취택한 그것이 한계에 도달하였음을 피력한다.[4] 「소설가 구보씨의 일일」에서뿐만 아니라 「낙조」, 「애욕」, 「거

---

[3] 주윤정, 「일상생활의 연구와 식민주의」, 『식민지의 일상 지배와 균열』, 문화과학사, 2006, 85쪽.

리」,「방란장 주인」등 초기 대부분 작품들에서 활용된 고현학은 전래되는 삶의 환경과는 완연히 구분되는 새로운 그것이 펼쳐지고 있음을 신선하게 보여준다. 더불어 그러한 물질 환경의 변화가 고독이나 피로의 진통을 격렬하게 일으키는 새로운 감정을 잉태하고 새로운 정신 생활을 조장하고 있음을 또한 보여주었다. 그러나 그렇게 표상된 모더니티가 구체적인 현실 감각을 가지고 있는 것이었느냐는 데는 의문이 제기되지 않을 수 없다. 이를테면, 구보가 걷는 변화한 거리, 구보가 보는 세련된 풍경, 그리고 구보가 그것들을 통해 느끼고 생각하는 내성(內省)의 정신은 근대적 일상 자체라고 하기에는 왠지 자의적이고 관념적인 외피가 둘러쳐진 듯하다. 거기에는 근대로 향하는 지식인의 객기와 피안이 끼쳐있다. 그것은 사실에 충실한 세계와의 대화이기보다 자신의 관념을 옹위하는 자위적 기만에 가깝다.

자화상 연작은 이 자기 본위의 고현학이 범주어시는 시섬에서, 어쩌면 그러한 방법 자체를 망각하고 현실을 탐구하는 데서 생성된다. 그것은 인간 정신을 신선하게 환기시키는 자극적 내면 성찰도 없는 듯하며, 감각을 혼곤하게 만들 세련된 모더니티의 풍경 또한 없다. 오로지 박태원이란 작가가 연속선상에 존재하고 있음을 말해주는 것은 "굴욕의 생활 속에서 허우대"[5]는 주인공의 모습이다. 박태원 자신도 이 자화상 연작이 고현학과는 분리되는 층위에서 자신의 실존을 투영하고 있음을 인식한다. 그러나 우리는 그 일상의 탐구야말로 진정한 고현학이 아닐까 추단해 본다. 초기 소설에서 배제되었던 구체적인 일상이 관념의 거리를 좁히면서 실현된 양상을 우리는 이 자화상 연작에서 만날 수 있기 때문이다.

---

[4] 박태원은 고현학을 통해 창작의 출구를 모색함이 자신의 상상력의 작동 방식에 있음을 말한다. 그러한 고현학이 '한때' '열중'해 있던, 자신의 그것의 결함을 보충해 주던, 곧 과거의 양식이었음을 그는 「옹노만어(擁爐漫語)」(『조선일보』, 1938년 1월 26일)에서 밝히고 있다.

[5] 박태원,「비량」,『소설가 구보씨의 일일』, 문학과지성사, 2005, 259쪽.

관념적 모더니티를 제거하면서 구체적인 생활이 영위된다. 생활은 박태원에게 인간존재로 살아가기 위한 표어이자 글쓰기에 있어서의 주제어이다. 「소설가 구보씨의 일일」은 다음과 같이 새 생활을 갈망하고 결의하면서 결말의 국면을 이끌어낸다.

> 구보는, 벗이, 그럼 또 내일 만납시다. 그렇게 말하였어도, 거의 그것을 알아듣지 못하였다. 이제 나는 생활을 가지리라. 생활을 가지리라. 내게는 한 개의 생활을, 어머니에게는 편안한 잠을, 평안히 가 주무시오.(157쪽)

이 상승 이미지를 지닌 엔딩은 생활을 받아들이면서 생성된다. 구보에게 생활은 문명의 피로로부터 자신을 구제할 방책이 된다. 모더니티가 가져다준 고독, 절망, 망상 등이 그를 피로하게 만들었다면, 그는 생활을 찾으면서 이를 극복하고자 한다. 구보에게 생활이란 글을 쓰는 일이지만, 글쓰기가 생활이란 「소설가 구보씨의 일일」에서의 등식만을 가지고 생활의 의미를 단정 지어서는 안 된다. 그에게 생활은 근대의 출현과 더불어 새롭게 조성되는 삶의 환경, 곧 일상 생활이다. 구보가 진정 받아들이고자 한 생활이 무엇인지는 「낙조」에 잘 표명된 바 있다.

> 자기의 힘이 자라는 한으로 남에게 폐 끼치는 일 없이 또 남에게서 폐 끼침을 받는 일 없이 그의 한평생을 마치려는 것이 이 노인의 자기 생활에 갖는 굳은 신조인 듯싶었다. 까닭에 누구든 최주사가 그의 생활을 위해 남에게 돈을 취하는 것을 일찍이 본 일이 없다.(48쪽)

생활은 돈이다. 자신의 삶을 인습으로부터 분리시킬 수 있는 것, 그 구차한 인종으로부터 해방될 수 있은 것, 나아가서 문명의 피로도를 완화시킬 수 있는 것이 근대적 화폐에 숨겨져 있다. 물질생활에서부터 자유롭지 못한 근대적 삶에서 돈은 그것의 최소치에 도달하기 위한 긴박한 수단이 된다. 구보는 그것을 자각하고 있었으며, 완미하게 표명되어 있을지라도, 그것을 향한 욕구를 드러낸다. 근대의 소비주의가 자신의 일상에 끼쳐들었음을 저항적으로 비판하기보다는 그 속으로 들어가서 최소한으로나마 그것에 적응하려는 모습을 보이는 데서 구보의 일상은 펼쳐진다. 그것은 피할 수 없는 삶의 환경이었음을 구보의 고현학은 결국 통감한 셈이다.

구보에게 일상생활은 가족을 중심으로 변주된다. 가족을 경영하는데 늘 따라다니는 것은 물질적 결여이다. 그것을 충족시키기 위해서는 돈이 필요하고, 그것을 벌기 위해서는 글을 써야 한다. 그러니 글이 씌지 않는다는 것은 가족의 일상에 크나큰 위기가 아닐 수 없다. 그런데 구보는 글을 쓰지 못한다. 글을 쓰지 못하니 가족의 생존을 담당한 아내의 성화가 말이 아니다. 그러자 구보는 그러한 일상 자체를 글로 써서 그 위기를 타개하고자 한다. 아 아이러니한 생존 방식을 통해서 자화상 연작 세 편은 씌어진다. 경험적 현실의 속박으로부터 벗어나지 못하는 원인이 표면적으로 가족의 부양에 있으나 그 실체를 확인하고 보면 더욱 궁핍해진다. 하우저는 생활을 문학의 현실로 받아들이는 양상에 긍정적 의미를 부여하면서도, 그것이 존재와 결부된 체험을 참된 가치로 느끼며, 그에 힘입어 생을 형성해 나가고 생을 고양[6]시켜 나갈 경우에 그러하다고 여운을 남긴다. 구보의 생활이, 그 생활을 모사하는 문학이 그러한 지경에 이른 것인지는 쉽게 예단하기 어렵다.

2. 성년의 구보

자화상 삼부작에서 먼저 우리가 성찰할 것은 어떤 일상생활인가에 있다. 『음우』에서는 물새는 집으로 인하여 빚어진 심란한 가정을 다루고, 「투도」에서는 좀도둑이 들어 곤경과 두려움에 처한 가정을 다루며,

---

6) 박태원, 「비량」, 『소설가 구보씨의 일일』, 문학과지성사, 2005, 256쪽.

「채가」에서는 채무로 인하여 유발된 위기의 가정을 다룬다. 구보는 번잡하게 밀려드는 가정의 세속적 삶의 상황에 매몰되어 있으며, 목조르는 듯한 생활의 불안감에 빠져든다. 그가 접촉하는 사람들은 문화를 이끄는 고상한 문명인이 아니라 세파에 찌든 세속적 일상인들이다. 구보는 외부의 위험한 침입자나 불량한 환경으로부터 가정을 수호하고자 발버둥치나 늘 능력의 한계에 부딪친다. 묘사되는 일상의 잡동사니들은 가정의 수호라는 이 지속적인 주제에 통합되면서 플롯의 방향감을 만들어낸다. 이야기에 끊임없이 끼어들면서 이야기를 지연시키는 일상의 여담들은 구보의 실존을 구성하는 경험된 현실에 기원을 두고 있다. 그것은 적어도 구보에게 소설적 주제의 새로운 영역에 속한다. 리얼리스트는 일상생활에서 일어나는 평범한 사건들을 묘사할 만한 가치가 있다고 여기게 된다.[7] 자신의 생활상을 설득력 있고, 객관적이며 정확하게 표현하려고 애쓴 흔적이 역력한 이 연작 소설들에서 우리는 리얼리스트로서의 구보의 엄정함을 발견한다.

일상생활의 재현은 단순히 신변 한담에 빠져버린 작가 정신의 후퇴가 아니라 리얼리스트로서 작가의 위상을 엄정하게 반성하는 것을 의미하게 된다. 그렇게 구보는 일상을 발견하면서 시대 감각을 근본적으로 뜯어고친 리얼리스트로서의 관찰의 시선과 사고 방식을 갖추게 된다. 리얼리스트로서의 감각을 확보하면서 구보는 소설을 현실과 친숙하게 접촉할 글쓰기 양식으로 가져가게 되며, 소설의 본질적 가능성을 가장 잘 실현한 작가로서의 한 면모를 보이게 된다. 구보에 대한 근사한 의미 부여에도 불구하고, 실제 자화상 연작에 반영된 일상은 지극히 구차하고 때로는 지루하기조차 하다. 연작 첫 작품인 「음우」를 읽어 나가면서, 우리는 지리한 장마만큼이나 활력을 잃고 늘어져 버린 이야기와 마주하게 된다. 사람을 지쳐 버리게 만드는 이야기 맥락에 어떤 심오한

---

7) 린다 노클린, 권원순 역, 『리얼리즘』, 미진사, 1997, 38쪽.

사유의 덩어리를 묻어 놓은 것 같이 여겨지지도 않는다. 비가 샌다는 사건이 가족에게는 심각한 사건일지 몰라도, 적어도 「음우」의 플롯에서 그것은 다른 사건들과 적절하게 배합되어 유기적으로 결합되어 있지 못하다.

> 건넌방 미닫이를 열고 불을 잠깐 켜보았던 것이나, 이번에는 하 기가 막혀 "빌어먹을!" 소리도 안 나왔다. 다섯 시간 전에 우리가 사랑으로 자러 내려갈 때까지도 아무렇지 않던 건넌방이, 이것은 참말 뜻밖의 일로, 명색이 서재랍시고 책장 둘을 나란히 붙여서 세워놓은 바람벽 위를, 도리에서 직밑까지 그대로 빗물은 줄줄이 흘러내리고 있었다. 이름이 책장이지, 그냥 대여섯 층 선반이 놓였을 뿐으로 뒤는 그대로 터진 터라. 무어 책 몇 권 뽑아서 새삼스러이 볼 것도 없는 노릇이었다.(376쪽)

작품 전체가 이처럼 물난리를 만난 사건들이 리듬을 잃고 반복되면서 느슨하게 구성되어 있다. 지루하게 이어지는 장마로 인하여 그 사건은 반복되고, 구보의 가족은 그것으로 인하여 지쳐간다. 그것이 호기심을 자극할 어떤 충격적 사건과 연결되는 것도 아니다. 일상 그 자체의 지루함을 고문하듯이 몰고간 것이라고 과장된 의미를 부여할 수 있을지는 모르겠다. 소설이 일상의 잡사들을 받아들인다고 하더라도, 그것은 대개 가장자리에서 작용하면서도 비상식적인 또는 다른 현실을 보여주는 사건이기 쉬우며 윤리적이고 미학적인 측면에서 감추어진 잠재성을 소유[8]한다. 그것은 일상의 사건들이 진부하면서도 이면에 내재하는 매혹적인 힘이 될 터이다. 그러나 구보의 일상에서 그것을 찾으려는 노력은 실패로 끝나기 쉽다.

사건의 경이로운 자극이나 그것 이면의 잠재성을 찾아보기 어렵기는 「투도」나 「채가」도 마찬가지이다. 「음우」보다 서사적 긴장을 조장한

---

[8] 프랑크 에브라르, 최정아 역, 『잡사와 문학』, 동문선, 2004, 12쪽.

다는 점에서는 그것의 일상이 보다 더 소설적 진귀함을 얻은 것이 아니냐고 생각해 볼 수도 있을 것이다. 도둑으로 인한 생활의 불안, 채무로 인한 가족 몰락의 공포는 「음우」의 빗물로 인한 짜증과는 다른 정신적 긴장을 조성한다. 그렇다고 하더라도, 이 두 작품 역시 「음우」와 마찬가지로 재미없는 이야기꾼의 목소리가 지속된다. 「투도」에서처럼 도둑맞은 사건이 있고, 「채가」에서처럼 이자를 사기당한 사건이 있을지라도, 그것들을 둘러싸고 전개되는 이야기에는 온갖 잡다한 일상이 끼어든다. 그 사건의 해결을 향하여 나가는 것이 아니라 오히려 결말을 후퇴시키는 끼어든 이야기들은 실제 이 연작 소설에서 중심 플롯을 떠받쳐주는 버팀목이 된다. 자칫 풋내기 작가의 결함[9]으로 받아들여질 이 번다한 일상의 뒤섞임을 통일성 있게 묶어낼 수 있는 것은 일상생활의 기록이란 대전제가 깔려있기 때문이다. 일상생활은 주제를 향하여 일관되게 진행되는 것이 아니라 사소하게 발생하는 온갖 사건들의 우발성에 의하여 짜여진다. 그것을 놓치지 않고 관찰하여 꼼꼼하게 기록하고자 하는 구보의 자세가 일화들의 무질서한 나열을 가져온다. 그것이 또한 소설의 진행을 지루하게 만드는 요인이기도 하다.

홍미를 자극하고 이야기의 전개에 안달하도록 잡아끄는 긴장이 없을지라도, 자화상 연작에는 소설 작품으로서의 유별난 독특함이 존재하는데, 그것은 아무래도 일상생활에 대한 작가의 밀착된 거리에서 찾아야 할 듯하다. 일상생활이 작가적 인식의 원천이 될 수 있었던 것 자체는 근대소설이 양식적 본 모습을 갖추는데 있어 긴요한 사안이었다. 하우저는 순수한 생을 표현하는데 밀착되어 있는 작가의 생명감에서 작품의 역사적 조건[10]을 발견한다. 곧 작품은 현실과 유리된 은둔적 관념에서 제작되는 것이 아니라 노출된 현실과의 직접적인 경험에 의하여 생성된다는 것이다. 일상을 다소 지루하게 전달하는 구보의 담론에서

---

9) 란다 사브리, 이충민 역, 『담화의 놀이』, 새물결, 2003, 100쪽.
10) 아놀드 하우저, 앞의 책, 104쪽.

우리가 눈여겨보아야 할 것도 바로 이 일상 경험의 생생함이다. 그것은 고통과 고난으로 상징화되는 식민지 주민들의 생활[11]로 인식의 틀을 고정시킬 대상이 아니라 그 자체가 삶이 되어버린 몸에 각인된 생활 현장이다.

구보는 자신의 일상 담론이 생득적 현실임을 각인시키는 수단으로 자기 자신뿐 아니라 자신의 가족과 그들이 거쳐할 장소를 송두리째 가져온다. 가족의 인명이 그대로이고 거주하는 주소가 그대로이다. 소설이 허구의 경계선을 벗어나서 현실의 기록이 되어버린 이 디테일한 리얼리티에서 우리는 작가의 인격을 먼저 만나게 된다. 그것을 지우고 일상의 영역에서 반복을 통해 재생산되는 생활을 보고, 그것이 한 시대를 살아낸 한 인간의 진면목이었음을 찾아내야 하는 것이 이 연작 소설들의 일차적인 읽기에 해당할 것이다. 그렇게 일상생활을 들여다보고자 한다면, 우리는 어렵지 않게 근대의 일상이 근대의 제도에 연루되어 있음을 엿볼 수가 있을 것이다. 구보는 사소한 일상의 잡사에 얽매여 있는데, 구보가 결코 헤어나지 못하는 일상의 그 사건들은 기실 근대의 규율 권력 구조에 연루되어 있던 것이다. 구보의 연작에는 택지 조성을 통한 근대적 주거 환경의 조성, 시민의 치안을 담당한 경찰 체계의 구축, 그리고 채무 관계와 이와 연루된 경매 제도의 시행 등 근대적 관리 시스템에 어떤 방식으로든 연루된 일상적 개인이 투시된다. 그것이 식민지 규율 권력이라 하더라도, 구보는 그것에 저항하지 않고 그것에 의존하거나 순응해 살아가야 하는 근대적 일상인의 모습을 내보인다.

> 오직 처자를 위하는 일이라면, 나는 얼마든지 비굴하여도 관계치 않는다고, 비장한 결심을 할 때 쓰디쓴 침이 한 덩어리, 나의 목구멍을 거북하게 넘어갔다. "돈은 모두 어디서 썩누?" 아내의 중얼거리는 소리가 다시 들

---

11) 정근식, 「식민지 일상 생활 연구의 의의와 과제」, 『식민지의 일상, 지배와 균열』, 16쪽.

렸다. (…중략…) 법정은 애꾸가 떼먹은 돈 두 달치 이자를 내가 물지 않아도 좋다구 내편을 들어주겠지만, 그와 동시에 이번에는 변제기일(辨濟期日)이 이미 지난 나의 부채에 대하여, 그가 그 저당 물건인 나의 집을 마음대로 경매 처분에 붙여도 무관하다고 법정은 저편에도 동의하고야 말 것이었다.12)

근대의 제도가 구보의 일상을 먼 거리에서 에워싸고 있다면 물질 생활을 위한 돈은 가장 근접한 곳에서 구보의 갈증을 증폭시킨다. 자화상 연작 소설은 돈에 대한 결핍에 의해 움직여지는 사건들을 이야기하고 있다고 해도 과언이 아니다. 구보는 끊임없이 돈에 시달리고 있다. 그에게 생활은 곧 돈에 다름 아니다. 그렇다고 그가 돈의 본성에 대해 사유하거나 돈의 타락을 비난하는 것은 아니다. 구보는 자신의 일상생활에서 돈이 얼마나 위력적인 힘을 지니고 있는가를 뼈저리게 느끼곤 한다. 그렇다고 그가 속악하게 돈을 추구한다든지, 그것의 결핍에 대한 대항 수단으로 그것을 혐오하는 것 또한 아니다. 가족의 생계를 위한 돈을 절실히 필요로 하나 구보는 결코 그것의 함정에 갇혀버리지는 않는다. 그에게 돈은 생활의 수단으로 요구되며, 그것의 결핍으로부터 글쓰기의 충동은 시발된다. 구보에게 일상생활은 그렇게 글쓰기와 맞물려 있다.

III. 일상의 재생과 자화상

서머싯 몸은 소설가란 고도로 발달한 창작 본능을 가지고 있을 뿐만 아니라 글쓰기에 대한 남다른 열정을 가지고 있는 비범한 사람들13)이라고 단정짓고 있다. 일상생활을 구현하는 작가 구보를 본다면, 이러한

---
12) 박태원, 「채가」, 『문장』 폐간호, 1941. 4, 89쪽.
13) 서머싯 몸, 권정관 역, 『불멸의 작가, 위대한 상상력』, 개마고원, 2008, 478쪽.

소설가의 조건과는 한참 거리가 있어 보인다. 자화상 연작 세 편을 들여다보고 있으면, 작가의 비범함을 찾기가 더욱 어려워진다. 구보가 내면을 채우고자 하는 글쓰기에 대한 열정도 생계를 위한 수단을 에둘러서 표현한 것으로 다가오기조차 한다.

적어도 구보는 자신을 그렇게 겸손하게 받아들이고자 한다. 구보에게는 현실을 창조할 역동적 상상력이 위축되어 있으며, 오직 현실에 충실하려는 차분한 시선이 그를 지배하고 있다. 구보에게는 그렇게 주의 깊은 관찰력이 있으며, 경험을 이용할 수 있는 능력이 부여되어 있다. 물론 그가 경험을 활용한다함은 그것을 살려 글쓰기를 도모함을 말한다. 작가라면 누구나 자신의 소설이 사실인 것처럼 보이게 하고 싶을 터인데, 그리하여 그것이 진실의 원천임을 증명해 보이고자 할 터인데, 구보는 경험된 현실을 그대로 모사함으로써 바로 그 소기의 목적에 도달하고지 한다. 우리가 구보의 이 재현된 일상에서 새내로 읽어내야 할 진실은 그런데 근대인의 삶만이 아니다. 구보의 담론에서, 그것이 문화적 생활이 되었든 세속적 생활이 되었든 오래인 관습을 떨쳐내고 새롭게 형성한 근대인의 삶을 성찰하는 것은 중요하다. 그것은 어떤 방식이든 근대의 권력 제도에 연루되어 있음을 간파하는 것 또한 살펴보아야 할 담론의 진실에 해당한다. 그러나 간과해서 안 될 것은 그렇게 형성된 일상생활과 그것을 말하는 구보의 심경이다.

자화상 연작이야말로 심경소설에 속한다고 할 수 있다. 박태원은 심경소설이 사소설로도, 그리고 신변소설로도 불리워짐을 지적하면서, 그것을 "값어치 없는 것으로 생각하는 것은 일종의 맹단"[14]일 뿐이라고 단정한다. 신변소설은 그 세계야 좁은 것임에 틀림없다고 하더라도 익숙한 경험 세계를 들추어내는 '깊이'가 담겨 있다는 것이 그의 생각이다. 신변소설, 곧 심경소설에 대한 박태원의 옹호는 그 자신의 작품 제

---

14) 박태원, 『구보가 아즉 박태원일 때』, 류보선 편, 깊은샘, 2009, 269쪽.

작의 자세와 무관하지 않다. 자화상이란 구호 아래 씌어지는 연작 세 편이야말로 박태원의 이 심경소설에 대한 긍정적 의미 부여에 부합되는 익숙함의 깊이를 가지고 있다. 이 깊이란 결국 자화상을 만드는 일임을 박태원은 소설의 부제로 표명한 셈이다. 실제 신변소설 작가들은 자화상을 만들어야 한다는 요구와 필요에 그들의 행동 자체가 규정[15]되어 있을 지경으로 자신에 집착한다. 자신의 신변을 이야기하는 구보의 담론에는 물론 자기 폭로의 비밀이 끼쳐 있지 않다. 그는 일상생활을 말하면서 그곳에 무력하게 추락해 있는 자신을 발견하고, 생활 그 자체를 깨닫고자 한다. 이러한 구보의 자화상 탐구에는 생활을 중시하는 구보의 태도가 묻어 있다.

> 나의 마음은 애달피도 아내와 어린 것들을 생각하고 한 없이 외롭고 또 슬펐다. ……그야 사람은 빵만으로 사는 것이 아니었고, 우리가 가난한 속에서도, 좀더 정신적인 것을 추구하여 보아야만 마땅할 것이다. 그러나 내게 만일 약간의 재물이 있다면, 나는 그들을, 내 아내와 내 어린 것들을 좀 더 행복되게 하여줄 방도를 구할 수 있을 듯싶어 마음이 늘 설레었다. (…중략…) 아내의 앞에는 오직 진기한 생활의 문제만이 가로 놓여 있을 뿐이다. 나는 문득 눈을 뜨고 빗물이 새는 반자를 똑바로 치어다 보았다. 그곳에는 두어 마리의 파리가 나래를 쉬고 앉아, 한참 단장하기에 골몰인 듯싶었다. 허지만 아내만도 아니다. 나도 이미 청춘과 결별한 지 오래 아니냐? (392-393쪽)

「음우」를 지배하는 '생활의 문제'는 구보의 생활에 대한 성실한 지향과 그대로 부합되어 있다. 박태원이 강조한 "생활 제일. 예술 제이"라는 '생의 신조'[16]는 자화상을 모색하는 소설 작품들 속에 그대로 투영되어 있다. 그런 까닭에 작중인물들에게 현재의 생활을 넘어서는 과거

---

15) 스즈키 토미, 한일문화연구회 역, 『이야기된 자기』, 생각의 나무, 2004, 32쪽.
16) 박태원, 앞의 책, 288쪽.

는 거의 관여되어 있지 못하다. 신변소설이 흔히 자신의 기원을 환기하고 창조17)하기 위해 돌아보는 과거를 그들은 거의 갖고 있지 않으며, 그들에게 오로지 심대한 것은 현재의 생활이다. "조선 작가들에게 생활을 달라"18)고 호소하는 박태원의 절규에는 생활에 대한 절박함 못지않게 생활을 발견하고 그것 속에서 존재 의의를 찾고자 하는 그의 생활관이 반영되어 있다. 고독을 절실하게 느끼면서 거리를 배회하던 젊은 구보가 진정 갈망한 것은 피로한 문명이 아니라 일상의 건강한 삶이었다. 구보는 거리를 떠나 집으로 들어가고자 했으며 처자를 무한 책임질 가장(家長)이 되고자 한다. 자화상 연작은 거리를 떠난 구보가 그 가정의 한 가운데서 자신의 본체를 들여다본 이야기가 된다.

   신변잡기를 조합해 놓은 연작 세 편은 젊은 구보의 삶의 변이를 드러낸다. 가장이 되어 생계를 책임진 중압감이 구보를 짓누르고, 가정의 경영에 따르는 사소한 일상이 또한 구보를 한없이 왜소하게 만들고 있을지라도, 구보는 그것들을 받아들이면서 가정을 안정되고 행복하게 이끌고자 분투한다. 「소설가 구보씨의 일일」을 중심으로 한 초기 소설이 새로운 생활 세계로 들어가기 위한, 곧 입사를 위한 일련의 혼돈이었다면, 자화상 연작은 그러한 과정을 거쳐 들어선 성년 세계의 삶을 다룬 것이라 할 수 있다. 그렇다면 구보의 진정한 자화상은 거리를 떠도는 고독한 젊음에 있는 것이 아니라 가정을 이루고 가솔의 생계를 도모하는 분망한 성년에서 찾아야 할 일이다. 가족의 일상생활에 매몰된 성년의 구보가 신변잡기를 그리면서 '자화상'이란 부제를 붙인 이유가 바로 여기에 있다. 가족이 생존의 절대적 거처이자 미래를 담보할 가능성임을 구보가 성급하게 예단한 것은 아니다. 구보는 자신으로 인하여 비롯된 처자의 운명을 책임져야 한다는 강박 관념에 사로잡혀 있다. 그가 관념의 족쇄에서 벗어나지 못하는 것은 가난 때문이다. 경제적 빈곤, 그

---

17) 스즈키 토미, 앞의 책, 215쪽.
18) 박태원, 앞의 책, 430쪽.

리하여 가족의 생계가 곤궁을 넘어 추락할 지도 모른다는 위기감이 그를 불안한 강박증에 빠트린다.
  구보가 가족의 경제를 건사할 방법은 글쓰기밖에 없다. 원고를 팔아서 돈을 만들어야 한다는 이 단순한 생활의 방편이 글쓰기의 고상함이나 자의식을 압도해 버린다. 글쓰기가 생계의 수단이 되면서, 한때 젊은 구보가 가져보았던 세계와 타자에 대한 고독한 사색과 망상은 중단된다. 구보의 생각은 거리에 머무를 틈이 없으며 가정 내에서 가족을 위하여 바쳐져야 한다. 구보에게 가정 내에 있다는 것은 삶의 내면을 제거하는 것을 의미한다. 그렇게 성년의 구보는 젊은 구보가 가졌던 과거에 대한 기억조차 망실하고 모욕적인 삶이 펼쳐지는 생활을 암담하게 받아들이면서 생명의 에너지를 활성화시키고자 한다. 다시 말하지만, 구보가 생활을 적극적으로 받아들인다는 것은 글을 쓴다는 것을 의미한다. 그런데 구보의 그 생활에의 욕구는 또다시 곤궁한 지경에 마주치게 되는데, 그 까닭은 글이 써지지 않는다데 있다. 더 정확하게는 무엇을 써야할지 모르는 초조한 상황에 직면해 있다는 것이고, 글을 쓸 대상이 사라져버렸다는 암담함에 봉착해 있다는 것이다.

    일찍이, 나의 일생을 걸려 하였던 문학에, 나는 정열을 상실하고 있은 지가 오랜 지도 모를 일이다. …… 붓을 들어도 도무지 쓸 것이 없는 근래의 나였다.(「음우」, 394쪽)
    아내는 아범의 장사가 잘 되고, 그 대신 내 원고가 안 써지는 탓을 행랑에서 그 뭐 모셔놓았다는 것에다 돌리었다. …… "삼월까지두, 매월, 삼백여원씩은 또박 생겼었는데, 인젠, 도무지 돈을 벌지 못허니" "내가 원고를 안 쓴 까닭이지." "원고는 왜 안 쓰시는 거유?" "안 쓰는 게 아니라, 안 써지는구먼"(「재운」, 426-427쪽)

  글쓰기가 아니라면, 구보는 진정 생활로 돌아올 수가 없다. 이 곤궁한 글쓰기의 결함을 타개하는 묘책이 그 자체를 글로 써버리는 것일 터인데, 실제 자화상 연작은 그러한 출구에 대한 모색의 결과물이라 보아 무방하다. 자신의 경험을 말한다는 것은 그것을 자신에게 설명하는 탐구와 모색의 흔적19)이라 할 수 있다. 이때 아직 중요한 것은 끝까지 완성한 작품이다. 글이 써지지 않으니 글을 완성한다는 것이 더욱 절박해지는 것이다. 가족에 대한 의무와 헌신에의 열정만큼이나 삶에 대한 피로도는 커지는 것이지만, 그 생존을 위한 분투에서 솟아나는 생명에의 엄숙한 순응과 자기 희생에 우리는 감동하게 된다. 생활을 받아들이고 그것에 헌신하는 그 자체가 건전한 근대를 만들어갈 세상의 이치가 되어버린 것이다. 구보는 자신의 가족에의 사랑을 통하여 그러한 근대인의 생존 원칙을 제시한 셈이다.

   자화상은 자기 성찰의 양식으로만 존재할 수 있다. 개인적 삶을 표현하는 것, 그리하여 자기를 주제화하여 자신에 몰입해 들어가는 것, 그러한 개인 성찰의 역정에 사화상이 그려신다. 슓은 구보는 자기 성찰의 심경을 허구 양식을 빌어 토로했다. 고독하게 자신의 내면으로 향하는 구보에게서 자기를 초상하는 자화상을 떠올리는 것은 아주 자연스럽고 또한 수월한 노릇이다. 그러나 결혼을 하고 가정을 꾸린 성년의 구보에게서 자화상을 전제하고 그러한 정황을 연역해 내는 일은 자못 궁색해진다. 그리하여 구보 자신도 거기에다 '자화상'이라 명시했는지도 모를 일이다. 일상생활이란 감옥에 갇혀버린 자신의 초라한 현재를 자조적으로 응시하면서, 그 비굴한 순응을 혐오하여 거기에다 '자화상'이란 굴레를 씌웠다고도 추론할 수 있을 것이다. 그 비감한 시선에 의할 것 같으면, 구보는 황량한 어둠 속에 위험한 모습을 하고 소설 속에 드러난다. 존재의 무상함을 떠올리게 하는 이 어두운 유추는, 그러나 늘 생활에 활력을 갖고자 한 구보의 삶의 태도에서 빗나가 있는 듯하다. 중요한 것은 구보가 생활을 활성화시키기 위해 글을 쓰고자 했다는 것이고, 또

---

19) 죠르즈 쌍프렝, 임헌 역, 『글이냐 삶이냐』, 퇴설당, 1996, 231쪽.

한 글쓰기 덕분에 진정 삶으로 돌아왔다는 것이다.

Ⅳ. 생활의 활성화 양식

구보에게 생활을 수용하는 방식은 글쓰기를 통해서 이루어진다. 곧 구보에게 생활은 글쓰기가 된다. 글쓰기가 그의 수입의 원천인 까닭에, 이는 세속적 삶을 존속시키기 위해 숭고하게 받아들여야 한다. 글쓰기가 생활이라면, 그것이 멈추어지면 생활 자체도 중단될 것이기 때문이다. 그렇게 글쓰기를 생활 속에 집어넣으면서, 또한 생활 그 자체를 글쓰기의 대상으로 삼으면서, 구보 자신의 적나라한 현실이 윤곽을 드러내게 된다. 구보는 번잡한 자신의 일상을 말함으로써 자신의 진실에 다가선다. 그것은 자신의 생활 속에 파묻혀 있는 자신의 본 모습을 확인하는 과정일 뿐만 아니라 세파에 지친 자신의 영혼을 정화하는 과정이기도 하다. 자화상이란 미제(尾題)가 붙은 연작 세 편은 그러한 자기 확인과 반성의 결과물이다. 그렇게 구보는 일상생활을 건전하게 활성화시킬 방법으로 글쓰기 양식을 가져온다.

젊은 구보와 성년의 구보를 구분해 보는 것은 흥미롭다. 자기를 이야기하고 있지만, 그 이야기하는 내용과 그것의 분위기를 보면, 젊은 구보와 성년의 구보는 많은 차이를 보인다. 이 두 구보를 하나로 묶어줄 수 있는 것은 '생활'을 항상 염두에 두고 살아간다는 것뿐이다. 젊은 구보의 그것이 미래의 가능성에 머물러 있는 관념적 생활이라면, 성년의 구보에게 그것은 온몸으로 감당하고 있는 실체로서의 생활이다. 구보가 생활을 가지고 살아가는 실존하는 인간으로서의 자화상을 그린다고 할 때, 어디에 위치해 있는 구보가 진정 인간적인 모습을 한 참다운 그 자신일지는 자명하게 드러날 일이다. 소설작품 자체로는, 그 사유와 풍경의 세련됨에 있어서는 젊은 구보를 잉태한 초기소설이 훨씬 우위에 있다고 할지라도, 작가의 본 모습과 관련하여 진정한 구보를 탐색하기 위해서는 자화상 연작을 꼼꼼히 살펴야 할 것이다.

연작 세 편은 구보의 생활이 이루어지는 실존의 공간이다. 자신의 생활을 말하는 구보의 담론에는 허구 세계와는 거리를 둔 것으로 모든 일상적 진실의 무게를 실어온다. 너무나 사소하고 단순한 것에의 관심은 금시로 싫증을 불러오기 쉽다. 한없는 가벼움이나 지루함을 수반할 이 일상에서 구보는 시대적 생활 국면을 예리하게 포착한 의미심장한 사실들을 제시한다. 물론 그것들은 구보의 심경을 담은 사건들 속에 묻혀 있다. 우리는 여기서 구보의 적나라한 일상을 보는 것을 넘어서, 근대인의 일상을 발견하게 된다. 근대인이 거처할 가족과 사회가 그곳에는 세밀하게 담긴다. 그것이 근대적 제도에 의해 구획되는 지극히 단초적인 모습이라 할지라도, 그것은 이미 우리들 삶의 기원이었던 셈이다. 연작 소설에서 구보는 그렇게 사람들의 삶을 균질하게 규율하고, 또한 사람들이 안정되게 귀속되고자 할 가족의 생활을 초상한다.

■ 참고문헌

김종회, 『박태원』, 한길사, 2008.
박태원, 『구보가 아즉 박태원일 때』, 류보선 편, 깊은샘, 2009.
정근식, 「식민지 일상생활 연구의 의의와 과제」, 『식민지의 일상, 지배와 균열』, 문화과학사, 2006, 13-46쪽.
정현숙, 『박태원 문학연구』, 국학자료원, 1993.
주윤정, 「일상생활의 연구와 식민주의」, 『식민지의 일상, 지배와 균열』, 문화과학사, 2006, 83-104쪽.
란다 사브리, 이충민 역, 『담화의 놀이』, 새물결, 2003.
린다 노클린, 권원순 역, 『리얼리즘』, 미진사, 1997.
서머싯 몸, 권정관 역, 『불멸의 작가, 위대한 상상력』, 개마고원, 2008.
스즈키 토미, 한일문화연구회 역, 『이야기된 자기』, 생각의 나무, 2004.
아놀드 하우저, 한석종 역, 『예술과 사회』, 홍성사, 1981.
죠르즈 쌍프렝, 임헌 역, 『글이냐 삶이냐』, 퇴설당, 1996.
프랑크 에브라르, 최정아 역, 『잡사와 문학』, 동문선, 2004.

■ **국문초록**

　자화상이란 부제를 붙인 세 편의 작품들은 구보의 일상 생활을 있는 그대로 모사(模寫)하고자 한다. 「음우(淫雨)」, 「투도(偸盜)」, 「채가(債家)」라는 제목을 붙인 이 작품들은 박태원의 문학적 역정의 중요한 전환점에 놓인다. 이 작품들은 자화상이라 명명했음에도, 초기 소설에 짙게 드리워져 있던 작가의 자의식이 거의 표명되지 않는다. 장마에 집이 샌다든가, 한밤에 도둑이 들었다든가, 갚은 이자를 사기 당했다든가 등속의 일상적 잡사(雜事)가 여기에는 느슨하게 펼쳐져 있다. 구보는 가족에 대한 책무를 다하기 위해 집안에 닥쳐온 그 고난과 불안을 감내한다. 집안을 둘러싸고 벌어지는 생활이란 근대적 제도에 의해 새롭게 만들어져 모든 사람들에게 균질하게 부과하는 그것의 범주에 포획되어 있다. 성년의 구보는 그것을 수용하면서 건전하게 가정을 이끌어가고자 한다. 초기 소설에 구현된 젊은 구보가 생활을 추상적으로 받아들였다면, 성년의 구보는 그것을 현실 감각에 맞게 받아들인다. 구보는 생활을 건실하게 이끌기 위해 글쓰기에 정진하고자 한다. 구보의 고현학은 거리의 모더니티 탐구에서 근대적 일상을 탐구하는 것으로 나아간다. 이를 통해 구보는 근대적 생활을 자각하고 그것에 충실하고자 한다. 구보에게 글쓰기란 그렇게 살아가고 있음을 증명해 보일 거의 유일한 일거리이다. 글쓰기를 통해 그는 일상 생활을 재현하고, 또한 그것을 활성화시키고자 한다.

주제어: 자화상, 고현학, 일상 생활, 성년의 구보, 글쓰기, 활성화

■ Abstract

A Self-Portrait and Everyday Life of Gubo

Song, Ki Seob

Park Taewon issued three short stories, which he called self-portrait, in the early 1940s. They are "A Long and Tiresome Rain," "A Thief," and "My House Mortgaged". These stories represent the author's everyday life. In addition, these stories marked a turning point in Park's literary history. Although these stories were named 'self-portrait', they represent little self-consciousness which was represented a lot in his earliest works.

Gubo is the name of the hero in the three stories. The author made himself the hero. He tries to keep up his family, and fights against distress and adversity of his family. He tries to earn a living. He has nothing but writing novels as a means of moneymaking. Life in home was made by modern system. Gubo intends to keep up his family by accepting it.

Young Gubo in Park's earliest works accepts life as an ideal. In contrast, Adult Gubo accepts as a reality. Gubo's modernology inquires modern life in modernity of street. By this process, Gubo realizes the modern life and adapts it. Writing is the only piece of work for Gubo. He represents everyday life and activate it by writing.

Key-words: self-portrait, modernology, everyday life, Adult Gubo, writing, activate

―이 논문은 2009년 11월 30일에 접수되어, 소정의 심사를 거쳐 2009년 12월 15일에 최종적으로 게재가 확정되었음.

박태원의 자화상 소설에 나타난 가족주의의 의의

```
목  차

Ⅰ. 서론
Ⅱ. 가족주의의 성격과 식민지시대 가부장제의 강화
Ⅲ. 해방 전(前)과 후(後) 소설에 나타난 가족주의의 추이
Ⅳ. 자화상 소설에 나타난 가장권(家長權)의 성격
Ⅴ. 결론
```

안 미 영*

Ⅰ. 서론

박태원 소설에는 가족의 정서적 결합이 잘 나타나 있다. 박태원은 가족의 행복을 매우 중시하고 있는데, 「惡魔」(『조광』, 1936. 3. 4)에서는 가정의 불행을 초래한 학주의 호기심을 '악마'로 명명하고 있다. 가장(家長)인 학주는 창녀와 하룻밤을 지낸 후, 성병에 걸려 가족 모두에게 위험을 초래한다. 「꿈」(『동아일보』, 1930. 9. 26), 「누이」(『신가정』, 1933. 8), 「星群」(『조광』, 1937. 11), 「성탄제」(『여성』, 1937. 12), 「윤초시의 상경」(『家庭の友』, 1939. 4·5), 「四季와 男妹」(『신세대』, 1941. 1~2) 등 가족을 배경으로 한 다수의 소설에서는 육친애가 두드러진다.

---

* 경북대학교.

일련의 소설에서 박태원은 가족의 가치를 소중히 여긴다. 「윤초시의 상경」에서 홍수와 동거하던 여급 숙자는 홍수의 시골집 아내와 어른들이 편찮으시다는 사실을 알게 되자, 홍수를 본집으로 보낸다.[1] 윤초시가 나서기 전에, 숙자는 홍수 가족의 행복과 미래를 위해 스스로 개인의 행복을 희생한다. 「성탄제」에서 언니 영이는 카페에서 일하고 내객을 통해 몸을 팔아 집안을 돌보고, 동생 순이의 등록금도 충당한다. 영이는 내객을 들인 아침이면, "사내를 졸라 식구 수효대로 짜장면을 시켜왔다."[2] 임신 사실을 알자, 영이는 "뱃속에 들어 있는 어린것을 위하여, 그는 이제부터라도 제 몸을 단정히"[3]한다. 영이는 가족을 돌보며, 자신이 만들어낸 생명에도 책임을 다한다.

박태원은 가족의 행복을 우선에 두고, 가족 간의 정서적 교감을 중시한다. 특히 아랫사람에 대한 윗사람의 자애가 두드러진다. 「꿈」에는 손주에 대한 할머니의 사랑, 「星群」에는 아들에 대한 아버지의 사랑이 드러난다. 「星群」에서 아버지는 음악을 하려는 아들과 불화하지만, 궁극에는 아들을 포용하고 격려한다. 이 밖에 동기간의 정리와 의리도 자주 나타난다. 「누이」에서는 오뉘간의 정감이, 「성탄제」에서는 동기간의 연민이, 「四季와 男妹」에는 남매간의 갈등과 화해가 두드러진다. 「누이」에서 오빠는 누이를 위해 양말을 사주고, 누이는 오빠를 위해 단벌 와이셔츠를 염색해 주기로 한다. 「성탄제」에서 영이는 동생 순이가 내객을 들이자, 동생에 대한 연민으로 눈물을 흘린다. 「四季와 男妹」에서 옥순은 오빠부부와 불화하지만, 종국에는 화해한다.

---

1) 동일한 소재를 다루더라도 「報告」(『여성』, 1936. 9)에서는 사정이 달라진다. 「報告」에서 '나'는 최군의 동생으로부터 최군을 시골집으로 귀환시켜 달라는 부탁을 받지만, 최군과 여급이 서로 사랑하는 모습을 보고 그들을 축복하려 한다. 이는 '나'와 '윤초시'의 입장 차이에서 기인한다. 「윤초시의 상경」에서 윤초시는 홍수의 어린 시절 서당 훈장이었으며, 전통 질서를 대변한다.
2) 박태원, 「성탄제」, 『소설가 구보씨의 일일』, 깊은샘, 1995, 87쪽.
3) 박태원, 「성탄제」, 위의 책, 85쪽.

가족을 중심에 두는 가치관을 '가족주의'라 명명한다면, 박태원의 가족주의가 가장 두드러진 시기는 1940년대 초반이다. 이 시기 그는 자기 가족의 일상을 직접 소설의 소재로 활용하고 있어 이채를 띤다. 당시에는 자화상 소설 외에 통속소설과 번역소설도 발표되지만 당대 자화상 소설들이 작가의 자의식을 가장 잘 표출하고 있으므로, 자화상 소설에 나타난 가족주의는 1940년대 박태원의 의식추이를 집약하고 있다고 보아도 무관하다. 박태원의 자화상 소설은 「淫雨」(『조광』, 1940. 10), 「偸盜」(『조광』, 1941. 1), 「債家」(『문장』 3권 4호, 1941. 4), 「財運」(『춘추』, 1941. 8)으로 사건의 시간적 배열에 따라 연작 형태를 띠고 있다. 작중에서 '나'는 가장(家長)으로서 가족의 안위를 무엇보다 우선에 두고 외압으로부터 가족을 지키려 한다.

　박태원이 1940년대 접어들어 소설 속의 주인공으로 새로운 인물을 창출해내기 보다, 자신의 맨얼굴이 드러난 가족의 일상을 소재로 선택한 이유는 무엇인가. 실상 이 시기에 이르면 이태준 역시 「토끼이야기」(『문장』, 1941. 2), 「사냥」(『춘추』, 1942. 2), 「無緣」(『춘추』, 1942. 6) 등에서 가족을 비롯한 자신의 일상을 소재로 차용하고 있다. 이러한 창작경향은 일제 강점기 검열을 비롯한 소설 창작의 어려움을 보여주는 것이기도 하지만, 그에 앞서 1940년대 일본 군국주의 파시즘으로부터 궁지에 몰린 자괴감의 표출이다. 1940년대 이태준과 박태원의 자화상 소설들은 약간의 편차가 있다. 이태준이 외부 환경에 대해 '자기' 내면으로 침잠하고 있다면, 박태원은 '가족'을 통해[4] 위안을 얻고 자기 삶에 동기를 부여하고 있다는 점이다.

　가족을 강조하는 시기는 '위기의 시기'로서 파시즘과 밀접한 관련이

---

[4] 이태준은 「토끼이야기」에서 토끼를 키워 생활비를 충당하는 가족의 일상을 보여준다. 죽은 닭도 못 자르는 아내는 임신한 몸으로 토끼의 가죽을 벗겨낸다. 이 작품을 제외한 다른 작품에서는 '가족'이 아니라 '자신의 내면'을 조명하고 있다. 작중 주인공이 된 작가는 「사냥」(『춘추』, 1942. 2)에서는 '사냥'을, 「無緣」(『춘추』, 1942. 6)에서는 '낚시'를 하러간다.

있다고 할 때, 1940년에 접어들어 발표된 박태원의 가족 소재 소설은 막다른 골목길에 접어든 일제 강점기의 상황을 또 다른 방식으로 전유하고 있다. 식민제국이 정책적으로 가족을 소환해서라기보다 식민지 내부의 가난과 위기감이 고조됨으로써, 박태원은 가족이라는 울타리 안에서 안존을 도모하려 했으며 그러다 보니, 자신과 근친 혈족의 생존 문제를 심각하게 고민할 수밖에 없었다.5) 숨통을 조이는 군국주의 파시즘의 그늘에서, 가족은 유일한 위안거리였으므로 그러한 가족의 생존 문제가 더욱 긴요했던 것이다.

이 글에서는 1940년대 박태원의 자화상 소설에 나타난 가족주의의 의의를 살펴보려 한다.6) 일련의 자화상 소설에서, 박태원이 자신의 가족을 형상화해 내는 생생한 담화와 사건은 구체적인 실체로서 '가족'이 1940년대 일제강점기 '현실'과 어떻게 반응하고 사유하고 있는지 보여준다. 박태원의 자화상 소설에 나타난 가족주의의 성격은 다른 작가와 구별되는 박태원 소설의 독자성을 파악할 수 있는 계기가 될 뿐 아니라, 박태원이 해방이후 월북을 선택 할 수 있었던 정서적 동인을 유추할 수 있는 계기가 되리라 본다.

---

5) 척박한 사회에서 '유일한 위안으로서의 가족'이라는 가족이데올로기는 역사적 국면에 따라 다양한 방식으로 재구성된다. 권명아, 『가족이야기는 어떻게 만들어지는가』, 책세상, 2000, 33쪽 참조.
6) 박태원의 1940년대 소설을 논한 대표 논의로 한수영, 「박태원 소설에서의 근대와 전통」,(『한국문학이론과 비평학회』 9, 2005. 6, 227-256쪽), 정현숙, 「박태원 소설에 나타난 신체제 수용양상」,(『구보학보』1, 2006, 172-187쪽), 김종회, 「일제강점기 박태원 문학의 통속성과 친일성」,(『비교한국학』, 2007, 91-107쪽), 배개화, 「문장지시절의 박태원-신체제 대응양상을 중심으로」,(『우리말글』 44, 2008, 251-282쪽), 김미영, 「박태원의 자화상 연작 소설 연구」,(『국어국문학회』 148, 2008, 123-152쪽)가 있다.

Ⅱ. 가족주의의 성격과 식민지시대 가부장제의 강화

    가족주의는 두 가지로 분류될 수 있다. "가족주의는 가치의 중심을 개인보다 가족전체에 두려는 태도이다." "가족주의는 가족적 인간관계를 사회적 영역에까지 의제적(擬制的)으로 확대·적용하려는 태도이다." 두 가지 범주 중에서 후자는 '의제 가족주의'로서 한국사의 질곡에 따라 '국가 가족주의' '경영 가족주의' '연고 가족주의'로 변용되어 나타난다.[7] 1940년대 박태원 소설에 나타난 가족주의의 개념은 전자에 해당하지만, 그가 월북 후 발표한 소설에는 당 주도의 '의제 가족주의'가 두드러지게 나타난다. 박태원의 자화상 소설에 나타난 가족주의의 성격을 살펴보기 앞서, 가족주의의 형성과 추이를 살펴볼 필요가 있다. 우선, 가치의 중심을 개인보다 가족전체에 두려는 태도는 언제부터 형성된 것인가. 가족 연구사들에 의하면, 제도로서 가족은 조선 이전에도 있었으나, 가족주의는 조선시대 성리학의 도입으로 정착되었다.

    역사적 자료에 의하면, 조선에서는 17세기 중엽에 이르기까지 전통적인 '가(家)'의 개념이 확립되지 않았다.[8] '가장(家長)'이라는 용어는 고려시대 법전에서 거의 사용되지 않았으며, 조선시대 들어서도 숙종 대에 들어서나 법에 의해 뒷받침 되었다. '가산(家産)'이라는 개념도 조선 초기에 편찬된 경국법전에는 나오지 않는다.[9] 성리학의 세계관으로 볼 때, 이(理)와 기(氣)의 특성을 한 몸에 안은 인간들의 위계성은 아버지-자식에 이르는 위계와 그 본분에 맞는 고유한 역할을 수행하도록 만들

---

[7] 이승환, 「한국 '家族主義'의 의미와 기원, 그리고 변화 가능성」, 『유교사상연구』 제20집, 2004, 48-49쪽. 주지하다시피, 오늘날 가족주의가 비판받는 것은 후자 의제 가족주의의 남용에서 기인한다.

[8] 신수진, 「한국의 가족주의 전통-근본사상과 정착과정에 관한 문헌고찰」, 『한국가족관계학회지』 제3권 1호, 1998, 135쪽 참조.

[9] 박병호, 『전통적 법체계와 법의식』, 한국문화연구소, 1972; 이승환, 앞의 논문, 55쪽 각주 6번 재인용.

었고, 자기를 중심으로 가까운 데서 먼 곳에 이르는 인(仁)사상을 바탕으로 친소관계를 철저히 구분하기에 이르렀다. 그 결과 자신의 부모가 타인의 부모보다 중요하고, 자신의 형제 자식을 타인의 형제 자식보다 중요하게 여기는 가족중심사상이 나오게 되었다.10)

물론, 조선시대라는 특정 시대를 떠나 유교의 경전에는 가족의 위계질서에 대한 덕목이 제시되어 있다. 오륜의 선두에서 '부자유친(父子有親)' '부부유별(夫婦有別)'을 제안하고 있으며, '인(仁)'을 실행하는 덕목으로 효(孝)와 제(弟)를 제시한(孝弟也者 其爲仁之本與 -「學而」, 『論語』) 데서 알 수 있듯이, 유교의 가족 윤리는 개인보다 가족 구성원들 사이의 관계성에 초점을 맞추고 있다.11) 조선시대라는 특수성과 유교 경전의 비교를 통해 다음과 같은 사실을 알 수 있다. 집단으로서 가족이라는 공동체와 그 공동체를 규율하는 규범적 체계는 이미 오래전부터 있어 왔으나, 조선시대부터 가부장제도(家父長制度)를 비롯 가족 내·외부에서 권력이 행사된 것을 알 수 있다.12) 요컨대 통치자의 치세술 및 정치적 역사적 격변 등에 따라 '가(家)'의 입지와 기능이 변화되어 온 것이다. 후대에 다양한 형태로 부각되는 '의제 가족주의' 역시 가족의 기능이 확대 적용됨으로서, 권력 담론의 도구로 변용된 것이다.

그렇다면 식민지 근대 사회에 이르면, 가족주의는 어떠한 형태를 띠고 있는가. 김동춘에 따르면, 일제는 정치적으로는 식민지적 근대화를

---

10) 신수진, 위의 논문, 127-137쪽 참조.
11) 최영진, 「한국사회의 유교적 전통과 가족주의-담론분석을 중심으로」, 『한국철학학회 춘계학술대회자료집』, 한국철학학회, 2005, 199쪽 참조.
12) 이효재는 조선조 초기에 여성을 차별하는 혼인규제, 상복제, 제사 및 재산상속제와 같은 제도적 개혁을 통해 '부계친족제도'가 고착되는 과정을 주목하고 있다. 조선조 후기로 올수록 부자 중심의 직계존비속으로 구성되었으며 딸은 출가외인, 차남 이하 아들은 일시적으로 부모와 동거하지만 분가하여 작은집으로서 큰집(종가)과 종속적 관계를 유지하며 제사공동체로서 친족조직의 연대를 지속시키는데 이 과정에서 가부장제 가족의 전형이 확립된다.(이효재, 「한국 가부장제의 확립과 변형」, 『한국가족론』, 까치, 1990, 16-23쪽 참조)

받아들이되, 자유주의적이고 개인주의적인 권리의식이나 저항의식을 갖지 않고 가족의 복리에 충성하는 인간형을 양성한다. 일제는 '교원 심득사항'에서 충효를 가장 강조하였는데, 그들은 유교적 충효논리를 활용하여 지배질서에 철저하게 순응하는 인간을 양성하려 하였으며, 호주제 도입 등 가족법의 제정을 통해 기존의 가부장적 가족주의를 강화시켰다. 억압적인 지배체제가 자본주의 경제 질서, 전통적 확대가족의 해체와 맞물려 있을 때, 전통사회 지배층이 견지했던 가문, 씨족 중심주의는 사회 모든 구성원의 가치로 일반화되어 가족주의로 발전할 수 있는 조건이 마련된다.

즉 군사적 정치적 억압은 가족의 복리에 집착하는 경향을 강화시키고, 자본주의 시장경제 역시 과거의 씨족으로서의 가족이 아닌 핵가족화 된 가족의 이기적 자기중심적 생존전략을 강요한다. 정치적 억압과 시장경제는 모두 합리적 절차와 문제해결, 그리고 수평적인 연대의 기회를 차단하는데 이 경우 사회구성원은 가족의 보존, 그리고 가족구성원인 자녀의 성공에 사활을 걸게 된다.[13] 1940년대 박태원의 자화상 소설에 나타난 가족주의 역시 이러한 식민지 근대 사회의 파행성과 무관하지 않다. 1938년 중일전쟁, 1941년 태평양전쟁을 비롯 일제의 군국주의 파시즘은 식민지 조선에 정치적인 억압만이 아니라 극심한 경제적인 궁핍을 초래한다.

박태원의 「偸盜」에도 나왔듯이 도둑이 들어 옷을 훔쳐가고, 「債家」에서 보듯 은행은 아예 대출을 해주지 않아 서민들은 악덕 고리대금업자를 통해 돈을 융통해야 했다. 그 결과 가계의 빚은 늘어나고, 「財運」

---

[13] 김동춘, 「유교(儒敎)와 한국의 가족주의-가족주의는 유교적 가치의 산물인가?」, 『경제와사회』, 2002. 가을호, 108-019쪽. 이 글에서 김동춘은 공공적 가치보다 가족을 중시하는 현대 가족중심주의의 기원을 다음과 같은 정치사회적 제도적 조건에서 찾고 있다. 부계혈통주의 가족제도, 조선말기 유교 지배체제의 위기속에서 가문과 씨족단위의 결속을 강렬하게 요구한 정치사회적 조건, 식민지 근대화 과정에서의 억압, 한국전쟁과 군사독재, 자본주의적 경쟁체제하에서의 생존과 지위획득의 실용적 필요성 등.

에서 보듯 서민들은 자신의 일상을 미신에 의탁하려 든다. 일련의 자화상 소설에서 박태원은 가장(家長)으로서 일가(一家)를 거느려야 하는 삶의 고단함과 의무감을 숨기지 않는다. 그의 유일한 수입원은 소설창작밖에 없었으니, 그는 스스로 부과한 가장(家長)의식 외에도 아내로부터 지아비로서의 책임감, 아이들로부터 아버지로서의 의무감이 더욱 가중되었다.

그럼에도, 가족은 그에게 기쁨과 위안의 원천이 된다. 나약하고 소심한 그의 가장 안락한 쉼터가 '집'이었고, '가족'이었다. 마땅한 자금도 없으면서 빚을 내어 '집'을 지은 것도, 집을 차압당할지도 모르는 데 딸을 유치원에 보내려는 것도, 집과 가족이 그에게 가장 큰 위안과 행복의 원천이 되기 때문이며 그 결과 그것을 지켜내려는 것이다. 박태원이 1930년대 소설에서 '가족'을 주목했던데 비해, 1940년대 접어들어 유독 '자기 가족'의 안일에 주목하고 가족을 통해 기쁨과 안위를 경험하는 가장(家長) 의식을 부각시킨 것은 거세어진 외부의 압력과 무관하지 않다. 박태원의 자화상 소설에 나타난 가족주의는 1940년 일제 강점기말 조여 오는 외부의 억압을 간접적으로 시사한다. 외압이 거세질수록 가장(家長)의 의식은 더욱 투철해진다. 자화상 소설이 문제적인 것은 이 때문이다.

일반적으로 박태원 소설에 나타난 가족주의는 타자를 배제하는 것이 아니라, 구성원간의 각별한 애정으로 위기를 극복해 나가는 가족의 정서적 구심력이 강조 된다. 이에 비해 자화상 소설에는 유독 가장(家長)의 의식이 두드러진다. 일련의 작품은 가장(家長)인 '나'가 사랑하는 가족의 생존권 앞에서, 자신의 유약한 성품을 바꾸어 나가는 과정을 보여준다. 집에 들이닥친 갖가지 우환을 감내하면서, 가장(家長)은 가장권을 의식하고 그 의무를 준수하려한다. 다음 장에서는 각각의 장을 달리하여 박태원 소설에 나타난 가족주의의 추이와 1940년대 자화상 소설에 나타난 가족주의의 성격을 살펴보도록 하겠다.

Ⅲ. 해방 전(前)과 후(後) 소설에 나타난 가족주의의 추이

박태원의 가족주의는 초기 작품에서부터 뚜렷하게 나타난다. 그 중에서 「꿈」(『신생』, 1930. 11. 4~12)은 육친애가 두드러진 작품이다. 충청남도 청양에 사는 전주 이씨댁 노마님은 '외손주'를 보러 서울길에 오른다. 평양에는 큰아들, 목포에는 둘째아들이 있지만, 이제 막 돌을 지난 외손주에 대한 그리움으로 마음은 늘 서울에 있다. 이 작품은 노마님의 내면추이가 중심 플롯이 되어 사건이 전개된다. 특히 외손주에 대한 노마님의 애정표현은 환상을 동반하여 이야기를 입체적으로 만든다.

① 노마님은 자기 상상으로 만들어 놓은 귀여운 손주의 얼굴이 눈앞에 떠오르기를 무던한 노력과 참을성으로 기다려 보는 것이었다. 그리고 그 얼굴이 가까스로 눈앞에 어렴풋이나마 떠오르면 노마님은 마치 정말 자기 손주를 두 손에 안고서 얼르기나 하는 듯이 웃음을 얼굴에 넘치게 띠우고 혀를 찬다. 그러다가 문득 고 귀여운 손주의 조그만 고추 자지로서 오줌이 몇방울 쪼르르── 흘러 나와 자기의 치마 앞자락을 적시어 놓는 장면에 이르러 깜짝 놀라서는 무의식적으로 이불을 홱 둘쳐 버리고 속곳 앞자락에 손을 잠깐 데이다가는 그만 자기의 이 엄청난 환각에 웃음보를 터뜨리는 것이었다── 노마님은 이 기쁨 이 행복─남자라든 어린이들은 상상조차 미칠 수 없는 <u>오직 '사람의 어머니 되는 이'만이 깨달을 수 있고 또 맛볼 수 있는 이 기쁨 이 행복</u>에 실지로 잠기고 싶어 어서어서 병석을 떠나고 싶었다. (…중략…) 이 끊일 길 없는 욕구는 노마님에게 병이 전쾌된 것과 같은 착각을 주었다. 노마님은 자리에 벌떡 일어나 앉았다.14)

---

14) 박태원, 「꿈」, 『이상의 비련』, 깊은샘, 1991, 21쪽, 강조는 인용자. 이하 이 작품의 인용은 인용문 말미에 페이지 수만 기입함.

② - 오냐! 요년 어디 보자.
그러자 '치-익'히고 기차가 징거하며 역부의 '수원'이라고 외치는 소리에 노마님은 그의 환상을 깨쳤다. 그리고 그 터무니도 없는 공상에 이상한 흥분을 느낀 자기자신이 하도 우스워 혼자 웃었다. 그리고 그러한 터무니도 없는 생각에 잠기게 되었다는 것이 오로지 '내손주'를 지나치게 사랑하고 있는 까닭이라고 새삼스러이 깨닫자 그는 가장 만족하였다. 그리고-
〈나는 정옥이 내손주의 어미되는 정옥이한테 지지 않을 만큼 아니 그 이상 몇십 배로 내손주를 사랑하고 있는 것이다.〉-라는 자신을 얻고 크게 기뻐하였다.
- 〈사람의 어머니되는 이만이 깨달을 수 있고 또한 맛볼 수 있는 기쁨인 것이다!〉(25쪽, 강조는 인용자)

①은 병중에 있는 노마님이 빨리 완쾌되어 외손주를 만나려는 적극적인 의지를 보여주고 있다. 노마님은 외손주가 그리운 나머지, 병중에도 외손주가 당신 품에 안겨 오줌 사는 환각에 빠진다. 그리고 환각 속의 기쁨을 '사람의 어머니 되는 이'만이 누릴 수 있는 기쁨이라며 흡족해 한다. 딸이 낳은 외손주를 통해 '어머니 된 기쁨'을 다시 만끽하려는 의지가, 노마님이 병을 이기는 계기가 되고 있다. ②는 딸의 집에서 일하는 침모가 제 자식에게만 젖을 물려서, '내손주'가 배고파 애처롭게 우는 모습을 공상하는 장면이다. 노마님은 터무니없는 상상을 하면서도 그 상상이 어미보다 더 뜨거운 '내손주' 사랑에서 말미암았다고 흡족해 한다. 사람의 어머니 된 자만이 느낄 수 있는 기쁨을, 손주를 통해 하루바삐 느끼고 싶은 것이다.
노마님의 공상은 여기에서 그치지 않고, 침모의 아이가 사위의 아이일 수 있다는 데까지 미친다. 정작 소설가인 사위보다 노마님은 더욱 그럴싸한 허구를 만들어 낸다. 노마님은 자신의 넘치는 사랑에서 나온 공상이 행여 현실화될까 두려워, 급행열차를 타지 않고 완행열차를 탄다. 딸의 집에 도착한 노마님은 손주를 품에 안자마자 이목구비를 확인

한다. 저희 부모의 납작한 뒤통수를 안 닮기를 바라지만, 사위와 딸보다 덜하나 뒤통수가 나왔다고 말할 수 없는 손주의 머리를 만지며 적이 실망한다. "그러나 다음 순간 **'뒤통수'의 여하(如何)를 초월하여 그곳에 골육의 애정이 샘솟듯 용솟음 치자** 노마님은 고개를 끄덕거리며 '내 손주'를 얼렀다."(32쪽, 강조는 인용자)

이 작품에서 가족주의는 뿌리 깊은 육친애로 나타나고 있다. 외손주에 대한 노마님의 익애는 자식에 대한 부모의 사랑이 확대된 것이다. 노마님은 돌잡이 외손주를 통해 혈통의 계승을 확인하고 자족하거니와, 초기 단편 「꿈」은 자손의 번창과 근친 혈육에 대한 정서적 친밀감을 시사하고 있다. 박태원은 자식에 대한 어머니의 속 깊은 사랑은 대를 이어서도 지속됨을 보여준다. 이러한 육친애는 「소설가 구보씨의 일일」(『조선중앙일보』, 1934. 8. 1~9. 1)에도 나타난다. "어머니는"이라는 타이틀로 시작하는 작품에서,[15] 늙고 쇠약한 어머니는 직업과 아내를 갖지 않은 26살의 아들을 걱정한다. 아들 역시, 작품 말미에서 "지금 제 자신의 행복보다도 어머니의 행복을 생각"한다. 그리고 "어머니가 이제 혼인 얘기를 꺼내더라도" "어머니의 욕망을 물리치지 않"[16]으리라 마음먹는다. 박태원의 1930년대 초반소설에 나타난 가족주의는 근친 혈육에 대한 육친애로 귀결된다.

근친 혈육 중에서도 각별히 어머니의 사랑이 부각되는데, 이러한 경향은 월북후 발표한 「조국의 깃발」(『문학예술』, 1952. 4~6)에서 아들과 어머니의 관계를 통해 지속적으로 나타난다. 혈육에 대한 강한 애정은 박태원 가족주의의 근간을 이루고 있다. 이 작품은 1950년 7월 중순, 전장에서 인민군이 국군과 대치하는 전시 상황을 다루고 있다. 작중에서

---

15) 박태원은 4남 2녀 중 차남으로 태어난다. 그가 제일고보 재학 중이던 20세 되던 1928년, 아버지(朴容桓)를 여읜다. 「소설가 구보씨의 일일」의 주인공도 홀어머니의 둘째 아들로 등장한다.
16) 박태원, 「소설가 구보씨의 일일」, 『소설가 구보씨의 일일』, 1995, 76쪽.

인민군들은 고향에 두고 온 가족 생각을 한다. 리영일과 강동수는 모두 어머니의 한을 풀어주겠다는 생각으로 용감하게 싸운다.[17] 리영일은 국군의 손에 죽은 형의 원수를 갚아 어머니의 슬픔을 달래 드리겠다는 마음으로 어린 나이에 자원입대했으며, 강동수는 전장터에서 만난 아들 잃은 모든 어머니들의 한을 풀어주겠다는 각오를 다진다.

현종섭이 죽자, 김봉철은 "현동무는 이미 이 세상을 떠나버렸건만" "이 밤에도 바로 지금 이 순간에도 내 아들의 안부를 걱정하며 잠을 못 이루고 있을 현동무 어머니"[18]를 떠올린다. 이어 다음과 같이 울분을 토로한다. "나이 이제 스물다섯―, 한창 꽃다운 시절에 웨 현동무는 이렇듯 한을 품고 원쑤놈의 총탄에 쓰러져야만 하였는냐? 웨 현동무의 어마이는 둘도 없는 외아들을 원쑤에게 빼앗겨야 하느냐――"(75쪽) 김봉철은 38선을 넘어 동해안 일대를 밀고 내려올 때, "내 아들의 주검을 서러워하는 무수한 어머니들"을 보았으며, 그 어머니들의 절규를 듣는다.

『웨 인제들 오우』
『진작 좀와주지 않구――』
『진작 좀와주었으면 우리 아들은 죽지 않아도 좋았을걸―』
여윈 뺨 위에 이루 주체할 길 없는 뜨거운 눈물을 그대로 줄줄이 흘리면서 모든 어머니가 한결 같이 이렇듯 목이 메여 하소하던 것이다. 이 어머니들의 사랑하는 아들들은 과거 五년간 강도 미제의 침략을 반대하여,

---

17) 우정권, 「박태원이 북에서 목메어 부른 "아아! 우리 어마이들―"-은연중 당과 조국보다 인간 존재의 근원인 어머니의 사랑에 무게」, 『문학사상』, 2005. 5, 24쪽 참조. 우정권은 이 작품을 분석하면서 휴머니즘에 근거하여, 인간 존재의 근원 의식으로서 어머니에 대한 사랑이 드러난 것으로 파악하고 있다. 이후 그는 「박태원의 월북후 문학에 나타난 '글쓰기'의 존재성-≪조국의 깃발≫을 중심으로」(『어문학』, 2006, 437-454쪽)에서 어머니에 대한 그리움을 유교적 윤리주의로 파악하고 있다. 그러나 박태원 전작에 나타난 가족주의를 고려해 볼 때, '어머니'에 대한 그리움은 전통적인 가족주의의 일환임을 알 수 있다.
18) 박태원, 「조국의 깃발」, 『문학사상』 통권 34호, 2005. 5, 74쪽. 이하 이 작품의 인용은 인용문 말미에 페이지 수만 밝힘.

모두들 빨치산으로 나서서 원쑤놈들과 무자비하게 싸우다가, 끝끝내 풀길 없는 원한을 가슴에 품은 채 적의 총탄에 쓰러지고 만 것이다.
『오오-』(75쪽)

김봉철로 하여금 "분격의 불길"이 타오르도록 하고 "멸적 복수의 맹세"를 북돋운 것은 조국의 완전한 독립을 위한 사명감, 전장의 장렬함이라기보다 오히려 가족을 잃은 슬픔이다. 가족에 대한 사랑과 애착이 강한 만큼, 그들은 가족의 상실이 그 무엇보다 가슴 아팠던 것이다. 그들은 조국의 완전한 독립을 위해 전장에 나왔지만, 그들의 투쟁의욕은 고향에 홀로 남은 어머니에 대한 애틋함에서, 적군에 의해 죽은 근친 혈육의 원수를 갚기 위해 고취된다. 이 작품에서 인민군들은 그 스스로 남쪽 땅의 고통받는 어머니의 '아들'과 '오빠'를 자처하며, '의제 가족주의'의 형태를 보여주고 있다. 전장에서 장렬하게 목숨을 잃은 '동지의 어머니'를 자신의 어머니로 여길 뿐만 아니라, 국군과 미군의 총칼에 아들을 잃은 '남쪽의 어머니들'을 자신의 어머니로 여기는가 하면 '오빠를 잃은 소녀'를 자신의 누이로 호명한다. 확대된 가족은 전장에서 그들의 투쟁욕을 고취하고, 전장에서 장렬하게 목숨을 불사를 수 있는 근원적인 힘이 되고 있다. 육친애에서 발로된 적개심이 그들로 하여금 전장에서 사력을 다하게 한다.

1930년대 초반 소설에 나타난 '가족주의'가 근친 혈족에 대한 육친애를 보여주고 있다면, 월북이후 1950년대 초반 소설에 나타난 가족주의는 의제 가족주의의 형태를 띠고 북한의 정책에 소용되고 있다. 1930년대 '순수한 혈통에 근거하여 손주를 넘치도록 사랑하던 노마님'을 형상화 한 박태원은 월북 후 1950년대 이르러 '조국을 위해 목숨을 잃은 인민' 모두를 가족이라는 울타리로 포괄하고 있다. 이를 통해 박태원의 문학세계와 북한의 정책이 상통하는 부분이 바로 '가족주의'에 있음을 알 수 있다. 이 작품에 나타난 '의제 가족주의'는 가족을 중심에 두는 전래 박태원의 가치관과 가족을 인민 모두로 확대하는 당의 정책이 결합된 것이다. 1930년대와 1950년대 간 박태원의 가족주의는 현격한 변화를 노정하고 있다. 이러한 변화의 도정에 1940년대 일련의 가족소재 자화상 소설이 놓여 있다. 1940년대 가족소재 자화상 소설은 1930년대와 1950년대 간 변화의 낙차를 메울 수 있는 작가 의식의 변화를 노정하고 있다.

Ⅳ. 자화상 소설에 나타난 가장권(家長權)의 성격

1. 내 집 마련과 가장(家長)된 이의 피로

자화상 연작의 두드러진 점은 박태원의 가장권(家長權)에 대한 자각이다. 이 장에서는 「淫雨」(『조광』, 1940. 10), 「偸盜」(『조광』, 1941. 1), 「債家」(『문장』 3권 4호, 1941. 4)에서 '나'가 가장권(家長權)을 자각해 나가는 과정에 대해 주목하려한다.[19] 가부장제 가족에서, '가부장권'이란 '가장권'과 '부권'으로 나누어진다. '가장권'은 권력에 속하고 '부권'은 권위에 속한다. 가장권은 '대표권', '가독권(家督權)', '재산권', '제사권'을 포함한다. '대표권'은 가족원의 의사를 외부에 대표하는 권한이며, '가독권'은 가족원을 통솔하고 지배하는 권한이다. '재산권'은 재산에 관한 권한으로서 토지나 가족 등 중요한 재산이 가장의 소유라는 것으로 가내 재산의 관리는 가장의 권한이지만, 이것은 한편 가족원이 안심하고 생활할 수 있게 하여야 하는 가장의 의무이기도 하다. 이 밖에

---

19) 자화상 연작 소설은 박태원 자신이 돈암정 487번지 22호에 새로 집을 짓고 솔거하여 이사 온 뒤의 일을 소재로 한 것이다. 박태원은 1934년 26세에 보통학교 교원인 김정애와 결혼한다. 1936년에 맏딸 설영(雪英)이가 출생하고, 1937년에는 둘째딸 소영(小英), 1939년에 맏아들 일영(一英)이 출생한다. 돈암정으로 이사 간 것은 1940년, 그가 32세 되던 해이다. 「淫雨」에서 구체적인 시기는 6월 초순으로 나와 있다.

'제사권'은 가장권에 속하는 중요한 권리이자 의무이다.[20]

자화상 연작의 주인공 '나'는 가장(家長)으로서 '대표권', '가독권', '재산권'에 대한 자의식을 표출한다. 나는 친구의 권유로 샀던 부지에, 돈을 빌려 집을 짓는다. 내 집이 마련되어 감격했던 것도 잠시, 새로 짓는 내 집에는 '장마', '도둑', '브로커가 이자를 떼먹는 일' 등 각종 우환이 찾아온다. 집에 우환이 겹칠 때 마다, 나는 집을 지을 수밖에 없었던 상황을 환기한다. 「債家」에 의하면, 다음과 같은 두 가지 이유가 나타나 있다. 나는 한껏 구차스러운 '곁방살이'에서 벗어나기 위해 무리해서 자기 집을 지은 것이다. "그악스러운 안집 식구들 앞에, 매양 떳떳지 못한 나의 아내와 어린것들의 모양을 정녕, 내 눈으로 보자, 나의 마음은 슬프고 또 아팠다."[21] 또 다른 이유는 '처가살이'에서 비롯된 것이다. "빚을 얻어 집을 짓는다는 것이 애초부터 무모한 짓인 것쯤, 짐작 못한 바는 아니지만 몇 해 동안 처가살이를 하여 온 몸은, 남 유달리 제 소유의 집이 한 채 탐이 났"(308쪽)었다고 말이다. 가장(家長)으로서 박태원은 아내를 거느리고 아이들을 양육해야 한다는 책임감에서, 식솔들이 안주할 마땅한 거처를 마련하고 싶었던 것이다.

자화상 소설에는 소설가인 나와 아내, 어린 아이들 설영(雪英)·소영(小英)·일영(一英), 침모와 행랑채 사람들, 그리고 청부업자, 브로커, 고리대금업자 등이 등장한다. 일련의 소설에서 표면적인 갈등은 나와 아내, 아내와 행랑채 사람들, 나와 청부업자, 나와 도둑, 나와 고리대금업자이지만, 궁극적인 갈등의 근원은 '궁핍한 가장(家長) 나'와 '척박한 현실'간의 메울 수 없는 큰 낙차에 있다. 일련의 사건을 통해 나는 '아내'로부터 무력하고 소심한 가장이라는 자의식을 느끼는가 하면,[22] 순

---

20) 이광규, 『韓國의 家族과 宗族』, 민음사, 1990, 107-110쪽 참조.
21) 박태원, 「債家」, 『소설가 구보씨의 일일』, 깊은샘, 1995, 303쪽. 이하 작품 인용은 인용문 말미에 페이지 수만 기입함.
22) 「偸盜」에 의하면 박태원의 아내는 소학교 교원 일을 그만두고 결혼했지만, "가난한

수하고 귀여운 '어린 아이들'로부터 아버지가 감당해야 할 생활의 의무를 깊게 자각한다. 소설을 쓰는 나는 주변머리도 없고 남들 앞에 자기 주장을 강력하게 펼치지도 못한 채, 문제가 발생할 때 마다 스스로 속앓이를 한다. 그렇다고 소설이 마음먹은 대로 척척 써지지도 않는 터라 나는 더욱 무기력해 진다.

「淫雨」(『조광』, 1940. 10)에는 새 집에 들이닥친 첫 번째 우환이 소개되어 있다. '나'는 가장으로서 '대표권'을 제대로 행사하지 못한다. 장마철 연일 비는 오는데 새로 지은 집의 방 마다 비가 새서, 나와 아내는 밤잠을 설친다. 나는 부화가 나서 아내와 집에서 일하는 할멈에게 큰소리를 내지만, 어린 아이들이 잠에서 깰까봐 매우 조심한다. 아침 일찍 청부업자를 불렀지만 그는 곧바로 오지 않았고, 집안 꼴은 말이 아니다. 나는 홧김에 엄마에게 먹을 것을 달라고 조르는 설영이에게 "새벽에 빵 한 개 먹었으면 그만이지, 뭘 또 달라구 졸르니?"라고 버럭 소리를 지르는가 하면, 말리는 아내에게도 "왜, 시끄럽게 이래?"라며 화를 낸다. 이후에는 스스로 화낸 것을 반성하며 자기를 괴롭힌다. "도무지 내 인물의 변변치 못한 소이라고, 문득 그러한 내 자신에 걷잡을 길없이 화가 치밀어, 이날 아침, 나는 반주를 다른 때의 몇 곱절 더하고, 마침내 밥은 한술도 안 뜬 채 상을 물렸다.——"23)

밤늦게 청부업자가 찾아왔으나, 나는 가족을 대표해서 가족의 입장을 제대로 따져보지도 못한 채 그냥 돌려보낸다. 아내 말대로 나는 "괘애니 집안에서만 기승을 부리구—, 정작 남허구 따져야 힐 경우엔 말 한마디 못허구—"(204쪽) 있다. 나는 무시로 술을 찾는 슬픈 버릇이 생

내가 처자를 먹여 살리기에, 그처럼 곤한 것을 보자, 그는 이미 두 어린것의 어머니이었음에도 불구하고 다시 교원으로 나서려 하였다"(「偸盜」, 『李箱의 悲戀』, 깊은샘, 1991, 236쪽)는 것을 알 수 있다. 나는 '자존심'이 아니라 '조그만 감상'에서 그것을 극력 만류하였다고 한다.

23) 박태원, 「淫雨」, 『이상의 비련』, 깊은샘, 1992, 200쪽. 이하 작품인용은 인용문 말미에 페이지 수만 기입함.

겼다. '가난한 선비'로 자청하는 그는 술을 삼가고 창작에 정진하리라 마음먹어 보지만, "창작을 게을리 한 지도 어언간 일 년이 가까워 온다." 무력한 일상에서 나는 글쓰기에 몰입하려 하나, 뜻대로 되지 않는다. "일찍이, 나의 일생을 걸려 하였던 문학에, 나는 정열을 상실하고 있은 지가 오랜지도 모를 일이다."(207쪽) 이주 전에 원고 부탁을 받았으나, "붓을 들어도 도무지 쓸 것이 없는 근래의 나였다."(207쪽) 오늘 낮에는 원고 독촉의 속달우편을 받았다. 작품 말미에 이르면 나는 가장(家長)으로서 번민이 가중되고 남편으로서, 아버지로서 다음과 같은 자괴감에 빠진다.

> 날이날마다 비는 줄기차게 쏟아지고 방마다 반자가 새는 말 아닌 집 속에서, 문득, 양이 좀 과한 반주에 취기가 내 몸을 돌면, 나의 마음은 애달피도 아내와 어린것들을 생각하고, 한없이 외롭고 또 슬펐다. 가난한 나에게 시집오기 때문에 아내도 똑같이 가난하였고, 가난한 이 집안에 태어났기 때문에 어린것들도 나면서부터 가난하였던 것이 아닌가? 그야 사람은 빵만으로 사는 것이 아니었고, 우리는 가난한 속에서도, 좀더 정신적인 것을 추구하여 보아야만 마땅할 것이다. 그러나 내게 만일 약간의 재물이 있다면, 나는 그들을-내 아내와 내 어린것들을 좀더 행복되게 하여 줄 방도를 구할 수 있을 듯싶어 마음이 늘 설레였다."(206쪽, 강조는 필자)

장마가 시작된 29일째, 아내는 나를 사랑방으로 이끈다. 손님이 온 줄 알고 갔으나, 그 곳에는 창작할 수 있도록 책상과 원고지 만년필 등이 놓여 있다. 나는 엄숙한 기분에 사로잡힌다. "아내가 나에게 원하는 것은, 혹은, 값높은 예술작품이 아니었는지도 모른다. 작품이야 되었든 안되었든, 그가 지금 탐내고 있는 것은 약간의 고려였을지도 모른다." (208쪽)[24] 글쓰기에 전념하지 못하는 남편을 위해 아내는 글쓸 수 있는

---

[24] 일련의 소설에서 '나'는 아내를 많이 의식한다. 나는 아내를 통해 가장(家長)으로서

환경을 마련해주었지만, 나는 값높은 예술작품을 구상하기 앞서 생활에 소용되는 물질을 떠올린다. 그래서인지 나는 예전보다 더 많은 양의 술을 마시고, 더 자주 담배를 피운다.

나는 새 집에 살면서 '생활인'으로서 가장(家長)의 의무를 혹독하게 자각한다. 나는 가족에게 불어 닥친 공포와 불안에 대해 가장으로서 단호한 입장을 취하기 시작한다. 「偸盜」(『조광』, 1941. 1)에는 두 번째 우환이 소개되는데, 장마가 그친 어느 날 도둑이 들어와 나의 양복과 주머니 돈을 모두 훔쳐간 일이 발생한다. 나는 물질적인 결손의 문제가 아니라 바람직한 아버지의 '가독권(家督權)'을 침해당한 것에 분노한다. 그날 낮까지만 하더라도, 나는 잃어버린 물건보다도 남의 것을 훔칠 수밖에 없는 도둑에 대한 일말의 동정과 감상을 가지고 있었다. 그러나 소영이와 일영이가 노는 것을 그치고 집에 도둑 든 사실에 놀라워하고 자기를 비롯한 가족이 불안한 밤을 보내야 하는 지경에 이르자, 나는 도둑에 대해 공격적인 입장을 취한다.

> 그 천참만륙을 내어도 시원치 않은 도적놈은 우리에게서, 동시에 마음의 평화를 훔쳐 간 것이다. 대체 우리는 앞으로 얼마 동안을 이 불안과 공포 속에서 살아가야만 할 것이냐? (…중략…) 더구나 우리 철없는 어린것들에게 지극히 좋지 않은 지식을 준 것을 생각하면, 참말이지, 이조차 갈린다. 천진한 설영이로 하여금, 열리어진 분합으로 도적이 들어올 것을 염려

가장권의 수행에 눈을 뜬다. "이 땅에서 글만을 써 가지고는 살림이 기름질 수 없었으나, 아내는 이미, 나에게는 글을 쓰는 밖에 아무 다른 재주가 없는 것을 잘 알았고, 그렇기 때문에 내가 글을 쓰고 있는 동안은, 그는 모든 슬픔이나 괴로움을 잊고 있는 듯 싶었고, 또 잊으려 노력하는 듯싶었다. 아니 한 걸음 더 나아가서는 그는, 자기가 이 땅의 한개 예술가의 아내인 이상, 가난과 굳게 인연이 맺어진 것에는 오직 애달픈 단념을 갖고, 다만 자기의 변변치 않은 남편이 비록 변변치는 않으나마, 그래도 문장도에 정진하고 있는 것에 가엾은 행복을 느끼려 하는 듯이도 보였다. 그렇게 본 것은 단순한 나의 감상에서였을까? 그러나 감상이면 감상이래도 좋았다. 그 가엾은 기쁨이나마, 나는 오랜 동안 아내에게 주어 오지 못하였던 것이다."(「淫雨」, 205쪽)

하게 하고, 그보다도 어린 소영이로 하여금, 아빠 양복 잃은 것을 안타까워 하게 만든 도적놈을, 나는 대체 어디서 붙잡아다가, 버릇을 가르쳐 주어야 하나?25)

나는 어린 자녀들에게 초래한 두려움과 사회에 대해 좋지 않은 지식을 심어준 것에 대해 아버지로서 격분한다. 나는 아버지로서 자녀들에게 좋은 것만을 보여 주려하나 현실은 아버지의 바람직한 '가독권(家督權)'을 용인하지 못한다.26) 「債家」(『문장』 3권 4호, 1941. 4)는 '재산권'을 제대로 수행해 내지 못하는 가장된 이의 번민이 잘 드러나 있다. 특히 이 작품에는 자녀 교육을 담당해야 할 아버지의 경제적 책임감이 두드러지게 나타나 있다. 작품의 서두와 말미에는 6살 된 큰 딸 설영이의 유치원 입학문제가 자리 잡고 있다. 서두에서 나는 넉넉한 형편은 못되지만, 큰 딸의 유치원 면접을 앞두고 백화점에 가서 값비싼 옷을 사주고 문답 연습을 시킨다.

아내와 더불어 딸의 대견한 모습을 흐뭇하게 지켜보는 것도 잠시, 집에 돌아와 보니 고리대금업자가 변제기일이 지났다는 이유로 집을 경매 처분하겠다는 독촉의사를 보내왔다. "나는 얼굴을 잔뜩 찡그리고 담배연기만 연해 뿜으며, 난데없이, 엊그제 마감이 지난 잡지사의 소설을 생각해 내고, 오늘 밤에는 기어코 착수하려던 것이, 이러한 상태로는 영영 틀리고야 말지도 모르겠다고 마음이 좀더 우울하였다."(297쪽) 아내는 홧김에 "네까짓게, 그 꼴에 유치원이 무슨 유치원이냐? 유치원엔 부잣집 아―"라고 소리 지르고, 나는 끝까지 듣고 있을 수 없어 "원, 어린것 보구, 그게 무슨 수작이야?"(300쪽)라며 언성을 돋운다. 아내와 나는 밤늦도록 잠을 이루지 못한다.

---

25) 박태원, 「偸盜」, 『이상의 비련』, 깊은샘, 1992, 246쪽. 이하 작품 인용은 인용문 말미에 페이지 수만 기입함.
26) 경제적인 궁핍을 문제삼지 않고 있어서인지, 「偸盜」에 비해 「偸盜」에서 나의 어조는 다소 온화하고 문체 역시 안정감이 있게 전개되고 있다.

고리대금업자로부터 돈을 빌려 집을 지었으므로, 매달 그 돈의 이자를 갚아나가고 있는데 중간에서 돈 받으러 오던 브로커(애꾸)가 두 달치 이자를 받아 떼어먹고 도망간 것이다. "설혹 나는 처자를 위하여 비굴하여야 한다더라도, 나의 처자는 나 까닭으로 하여 비굴하여서는 안 된다"(304쪽)는 일념으로 나는 가족들에게 불행이 미치지 않도록 하기 위해 굴욕을 참고 고단한 현실을 감내한다. 밤잠 못자고 근심하는 아내 그리고 곧 유치원에 보내야 하는 일영이와 아이들을 위해, 나는 그토록 대면을 꺼려왔던 고리대금업자를 직접 만난다. "나는 간밤에 아내가 그처럼 늦도록 잠을 못 이루던 것을 생각하고, 또 지금쯤 시험관(?)앞에 나가 섰을 설영이를 생각하고, 나는 어떠한 일이 있든, 오늘은 기어코 그를 만나보아야만 하리라고 다시 한번 결심을 굳게 하였던 것이다." (330쪽)

종전까지 조선인 청부업자에게조차 가족을 대표해서 '대표권'을 제대로 행사하지 못하던 나는, 내 발로 일본인 고리대금업자를 찾아가 수모와 용기를 참고 가족의 입장을 대표해서 협상에 나선다. 그러나 두 달치 이자 문제는 해결하지 못하고, 앞으로 이자 불입을 어기지 않으면 경매 문제는 일어나지 않을 것이라는 정도의 이야기만 듣고 나온다. 집에 돌아온 나는 설영이가 유치원 면접을 잘 치러낸 사실을 전해 듣고, 긴장과 불안의 연속이었던 하루를 마치며 모두 잊고, 오로지 아이의 어여쁨에 감격한다. 나는 아이들의 행복한 내일을 위해 점차 재산권을 비롯한 가독권, 대표권을 인지하고 수행함으로서 가장(家長)의 소임을 다하려 한다.

2. 자녀의 성장과 아버지의 기쁨

일련의 자화상 소설에서 '나'가 가장 기쁜 순간은 아이들과 함께 놀 때, 아이들의 성장을 확인할 때이다. 나는 아이들과 함께 있을 때, 현실의 모든 시름을 잊고 있었으며 아이들을 통해 행복할 수 있었다. 바꾸어 말하면 내가 새 집을 마련하려 했던 것, 비가 새는 집안에서 안정을 느낄 수 있었던 것, 집을 저당 잡혀 이자를 물더라도 기쁠 수 있었던 것, 이 모두가 쑥쑥 자라나는 아이들이 건재해 있었기에 가능한 것이다. 내가 만들어 놓은 울타리 안에서 아이들이 건강하고 명민하게 자라나는 모습을 통해, 나는 가장된 자의 피로에서 한 발짝 벗어나 '아버지'로서 기쁨을 만끽할 수 있었다.

> ─ 나는 마루에가 똑바로 드러누워, 일영이를 나의 배 위에다 올려 앉혀 놓고, 이제 겨우 돐 바라보는 갓난애는 결코 말을 할 줄도 모를 것임에도 불구하고, 나는 내 마음대로 나의 어린 아들이 이미 한 개의 소학생이나 되는 듯싶게,
> 「너, 숙제 다했니?-응.」
> 「응이 뭐냐? 네에, 해야지.-네에.」
> 「그럼 얼른 자거라. 낼 또 일즉 일어나서 학교 가야 안허니?-낼은 공일인데 무슨 학교를 가아?」
> 이러한 종류의 일문일답을 나 혼자서 시험하고 있었던 것인데, 우리가 그러고 있는 대청에서 바로 빠안히 바라보이는 중문과 대문은 이때 모두 활짝 열려 있었으므로, 나는 뜻밖에 우리 집 문전에 나타난 청부업자에게 여지없이 이러한 현장을─ (이하 생략)(「淫雨」, 201쪽)

인용문에서 그는 돌쟁이 아들을 품에 안고 어르고 있다. 말도 못하는 아들을 배 위에 올려 앉혀 놓고, 문답놀이를 한다. 아들이 귀여운 나머지, 아버지는 혼자 묻고 혼자 답한다. 문답속에서 돌쟁이 아들은 소학생이 된다. 문답속의 소학생은 아버지의 물음에 또박또박 바른 답을 말한다. 아들은 똑똑하여 다음날이 공일이라 학교가지 않는다는 사실마저 아버지께 깨우쳐준다. 아버지는 돌쟁이 아들을 어르면서, 그렇게 명민하게 커 나갈 아들의 모습을 상상하고 있었던 것이리라. 이 순간만은

새로 지은 집에 비가 들어 밤잠을 설쳤으며, 오라는 청부업자는 코빼기도 보이지 않는데 그가 오면 호되게 따져야 한다는 일상의 문제들을 잊고 있었다. 아이와 더불어, 나는 가장으로서 지녀야할 모든 권위와 책임으로부터 자유로울 수 있었다.

 이처럼 아비 됨을 느끼는 행복한 순간, 청부업자가 집안으로 들어선다. 나는 화내기는커녕 손님 맞듯이 유순해 진다. 방금 돌쟁이 아들과 한껏 순수한 공상에 젖어 아이의 마음을 가졌던 내가, 다시금 현실의 아버지 자리로 돌아와 그 아이들이 사는 집을 사수하기 위해 투쟁적 위치에 서는 것은 쉽지 않다. 본시 마음이 약한데다 한껏 돌쟁이 아들과 더불어 때 묻지 않은 순수한 동심에 젖어 있던 터라, 나는 이제 막 올린 기와며 벽이 온통 비가 새도록 만들어 놓은 청부업자에게 따지기는커녕, 사랑으로 청하여 다음과 같이 공손히 맞아들인다. "이렇게 우중에 오시란 것두 다름이 아니라──"(202쪽) 청부업자는 내 말을 앞질러 내 이야기를 제대로 듣지도 않고 자기 입장을 말하고, 바삐 일어선다. 새는 곳을 확인하지도 않거니와 어떻게 하겠다는 기약도 없이 나간다. 아이와 더불어 행복했던 아버지는 다시금 이 아이를 위해 가장의 의무를 굳건히 해야 하는 순간에 직면한 것이다.

 「債家」의 시작과 말미에는 6살 된 설영이가 등장한다. 나와 아내는 첫 딸의 유치원 입학을 앞두고 한껏 고조되어 있다. 작품의 초입에서 나와 아내는 옷도 사주고, 딸아이에게 문답을 시키는 등 유치원 입학 준비에 여념이 없다. 이 작품에서 '큰 딸의 유치원입학'이라는 소재는 '채가(債家)'라는 소재와 더불어 가독권, 재산권과 같은 가장권(家長權)을 역동적으로 환기시킨다. 나는 가족을 위해 돈을 빌려 새 집을 지었지만, 그 이자를 갚아나가기에도 버거운 상태다. 그런 상황에서 브로커가 두 달치 이자를 떼어먹어, 고리대금업자는 내 집을 경매처분하려 한다. 어수선한 상황이지만 나는 딸아이를 유치원 보내는데 주저하지 않고, 딸아이를 대견스러워 한다. 아래 인용은 작품 초입과 말미에서 설영이를 통해 내가 아비된 기쁨을 만끽하는 대목이다.

① 하룻밤만 자고 나면, 우리 설영(雪英)이가 유치원에를 가는 날이라, 그래, 우리는 그날 아이를 데리고 백화점을 찾아가서, 가난한 아비의 넉넉지 않은 예산으로는 그것은, 분명히 신중한 고려를 필요로 하는 정도의 지출이었으나, 기위, 있는집 자녀들 틈에다 우리 딸을 보내는 바에는, 결코 그 행색이 너무나 초라하여서는 아니될 것이라, 양복에 구두에 마에까게 사루마다, 카바는 아직도 성한 놈이 집에 있건만, 그것도 새로이 한 켤레를 사고 나니, **낭중(囊中)**에는 남은 돈이 그 얼마가 못되어도, 어린 딸의 두 눈이 자못 자랑스레 빛나는 것을 보고는, 가난한 아비는 가난한 까닭으로 하여, 좀더 그 마음이 애닯게 기뻤던 것이다.(291-292쪽, 강조는 필자)

② 나는 유쾌하였다. 설영이는 '어머니'고, 소영이는 '손님'인데, 그 '손님'을 접대하느라고, 한참 '어머니'는 바쁜 모양이었으니, 나는 상관 않고, 곧 앞으로 불러다 앉히고
"너, 어디, 원장 선생님 앞에서 허듯이, 손 좀 꼽아 봐라, 꼽아 봐아, 그래, 요게, 요 새끼손꾸락이, 일영이라구? 하, 하, 하 ―"
다시 한차례 웃고,
"허지만, 입원수속 허려면 또 돈이 들 모양인데――"
하고, 아내는 그러한 것을 염려하는 모양이었으나, 나는 오직 우리 설영이가 어느 틈엔가, 저만큼이나, 커서, 그래, 벌써 유치원에를 다니게 되었나?―하고, 도무지 남들에게는 없는 일이나 되는 듯싶게, 마음에 신기하고, 또 기뻤다.27)(「債家」, 339쪽, 강조는 필자)

인용문 ①에서 그는 매달 고리의 이자를 물면서 간신히 생계를 유지해 나가지만, 큰 딸을 유치원 보내는데 돈을 아끼지 않는다. 나는 어린 딸의 자랑스러워하는 눈빛을 보고, 아버지로서 기쁨에 젖는다. 인용문 ②에서 나는 고리대금업자를 만나 고단한 협상을 하고 집으로 돌아왔

---

27) 박태원, 「債家」, 『소설가 구보씨의 일일』, 깊은샘, 1995, 339쪽.

다. 나는 브로커가 떼먹은 이자마저 물어야 하는 상황이지만, 아내로부터 딸이 기특하게도 유치원 면접을 잘 치뤄 냈다 이야기를 전해 듣고, 가장 행복한 아버지가 된다. 설영이의 대견스러운 유치원 면접 결과를 들으며, 딸의 어여쁨으로 말미암아 입원수속에 들 돈마저도 모두 잊는다. 어느 틈에 딸아이가 커서 유치원에 가게 되었는지, 아이들이 자라는 것을 확인하며 밖에서 감내해야 했던 가장(家長)으로서의 피로를 모두 잊는다. 나는 아이들이 성장하는 모습을 보면서 가장으로서 일체의 권위와 책임으로부터 자유로운, 행복한 아버지가 된다.

V. 결론

이 글에서는 박태원의 자화상 소설에 나타난 가족주의의 의의를 살펴보았다. 가족주의는 가치의 중심을 개인보다 가족전체에 두려는 태도, 가족적 인간관계를 사회적 영역에까지 의제(擬制)적으로 확대적용하려는 태도로 볼 수 있다. 초기 소설에서 박태원은 개인보다 가족을 중심에 두고 있으며, 월북이후 소설에서는 가족관계를 인민에게까지 확대 적용하는 의제 가족주의를 보여주고 있다. 초기 소설에서 근친 혈육에 대한 육친애를 보여주고 있다면, 후기 소설에서는 인민군의 투쟁의지 발로차원에서 확대된 가족(인민)애를 보여주고 있다. 1940년대에 이르면, 박태원은 자신의 일상을 다룬 자화상 소설에서 가장(家長)의 피로와 아버지의 기쁨을 부각시킨다. 1940년대 일제 군국주의 파시즘의 그늘에서 '가족'은 유일한 안식처였으므로, 그는 유일무이한 위안거리를 사수하기 위해 가장의 책임을 다한다.

자화상 소설은 「淫雨」(『조광』, 1940. 10), 「偸盜」(『조광』, 1941. 1), 「債家」(『문장』 3권 4호, 1941. 4)의 순으로 발표되었다. 일련의 소설에서 박태원은 가장권(家長權)을 자각하고, 가족을 지키기 위해 현실과 맞대면하고 굴욕을 감내할 것을 마음먹는다. 빚을 내어 집을 짓고 보니, 이후 감당해야 할 문제가 많다. 더군다나 장마가 겹쳐 온 집에 비가 새는가 하면, 도둑이 들고, 이자를 떼먹히고, 고리대금업자로부터 경매 처분하겠다는 통보까지 받는다. 나는 가장(家長)으로서 가족을 대표해서 입장을 표명하고 협상해야 하는 일(대표권), 집을 비롯한 가산을 지키는 일(재산권), 아이들의 교육과 그 비용을 책임지는 일(가독권) 등을 자각하면서 가장의 피로는 극도에 달한다.

자화상 소설의 끝자리에 발표된 「財運」(『춘추』, 1941. 8)을 통해 우리는 이후 가장권(家長權)을 잘 완수해 낸 나와 가족에게 어떤 변화가 있었는지 알 수 있다. 1940년 여름 새 집에서 갖가지 우환을 견디어 내면서, 나는 겨울에 많은 소설을 발표한다. "나는 매일을 방구석에서 보냈거니와, 이것은 문필로 생계를 도모하는 나로서는 도리어 잘된 일이라, 할 것으로, 그 겨울을 나는 동안에, 월 평균 삼백여 원의 원고를 쓰고, 또 팔 수 있었다. 그러나 뜻있는 작가라면, 자기의 작품 활동을 원고료 수입의 다소로써 계산하여 마땅할 것이랴? 나는 때로 그러한 것을 생각하고, 마음이 서글펐던 것이나, 그래도 장작이나마 몇 구루마 더 사고, 옷가지나마 몇 벌 더 장만하여, 나의 처자들이 감기 한 번 안 앓아 보고, 그 겨울을 날 수 있었던 것은, 그나마 다행하다고 할밖에는 없는 일이었다."(「財運」, 264쪽, 강조는 필자)

인용문으로 미루어 그는 가장(家長)으로서 재산권, 가독권, 대표권 등을 무리없이 잘 행사해 냈음을 알 수 있다. 글을 써서, 겨울동안 월 평균 300여 원의 돈을 번 것이다. 그것은 작중 행랑채 사람들의 벌이와 비교했을 때, 꽤 큰돈이 아닐 수 없다. 행랑어멈의 아들 13살 먹은 막둥이는 제약회사에 다니는데 한 달에 7~8원을 번다. 행랑아범의 경우 금광을 따라다닐 때는 한 달에 50~60원을 벌어왔으며, 하루 품팔이로 1원 50전의 품삯을 받아온다. 이에 비해 내가 받은 원고료 월평균 300여 원은 가족들이 겨울나기에 모자람이 없어 보인다.

자기의 작품 활동을 원고료 수익으로 계산하는 서글픈 심사를 고백하고 있거니와, 1941년 박태원은 식민지 작가이기 앞서, 무엇보다도 일가(一家)의 가장권(家長權)을 성실히 수행해 낸 성실한 가장(家長)이었다. 1941년 4월 「債家」에서 다짐한 "설혹 나는 처자를 위하여 비굴하여야 한다더라도, 나의 처자는 나 까닭으로 하여 비굴하여서는 안 된다"(304쪽)는 일념으로 가족을 위해 아버지로서 남편으로서 자신이 할 수 있는 최선을 다했던 것이다. 그해 겨울 1940년 말부터 1941년 초 그에게 300여 원의 돈을 벌게 한 작품으로 「四季와 男妹」(『신세대』, 1941. 1~2)와 「아세아의 여명」(『조광』 7권 2호, 1941. 2) 등이 있다.

그는 1941년에도 창작활동을 지속한다. 1941년 8월부터 「女人盛裝」(『매일신보』, 1941. 8. 1~1942. 2. 9)을 연재했으며, 같은 해에 번역소설 「신역 삼국지」(『신시대』)를 연재한다. 1942년에는 중국소설 「수호전」(『조광』)을 3년에 걸쳐 연재한다. 1942년에 둘째 아들 재영이 태어나고, 장편소설 『여인성장』과 『軍國의 어머니』(조광사)·『아름다운 봄』(영창서관)을 출간한다. 1940년대 박태원의 자화상 소설에 나타난 가족주의는 가장(家長)의식이 두드러지며, 가장(家長) 의식이 투철한 시기 그의 작품은 본격소설과는 거리를 두었던 것이다.

해방기에 이르면 박태원은 가족을 근간으로 한 작품을 쓰지 않는다. 독립운동가 김원봉의 업적을 소개하고 조선시대 의적 홍길동을 다룬 장편 등을 창작한다. 해방기에 이르면 그는 '근친 혈족'에서 벗어나 있으며, '가족'으로부터 거리를 둔다. 거리를 두기보다, '민족'이라는 거대 가족을 무의식적으로 염두에 둔 것이다. 박태원 소설에 나타난 가족주의의 추이를 살펴보면 다음과 같다. 1930년대: '근친 혈족'에 대한 육친애 → 1940년대: '가족중심'주의 → 해방기: 민족담론 모색 → 월북 후 1950년대: 의제 가족주의(인민애). 표면적으로 박태원의 가족주의는 이와 같이 변모해 왔지만, 박태원이 초기 작품에서부터 가족주의를 중시했다는 사실에 더 주목할 필요가 있다. '개인'보다 '가족'을 중시하는 가족주의 이데올로기 자체에 이미 전통과 집단의 운명을 중시하는 사유방식 내재해 있기 때문이다. 1940년대 자화상소설에서 드러나듯 박태원은 자기 가족의 안위를 위해 친일의 오점을 남겼으나, 해방기 민족 담론을 거쳐 북한에서는 '민족'과 '인민' 모두를 '가족의 범주'에서 사유한다. 박태원의 가족주의는 그가 직면한 현실 조건에 적응할 수 있는 정신적 토양이 되었는데, 이로 말미암아 그는 월북은 물론 북한체제에서 무난히 적응하고 일련의 창작활동을 지속할 수 있었다.

■ 참고문헌

1차 자료

박태원, 『소설가 구보씨의 일일』, 깊은샘, 1995.
박태원, 『이상의 비련』, 깊은샘, 1992.
박태원, 「조국의 깃발」, 『문학사상』 통권 34호, 2005. 5, 28-101쪽.
이태준, 『돌다리』, 깊은샘, 1995.

2차 자료

권명아, 『가족이야기는 어떻게 만들어지는가』, 책세상, 2000.
김동춘, 「유교(儒教)와 한국의 가족주의-가족주의는 유교적 가치의 산물인가?」, 『경제와 사회』, 2002. 가을호, 93-118쪽.
김미영, 「박태원의 자화상 연작 소설 연구」, 『국어국문학회』 148, 2008, 123-152쪽.
김종회, 「일제강점기 박태원 문학의 통속성과 친일성」, 『비교한국학』, 2007, 91-107쪽.
배개화, 「문장지시절의 박태원-신체제 대응양상을 중심으로」, 『우리말글』 44, 2008, 251-282쪽.
신수진, 「한국의 가족주의 전통-근본사상과 정착과정에 관한 문헌고찰」, 『한국가족관계학회지』 제3권 1호, 1998, 127-152쪽.
안미영, 「해방이후 박태원 작품에 나타난 '영웅'의 의의-1946~1947년 작품을 중심으로」, 『한국현대문학연구』 25, 한국현대문학연구회, 2008, 345-382쪽.
우정권, 「박태원이 북에서 목메어 부른 "아아! 우리 어마이들—"-은연중 당과 조국보다 인간 존재의 근원인 어머니의 사랑에 무게」, 『문학사상』, 2005. 5, 22-25쪽.
우정권, 「박태원의 월북후 문학에 나타난 '글쓰기'의 존재성-《조국의 깃발》을 중심으로」, 『어문학』, 2006, 437-454쪽.
이광규, 『韓國의 家族과 宗族』, 민음사, 1990.
이승환, 「한국 '家族主義'의 의미와 기원, 그리고 변화 가능성」, 『유교사상연구』 제20집, 2004, 45-66쪽.
이효재, 「한국 가부장제의 확립과 변형」, 『한국가족론』, 까치, 1990, 3-34쪽.
정현숙, 「박태원 소설에 나타난 신체제 수용양상」, 『구보학보』 1, 2006, 172-187쪽.

최영진, 「한국사회의 유교적 전통과 가족주의-담론분석을 중심으로」, 『한국철학학회 춘계학술대회자료집』, 한국철학학회, 2005, 197-213쪽.
한수영, 「박태원 소설에서의 근대와 전통」, 『한국문학이론과 비평학회』 9, 2005. 6, 227-256쪽.

■ 국문초록

　이 글에서는 박태원의 자화상 소설에 나타난 가족주의의 성격을 살펴보았다. 가족주의는 가치의 중심을 개인보다 가족전체에 두려는 태도, 가족적 인간관계를 사회적 영역에까지 의제(擬制)적으로 확대적용하려는 태도로 볼 수 있다. 박태원은 초기 소설에서 개인보다 가족을 중심에 둔 모습을 보여주고 있으며, 월북이후 소설에서는 가족관계를 인민에게까지 확대 적용하는 의제 가족주의를 보여주고 있다. 초기 소설에는 근친 혈육에 대한 육친애를 보여주고 있다면, 후기 소설에서는 인민군의 투쟁의지 발로차원에서 확대된 가족(인민)애를 보여주고 있다. 1940년대에 이르면, 박태원은 자신의 일상을 다룬 자화상 소설에서 가장(家長)의 피로와 아버지의 기쁨을 부각시킨다. 일련의 소설에서 위험과 불안으로부터 가족을 지키기 위해, 가장은 현실과 맞대면하고 굴욕을 감내해야 함을 자각한다. 1940년대 일제 군국주의 파시즘의 그늘에서 '가족'은 유일한 안식처였으므로, 그는 유일무이한 위안거리를 사수하기 위한 노력한다.

　해방기에 이르면 박태원은 가족을 근간으로 한 작품을 쓰지 않는다. 독립운동가 김원봉의 업적을 소개하고 조선시대 의적 홍길동을 다룬 장편 등을 창작한다. 해방기에 이르면 그의 사고는 '근친 혈족'에서 벗어나 있으며, '가족'으로부터 거리를 둔다. 박태원 소설에 나타난 가족주의의 추이를 살펴보면 다음과 같다. 1930년대: '근친 혈족'에 대한 육친애 → 1940년대: '가족중심'주의 → 해방기: 민족담론 모색 → 월북 후 1950년대: 의제 가족주의(인민애) 표면적으로 박태원의 가족주의는 이와 같이 변모해 왔지만, 박태원이 작품초기부터 가족주의를 중시했다는 사실에 더 주목할 필요가 있다. '개인'보다 '가족'을 중시하는 가족주의 이데올로기 자체에 이미 전통과 집단의 운명을 중시하는 사유방식이 내재해 있기 때문이다. 1940년대 자화상소설에서 드러나듯 박태원은 자기 가족의 안위를 위해 친일의 오점을 남겼으나, 해방기 민족 담론을 거쳐 북한에서는 민족과 인민 모두를 가족의 범주에서 사유하기 때문에 월북을 비롯한 북한에서 일련의 창작활동을 지속할 수 있었던 것이다.

주제어: 가족주의, 의제 가족주의, 자화상 소설, 육친애, 가장

■ Abstract

The Meaning of Familism Observed in Park Tae-won's Self-portrait Novels

Ahn, Mi Young

This study examined the nature of familism observed in Park Tae-won's self-portrait novel. We can say that familism is an attitude to put the center of value not in individuals but in the whole family and to extend the application of family-like human relationship to social areas fictitiously. In his early novels, Park Tae-won shows his stance more family-centered than individual-centered, and in the novels written after going to the North Korea, he exhibits fictitious familism that applies family relationship to all people. While the early novels display love for blood relations, the later ones display love for the expanded family (people) as an expression of combative spirit of the People's Army. Turning the 1940s, Park Tae-won spotlights fatigue as a family head and happiness as a father in his self-portrait novels depicting his daily life. In a series of novels, the family head realizes that he has to confront the realities and endure humiliations in order to protect his family from dangers and anxieties. Under the shadow of Japanese militaristic fascism in the 1940s, 'family' is the only refuge, so he struggles to defend his one and only comfort.

During the period around the Liberation, Park Tae-won does not write works based on family. He introduces the achievement of Kim Won-bong, an independent movement leader, and creates a long story on Hong Gil-dong, a chivalrous robber in the Chosun Dynasty. In this period, his thought breaks away from 'immediate blood relatives' and keeps a distance from 'family.' The trend of familism observed in Park Tae-won's novels is as follows. In 1930s: Love for 'immediate blood relatives' → In

1940s: 'Familism' →Around the Liberation: Search for national discourses →In 1950s after going to North Korea: Fictitious familism (love for people). Outwardly Park Tae-won's familism developed in this way, but what we should pay more attention to is the fact that he valued familism from his early works. It is because the ideology of familism, which gives priority to 'family' over 'individuals,' is underlaid with the thought of valuing traditions and the fate of the whole. As revealed in his self-portrait novels in the1940s, Park Tae-won stained his career by cooperating with Japan for his family's safety, but going through national discourse during the period of the Liberation, in North Korea he embraced the nation and all the people within the scope of family, so he could continue to write a number of additional novels.

Key-words: familism, Fictitious familism, self-portrait novel, love for blood relations, family head

-이 논문은 2009년 11월 30일에 접수되어, 소정의 심사를 거쳐 2009년 12월 15일에 최종적으로 게재가 확정되었음.

박태원과 소설의 여성화

> **목 차**
> Ⅰ. 박태원 소설의 여성화
> Ⅱ. 고현학과 여성적 나르시시즘
> Ⅲ. 젠더 경계 허물기와 모성 이데올로기
> Ⅳ. 맺음말

안 숙 원*

Ⅰ. 박태원 소설의 여성화

　본고는 근대 자본주의 사회로부터 소외된 일군의 예술가들이 여성성과의 상상적 동일시를 서사전략으로 내세운[1] 모더니즘 텍스트의 정치학을 원용하여 박태원의 해방 전 작품들을 대상으로 그의 젠더의식을 살펴보고자 한 것이다.
　박태원의 작품에는 거의 강박적으로 동어반복되는 행복에의 선망이 '단란한 식탁'과 '백화점'의 기표로 제시되고 있어 소설의 여성화라고 할 만하다. 단란한 식탁은 어머니, 아내가 있는 가정의 사적 영역이고, 백화점[2]은 도시를 배회하는 남성 산책자의 공적 공간인 거리에 대응되

---

* 부경대학교.
1) 펠스키 R, 김영찬·심진경 역, 『근대성과 페미니즘』, 거름, 1998, 153쪽.
2) 펠스키, 위의 책, 114쪽.
　백화점은 중산계급의 생활을 열망하도록 조장하면서 계급적 차이를 확고히 하는 동

는, 여성 산책자의 공적 영역3)인데 이 두 장소가 박태원 작중인물들에게 의미심장한 크로노토프(Chronotope)가 되고 있기 때문이다. 즉 인물들이 갈망하는 행복의 척도로서 가정과 백화점은 생산/소비의 현장이며 양자의 밀고 당김이 내적/외적, 사적/공적 공간의 대립으로 서사적 긴장을 조성하고 있는 것이다.4)

미국소설의 여성화5)를 고찰한 레이첼 볼비(Rachel Bowlby)에 동의하면서 앤 더글라스(Ann Douglas)도 「미국문화의 여성화」(1976)가 인공적, 소비사회의 도래와 더불어 인간은 상품으로 대치된 채, 개척자 정신의 몰락으로 청교도주의의 쇠퇴, 1급 남성작가들(멜빌, 호돈, 포우……)을 압도하는 2급의 여성적 감상주의 베스트셀러 출현을 가져왔다고 했다.6) 이들이 말하는 여성화란 남성주체의 여성화, 즉 사회가 줄곧 길들여온 젠더여성처럼 남성이 길들여지는 것7)을 의미한다. 그러나 남성을 여성

시에 그 차이를 희석시키는 상품 미학화의 주도적인 역할을 하는 곳이다. 여성주의 시각에서 보자면 백화점은 근대의 여성숭배를 지탱하는 착취적 경제관계이면서도 그에 대한 여성의 보복이 가능한 장소이기도 하다.

3) 앞의 책, 118쪽.
4) 이를테면, 「전말」(『조광』, 1935. 12)에서 부부싸움 끝에 주인공 '나'가 가출한 아내를 찾아 간 곳이 백화점 옥상이고, 거기서 자기처럼 아내를 찾고 있는 한 사내를 만나기도 한다. 그들이 무슨 단서가 있어 집 나간 아내들을 하필 백화점에서 찾는다기보다 백화점에 대한 텍스트의 무의식으로 짐작된다.
5) Rachel Bowlby, "Breakfast in America," (ed), Hommi Bhabha, *Nation and Narration*, Routledge, London, 1990. p. 205
 레이첼 볼비(Rachel Bowlby)는 미국 중산층 가정의 피크닉 광고와 노예해방의 기폭제가 된 소설로 알려진 『엉클 톰스 캐빈』을 대상으로 미국소설의 여성화를 논의했다.
6) Ibid., p. 205.
7) Ibid., p. 209.
 그런 남성을 대표하는 인물이 『엉클 톰스 캐빈』에서 흑인과 여성, 아이들이 아침식사를 준비하는 동안, 거울을 보며 면도하는 시몬 할리데이의 반가부장적 이미지이다. 이 때 여성은 사랑의 언어와 우아한 모랄, 친절한 어머니(여성 크리스챤)의 모습을 통해 세계를 통제한다. 하지만 그녀는 훌륭한 어머니의 가면을 쓴 상품인간(Human commodity)인 작중인물 마리 클레어처럼 냉혹함과 모성애가 상반되는 여성이어서 자유의 여신상으로 상징되는 미국인의 자유로운 삶이란 그 밝은 면에 불과할 뿐이다.

적8)인 것과 동일시한다고 해서 그것이 반드시 가부장제도를 전복한다고 생각하는 것은 성급한 추론이다.9) 이와 관련, 19C 말 서구사회를 풍미했던 데카당스, 아방가르드, 댄디즘 같은 대항담론들이 근대적 표상으로 여성을 전유하며 부르주아적 진보에 대한 예술가들의 불만을 토로한 재남성화였다10)는 것이 방증이 될 수 있다.

그렇다면 박태원 소설의 여성화는 어떻게 그려지고 있는지, 또 그것의 서사적 효과는 무엇을 겨냥한 것인지를 좀 더 구체적으로 검토해 보기로 한다.

II. 고현학과 여성적 나르시시즘

모더니즘 미학의 기본개념은 소외와 고독이다. 그리고 이것을 서사화하는 공간이 도시이며 도시적 삶은 일상성(Altäglichkeit)과 반복성이 특징이다. 일상성은 양식의 부재(예술창작에서건, 개인의 행동방식에서건 기계적인 표준화, 획일성)와 축제의 소멸, 산업사회 도시생활의 출현을 속성11)으로 하는데 일상의 모순은 현실적 욕구불만의 비참함과 실존적인 삶의 위대함에 있다.12) 또한 반복성은 예술의 자율성과 일회성의 아우라를 극복하기 위한 복제를 통한 일시성13) 때문에 통속적 대중

---

8) '여성적'이라는 개념의 대립항을 '남성적'이라고 하기보다 '가부장적'이라는 말로 사용할 것을 주장하기도 한다. 생물학적인 남성이라고 해서 가부장적인 헤게모니를 가진 남성주체가 아닐 수도 있기 때문이다.(허윤진, 「문학텍스트의 젠더 연구」, 서강대 석사논문, 2004, 21-22쪽)
그렇다면 '여성적'이라는 말도 생물학적 여성이라고 해서 모두 다 피지배자, 희생자가 아니고 보면 젠더여성/젠더남성의 구분 외 달리 나눌 명칭도 없지 않은가.(필자)
9) 펠스키, 앞의 책, 152쪽.
10) 위의 책, 151쪽.
11) 르페브르 H., 박정자 역, 『현대세계의 일상성』, 세계일보, 1990, 15-17쪽.
12) 위의 책, 71쪽.

문화가 발달하게 된다. 올더스 헉슬리(Aldous Huxley)는 기술의 진보가 이같은 통속성을 가져다 주었다14)고 말한다. 보들레르가 대도시 파리의 산책자/군중, 의식/상품을 대립시켰듯이15) 기술복제시대의 운명은 현대 도시로 하여금 영혼이 없는 기계적이고 탈인간화된 사람들이 낭만과 열정 대신, 천편일률적인 일상의 삶을 사는 곳으로 만들어 버린다. 이처럼 거대담론에서 배제되었던 일상성16)을 창조적 실천으로 부각시킨 사람들이 르페브르(Henri Lefebre), 세르토(Michel de Certeau) 등이며 도시적 일상을 성찰한 구보의 고현학도 같은 맥락이라고 하겠다.

모더니즘적 공간 배치는 효율성과 체계성에 입각해 있어 도시는 이질적인 권력이 혼재하는 헤테로피아(Heterotopia)17)일 수밖에 없는데 식민지 수도 경성 역시 식민주체들의 의도에 맞춰 구획 정리된 도시로 전통적인 한국인의 삶의 양식을 뒤바꾸어 놓았다. 한양이 한국인에 의해 건설된 조선왕조 5백년의 왕도였다면, 경성은 철저히 식민주체의 정치경제학 이데올로기가 개입한 근대도시였던 것이다. 나날이 늘어나는 일본인의 증가로 일본인 집단거주지18)에 우선적으로 전차가 다닐 수 있게 도로가 뚫리고19) 가로등이 설치되는 등, 왜곡된 근대도시였을망정 경성은 빠르게 도시화되어 갔다. 자본주의 소비문화의 유입으로 생겨난 서양식 술집 카페엔 축음기를 틀어놓고 요란한 재즈음악에 호칭도 야

---

13) 벤야민 W., 반성완 역, 『발터 벤야민의 문예이론』, 민음사, 2003, 204쪽.
14) 위의 책, 218쪽.
15) Mercer, Colin, "Baudelaire and city" (ed), Hawkes, Terence, *Literature Politics & Theory*, Methuen, London, 1986, p. 17.
16) 김종욱, 「일상성과 역사성의 만남」, 강진호 외, 앞의 책, 244쪽.
17) 김옥랑·백선기, 『문화예술공간과 문화연구』, 한울, 2004, 123쪽.
18) 일본인의 식민지드림이었던지 1930년대는 전체 서울인구의 30%가 일본인이었다고 한다.
   장규식, 『서울, 공간으로 본 역사』, 혜안, 2004, 73쪽.
19) 1930년대 서울의 도로포장률은 7.35%였다고 한다. 조이담, 『구보씨와 더불어 경성을 가다』, 바람구두, 2005, 180쪽.

릇한 '재즈기생', '모던기생' 여급들이 당대의 아이콘인 모던걸(신여성), 모던보이들의 술시중을 드는가 하면, 찻집인 다방20)에는 마담과 여급이 가난한 예술가들의 말벗이 돼 주기도 했다. 당시의 한 광고21)를 보면 전차 안에 수십 명의 모던걸이 그들의 패션 필수품이었다는 금시계 찬 팔뚝을 자랑하느라 자리에 앉지 않고 전차손잡이를 잡고 나란히 서 있어 마치 기계인형들의 열병식 같다. 그 중에서도 백화점은 사람들을 유인하는 자본주의의 꽃이었다. 구보는 이러한 경성의 인정, 세태를 관찰하기 위해 고현학자로 자처하며 노트와 단장을 들고 도시산책에 나섰으나 곧 거리의 소음에 현깃증을 느끼고 피로와 신경쇠약을 호소한다. 구보에게 경성은 '언제나 만원인 전차, 자리를 양보하지 않는 승객들, 인파로 북적대는 화려한 양복점의 쇼윈도우 아래서 세모의 추위에 떠는 서지형제에게 무관심한 사람들, 그럼에도 불구하고 거지 형제가 자선을 바라며 흘리는 거짓눈물, 그렇게 도시는 진예(塵穢), 매연, 굉음, 살풍경, 몰취미의 공간'22)이었다. 하지만 관찰자/관찰대상인 구보에게 관심을 보여줄 행인이 필요한 것도 사실이어서 보들레르와 마찬가지로 도시의 군중은 서로 공범자인 동시에 피해자였다. 그의 메타픽션『소설가 구보씨의 일일』(『조선중앙일보』, 1934. 8. 1~9. 19), 「피로」(『衆明』, 1933. 6)와 같은 작품이 고현학적 보행발화23)의 결과물들이다. 그것들은 젠더차원에서 보자면 여성적 나르시시즘이라고 할 수 있다. 문학의 탈이념화를 옹호하며 예술의 순교자가 되고 싶었던 박태원의 자부심에

---

20) 단편「피로」에는 소설가인 주인공이 같은 다방(낙랑팔라)을 하루에 세 번이나 출입한다. '인생의 피로를 휴식하는 다방'에서 자신의 노동(=창작) 행위인 소설쓰기 → 거리방황 → 목적없이 버스 승차 → 한강 → 다방〈낙랑〉의 여로가 글쓰기에 대응된다.
21) 안석영,「만문만화」,『조선일보』, 1928. 2. 5, 조이담,『구보씨와 더불어 경성을 가다』에서 재인용(바람구두, 2005, 178쪽).
22) 박태원수필집,『구보가 아즉 박태원일 때』, 류보선 편, 깊은샘, 2005, 108-149쪽.
23) 박명진,『문화, 일상, 대중: 문화에 관한 8개의 탐구』, 정준영 외 편역, 한나래, 1996, 164-165쪽.

비해, 작가의 실제 삶은 단란한 식탁도, 백화점 쇼핑도 불가능하리만큼 턱없이 초라했으므로 그는 자아정체성 위기를 댄디로 포장했다. 다시말해 그가 선망하는 행복의 대척점에 예술가의 고독이 버티고 있었고, 그는 예술=고독을 선택한 것이다. 그의 자의식은 고독이 불행하긴 하지만 동시에 창작의 원천임도 인식하고 있었기에, '시가 없는 생활은 피로와 적멸의 연쇄일 뿐'24)이라고 고백했다. 그리하여 박태원의 이상적 자아상인 예술가 주인공들은 대부분이 여성화된 무능한 지식인 댄디로 입상화된다. 자신을 미학적 인공물로 생산하는데 열중하는 댄디는 유행의 궁극적인 대표자로 본질보다는 외양을, 기능보다는 장식을 찬미하면서 실용적, 도구적인 것을 거부하는 사람이다.25) 흔히 남녀관계에서 사랑의 파탄은 남성이 남성의 틀에 갇혀 여성을 자기식대로 만들려고 하고 여성은 여성의 방식으로 남성이 호응해 주기를 바라기 때문인데, 댄디는 이성의 심리적인 특성을 체현해 보임으로써 나르시시즘적 동성애 효과를 얻는다. 여성적 남성댄디의 특징은 애매모호함에 있고26) 성적 정체성은 남성이지만 외모와 심리는 남녀의 경계를 자유롭게 넘나드는 것이다. 그런데 박태원 소설의 남성댄디는 대부분 유약한 울보들이다. 이런 남성들에 비해 여성들은 유혹적이다. 곧 소심하고 어릿광대같은 남성과 드세고 적극적인 여성으로, 상식적 남녀관계의 전도가 일어나는 것이다. 이를 이명희는 왜소한 남성/비대한 여성27)으로 명명하고 그렇게 된 원인을 일제 강점기라는 시대적 모순에서 찾고 있다. 누구도 자기 시대와 무관할 수 없고 보면, 박태원도 식민지 원주민의 처지에 초연하진 못했겠지만 그의 거세콤플렉스를 역사, 사회적 조건으로만 설명할 수는 없다. 식민지시대라고 모든 남성들이 그렇게 지내지 않았다는

---

24) 류보선 편, 앞의 책, 깊은샘, 2005, 106쪽.
25) 안숙원, 「구인회와 댄디즘의 두 양상」, 『구보학보』, 구보학회, 2008. 7. 30, 32쪽.
26) 그린, 175쪽.
27) 이명희, 「박태원과 여성의식」, 『박태원 소설 연구』, 강진호 외, 깊은샘, 1995, 284쪽.

것은 문학사가 입증한다. 하물며 박태원은 식민지 현실비판보다 문학의 자율성에 더 집착한 형식주의자가 아닌가. 가령, 구보의 단편「거리」(『신인문학』, 1936. 1)에서 지식인 룸펜 주인공 '나'가 방세문제로 어머니와 싸우는 안집 기생을 편드는 것은 가족조차 이해관계에 좌우되는 인간의 속물근성을 경멸하는 주인공의 자기중심벽(egotism)이며 남성이 생계책임을 져야 한다는 가족윤리가 때로는 '나'의 실존적 자아를 더욱 구속하는 것일 수도 있음을 보여주는 것이다. 순수한 소비자는 순수한 착취자라는 벤야민의 말28)대로 어머니와 형수한테 얹혀 사는 '나'는 그들의 착취자인 셈이다. 그러면서도 '나'가 현실도피 자금을 마련하려고 친구를 찾아갔을 때 공원에서 물구나무서기를 하던 그의 친구는 '나'를 보고 엉엉 울며 반가워하므로 '나'는 서른 살이나 된 사내의 해프닝이 불쾌하다는 생각과 함께 친구가 '나'의 방문목적을 알면 어떤 반응을 보일까를 계산한다. 독자는 그런 '나'의 자의식 과잉과 물구나무서는 사내한테 연민보다 웃음이 앞선다. 모든 웃음은 기괴함과 연관돼 있다.29) 필자의 기존논의30)에서도 언급한 바와 같이 남녀전도를 비롯한 인물들의 상식 뒤집기는 현대작가란 무엇보다 해학이 있어야 한다31)던 박태원의 서사적 인식에 기인하는 웃음의 전략이라고 하겠다.

이렇게 소심한 남성 고현학자 구보의 대타적 여성들은 어머니와 팜므 파탈로 요약된다. 어머니는 댄디가 싫어하고 가장 두려워하는 타자이다.32) 어머니는 아들과의 정서적 유대로 댄디의 자아창조와 자율적 개성을 위협하는 여성이기 때문이다. 『소설가 구보씨의 일일』에서 어머

---

28) 벤야민, 앞의 책, 112쪽.
29) Helene Cixous & Catherine Clement, (trans), Betsy Wing, *The Newly Born woman*, University of Minnesota, 1986, p. 33.
30) 안숙원, 「박태원 소설 연구―도립의 시학」, 서강대 박사논문, 1992, 132-140쪽.
31) 김미지, 「박태원 소설의 쾌락 원천으로서 유머와 놀이」, 『구보학보』 제2집, 2007. 12, 84-85쪽.
32) 펠스키, 앞의 책, 175쪽.

니는 26세의 구보가 갈망하는 행복의 실체인 단란한 식탁으로 그를 소환하는 갈등의 한 축이 되고 있다. 류보선은 구보가 도시체험에서 권태와 피로를 느끼고 어머니에게 안착33)하였다고 했으나 결말의 판단유보적인 언표로 미루어 그렇게 단언하기도 어렵다. 이는 구보가 집을 나올 때 어머니의 말을 건성으로 듣는 것, 귀가할 때도 어머니를 의식하기는 하지만 유보적인 태도를 취하는 것에서 그러하다. 반면, 팜므 파탈은 치명적인 매력으로 남성을 사로잡는 여성으로서 구보의 작품에 등장하는 신여성과 카페여급이 대부분 그런 인물들이다. 그녀들은 눈이 맑고 깨끗한 여자/淫奔한 여자의 양가성을 보이는 '왜장녀'나 혹은 양장차림으로 거리를 활보하며 남성을 유혹한다.「애욕」의 하웅은 왜장녀 연인의 배신에 울며 괴로워하다 그녀에게 절교편지를 쓰고 시골여자와 결혼하기로 했지만 막상 왜장녀에게서 전화가 오자 다시 만나러 가는 부나비 같은 남성이다. 비록 여성이 보석과 화장으로 치장해도 자의식이 결여된 경우라면, 댄디의 반대이다. 그러기에 모더니스트들에게 일탈적 여성은 남성의 타자로서, 남성의 이상 추구를 자극하는 존재로 기능할 뿐이다.34) 구보도 팜므 파탈을 숭배하는 척하지만 그녀의 능동성과 자의식을 폄하한다35)는 점에서 여전히 가부장적이다.

---

33) 류보선,「이상과 어머니, 근대와 전근대」, 강진호 외, 앞의 책, 73쪽.
34) 위의 책, 179쪽.
35)「길은 어둡고」에서 향이(하나꼬)는 아이 셋 있는 유부남인 줄 모르고 결혼했다가 무능한 남편의 첩살이를 청산하고자 서울을 떠났다가 남편이 걱정돼 도로 집으로 돌아오고 만다. 그녀의 고단한 삶과 내적 번민에도 불구하고 귀환하고 마는 것은 그녀가 전통여성임을 가리킨다.

Ⅲ. 젠더 경계 허물기와 모성 이데올로기

1. 젠더 경계 허물기

여성화된 남성은 근대적 부르주아 남성과 전통적인 여성의 관습적 대립을 해체한다.36) 그렇다고 남성이 여성과 양립공존하는 것도 아니다. 박태원의 젠더 경계 허물기도 그 일환으로서 소설 장르에 따라 다른 양상을 드러낸다. 즉 고현학 텍스트엔 주로 여성적 남성댄디/팜므파탈의 인물구성이, 세태소설에는 남녀 할 것없이 도착적 섹슈얼리티의 주인공들로 형상화되고 있다. 이들을 아니마남성과 아니무스여성으로 나누어 몇몇 사례를 기술하고 이것의 서사전략을 살펴보기로 하겠다.

1) 아니마남성, 여자같은 남자는 거세된 남자의 이미지를 가진 인물들을 일컫는다.

한국문화사에서 거세된 남성상의 원형이 처용이다. 처용은 남성의 거세인 동시에 여성의 여왕봉 이미지를 환기시킨다. 여왕봉은 얼핏 보면 '여=상, 남=하'의 관계인 것 같지만 그녀는 미망인에 지나지 않는다. 즉 여왕봉은 남성거세란 점에서 '살아도 죽은 여성'= 미망인의 이미지를 띠게 된다는 말이다.37) 이 같은 소재 전통이 박태원과 이상의 텍스트에 자주 등장하는 전도된 남녀관계다. 실직이나 무직으로, 집에 있는 남편, 성격적으로 소심한 울보와 어릿광대 등이 이런 유형에 속한다.

「낙조」(『매일신보』, 1933. 12. 8~29)의 최주사는 관비 동경유학생 출신의 자의식 강한 떠돌이 약행상이다. 그는 서울토박이다운 염치와 분수를 아는 노인이면서도 밥 대신 술을 마시는 알코올중독자에다 감옥간수, 역무원, 나무장수 등등 여러 직업을 전전하는 동안 신산한 인생살

---

36) 펠스키, 앞의 책, 164쪽.
37) 김열규, 『한국문학사』, 탐구당, 1983, 432쪽.

이 탓인지 뒤틀린 성격의 홀아비다. 그는 친구 윤수경과 용양지총(龍陽之籠)의 경험을 가진 매우 그로테스크한 인물이다. 용양지총은 동성애란 뜻이니 그의 성적 정체성은 양성적이라 할 수 있다. 「애욕」(조선일보, 1934. 10. 6~23)에선 과거에 배신했던 여자가 나타나 악을 쓰며 술주정을 하는데도 주인공 하웅은 도리어 그녀가 초라해 보여 눈물을 흘린다. '털보 이상 = 上山草人(머리) → 시어빠진 오이쪽지(얼굴) → 걸레쪽(양복)'에다 '옆구리가 미어진 구두를 신은' 이상의 모습은 머리에다 온통 붕대를 감고 콧잔등이 외설스런 사내와 함께 비하된 어릿광대이다. 「이상의 비련」(『여성』, 1939. 5)도 여성들의 방종과 이상의 여성편력을 주제로 하고 있는데 이상은 수줍은 소년처럼 금강산다방 여급에게 프로포즈를 하면서 흰 각설탕이 새까맣게 될 때까지 만지작거리기만 하고 평소 능변인 그가 말조차 더듬거린다. 그러나 여급의 반응은 냉담하기만 했다. 울적해진 이상은 다른 창녀를 찾아가고 그녀는 이상의 진심에는 무관심한 채 포주의 손길을 벗어나는데 필요한 돈을 마련하기 위해 이상을 이용할 궁리만 한다. 박태원이 「이상의 비련」 서두에 「애욕」의 경개를 소개하고 있어 「이상의 비련」은 「애욕」을 다시쓰기한 '이상 보여주기'라 해도 될 것 같다.38) 「전말」은 가출한 아내 찾기가 주제인 심경소설39)인데 백화점 옥상에서 집 나간 아내를 찾는 한 사나이를 만나 '나'의 아내찾기와 사나이의 '아내찾기'가 병치되고 있다. 아내가 가출했다 돌아오는 동안 남편인 '나'는 어린애처럼 배고픔을 호소하는 희

---

38) 박태원이 이 두 작품에 퍽 애착을 갖고 있음을 짐작할 수 있다. 그도 그럴 것이 「애욕」, 「이상의 비련」은 실제작가 박태원의 호 仇甫가 등장하는 데다, 주인공 하웅이 소설가 이상을 모델로 한 자전적 색채가 뚜렷한 작품으로 알려져 있고, 인물구성상 자의식 강한 남자/방종한 여성의 대립이 박태원소설의 섹슈얼리티를 대변하고 있기 때문이다.

39) 心境小說(內省小說)은 신변을 다루되 작자=1·3인칭 화자=인물의 소설로 사소설, 심리소설과 구별된다.
　나병철, 「1930년대 후반기 도시소설연구」, 연대대 석사논문, 1989.

극적 인물로 그려져 있거니와 '나'는 아내에 대한 온갖 불길한 상상과 자신의 가난에 눈물을 흘림으로써「애욕」이나「비량」(『중앙』, 1936. 3)의 남편처럼 '잘 우는 남성'이다. 여기서 가출하는 아내란 룸펜형 남성과 무관하지 않다.「비량」에서 자의식 강한 주인공 승호는 실직한 상태로 영자가 카페로 출근하며 용돈이 필요하면 주겠다는 말에 굴욕감을 느낀다. 그가 집안에서 천거하는 좋은 규수를 마다하고 굳이 카페여급 영자를 맞이하면서 스스로 '인도주의적 의협심'이었다고 자위해 보지만 그것은 허위의식에 불과하다. 그는 씁쓸한 마음을 달랠 길 없어 거리에 나갔다가 '굴욕보다 추위에 몸을 떨고' 술집에서 엉엉 소리내어 운다.『천변풍경』(『조광』, 1936. 8~10)의 손주사도 아내가 죽었다고 평화카페에 와서 대성통곡하며 카페 안의 손님들에게 아내가 살아있을 때 잘해 주라고 어쭙잖게 충고하는 울보이다.「방란장 주인」(『시와 소설』, 1936. 3)에서 카페주인 미술가는 자기가 데리고 있는 여급 미사에게 제대로 말도 못 붙이며 수경선생이 두 사람의 결혼을 권유하자, 소녀와 같이 얼굴을 붉히고 미사에와는 아직도 순결을 유지한다고 말하는 쑥맥이다. 소설가 수경선생 역시 아내의 히스테리에 무릎을 꿇고 애걸하는 모습을 보이는 공처가다.「陰雨」(『문장』, 1939. 10~11)[40]에서 공장 노동자이지만 왕성한 독서열을 가진 '그'는 다감하면서도 애정과 욕정을 구분하는 이성의 소유자이다. 그는 애정없는 남녀의 결합이 죄악이라 생각하고 두 사람 사이에서 난 아이들조차 죄의식으로 대하면서 사랑을 베풀지 못한다. 마침 아이가 아파 그는 정부를 만나러 간 아내를 찾아갔으나 그의 아내가 코를 골고 자는 낯선 사내 옆에서 천연스레 바느질을 하고 있는 것을 목격한다. 이때 그의 심경을 서술자는 이렇게 묘사하고 있다.

---

[40] 동명의 단편「淫雨」도 있다.

그러한 경우에는, 그러한 경우에 남편된 사람이 취할 태도라는 것이 마땅히 있을 것이다. 그러나 이외의 일에 그는 우선 놀랐고, 다음에 떠오를 감정은 분노라든가 그러한 것보다는 오히려 슬픔이었다. 그는 간신히 아이가 앓으니, 곧 집으로 돌아오라고, 그러한 말을 남기고는 재빨리 섬돌을 내려서 밖으로 나왔다. 그리고 죄를 지은 것이 아무 다른 사람이 아니라 바로 자기나 되는 듯 싶게, 그는 마치 도망꾼이처럼 남의 눈을 피하여 비오는 거리를 거의 달음질쳤다.[41]

아내의 간통현장을 비실비실 물러나는 그의 모습에는 처용의 영상이 드리워져 있다.

「수풍금」(『여성』, 1937. 11)은 두 달 전에 폐결핵으로 죽은 아내가 성/속, 죽음/ 삶의 양가적 모습으로 기억되면서 사나이는 자기 혼자만이 식탁의 단란함으로부터 소외된 존재임을 자각한다. 그가 다방에서 우연히 만난 '불량소녀'와 인연을 맺어보려 했으나 그녀는 인연을 부정하고 자유분방한 독신주의를 고집하며 마치 죽은 아내의 환영처럼 사라져 간다. 불량소녀란 팜므 파탈을 암시하고 단란한 식탁이 곧 행복의 기준이 되는 그에게 그런 여성은 늘 달아나고 마는 것이다. 「채가」(『문장』, 1941. 4)는 소설가 주인공 '나'가 집을 무리하게 짓느라고 빚을 얻어 쓴 뒤 꼬박꼬박 이자를 물었지만 중간에 심부름하던 최모라는 브로커에게 사기를 당해 전주로부터 내용증명이 오고 그걸 조그조근 캐묻는 아내 앞에서 '나'의 안절부절하는 심리를 그린 메타픽션이다. 돈이 없어도 비굴하지 않으려는 예술가 주인공의 자존심과 자기중심벽 때문에 사태는 악화일로를 걷게 되고 집을 내놓아야 할 판이다. 밤새워 글을 쓰면서도 '나'의 속내는 가능한 한, 아내의 눈에 딱하게 보이도록 의식적으로 연출한다.

---

41) 박태원 단편집, 「陰雨」, 『이상의 비련』, 깊은샘, 1991, 190쪽.

2) 다음으로, 아니무스여성, 남자같은 여자는 성격이 드센 여자, 가출하는 아내, 남성 편력하는 여성에 해당된다.

『천변풍경』에서 평화카페 여급 기미꼬는 '남자와 같이 거칠고 큰 목소리로 개천에다 가래침을 탁 뱉는'여자이지만 손님들에게 인기가 있고 의협심도 있다. 그녀의 협기는 하나꼬의 혼수준비와 결혼식 뒷바라지, 시골로부터 금점꾼에게 속아서 서울에 온 금순이를 보호하기 위해 동료여급들과 한집에서 공동생활을 하는 데서 잘 나타나 있다 또한 기미꼬는 자기는 독신이건만 '남의 행복이 나의 행복'이라며 상처한 손주사와 금순이를 재혼시켜 주려고 한다. 그같은 기미꼬의 선행에도 불구하고 카페라는 유흥공간에서 남/녀, 고객/여급의 위계질서가 성의 상품화와 맞물려 그녀를 페미니스트라고 하는 것은 좀 석연찮다.[42] 페미니즘은 동정심 많고 남자같은 외모에 성격이 과격한 술집여자를 목표로 하는 정치학이 아닌 까닭이다. 김종구는 금순의 기구한 운명을 구원하고 정화해주는 주체가 기미꼬이며 평화카페는 남성들의 욕망에 여성들이 희생되는 공간이기보다 여성들만의 주체적 삶을 위한 도구적 장소[43]라고 하였지만 카페여급에 대한 당대의 사회적 인식을 도외시할 수는 없다고 본다. 일제 강점기 빈민층의 열악한 생존여건을 감안한다 하더라도 서민층 여성의 직업선호도는 1순위가 백화점 점원, 2순위가 버스걸[44]로서 여급 본인의 모랄의식도 문제이려니와 하나꼬가 사적 공간에선 '영이', 공적 공간에선 '하나꼬'로 호명되는 것은 여성하위주체의 불안정한 정체성을 나타낸다.[45] 하나꼬는 영이로 개명하고 유부남 최진국을 이혼까지 시켜가며 결혼했지만 여급출신이라는 꼬리표 때문에 시집

---

42) 김종구, 「박태원『천변풍경』초점화 양상 연구」,『한국문학이론과비평』제10호, 한국문학과비평학회, 2001. 3, 150쪽.
43) 위의 논문, 151쪽.
44) 박태원,『천변풍경』, 깊은샘, 1989, 263쪽.
45) 「길은 어둡고」의 향이도 카페에선 하나꼬로 불리워지고 있다.

식구들의 냉대에 순탄치 않은 시집살이를 이어간다.

기미꼬와 같이 인정미 넘치는 또 다른 인물이 「방란장 주인」의 여급 미사에다. 그녀는 소설가 수경선생집 하녀로, '어느 모로 뜯어보든 다방의 여급으로는 적당치 않은'여자이나 월급이 2년이나 밀려도 독촉하기는커녕 장사가 잘 안 돼 다방을 내놓아야 할 형편에 아랑곳없이 독신 미술가 주인을 아내처럼, 어머니처럼 정성껏 보살피는 순박한 여성이다. 수경선생이 화가더러 미사에와 결혼하는 것이 어떠냐고 하였을 때 이 화가는 미사에가 겨우 '소학을 마쳤을 뿐, 총명하지도 어여쁘지도 않았으나 예술가에게는 그런 여자가 아내로서 적당할지 모른다'고 생각한다. 여기에서도 여성을 적당히 조종하기 쉬운 인형쯤으로 여기는 박태원의 남성중심적 젠더의식을 확인하게 된다.

박태원의 작품에 남성이 길들인 대로 새로이 태어나는 여성46)도 있다. 이런 여성들은 적극적으로 남성을 유혹하거나 비웃고 배신, 위협하는 인물들이다. 사랑에 빠진 하웅의 편지를 비웃는 왜장녀라든지, 집 나간 아내/집에 있는 남편이란 관계가 여: 외/남: 내로서 젠더공간의 일상적 질서의 전도가 일어나는 것이다. 앞서 거론한 「음우」에서도 주인공 '그'의 아내가 나이 어린 신랑과 앓는 아이를 두고 친정아버지를 찾아뵙는다는 구실로 친정집에 가서 '노랑구두 사내'와 정사를 나누는 것이 그 한 예다. 노랑구두의 사내는 경박한 속물,47) 바람둥이의 제유다. 이명희는 이 작품에서 조혼의 폐습을 비판했다며 박태원의 여성의식을 '진보적 여성주의'48)라고 했지만 앓는 자식을 두고 외간사내 만나러 가는 비정상적 모성은 여성 긍정 아닌 부정적 여성상이다. 이 경우는 여급도, 기생도 아니면서 아내의 자리를 박차고 나간 아이엄마의 방종이

---

46) Hélène Cixous & Catherine Clement, (trans), Betsy Wing, *The Newly Born woman*, University of Minnesota, 1986, p. 22.
47) 『소설가 구보씨의 일일』에서 졸부가 된 금광브로커도 노랑구두를 신었다.
48) 이명희, 앞의 논문, 306쪽.

기에 더욱 충격적이다. 남성편력이라면 『천변풍경』의 안성집과 용서방 아내도 빼놓을 수 없다. 관철동 똥굴 출신 안성집은 사법서사인 민주사를 속이고 대학생 애인과 놀아나며 민주사한테서 더 많은 돈을 받아낼 궁리만 하던 차에 '마침내 민주사는 계집에게 속으러 왔다.' 그 돈으로 그녀는 관철동을 벗어나 양반촌 계동에다 괜찮은 집 한 채를 마련하였던 악녀이다. 금순이 아버지 용서방은 곰보미장이의 누이동생과 재혼하였는데 그녀도 여간 음탕한 게 아니다. 사람들은 용서방 아내가 일개 모군꾼의 아낙으로는 지나치게 미인인 게 소득세를 무는 셈 치라고 농담을 하지만 이웃남자들과 놀아나는 아내 때문에 자주 이사를 가야 하는 용서방으로선 골치덩어리를 만난 것이었다.

위에서 보았듯이 박태원의 젠더 경계 허물기는 도착적 섹슈얼리티가 가부장제의 균열인 것같으나 텍스트의 웃음을 유발하는 효과는 거두었을지언정 남성주체의 연출된 작위성과 부정적 여성이미지로 반페미니즘을 드러냈다고 하겠다.

2. 박태원과 모성 이데올로기

박태원 소설은 어머니와 긴장된 관계를 유지하고 있는 작품이 적지 않다. 그의 모성이데올로기가 분명하게 제시된 작품이 중편 「적멸(寂滅)」 (1930)49)이다. 작가 주인공인 '나'는 현재 절실히 필요한 것이 '좋은 자극, 엽기 취미'라고 생각하는 인물인데 어느 날, 소설이 잘 씌어지지 않아 기분전환 삼아 밤거리를 산책 나갔다가 고현학자의 습관대로 카페 안을 두리번거리며 관찰하던 중, 한 구석에서 철 지난 레인코트를 입은 채 붉은 실감기를 되풀이하는 광인사내를 알게 되고 그의 얘기에 흥

---

49) 「적멸」은 泊太苑이란 필명으로 동아일보(1930. 2. 5~3. 1)에 발표된 사실상 그의 데뷔작인데 고현학자인 소설가 주인공이며 광기와 실존적 자아에 관한 관심 따위로 구보의 초기 소설을 이해하는데 매우 중요한 위치에 있다.

미를 느껴 그를 집으로 데리고 온다.

> 하여튼 그는 흥미있는 인물이다. 정신병자든 무엇이든간에 어떻든 흥미있는 인물이다.
> 이렇게 혼자 입안말을 중얼거리는 중에도 나의 눈앞에는 거의 끊일 길 없이 레인코트 입은 사나이의 몽롱하니 꿈꾸는 듯한 눈—이 떠올랐다. 그 눈은 때로 광적 기쁨으로 빛나고, 때로 악마에 가까운 광채를 갖고, 때로 적멸의 빛을 띠었다.[50]

이 소설은 모두 9개의 단락으로 된 작품이지만 서사단위의 불균형이 심해 어떤 단락은 단 두 줄인 경우도 있다. 구보의 창작 초기 형식실험을 엿볼 수 있는 작품이다. 여기에도 고현학 방법론의 행위항 코드인 '걷다/보다(듣다)'가 서사를 진행하고[51] '나'는 사내를 관찰하며 그의 얘기를 이끌어내는 도입액자 구실을 한다.

「적멸(寂滅)」의 '나'가 들은 바에 의하면, 이 사내는 신경증환자로 정신병원에서 탈출한 사람인데 허위로 가득 찬 인생에 허무를 느껴 진정한 행복이란 정신이상자일 것이라고 생각한다. 그는 발작의 『인간희극』을 패러디하여 그의 눈에 비친 20세기 경성은 허위로 된 '인간실극'을 보는 것 같다고 말한다. 그의 장난기는 청계천 다리 밑 거지들에게 동전을 뿌려주고선 구경꾼들과 돈을 줍는 거지들의 표정을 살핀다든지, 갑자기 쏟아지는 소나기를 피해 모두들 백화점 안으로 들어서는데 자기는 그들더러 보란 듯이 비를 맞으며 산보를 계속하기도 하고, 희랍의 철인 디오게네스를 흉내내고 싶어 통 속에 들어가 하루를 보낸 적도 있다는 데서 짐작할 만하다. 그러다 그는 차츰 공포감에 시달리는 악몽과 환각상태에 빠져 밤이면 몽유보행을 거듭하던 중, 남의 자동차를 몰다

---

50) 박태원, 「적멸」, 『윤초시의 상경』, 깊은샘, 1991, 193쪽.
51) 안숙원, 앞의 논문, 37쪽.

행인을 치는 교통사고를 내게 된다. 그 이유가 까뮈의 『이방인』처럼 피해자가 작달막하고 뚱뚱한 몸으로 대로를 거만하게 걸어가는 것이 혐오스러워 충동적으로 사고를 저질렀다는 것이다. 사내가 이런 광기에 내몰린 데는 그의 어머니가 자리잡고 있다. 그의 아버지가 일곱 살 때 돌아가자 홀어머니는 오직 외아들을 키우기 위해 온갖 고생을 하며 사는 동안, 그는 어머니의 얼굴에서 기쁘고 즐거운 빛을 본 일이 없었다고 했다. 그의 나이 열여덟 살 나던 해, 어머니의 죽음 이후 그는 비로소 자유로운 호흡을 할 수 있었다고 했다. 이 사내에게 어머니는 죽음보다 더 강하고, 죽음보다 더 위대한 존재였다는 것이다. 어머니는 그를 위해 살았고 그는 어머니를 위해 살았던 까닭에 서로의 비실존적 삶은 그로 하여금 오랜 기간 신경증, 우울증 환자가 되게 하였던 것이다. 그에겐 어머니의 사랑이 모성애라기보다 의무감에서 비롯되는 것 같아서 그는 견딜 수 없는 압박을 느꼈고 그 때문에 권태와 병적 공성 속에 살아야 했다고 털어놓았다. 모성은 정신분석학에서 삼키는/삼켜지는 어머니로 얘기되는데 전자는 마녀, 계모 이미지의 어머니고, 후자는 희생과 수난의 어머니를 가리킨다. 「적멸」의 광인사내에게 모성성은 자식을 삼키는(devouring) 어머니로 작용하였던 것이다.

『소설가 구보씨의 일일』에서 어머니는 구보의 외출→귀가의 플롯 진행에서 서사 초입과 결말에만 등장하지만 근대를 탐색하는 아들에게 전근대의 표상이 되고 있다. 어머니가 아들을 집으로 불러들이는 구심력을 발휘하였다는 것도 문제다. 왜냐하면 그녀의 모성성이 구보의 행복인 단란한 식탁의 제공자일지도 알 수 없거니와 고현학자 구보로서는 전통적 어머니와 불화할 수밖에 없을 것이기 때문이다.

『천변풍경』에도 빨래터와 카페를 중심으로 많은 여성들이 등장한다. 빨래터의 대표적인 인물이 점룡어머니로, 그녀는 '감때 사납고 수다스러운' 여성이다. 아들 점룡이가 친구들과 윷놀이로 딴 돈을 윽박질러 기어이 그것으로 곗돈 내러 가는 악착같은 어머니다. 그녀는 이쁜이같이 얼굴이 예쁘면 기생으로 보내서 호강하는 걸 제일로 치고, '요새 사내 녀석들 무슨 값이 나가나?'라고 말하는 상품인간의 사고방식을 가진 물신주의자이다. 점룡이 어머니와 비슷한 여성이 「골목안」(『문장』, 1939. 7)의 갑득이 어머니다. 청대문집 행랑살이 갑득이어머니는 '원래 타고 나기를 남 유달리 기승스러운 데다 입이 험하고 동네 안에서 말썽은 거의 다 일으키는' 여성으로 늘 누군가를 엿듣거나 엿보다 골목안 사람들과 말다툼을 하는 공격적인 인물이다. 「성탄제」(『여성』, 1937. 12)의 영이 순이 자매의 어머니도 영이에겐 '삼키는 어머니'로 인식된다.

나는 무슨 화수분인 줄 알았습니까? 내가 무슨 수로 다달이 이십 원 사십원씩 모갯돈을 맨들어놓는단 말이유? 그걸 빠안히 알면서도, 나를 지긋지긋하게 졸르는 게 그게 날더러 부랑자 녀석이래두 끌어 들이라고 권하는 게지 뭐유? 아아니야, 어머니두 조년하구 다아 한패야, 다아 한패야, 아버지두 한패야, 셋이 다 한패야, 그래 셋이 나하나만 가지구 들볶는 거야, 뭐 동네가 부끄러워?

가족의 생계를 위해 카페여급이 된 영이가 그 돈으로 동생 순이를 여학교까지 보내줬건만 자기의 매춘행위를 비난하자, 격렬한 증오와 함께 육친에 대한 불만을 쏟아내는 장면이다. 그러나 영이자매의 어머니는 딸들의 매춘에 대해 무반응, 무감각한 태도를 나타낸다. 정작 영이는 임신과 출산을 겪는 동안 카페를 그만두고 삯바느질로 아기를 키우게 되는 반면, 순이는 학교를 중퇴한 뒤 집으로 남자를 끌어들이는 방종한 생활을 시작한다. 당대 하층민들이 빈곤에 못 이겨 성의 상품화가 공공연하게 이루어지고 있었음을 엿볼 수 있는 대목이다.

요컨대, 박태원 소설의 여성화는 가정의 단란한 식탁과 자본주의 사회 여성의 공적 영역인 백화점의 동어반복적 진술, 남성인물들의 여성적 나르시시즘과 일탈적 여성숭배에 기인한다. 그리고 그것이 일견 가부장사회의 전복인 것 같으나 결국엔 재남성화되는 반페미니즘이라고 정리할 수 있겠다.52) 왜냐하면 작중인물들이 갈등하는 행복/고독의 대립에서, 전자가 모더니스트 박태원에게 일상적 가족판타지라면, 후자는 창작의 원천인 동시에 예술가의 소외된 현실로서 그는 여성적 남성댄디일 뿐, 여성과 양성공존을 보여준 게 아니기 때문이다.

IV. 맺음말

박태원의 해방 전 모더니즘 텍스트에는 거의 강박적으로 동어반복되는 행복에의 선망이 '단란한 식탁'과 '백화점'의 기표로 제시되고 있어 소설의 여성화라고 할 만하다. 작중인물들이 갈망하는 행복의 척도로서 가정과 백화점은 주로 여성들의 생산/소비의 현장이며 양자의 밀고 당김이 내적/외적, 사적/공적 공간의 대립으로 서사적 긴장을 조성하고 있는 것이다.

박태원 소설의 여성화는 속물적인 부르주아사회를 비판하고자 근대의 표상으로 여성적 나르시시즘과 일탈적 여성숭배를 제시해, 그것이 얼핏 가부장제의 균열처럼 읽힐 여지가 있으나 결과적으로는 재남성화되는 반페미니즘이라고 하겠다. 즉 여성적 나르시시즘과 젠더 경계 허물기는 여성적 남성댄디/팜므 파탈, 아니마남성/아니무스여성의 도착적 섹슈얼리티 따위, 거기에 덧붙여 공포스러운 모성상도 보여주는데 그것의 서사전략은 두 가지로 요약할 수 있다. 말하자면 상식의 전도에서 오는 웃음이 그 하나요, 다른 하나는 성의 상품화와 자식을 삼키는 어머니를 통해 부정적 여성이미지로 반페미니즘을 드러냈다는 것이다.

---

52) 이 같은 여성의 재남성화를 상징적으로 형상화한 작품이 단편 「악마」(『조광』, 1936. 3~4)이다. 여기서 주인공 학주는 아내를 친정에 보내고 친구들과 공창에 갔다가 어린 창녀로부터 성병을 옮아와 나중에 아내도 그 병에 걸리게 된다.

■ 참고문헌

김미지, 「박태원 소설의 쾌락 원천으로서 유머와 놀이」, 『구보학보』 제2집, 2007. 12, 84-85쪽.
김열규, 『한국문학사』, 탐구당, 1983, 432쪽.
김옥랑·백선기, 『문화예술공간과 문화연구』, 한울, 2004, 123쪽.
그린 R., 강미경 역, 『유혹의 기술』, 이마고, 2002, 164-175쪽.
나병철, 「1930년대 후반기 도시소설연구」, 연대대학원, 1989.
르페브르, H.(Henri Lefebre), 박정자 역, 『현대세계의 일상성』, 세계일보, 1990.
박명진, 『문화, 일상, 대중: 문화에 관한 8개의 탐구』, 정준영 외 편역, 한나래, 1996, 164-165쪽.
박태원수필집, 『구보가 아즉 박태원일 때』, 류보선 편, 깊은샘, 2005, 108-149쪽.
박태원 중단편집, 『윤초시의 상경』, 「적멸」, 깊은샘, 1991, 193쪽.
박태원 단편집, 「陰雨」, 『이상의 비련』, 깊은샘, 1991, 190쪽.
벤야민,W, 반성완 역, 『발터벤야민의 문예이론』, 민음사, 2003, 218쪽.
안석영, 「만문만화」, 『조선일보』, 1928. 2. 5.
안숙원, 「박태원 소설 연구-도립의 시학」, 서강대 박사논문, 1992, 132-140쪽.
안숙원, 「구인회와 댄디즘의 두 양상」, 『구보학보』, 구보학회, 2008. 7. 30, 32쪽.
이명희, 「박태원과 여성의식」, 『박태원 소설 연구』, 강진호 외, 깊은샘, 1995, 306쪽.
장규식, 『서울, 공간으로 본 역사』, 혜안, 2004, 73쪽.
조이담, 『구보씨와 더불어 경성을 가다』, 바람구두, 2005, 178쪽.
펠스키 R., 김영찬·심진경 역, 『근대성과 페미니즘』, 거름, 1998.
허윤진, 「문학텍스트의 젠더 연구」, 서강대 석사논문, 2004, 21-22쪽.
Colin Mercer, "Baudelaire and city" (ed), Hawkes, Terence, *Literature Politics & Theory*, Methuen, London, 1986, p. 17.
Helene Cixous & Catherine Clement, (trans), Betsy Wing, *The Newly Born woman*, University of Minnesota, 1986.
Rachel Bowlby, "Breakfast in America" (ed), Hommi Bhabha, *Nation and Narration*, Routledge, London, 1990.

■ 국문초록

　박태원의 해방 전 모더니즘 텍스트에는 거의 강박적으로 동어반복되는 행복에의 선망이 '단란한 식탁'과 '백화점'의 기표로 제시되고 있어 소설의 여성화라고 할 만하다. 작중인물들이 갈망하는 행복의 척도로서 가정과 백화점은 여성들의 생산/소비의 현장이며 양자의 밀고 당김이 내적/외적, 사적/공적 공간의 대립으로 서사적 긴장을 조성하고 있는 것이다.
　박태원 소설의 여성화는 속물적인 부르주아사회를 비판하고자 근대의 표상으로 여성적 나르시시즘과 일탈적 여성숭배를 제시해, 이것이 얼핏 가부장제의 균열처럼 읽힐 여지가 없지 않으나 결과적으로는 재남성화된 반페미니즘이라고 하겠다. 즉 여성적 나르시시즘과 젠더 경계 허물기는 여성적 남성댄디/팜므 파탈, 아니마남성/아니무스여성의 도착적 섹슈얼리티 따위, 거기에 덧붙여 공포스러운 모성상을 보여주는데 그것의 서사전략은 두 가지로 요약할 수 있다. 말하자면 상식의 전도에서 오는 웃음이 그 하나요, 다른 하나는 성의 상품화와 자식을 삼키는 어머니를 통해 부정적 여성이미지로 반페미니즘을 드러냈다는 것이다.

주제어: 반페미니즘, 여성화, 재남성화, 행복, 여성적 나르시시즘, 댄디, 젠더, 아니마남성, 아니무스여성, 웃음, 삼키는 모성

■ Abstract

A Study on Feminization of Park, Tae-won's Novels

Ahn, Sook Won

I have examined the feminization of Park, Tae-won's novels which were written before Korean Liberation in 1945. We have a right to point out the feminization of Park's modernism texts. He had tried to criticize bourgeois of capitalism, using woman as a sign of the modern society. He repeatedly presents his envy of happiness in the texts, so the characters show us their unconsciousness about a happy family's dinner table and the department store. These places are significant feminine chronotopes in his novels. The former is a female private space, the latter is a female public sphere where is paradigmatic to a male rambler's street in the city.

The feminization of Park, Tae-won's novels is anti-feminism by remasculinization. There are feminine homo-sexual narcicism and worship of deviated-woman in Park's texts, they may be a break of patriarchy on the face of them. Namely, feminine narcicism and obfuscating the gender describe feminine male-dandy/femme fatal, anima-man/animus-woman, sexual fixation, in addition to a terrible mother of devouring her child, etc. This narrating strategy of Park, Tae-won could be summarized as two aspects: the one is laughter resulted from perversion of common sense, the other is a sex as a commodity, and a negative maternity through his anti-feminism.

Key-words: feminism, anti-feminism, feminization, remasculinization, happiness, feminine chronotope, female narcicism, dandy, gender, anima-man, animus-woman, laughter, devouring maternity

―이 논문은 2009년 11월 30일에 접수되어, 소정의 심사를 거쳐 2009년 12월 15일에 최종적으로 게재가 확정되었음.

식민지 지식인의 민족적 열등감과 보복심리

― 박태원의 『반년간』에 나타난 근대 주체의 공격성과 방어성을 중심으로

목 차

I. 식민지 근대 주체의 민족적 자아 형성
II. 섹슈얼리티의 공간화와 인종 차별
III. 이민족간의 사랑과 보복심리의 공격성
IV. 동족간의 사랑과 보복심리의 방어성
V. 식민지 근대 주체와 폭력의 예감

오 선 민[*]

I. 식민지 근대 주체의 민족적 자아 형성

비서구 근대는 번역된 근대이다. 비서구의 20세기가 19세기 서유럽의 사회 및 정치 제도, 습관과 감수성의 영역 모두를 문명으로 삼고 번역함으로써 근대를 구축하려 했기 때문이다.[1] 문명을 이전하려면 어떻게 해야 할까? 우선 누군가가 책으로, 또 경험으로 문명을 배워야 한다. 그리고 문명을 체화시켜서 사람들에게 보여주면서 설명해야 한다. 그것이 무엇인지, 얼마나 가치 있는 일인지, 그리고 어떻게 옮겨올 수 있는

---

[*] 홍익대학교.
[1] 리디아 리우는 근대 중국의 언어적 변화가 서양어와 서양 문학의 해석과 적용을 통해 이루어졌음을 설명하면서 비서구 근대를 번역된 근대의 관점에서 재고할 것을 촉구한다. 리디아 리우, 민정기 역, 『언어 횡단적 실천』, 소명, 2005, 참고.

지 문명을 맛본 자들은 설명하고 보여주어야만 한다. 그런 의미에서 식민지 근대 주체들은 그 스스로가 문명의 번역자이기도 했다.

문명을 이전하려 했던 이들은, 마치 번역자가 그런 것처럼 처음에는 문명의 학습자로 출발한다. 그 다음, 그것을 식민지에 와서 체화하게 되면서 문명의 대변자로서 자신의 권위를 확보한다.[2] 번역자가 번역되는 쪽과 번역하는 쪽의 언어 사이에서 스스로 분열하면서 두 개의 언어 공동체를 생산하는 것처럼, 문명을 이전하는 자 역시 서구와 비서구의 가치들 사이에서 자신을 분열시키면서 문명을 체화할 수밖에 없다.[3] 우리는 이 분열과 극복을 사유함으로써 식민지에서 문명과 근대 주체가 재생산되는 구조를 들여다 볼 수 있다.[4]

번역자의 주체성과 언어적 혼화 상태가 그가 번역한 작품의 문면에서 드러나지 않는 것처럼, 문명과 야만 사이에서 과도한 긴장과 억압을 느꼈던 근대 주체의 심리 역학도 그 자체로 문제가 된 적은 거의 없었다. 식민지 당시에도 그러했으며, 지금까지 근대 주체의 내면 형성 경로를 파악하기 위해 유학 체험과 같은 것을 심층분석한 연구도 그리 많지는 않았다. 실제 자료들은 입신출세의 회고담 안에서 주체의 문명화 과정이 삽화처럼 등장하는 경우가 대부분이었다. 하지만, 해외 유학 경험을 다루는 문학 작품이 간간히 이 내면 형성의 경로를 추적하고 있어서 주목을 요한다.[5]

---

2) 고모리 요이치, 이현기 역, 「번역이라는 실천의 정치성」, 『번역의 방법』, 고려대학교 출판부, 2001, 참고.

3) 사카이 나오키와 고모리 요이치는 번역자의 주체성이 분열하는 동시에, 그 과정이 은폐됨으로써 번역하는 언어와 번역되는 언어가 서로 상이한 언어 공동체로 이념화된다고 설명한다.(사카이 나오키, 후지이 다케시 역, 『번역과 주체』, 이산, 2005; 고모리 요이치, 앞의 책 참고)

4) 필자는 식민지 근대 주체를 번역 주체로 이념화해서 그 내적 분열 양상을 해외 유학생의 유학기를 다룬 작품을 통해 분석한 바 있다. 이 논문에서는 졸고, 〈한국 근대 해외 유학 서사 연구〉, 이화여대 박사 학위 논문, 2008년에서 다룬 바 있는 박태원의 『반년간』을 근대 주체의 열등 콤플렉스의 변환 양상을 중심으로 다시 검토했다.

염상섭의 『만세전』(1923)과 주요섭의 『첫사랑값』(1924, 1927), 임영빈의 『김정긔의 일기』(1931, 1933) 등에서 드러나듯이 겉으로는 문명과 야만 사이를 자유롭게 왕복운동하는 것처럼 보일지라도, 근대인으로 자임했던 사람들은 서구에서는 야만인이라고 무시당했으며 자신을 숭배하는 고향과도 안전하고 따뜻한 윤리적 관계를 맺지 못했다. 이 중에서도 1933년 『동아일보』에 연재되는 박태원의 『반년간』은 일본 유학생의 동경 생활기를 본격적으로 다루면서 근대 주체의 내면 형성의 경로를 추적한다.

주인공 철수는 동경의 한 하숙집에서 주인집 딸과 만나고, 거리에서는 조선인 여급 미사꼬와 사귄다. 동경이라는 문명처에서 다른 인종 간의 사랑과 동족 간의 사랑을 병치함으로써, 작품은 문명의 이식자인 일본 유학생이 제국과 식민지, 문명과 야만이라는 상징 질서에 어떻게 좌초되는지, 그리고 그 과정에 내재한 폭력이 무엇인가를 보여준다. 『반년간』은 문명을 둘러싼 상상력이 남성과 여성이라는 이분법적 구도의 성차별적 태도에 기인하고 있음을 간파한 것이다.

---

5) 해외 유학생 중심으로 민족적 자아 형성에 관한 연구로는 김경일, 「식민지 시기 신여성의 미국 체험과 문화 수용」, 『한국문화연구』, 이화여자대학교 한국문화연구원, 2006; 김영모, 『한말 지배층 연구』, 한국문화연구소, 1972; 박선미, 『근대여성, 제국을 거쳐 조선으로 회유하다』, 창작과비평사, 2007; 박애경, 「대한제국기 가사에 나타난 이국 형상의 의미－서양 체험가사를 중심으로」, 『고전문학연구』 31, 한국고전문학회, 2007; 서연호 외, 『한국 근대 지식인의 민족적 자아형성』, 소화, 2004; 소영현, 『문학청년의 탄생』, 푸른역사, 2008; 소영현, 『부랑청년 전성시대』, 푸른역사, 2008; 심원섭, 『일본 유학생 문인들의 대정·소화 체험』, 소명, 2009; 이광주 외, 『아시아의 근대화와 대학의 역할』, 한림대학교출판부, 2000; 최현재, 「미국 기행가사 「해유가」에 나타난 자아인식과 타자인식 고찰」, 『언어문학연구』 58, 한국언어문학학회, 2006, 등이 있다. 이들 연구는 식민지 근대 주체 형성의 과정을 구조적인 차원에서 재고해보려고 시도하고 있으며 다양한 차원에서 근대 주체의 문명 학습 과정을 복원하고 있다.

Ⅱ. 섹슈얼리티의 공간화와 인종 차별

제국과 식민지, 백인과 유색인 이 둘 사이의 인종적 콤플렉스를 여성과 남성 사이의 성적 교환 문제로 접근한 연구로 프란츠 파농의 『검은 피부, 하얀 가면』이 있다. 파농은 프랑스 식민지 출신의 유색인이 어떻게 제국의 수도 파리에서 그의 교양과 지식을 말살 당하는가를 그들의 심리를 가지고 분석했다. 식민지 출신 흑인은 프랑스 항구에 입성하자마자, 백인 여성과의 잠자리를 치루려 하는 성향을 보인다고 한다.6) 이것은 일종의 보복심리다. 백인 여성과의 잠자리는 마치 토큰처럼, 흑인 남성들에게 백인 남성이 된 듯한 착각을 준다는 것이다. 오직 백인과의 관계에서만 자기의 정체성을 생각할 수 있고, 또 백인에게 인정받는 것으로 존재의 이유를 갈구하는 심리적 구조는 정신병의 일종인데, 문제는 치료가 어렵다는 데에 있다.

식민지 흑인은 왜 프랑스에 도착하자마자 백인 여자와 잠자리를 하고 싶은가? 한 사람을 사랑해서가 아니라 오로지 성적 관계만을 원할 때, 굳이 그 대상이 백인 여성이 되어야 하는 까닭은 무엇인가? 이러한 인간관계는 지배하는 자를 남성으로, 피지배자를 여성으로 취급하는 집단적 상상력의 폭력을 일상적으로 경험하는 사람들 사이에서 벌어진다. 근대 국가의 젠더 상상력을 분석한 많은 연구가 시사하고 있듯이,7) 근대적 지배와 피지배는 성적인 비유와 함께 그 담론 체계를 구축해 왔다. 후쿠다 토쿠조(福田 德三: 1874. 2. 12~1930. 5. 8)나 니토베 이나조오(新渡戶稻造; 1862. 9. 1~1933. 10. 15)와 같은 일본 지식인들도 식민지배를 정당화할 때 이와 같은 도식을 사용한 바 있다.8)

---

6) 프란츠 파농, 이석호 역, 『검은 피부, 하얀 가면』, 인간사랑, 1998, 참고.
7) 근대 내셔널리즘과 젠더 정치학을 파시즘 체제, 총력전 체제의 남성과 여성을 둘러싼 집단적이고 공간화 된 성적 상상력으로 분석한 연구로 우에노 치즈코, 이선이 역, 『내셔널리즘과 젠더』, 박종철 출판사, 1999와 조지 L. 모스, 공임순 외 서강여성문학연구회 역, 『내셔널리즘과 섹슈얼리티』, 소명, 2004를 참고.

이들은 '보는 쪽=대표하는 쪽=보호하는 쪽=남성'과 '보이는 쪽=대표되는 쪽=보호받는 쪽=여성'의 위계화된 이항대립 관계를 사용했다. 식민지는 성적 방종을 둘러싼 기대심리를 충족해주는 듯했으며, 실제로 제국의 온갖 부랑아와 타락자들에게 식민지는 민족적 위계에 기반 한 사회적 인정과 경제적 안정을 보장해주기도 했다. 니토베 이나조오의 경우, 1906년에 조선을 방문하고 나서 조선 쇠망의 원인을 '한민족 열등론'이라는 주제로 펼쳤는데, 그는 조선을 '득의 양양하게 맘껏 욕구를 채우고도 지칠 줄 모르는 支那 남자'에게 아양떠는 방종한 여자에 비유했다.

식민지의 여성을 몰락하는 것의 아름다움이라는 차원에서 재현하면서, 지배하는 쪽의 시선을 남성화시키는 상징 장치의 기원은 일본과 조선 사이에 지배와 피지배의 구도가 선명해지는 무렵부터 보다 선명하게 확인된다. 「결혼 당시」라는 제목으로 『東京パック』의 1910년 9월 10일자에 실린 만화에는 3천만 엔이 든 돈보따리를 옆에 둔 조선인 부인의 손톱을 깎아주는 일본인 남편이 등장한다. 만화의 옆에는 "(남편이) 아침부터 밤까지 새색시와 이야기하면서 부인의 손톱까지 깎아주는 것은 보기만 해도 행복하다. 그러나 손톱을 깎아주는 것은 사실, 그 손톱으로 할퀴지 못하게 하기 위함이다."라는 설명이 붙어 있다.

남편이 부인과 맺는 관계는 돈과 친절로 표현되어 있고, 당연하게도 그 두 가지를 제공하여 사회적 관계의 주도권을 쥐는 자는 남편이 된다. 특히 화면에서 부인의 모습을 내려다보는 남편의 시선은 보는 자와 보이는 자의 권력관계를 강조하듯이 두 눈을 지긋이 내리깔고 음흉한 표정을 짓는다.9) 후에 야나기 무네요시도 조선의 민예품에서 스러질

---

8) 강상중, 이경덕·임성모 역, 「제3장 일본의 식민정책학과 오리엔탈리즘」, 『오리엔탈리즘을 넘어서』, 이산, 1997, 89-92쪽 참고.
9) 한상일·한정선, 『조선병탄과 시선의 정치 일본, 만화로 제국을 그리다』, 일조각, 2006, 238쪽 참고.

듯한 여성적 아름다움을 발견함으로써 보는 자, 그것에 대해 말하고 그 것을 둘러싼 지식을 구성하는 자로서 스스로를 자리매김하며 관찰 대상으로서의 조선을 자신이 구성한 인식의 패러다임 안에서 소유하려 했다.10)

인종을 공간적으로 구분 짓고 공간들이 서로 맺는 사회적 관계(예를 들어 결혼)를 전제로, 공간 끼리의 심리적 위계를 설정하는 상상력은 1945년 이후에 쓰여진 식민지 출신 일본인의 문학 작품에서도 계속 발견할 수 있다. 가와무라 미나토가 설명하는 가지야마 도시유키(梶山季之)의 『이조잔영(李朝殘影)』(1963)을 따라가 보자. 경성에서 큰 여관을 운영하는 집안의 외동아들이자 사립 여학교에서 미술교사를 하는 노구치 료우기치는 기생 김영순을 자신의 유화 모델로 삼고 싶어했다. 그는 도도한 김영순에게서 사라져가는 슬픈 아름다움을 발견하고, 김영순도 그가 자신에게서 슬픈 아름다움을 발견한다는 것에 감동하여 모델을 허락한다. 결국 그 작품이 「이조잔영」이라는 제목으로 총독부가 주관하는 조선미술전람회(鮮展)에 특선으로 뽑힌다. 가와무라 미나토에 따르면 가지야마 도시유키의 작품은 유아사 가쓰에(湯淺克衛)의 『간난이』(1935), 다나카 히데미쓰(田中 英光)의 『취한 배』(1949) 등의 계열을 잇고 있는 것으로, 이들 작품은 지배자 일본과 피지배자 조선의 관계를 남성과 여성의 성차로 전위해서 표현했다고 한다.11)

모리사키 카즈에가 자기 고향을 떠나 식민지에서 매춘으로 가족을 봉양하게 된 일본인 여인들의 술회를 통해 밝힌 바 있듯이,12) 이러한 폭력적 주체화는 제국과 식민지에서 주체들의 하위 등급이 낮아질수록 서로를 갉아 먹으며 점점 더 가혹한 형태로 발현되기도 한다. 『반년간』이 접근하는 지점이 여기다. 작품은 연애의 장면을 들어, 하위 주체들

---

10) 야나기 무네요시, 심우성 역, 『조선을 생각한다』, 학고재, 1996, 참고.
11) 가와무라 미나토, 「농염한 기생의 자태」, 『말하는 꽃 기생』, 소담, 2002, 참고.
12) 모리사키 카즈에, 채경희 역, 『쇠사슬의 바다』, 박이정, 2002, 참고.

간에 벌어지는 인정 투쟁과 보복적 공격의 형태를 파헤친다.

Ⅲ. 이민족간의 사랑과 보복심리의 공격성

초기 박태원 문학에 등장하는 식민지 지식인은 "뚜렷한 직업을 갖지 못한 룸펜이나 경제적으로 빈곤한 소설가들"13)이다. 이들 지식인은 대부분 동경 유학 경험을 갖고 있다. 박태원 자신도 1929년 29세의 나이로 동경으로 떠나 호세이(法政) 대학 예과에 입학한다. 그러나 다음해 예과 2학년을 중퇴하고 귀국한다. 『반년간』을 연재했던 1933년(『동아일보』, 1933. 6. 15~8. 20)에 그는 조용만의 추천으로 이상, 이태준, 정지용, 김기림, 이효석과 함께 구인회에 가입했다.

1933년에 그가 발표한 「옆집 색시」(『신가정』 1권 2호, 1933. 2)와 「낙조」(『매일신보』, 1933. 3. 26~3. 31)는 『반년간』과 긴밀하게 연결되어 있다. 동경 유학을 다녀온 젊은이 철수(「옆집 색시」)와 경인년에 태어나 을미년에 동경 유학 다녀온 노인(「낙조」)의 시점에서, 『반년간』이 쓰여지기 전에 이미 그 주인공의 귀국 후 모습을 그렸다. 작품들 속 두 주인공은 별 볼일 없이 옆집 색시의 일상을 뒤좇고, 또 늙고 한심해진 자신을 그저 방관한다. 박태원이 하릴없이 방황하는 식민지 문명 주체의 모습을 산책자로 육화시킨 『소설가 구보씨의 일일』(『조선중앙일보』, 1934. 8. 1~9. 1)을 쓰는 것은 다음해 8월이다. 그렇다면 『반년간』이 다루고 있는 근대 주체화의 모습은 구보의 성적 박탈감과 자포자기를 설명할 수 있는 단서 또한 제공한다고 볼 수 있다.

『반년간』의 주인공 철수는 고향 집을 연상시키는 석류나무가 있는 하숙집을 선택했다. 그리고 하숙집의 귀여운 딸 스미에게 끌린다. 그

---

13) 김종회, 「박태원 문학의 출발과 환경」, 『그들의 문학과 생애, 박태원』, 한길사, 2008, 43쪽.

가 하숙집 딸과 가까워질 수 있는 까닭은 그녀의 영어 선생님 노릇을 하기 때문이다. 이광수의 『무정』이래로 영어 가정 교사와 제자와의 로맨스가 여기서도 반복된다. 그러나 『무정』은 동족 청춘남녀의 연애를 다루었다. 『반년간』은 다르다. 애초에 식민지 청년과 제국의 소녀는 자유롭게 연애를 하기 어렵다. 내선 결혼의 문제가 본격적으로 제기되는 것은 일제 말기에 이르러서다. 식민지 근대 문학에서도 혼혈의 문제나 이민족간의 결혼이라는 주제는 극도로 회피되고 있다.

철수는 영어를 무기로 지녔다. 국어 일본어가 아니라, 외국어이자 문명어인 영어라는 장에서 식민지 청년은 제국 소녀의 선생님으로 재탄생한다. 영어 때문인지, 영어로 쓰여진 연애소설 때문인지 '여자'로 지칭되는 하숙집 딸은 처음부터 철수를 좋아한다. 공부하러 철수를 방문했던 그녀는 창 밖을 지나가며 작아졌다 커져오는 작아지는 아리랑 소리를 들으며 철수에게로 강하게 끌린다. 이 작품이 단지 청춘 남녀의 연애사를 다루는 것이 아님은 작품의 첫 대목에서 아리랑 소리가 차지하는 배음 효과에서 알 수 있다. 박태원은 아리랑 소리의 고저와 길이에 대한 설명을 리듬감을 살려 자세하게 쓰고 있다.

"잠깐 동안 침묵이 그곳에 있었다. 그러자 그들은 갑자기 얼굴을 마주 바라보고, 그리고 귀를 기울였다. 창 밖에 비 오는 소리 말고 또 다른 소리를 그들은 들은 듯이 생각하였든 까닭이다.

그들이 들은 것은 **휘파람** 소리였다. 그것은 빗줄기에 엇갈리어 토막, 토막 잘리어 들렸다. 그것은 아리랑 곡조였다. 그 아리랑은 궂은비에 흠빡 젖어 더욱 서러웠다.

여자는 이내 의자에서 몸을 일으키어 창 앞으로 달려갔다. 그리고 잠깐 주저한 뒤에 그는 드윽 창문을 열었다. 철수가 따라 일어나 창 앞으로 갔을 때 **휘파람**은 좀더 가까워 왔다.

밖은 거의 완전한 어둠. 그 어둠속을 비에 젖어 휘파람이 들려온다. 남녀는 창 앞에 그렇게 나란히 서서 그 쪽을 바라보았다.

휘파람은 어둠속을 높게, 얇게, 적게, 끊일 듯 끊일 듯이 흘러왔다. 그것은 무엇을 하소연 하는 듯 느껴 우는 듯 비 오는 어둠속에 바르르 떨린다. 그러나 어둠속에 보이는 것은 아무것도 없다.
 두 사람은 말없이 또 말 있을 수 없이 망연히 밖을 내다보았다. 비는 그대로 내리고 있었다.
 휘파람은 좀더 가까워 왔다. 그것은 마치 지난 날을 뉘우치는 듯이 그리우는 듯이 보람없는 줄 알면서도 그래도 한 번 불러나 보는 듯이 그 약하고 애끊는 선율은 사람의 가슴을 때린다.
 그들은 숨쉴 것조차 잊고 그렇게 어둠속을 바라본다. 방안에서 흘러온 불빛이 비 내리고 있던 공간을 창밖에 한간통에 그려 놓았다.
 휘파람은 더욱 가까워 왔다. 그것은 끝끝내 판장 밖을 지났다. 창밖 행길 위에 철썩, 철썩, 하는 발소리가 불규칙하게 들렸다. 그것은 휘파람과 장단이 맞았다. 그러나 그들은 또다시 멀어지고 만다.
 두 사람은 부르르 몸을 떨었다. 이따금 이따금 가만한 바람에 그들의 발 아래로 비끼치는 빗줄기조차 그들은 의식하지 못하였다.
 휘파람은 떠나기를 아끼는 듯이 어둠속에 사라질 것을 두려워 하는 듯이 또 잠깐 들려 왔다. 그것은 앞길에 아무 바람도 갖지 않는 사람의 한숨이없다. 그것은 서러운 운명을 등에 진 사람의 힘없는, 그러나 마지막까지의 반항이었다.
 휘파람이 어둠속에서 어둠속으로 사라진 뒤에도 남녀는 그대로 창앞에 어깨를 나란히 하고 서 있었다. 그들은 멍하니 그렇게 제자신을 잊고 있었다.
 생각난 듯이 휘-하고 바람이 불어 들었다. 비 오는 가을밤 불어드는 바람은 진저리치게 찼다. 그들은 몸을 떨고, 그리고 그 순간에 잃었던 제자신을 찾은 듯이 기약하지 않고, 서로 얼굴을 마주 바라보았다."14)

아리랑 소리가 들렸다는 이야기를 들으며 '여자'는 철수가 풍기는 식민지 청년의 애수와 우울에 도취되기 시작한다. 아리랑과 함께 청년

---

14) 박태원, 「반년간」, 『윤초시의 상경』, 깊은샘, 1991, 244-245쪽; 강조는 인용자. 이하 작품 인용은 이 책을 따름.

의 우수에 동화된다. 철수도 이 속절없는 서러움에 자신의 몸을 맡기기 시작한다. 이 장면의 문장은 그 호흡이 대단히 긴박하게 이어지면서 아리랑 소리의 높낮이에 따라 두 사람 감정 사이에 놓인 격차가 좁혀진다는 것을 암시한다. 마침내 휘파람이 사라지자 이들은 각자가 이미 서로를 잃었음을 확인한다. 서러움 안에서 서로 동화된 것이다. 변변찮은 하숙집 딸과 식민지 청년이 공유하는 '서러움'이란 무엇일까?

아리랑이 아니었다면, 철수도 여자도 서로를 원하는 일은 없었을지 모른다.15) 아리랑 때문에 갑자기 철수가 용기를 발휘하게 만드는 상대는 영어를 못하는 변변찮은 하숙집의 딸이다. 동경에서 많은 하숙집들이 특히 조선인 유학생을 받아들이기 싫어했던 사실을 감안한다면, 이 작품의 배경이 되는 하숙집의 형편이란 일본 사회의 중류이기 어렵다는 것을 짐작할 수 있다.16) 하숙집 딸은 문화적으로나 사회적으로 일본 사회의 하위 주체다. 그녀의 열등감은 영어로 된 연애 소설을 소비하는 것에서 자족하는 모습으로도 확인할 수 있다. 위의 장면에서 두 사람의 하위 주체는 아리랑 안에서 서러움을 통해 연대한다. 이들은 서로에게서 자기를 보며, 서로의 타자성을 잊는다. 그러나 이 순간은 오래가지 못했다. 서로 가장 가까워졌을 때, 그들의 하위주체성들은 미묘하게 충돌하며 그 위계를 건 싸움을 해야 했기 때문이다. 서러움을 통한 연대에는 한계가 있었다. 힘의 균형은 깨지고 폭력적 위계가 발생했다.

---

15) "철수는 젊었고 여자는 미인이었다. 그러나 어인 까닭인지 철수는 일찍이 이 여자를 사랑하고 싶다는 유혹을 느낀 일이 없었다. 그는 가끔 그것을 이상하다, 생각 하였다. 그러나 그 까닭을 알 수 없었다. 어쩌면 여자가 다만 미인일 따름을 그 밖에 별로 이렇다 할 매력을 갖지 않고 있는 까닭인지도 모른다."(『반년간』, 앞의 책, 240쪽)

16) 김을환, 「나의 일본유학기」, 『동경유학생』, 탐구당, 1986, 69-79쪽 참고. 이 밖에 염상섭도 『숙박기』(『신민』, 1928. 1)에서 동경 유학생의 고학담, 하숙집 구하기의 어려움에 대해 그린 바 있다. 1920년대를 넘어서면 동경으로 밀려드는 일본의 여타 지방 출신의 유학생도 그 경제적 곤란과 사상 문제 때문에 하숙집 주인들이 꺼리는 대상이 되는데, 하물며 식민지 출신의 유학생이란 더더구나 경계의 대상이었다.

"철수는 여자의 얼굴을 들여다보듯이 고개를 숙이고, 그리고 속살거렸다.
「용서하세요.」
그 목쉰 소리는 약하게 떨리었다.
여자는 말없이 공허한 눈으로 그를 쳐다보았다.
「용서하세요. 네?」
철수는 다시 한 번 이렇게 속살거리고, 그리고 두 번째 여자의 입술을 구하였다. 그러나 그 순간 철수는 여자의 맑고 깊은 눈속에 분명히 떠오른 '두려움'과 '부끄러움'의 빛을 보았다. 그와 함께 여자의 얼굴이 철수의 입술 아래로부터 옆으로 비켜졌다. 철수는 부둥켜안고 있는 자기의 두팔 속에 여자의 굳센 저항을 깨달았다.
「유루시데네 하나시데네.」(용서하세요. 놓아주세요.)
'여자의 처녀성의 그것만은 그것만은……' 하고 애원하였다. 그러나 철수의 오랫동안 억압당하였던 '사내'는 걷잡을 수 없는 형세로 여자의 '처녀'를 요구한다.
「용서하세요. 네?」
철수는 또 한번 속살거렸다. 그리고 그의 열에 타는 입술은 여자의 입술을 구하였다. 여자의 바르르 떨리는 입술이 철수의 것을 피하기 위하여 이리저리 안타깝게 움직였다. 철수의 입이 미친듯이 그 뒤를 쫓았다.
그러자 철수의 눈과 여자의 눈이 일순간 마주쳤다. 그 순간 철수는 여자의 눈속에 자기의 비굴한 정열을 질책하는 처녀의 노여움을 본듯이 생각하였다.
철수의 두팔에 힘이 빠졌다.
여자는 남자의 껴안음에서 해방되었다."[17]

철수가 마치 겁탈할 듯이 여자를 향해 달려들게 되었다. 철수는 여자에게 영어를 가르침으로 해서 하숙생에서 교사로 나아갔고, 억압된 자의 애상을 상징하는 음악을 통해 여자와 동렬의 위치에 서서 그녀에게 구애할 수 있었다. 그러나 바로 그 순간, 여자에게 다가가는 그의 안

---

[17] 박태원, 「반년간」, 『윤초시의 상경』, 깊은샘, 1991, 247쪽; 강조는 인용자.

에서 서러움 이상의 것이 작동하고 있음이 드러났다. '오랫동안 억압당하였던 그의 '사내''가 그것이다. 일개 유학생에 불과한 그가 얼마나 오랫동안 무엇을 억압당해왔을까. 그것은 지적 능력이며, 사회적 인정이다. 억눌려온 것이 하필 이 시점에서, 제국의 하위 주체 여성에게서 보복성을 띄고 폭력적인 방식으로 뿜어져 나오고 말았다.

철수는 돌연 자신의 남성성을 확장해서 여자에게 처녀성의 위협을 가한다. 위의 인용문 강조 부분에서 확인할 수 있듯이 철수는 "용서하세요. 놓아 주세요"를 "여자의 처녀성의 그것만은 그것만은……"으로 해석했다. 철수는 '사내'가 되어 걷잡을 수 없는 형세로 여자의 '처녀'를 요구한다. 이 장면에서 '여자'의 '처녀'를 문제 삼는 철수는 처녀지로서의 식민지를 겁탈하는 제국의 횡포를 역으로 재현했다. 공격성이 거침없이 발현된다. '여자'에 대한 철수의 묘사 또한 대단히 관능적이다. 그는 그녀의 육체를 거듭 '바라보고 있다.'[18] 뒤에서 다시 설명하게 되겠지만, 이와 같은 바라봄의 전도가 조선인 여급 미사꼬에게서는 일어나지 않는다.

일순 폭발했던 철수의 폭력성은 곧바로 다시 억압되었다. 철수가 반성해서가 아니다. 철수는 자신이 자신을 억눌렀던 지배자의 폭력을 재생산하고 있음을 여자의 눈에서 확인하고 놀라 물러서는 것이다. 이 과정에서 철수는 끊임없이 여자에게 용서를 구했다. 하위 주체들끼리 서로의 심급 다툼을 하고 있다. 식민지 출신의 지식인은 제국에 가서 피식민자로서의 의식과 식민자의 의식 두 가지를 동시에 내면화한다고 한다.[19] 철수 또한 이 지점에서 지배자로서의 자신을 여자에게서 확인

---

[18] "여자의 약간 넓은 듯한 이마는 그의 의지의 풍부함을 표시하는 것이고 깨끗하게 맑고 깊은 두눈은 가히 신비를 탐구하기에 족한 것이었다.-하고 철수가 여유 있게 여자를 관찰할 수 있도록, 그는 여자를 대하여 언제든 평온한 마음을 가져왔다. 그의 새빨간 입술이며, 몹시 탄력 있어 보이는 젖가슴에 철수는 일찍이 정열을 느끼지 않았다."
(『반년간』, 앞의 책, 240쪽)

[19] "앙띨레스인들은 타자를 지배하려는 욕망을 강하게 품고 있는 사람들이다. 그들의

받고 싶어했다. 그러나 사랑스럽게 여자의 얼굴을 내려다보며 그녀가 안심하고 자신에게 몸을 맡긴다고 생각한 순간, 여자가 "비굴한 정열을 질책하는 처녀의 노여움"을 보였다. 과연 여자가 이것을 보인 것인지, 철수가 이렇게밖에 해석할 수 없었던 것인지는 중요하지 않다. 이러한 감정의 교환은 수신자와 발신자가 따로 있는 것이 아니라 두 사람이 만나는 그 현장이 제공하는 것이다. 여기서 이민족 간의 사랑은 하위주체의 위상 다툼이 일어나는 장소가 된다.

여자에게서 노여움을 읽자마자 철수는 그녀에 대한 욕망을 포기하지만, '용서하세요'라는 말을 멈추지 못한다. "노하셨습니까?", "노하지 않았다고 한마디 못하여 주시겠습니까?" 철수는 끝끝내 여자의 동의를 필요로 했다. 그리고 이 순간, '여자'는 '스미에'라는 이름으로 "새삼스럽게" 불리며 작품 안에서 그 개성을 부여받는다. 하위 주체간의 심급 다툼에서 최종 승자는 '스미에'라고 할 수 있다. 일본인이라는 것을 비로 설명해주는 그녀의 이름이 이제 철수를 바라보며, 그의 사랑을 허락하려 들기 때문이다.

> "철수는 고개를 들고 그리고 여자를 보았다.
> 「스미에상.」
> 그는 새삼스러이 여자의 이름을 불렀다.
> 「노하셨습니까?」
> 여자는 고개를 숙인 채 대답이 없었다.
> 「노하지 않았다고 한마디 못하여 주시겠습니까?」
> 그리고 철수는 충동적으로 여자의 손을 잡았다.

지향 노선은 타자를 관통해 나간다. 이것은 항상 주체라는 문제를 불러일으킨다. 객체에 대해서는 생각할 겨를도 없다. 타자의 눈에서 나에 대한 "존중"의 기색만을 읽으려고 한다. 불행하게도 그 눈 속에 불쾌한 잔영만이 남아 있을 경우, 그는 그 눈을 비난한다."(프란츠 파농, 앞의 책, 265쪽) 그러나 철수는 스미에의 눈에 비친 불쾌한 잔영을 보고도 스미에를 비난하지 못한다.

잠깐 동안 그곳에 침묵이 있었다. 철수는 여자가 대답이 없는 것을 보고 또 무엇이라 말하려 들었다. 그때 여자는 갑자기 고개를 들고 다음 순간 그의 입술은 철수의 입술을 뜨겁게 스쳤다."20)

식민지 출신 남성은 그 존재가 남성이기 이전에 존재론적으로 여성항의 자질을 가진다. 이것은 비서구 남성의 서양 체험에서 극대화된다.21) 『반년간』의 전반부에서는 자신의 상실된 남성성을 극복하기 위해 지배하는 쪽의 가장 약한 고리, 즉 지배 종족의 하층민 여성에게 달려들어 성적 폭력을 끼치고픈 식민지 민족의 욕망이 고발되었다. 철수는 영어교사, 즉 문명인이라 자처하는 자이기에 자신의 폭력성을 발견하고는 더 불쾌감을 느끼게 된다.22) 자기 안에 문명이 온전히 작동할 수 없다는 한계와 문명 안에는 언제나 이와 같은 타자를 향한 보복심리, 반사적 지배욕구가 잠재되어 있다는 불안감이 이 대목에서 드러났다.

IV. 동족간의 사랑과 보복심리의 방어성

철수의 인정욕망을 둘러싼 보복심리는 스미에 앞에서 좌절된 뒤, 다시 잠류해서 또 다른 하위 주체에게로 투사되었다. 스미에와 접촉했던 그날, 바로 삼십 분 뒤 철수는 '고원사역'으로 나갔다. 어디로 가겠다는

---

20) 『반년간』, 앞의 책, 248쪽; 강조는 인용자.
21) 윤치호의 일기를 비롯해서, 서양으로 나아간 조선인 남성의 여행기, 유학기에는 백인 여성에 대한 선망과 두려움이 함께 발견된다.(임영빈, 「김정괴의 일기」, 『우라키』, 1931, 1933, 참고)
22) "철수는 그곳에서 이제까지 제자신 은근히 부정하여 오던 자기 자신의 추악한 일면을 확실히 본 듯이 생각하였다. 그는 여자를 사랑하고 있지 않았다. 그는 자기의 정열이 오직 여자의 육체만을 상념 삼고 발흥하였든 것에 틀림없다는 것을 시인하지 않을 수 없었다. 자기의 비열한 욕정이 기회와 여자의 정열을 이용하여 한 개의 처녀를 사로잡으려 하였던 사실을 생각하면 생각할수록 불쾌하였다."(『반년간』, 앞의 책, 249쪽)

방향도 없이 무작정 집을 나온 것이다. 스미에라는 일본 여인과의 접촉에서 "어째 모욕을 당한 것같이 또한 자기의 자존심을 상한 것 같은"[23] 생각이 들어서 그는 집을 나올 수밖에 없었다. 바로 이러한 상황 자체가 '자존심이 상하는 일'이 된다. 왜 자신의 억눌린 사내를 사랑하지도 않는 여인에게 뿜을 수밖에 없는가 그는 이해할 수가 없었다. 철수는 스미에는 순수하게 자신을 사랑하지만 자신은 욕망밖에 없었음을, 자신의 억눌린 사내밖에 없었다는 그 사실이 참을 수 없었다고 자백한다.

이러한 곤란함과 자기 불쾌 때문에 철수는 하숙집에 그날 밤 머무를 수 없었다. 하숙집은 스미에 집안의 것이다. 집 주인의 딸을 능멸하려고 한 자신의 비열함 때문에, 그는 집 안에 거주할 자격을 박탈당했다고 할 수 있다. 그 집 안에는 순수한 사랑만이 있어야 하는 듯, 일본인 여인에게 품었던 불경한 마음은 존재할 자리가 없다는 것을 확실히 알겠다는 듯 철수는 집 밖으로 서둘러 나갔다. 애초에 고향집처럼 포근했던 하숙집이 돌연 그를 밀쳐 내고, 그는 쫓겨나듯이 거리로 나오게 된다. 이제 어떤 거처를 발견해 고향을 느낄 것인가?

철수가 하숙집을 나와서 편하게 찾아 들어간 곳은 카페 오모이데이다. 그리고 그 곳에서 조선인 여급 미사꼬를 만난다. 스미에를 묘사했던 것과는 달리 미사꼬의 아름다움은 "매섭게 예뻤다."[257]로 간단히 형용된다. 스미에가 이름을 부여받지 못한 채, 그저 '여자'로 지칭될 때 철수는 그녀의 아름다움을 정물처럼 관찰했다. 바라보았던 것이다. 그러나 철수는 미사꼬의 아름다움에 대해서는 활동사진처럼 느낀다. 정물화와 활동사진의 차이는 무엇일까? 그것은 바라본다는 시선의 권력을 발휘할 수 있는 대상으로서의 '여자'와 나와 같이 움직이는 존재로서 "활동"하는 대상 간의 차이다.

오모이데는 조선인들끼리 부딪치고 만나는 경성의 어디 어디 쯤이

---

[23] 『반년간』, 앞의 책, 249쪽.

아니다. 그것은 동경이며 이민족들이 오고가는 시내 한 가운데에 있다. 철수를 비롯해서 그의 친구들은 지배 민족이 주류인 제국의 수도에서 피지배 민족인 동족 여인을 애욕에 찬 눈으로 묘사하는 것을 극도로 피한다. 그들이 그러한 '바라봄'이 지배자의 시선을 흉내 내어 종족 내부의 상호적 이성 관계를 지배-피지배 관계로 역전시킬 위험을 직감했다고 볼 수 있다. 절대로 미사꼬를 묘사할 수 없는 점, 그녀를 묘사할 고정된 시점을 확보할 수 없다는 점. 즉, 함께 움직이기 때문에 미사꼬와 나는 주체와 객체로 나뉠 수 없고, 어떤 지점에서는 같은 처지, 즉 제국 지배의 민족적 하위 주체들인 것이다.

그럼에도 불구하고 철수는 미사꼬를 관능적으로 묘사하고 싶은 유혹에 사로잡힌다. 조선 출신의 손님만 보아도 미사꼬는 연약한 어깨를 흔들며 오열했다. 철수와 그의 친구, 까페의 일본인들은 모두 미사꼬의 외모에서가 아니라 그녀의 울음에서 '황홀'을 느꼈다.[24] 지배 민족의 여인에게서는 시각적 쾌락을, 피지배의 동족 여인에게서는 청각적 쾌락을 느끼며 철수는 미사꼬에게로 미끄러진다. 미사꼬는 갑자기 자신의 울음에 대해 용서를 구했다. 불과 한 시간 전에 철수는 스미에에게 용서를 구하는 처지였다. 그러나 이제는 미사꼬를 용서하는 위치에 선다. 스미에에게 밀려난 그의 하위주체성은 미사꼬와의 관계에서는 상위로 올라간다. 이렇게 감정의 위계가 전도되면서 철수는 동족 안에서 우위를 차지하게 된다. 용서를 구하는 철수에게서나 미사꼬에게서나 결국 지배와 피지배 관계를 결정짓고 생산하는 역할은 허락과 승인을 구하는 자가 한다.

"그는 몸의 중심을 잃은 듯이 비틀하고 그리고 철수 옆에가 쓰러지는 듯이 주저앉았다. 다음 순간 그는 좌석 스프링의 반동으로 상반신을 앞으로 꺾고 그리고 두 손을 얼굴에 갖다 대었다.

---

24) 『반년간』, 앞의 책, 258쪽.

그들은 여자의 움켜쥐면 오도독 소리가 나고 으스러질 듯싶게 연약하여 보이는 두 어깨가 그의 격렬한 감정으로 급하게 물결치는 것을 보았다.

그들은 얼굴을 가리고 있는 여자의 무섭게 색깔 흰 것이 조그맣고 귀여운 두 손을 보았다. 그 두 손의 열 손가락이 바르르 떨리는 것을 보았다. 그리고 그들은 그 열 손가락 틈으로 새어 나오는 가늘게 떨리는 느낀 울음을 들었다.

그것은 황홀한 순간이었다. 그리고 인상 깊은 장면이었다. 사람들은 잠깐 모든 것을 잊고 그것을 바라보고 있었다. 그것은 그렇게도 그들을 감동시키고 또 황홀케 하였다.

(……)

여자는 울음을 그친 듯싶었다. 그러나 역시 그는 어깨로 숨을 쉬고 있었다. 그러다가 그는 얼굴을 가리웠던 두 손을 힘없이 무릎 위에 떨어뜨리고, 그리고 가만히 얼굴을 들었다.

그 순간 철수는 몸을 부르르 떨었다. 그들의 머리 위에 딜린 푸른 등불 밑에 여자의 얼굴은 그렇게도 매서웁게 어여뻤다.

「용서하여 주세요.」

여자는 가만히 말하였다. 그것은 한숨에 가까웠다. 또 사실 뒤따라 가만한 한숨이 나왔다."25)

철수는 미사꼬의 '순결'26)에 대해서는 더할 나위 없는 책임감을 느낀다. 그리고 오래지 않아 철수는 미사꼬와 사귄다. 그러나 그의 심사가 편하지 않다. 그는 미사꼬가 어딘지 부끄러웠다. 친구들에게 연애 장면을 들키자 마자 그 자리를 도망쳐 버리기도 하고, 미사꼬의 순결함을 사랑하지만 그녀 생각을 할 때마다 어머니, 형, 어린누이, 그리고 친구 준호, 또한 알고 있는 사람들의 얼굴이 왕창 떠올랐다.27) 철수는 그의 친구와 가족들이 질책, 연민, 조소의 표정을 짓고 있는 것처럼 느낀다.

---

25) 『반년간』, 앞의 책, 258-259쪽.
26) 『반년간』, 위의 책, 260쪽.
27) 『반년간』, 위의 책, 320쪽.

철수는 자기의 사랑을 위해서는 모든 사람과 싸워야만 할 것 같은 기분이 들었다.28) 왜인가?

철수가 처음에 미사꼬라는 이름을 가진 조선인 여성에게서 순결과 안쓰러움을 느꼈던 원인을 미사꼬에게서만 찾을 수 없다. 스미에의 하숙집을 뛰쳐나온 직후에 벌어진 일이기 때문이다. 여자에 불과했던 사람이 스미에가 되자 마자, 자신의 보복심리를 철회해야 했던 철수다. 이제 그는 미사꼬라는 일본 이름을 가지기는 했지만, 실은 일본인은 아니고 자신이나 스미에보다 열등한 존재인 조선인 여급에게서 자신의 인정욕망을 해소하려 든다. 미사꼬가 아무리 순결해도 그녀는 까페의 여인이다. 그녀의 순결을 남성 주체의 청각적 쾌락의 차원에서 소비하면서 철수와 그의 친구는 지배 민족의 하위주체에게서 거부당했던 인정의 보상을 획득한다.

그러나 미사꼬에게 다가가는 것은 위험한 일이었다. 그녀에게서 인정을 보상받을 수는 있지만, 그녀와의 사랑은 철수가 스미에를 겁탈하려 했다는 사실을 은폐해버리기 때문이다. 철수는 인정투쟁의 좌절에 뒤따르는 보상심리에서 타인의 처녀성을 위협할 정도의 폭력을 감행한 바 있다. 미사꼬에게 사랑을 구하는 일은 그런 폭력의 에너지가 흐를 수 있는 길을 닦는 일이 된다. 미사꼬가 조선인임을 감안한다면, 철수의 사랑은 동족 남성에 의한 성폭력을 잠재적으로 갖고 가는 일이 된다. 이미 억압받고 박탈당한 식민지의 정체성을 내적 폭력을 통해 훼손해서는 안된다는 금기를 느끼면서도 그것을 위반하고 싶은 욕망이 철수를 사로잡는다.

미사꼬와는 순결한 사랑을 나누기가 불가능하다. 그녀는 이미 조선적 정체성을 훼손하고 있다. 아무리 애절하고 순결한 분위기를 가졌다 하지만 미사꼬는 철수가 보이지 않는 곳에서는 얼마든지 일본인을 향

---

28) 『반년간』, 앞의 책, 321쪽.

해, 또 다른 인종을 향해 "천박한"29) 웃음을 지을 수 있는 카페 여급이다.30) 작품의 후반부에 철수가 '신은숙'의 편지를 받고서도 강력하게 그가 미사꼬가 아니기를 바란 이유, 신은숙과 미사꼬가 등호로 연결되는 것에 대한 '초조'와 '증오'31)는 민족적 정체성이 자기 자신에 의해서, 혹은 미사꼬 본인에 의해서 훼손되는 것에 극도로 민감한 철수의 방어심리가 만든 감정이다.

신은숙, 즉 미사꼬와 만나기로 한 신숙역 안의 고지판에 쓰인 글 중에서 유독 '위험하다. 말어라. 절대로 말어라. 미루꾸'라고 쓰인 말이 철수를 좇는다. 이 위험은 자신의 폭력성을 은폐할지도 모른다는 자기 검열의 말이었다.32) 미사꼬의 유혹을 두려워하는 까닭은 바로 그 자신이 미사꼬를 유혹하고 싶어하기 때문이다. 그는 자신의 폭력적 보복성이 미사꼬에게 흘러들어가기를 원하고 있고, 또한 그것이 잘못이라는 것을 알고 있다. 그래서 두 개의 선택지 사이에서 흔들리는 자신이 못마땅한 것이다.33) 그러나 철수는 결국 한 시간이나 기다려서 만난 미사꼬를 행

---

29) 『반년간』, 앞의 책, 315쪽.
30) 『반년간』, 위의 책, 332쪽.
31) 『반년간』, 위의 책, 334쪽.
32) "〈나는 미사꼬라는 여자를 무서워하고 있는 것인가?〉
  이러한 의문이 그의 머릿속에 떠오른다.
  〈만약 무서워한다면, 무엇을?〉
  철수는 짐첫 제자신에게 물었다.
  그가 만약 미사꼬와 만나기를 두려워하는 것이라면, 그것은 응당 여자가 자기를 유혹할 것은 = 아니, 그보다도, 자기가 여자에게 유혹을 느낄 것을 = 일 것이다."(『반년간』, 앞의 책, 336쪽)
33) 유혹당하고 싶지 않은 철수는 어쩌면 유혹하고 싶은 것인지도 모른다."만약 유혹이 정열이나 운명이라면, 대체로 정반대의 정열, 즉 유혹당하지 않으려는 정열이 유혹하려는 정열보다 더 강하다. 우리는 우리의 진실 속에서 우리를 강화하기 위해 싸우고, 우리를 유혹하려는 것과 싸운다. 우리는 유혹당할까봐 두려워하여 유혹하기를 단념한다. 유혹당할까봐 두려워하는 것으로부터 벗어날 수 있는 좋은 방법들이 있다. 모든 유혹을 차단하기 위해 유혹당하는 체하면서 결코 유혹당하지 않으려면 무엇보다도 끊임없이 타자를 유혹해야만 한다."(장 보드리야르, 배영달 역, 「유혹당하는 두려움」, 『유

여 친구 준호나 자기를 아는 누가 볼까봐 몰래 뒷골목으로 데리고 나와 버린다.34) 뒷골목에는 그들을 비웃는 시선이 있었다. 철수는 타자의 시선을 거쳐 바로 자기 자신을 비웃는다.

"철수는 이, 몹시 음난한 듯한, 타락한 듯한 여자에게 증오와 모멸을 느끼고 있는 자기자신을 발견하였다. 이 여자에게 내어 주기에는, 자기의 사랑이 너무 깨끗한 드싶었다. 자기의 정열과 여자의 정열 사이에는 너무나 큰 질적 차이가 있는 듯싶었다.
깨끗하다 믿는 자기의 정열을, 더럽다 생각하는 여자의 정열과 융합시킬 때 철수 자신 오탁 속에 떨어지고만 말 듯싶었다."35)

"역 밖으로 나와 큰길을 걸어간 듯싶은 준호와 마주치지 않기 위하여 도망꾼이같이 뒷골목을 돌고 그리고 예까지 와서는 도망꾼이같이 뒷골목을 돈 보람이 있는 듯싶게 생각한데서 나온, 안도의 한숨이었다.
(……)
통 넓은 바지를 입은 젊은 사나이가 그들에게 비웃음 가득한 시선을 던졌다."(350-351)

마침내 철수는 자기 내부에서 미사꼬를 유혹하고, 미사꼬에게 자신의 억눌린 폭력을 보상받기를 원하는 강력한 충동을 이기지 못하고, 결국 깊이 고민도 하지 않은 채 미사꼬와 한 밤을 보낸다.36) 인종적 순수

혹에 대하여』, 백의, 2002, 151쪽)
34) 『반년간』, 앞의 책, 349쪽.
35) 『반년간』, 위의 책, 359쪽.
36) 유혹당하고 싶지 않은 철수는 어쩌면 유혹하고 싶은 것인지도 모른다. "만약 유혹이 정열이나 운명이라면, 대체로 정반대의 정열, 즉 유혹당하지 않으려는 정열이 유혹하려는 정열보다 더 강하다. 우리는 우리의 진실 속에서 우리를 강화하기 위해 싸우고, 우리를 유혹하려는 것과 싸운다. 우리는 유혹당할까봐 두려워하여 유혹하기를 단념한다. 유혹당할까봐 두려워하는 것으로부터 벗어날 수 있는 좋은 방법들이 있다. 모든 유혹을 차단하기 위해 유혹당하는 체하면서 결코 유혹당하지 않으려면 무엇보다도 끊임없이 타자를 유혹해야만 한다."(장 보드리야르, 배영달 역, 「유혹당하는 두려움」, 『유

함이라도 지켜 지배자의 폭력을 반복하려 했던 자기를 반성하고 자존심을 지킬 수 있는 길을 버린 것이다.

철수가 스미에였던 여자에게서 처음에 확인한 것은 과잉된 관능성이지만, 작품의 후반으로 갈수록 스미에는 정숙하고 순결한 소녀다움을 발휘한다. 반면, 스미에에게 거절당한 뒤 하숙집을 뛰쳐나와 만나게 된 여급 미사꼬는 처음에는 순결한 고혹적 아름다움을 뽐내지만 작품의 후반부로 갈수록 요부가 되어 간다. 두 여인 사이에서 관능과 순결, 다시 순결에서 관능으로 이어지는 정동을 따라가면서 철수는 생의 에너지를 다 잃고, 자신의 갈 길도 잃는다. 아리랑에 고조되던 그는 더 이상 없다. 작품의 후반부에 철수는 그의 친구들 모두 뭔가 민족적인 사업으로 바쁜 것을 거의 모른 채하다시피 하면서 미사꼬와의 연애에만 빠져든다. 인정욕망의 좌절과 보상심리의 공격적 발현 다음에, 어떻게 해도 자신의 인정욕망을 해결할 길이 없다는 자포자기를 느끼고 만다.

V. 식민지 근대 주체와 폭력의 예감

『반년간』은 식민지의 청년이 오직 여성과의 관계에서만 자신의 사회적 인정을 구할 수밖에 없는 곤란한 상황을 묘사하면서, 그 근저에 흐르는 식민지 주체의 정치적 욕망을 역으로 드러낸다. 작품은 미완인 듯 마무리되는데, 박태원이 다루고 있지는 않지만 오래 억압된 철수의 사내는 유학을 마치고도 충족될 길이 없을 듯하다. 박태원 개인이 대학을 중퇴하고 귀국했던 것처럼, 또 그가 그린 『소설가 구보씨의 일일』에서처럼, 근대 문학 중에는 일본 유학을 중퇴하고 신문사에 취직하거나 그저 방안에서 소설을 구상하며 거리를 산책하는 일로 시간을 보내는

혹에 대하여』, 백의, 2002, 151쪽 참고).

인물들이 등장하는 작품이 많다.

　『반년간』의 철수가 작품의 도입에서와 달리 뒤쪽으로 갈수록 점점 무기력과 피로감 속에서 우왕좌왕하는 모습은 분명 당대 유학생들, 문명을 번역하는 주인공들의 면면을 반영한 것이었다. 하지만 이 작품이 문제 삼고 있는 것은 현실의 반영이 아니다. 철수가 그의 친구들과 맺는 관계는 스미에나 미사꼬의 관계에 비해 훨씬 더 피상적이었다. 작품은 식민지 근대 주체가 자기의 주체성을 세우기 위해서 동원하는 상대자는 제국의 남성 주체, 혹은 서양의 지식인 주체가 아니라는 점, 제국, 그리고 문명 공간의 여성 하위 주체이거나 혹은 식민지, 야만 공간의 여성 하위 주체라는 점, 그것이 갖는 위험함을 생각할 것을 요구한다. 따라서 단 한 번도 등장하지 않았지만 진실로 철수가 대등하게 서로를 인정하는 관계로 만들고 싶었던 상대자는 제국의 지식인, 혹은 관료임을 알 수 있다. 그들과 만나는 일이 불가능한 한, 철수의 보복 심리는 잠재적으로 작동할 수밖에 없다.

　식민지 근대 주체 형성 과정에서 가장 강력하게 작동하는 것은 민족적 열등감이며 그것을 보상받기 위해 피식민지 출신의 지식인 남성 주체는 자신이 문명인인 점을 스스로 배반하는 일마저 서슴치 않았다. 연애소설을 좋아하던 하숙집 딸을 갑자기 겁탈하고 싶을 정도로 그의 욕망은 억눌려 있었고, 그것을 대신 채워줄 수 있는 또 다른 하위주체를 서둘러 찾게 되면서 그는 점점 더 무기력해졌다. 자신의 폭력성이야말로 문명인이 되기 위한 불쾌한 요소라는 점, 이러한 요소마저 문명이 만들어서 피식민자에게 주입한 것이라는 점. 이러한 전부가 증오해 마땅한 점들이라는 인정하면서도 철수는 어쩔 수 없이 별 볼일 없는 사내가 되어 간다. 『반년간』은 제국과 식민지 사이에 놓인 섹슈얼리티의 공간화와 인종 차별의 문제를 드러내면서, 그것을 넘나드는 주체가 안고 가는 폭력을 예감하고 성찰하는 작품이다.

■ 참고문헌

1차 자료
김을환, 「나의 일본유학기」, 『동경유학생』, 탐구당, 1986.
박태원, 『윤초시의 상경』, 깊은샘, 1991.
박태원, 『이상의 비련』, 깊은샘, 1991.
박태원, 『월북작가 대표문학 선집』, 문학과 현실사, 1994.
박태원, 『소설가 구보씨의 일일』, 문학과지성사, 2005.
박태원, 『구보가 아직 박태원일 때』, 깊은샘, 2005.
염상섭, 『숙박기』, 『신민』, 1928. 1.
임영빈, 「김정괴의 일기」, 『우라키』, 1931, 1933.

국내 논저
김경일, 「식민지 시기 신여성의 미국 체험과 문화 수용」, 『한국문화연구』, 이화여자 대학교 한국문화연구원, 2006.
김영모, 『한말 지배층 연구』, 한국문화연구소, 1972.
김종회, 『그들의 문학과 생애, 박태원』, 한길사, 2008.
박선미, 『근대여성, 제국을 거쳐 조선으로 회유하다』, 창작과 비평사, 2007.
박애경, 「대한제국기 가사에 나타난 이국 형상의 의미-서양 체험가사를 중심으로」, 『고전문학연구』 31, 한국고전문학회, 2007.
서연호 외, 『한국 근대 지식인의 민족적 자아형성』, 소화, 2004.
소영현, 『문학 청년의 탄생』, 푸른역사, 2008.
소영현, 『부랑청년 전성시대』, 푸른역사, 2008.
심원섭, 『일본 유학생 문인들의 대정·소화 체험』, 소명, 2009.
오선민, 『한국 근대 해외 유학 서사 연구』, 이화여대 박사논문, 2008.
이광주 외, 『아시아의 근대화와 대학의 역할』, 한림대학교출판부, 2000.
최현재, 「미국 기행가사 「해유가」에 나타난 자아인식과 타자인식 고찰」, 『언어문학연구』 58, 한국언어문학학회, 2006.
한상일·한정선, 『조선병탄과 시선의 정치 일본, 만화로 제국을 그리다』, 일조각, 2006. 2.

국외 논저

가와무라 미나토, 『말하는 꽃 기생』, 소담, 2002.
강상중, 이경덕·임성모 역, 『오리엔탈리즘을 넘어서』, 이산, 1997.
고모리 요이치, 이현기 역, 『번역의 방법』, 고려대학교출판부, 2001.
모리사키 카즈에, 채경희 역, 『쇠사슬의 바다』, 박이정, 2002.
사카이 나오키, 후지이 다케시 역, 『번역과 주체』, 이산, 2005.
야나기 무네요시, 심우성 역, 『조선을 생각한다』, 학고재, 1996.
우에노 치즈코, 이선이 역, 『내셔널리즘과 젠더』, 박종철 출판사, 1999.
리디아 리우, 민정기 역, 『언어 횡단적 실천』, 소명, 2005
장 보드리야르, 배영달 역, 「유혹당하는 두려움」『유혹에 대하여』, 백의, 2002.
조지 L. 모스, 공임순 외 서강여성문학연구회 역, 『내셔널리즘과 섹슈얼리티』, 소명, 2004.
프란츠 파농, 이석호 역, 『검은 피부, 하얀 가면』, 인간사랑, 1998.

■ 국문초록

   1933년 『동아일보』에 연재되는 박태원의 『반년간』은 문명을 번역하기 위해, 문명국으로 공부하러 떠난 일본 유학생의 동경 생활기를 본격적으로 다룬다. 주인공 철수는 식민지 주체성이 인종적인 열등감에 의해 굴절되는 경로를 자신의 연애담을 통해 보여주게 되는데, 이 과정에서 식민지 근대 주체가 내면화하게 되는 폭력이 밝혀진다. 철수는 이민족 여성인 스미에와 동족 여성인 미사꼬 사이를 오가며 서서히 무기력해지고 만다. 하지만 그의 무기력은 자신을 인정해주는 제국의 하위 주체에게 성적 폭력에 가까운 힘을 행사한 일을 은폐하는 방편이기도 했다.

   작품은 제국과 식민지는 '보는 자=지배하는 자=남성'과 '보이는 자=지배받는 자=여성'이라는 심상 위에서 상상적 관계를 맺고 있다는 것을 드러내었다. 그 상상적 관계는 애초부터 식민지 출신의 지식인에게는 불만족스러울 수밖에 없는 구도였다. 작품은 문명의 이식자인 일본 유학생의 억눌린 인정욕망이 제국의 하위 주체인 하급 여성을 향한 성폭력으로 전환될 위험을 예고한다. 그리고, 그 폭력성이 쉽게 같은 민족의 하급 여성에게로 옮겨갈 수 있는 가능성을 그린다.

주제어: 인종, 민족 정체성, 하위 주체, 섹슈얼리티, 열등 콤플렉스, 보복 심리, 공격성, 방어성, 폭력

■ Abstract

National Inferiority and
Retaliatory Mentality of a Colonized Intellectual
- Focusing on Aggressiveness and Defensiveness of Modern Subject Exposed in Taewon Park's "*Bannyeongan(During Half a Year)*"

Oh, Sun Min

Non-Western modern is translated modern. It is because that the 20th century of non-Western endeavors to build a modern by designating all the 19th century's sector of customs and sensibility, as well as system of society and politics, as civilization, and by translating. What should be done to transfer civilization? First of all. someone must learn civilization through texts or experiences. Then, he who has been embodied civilization within him has to explain civilization to people, drawing it. What civilization is, how valuable it is, and how it can be transferred, should he, tasted of civilization, explain and display. In these sense, modern colonized subjects are the translators of civilization themselves.

In the similar way of translators' work, those who try to transfer civilization are learners of civilization in the beginning, but they soon acquire their authority as spokesmen of civilization, as they come to colony, embody and speak for civilization. The transferrer of civilization is inevitable to embody civilization, disrupting himself between the values of Western and non-Western as if the translator-subject produces two linguistic community, disrupting himself between the language of the translated and the translator. By pondering this disruption, we are able to look into the reproductive structure of civilization and the method by which modern colonized subjectivity is molded.

Taewon Park's "*Bannyeongan(During Half a Year)*", serialized in "*Dongailbo*" in 1933, seriously deals with a Choseon student's life in

Tokyo who goes to Japan, a civilized country, in order to translate civilization. This work traces the process on which colonized subjectivity is refracted because of inferiority. The protagonist Cheol-su meets the daughter of a boarding house in Tokyo, while he goes with a maid Misako from Choseon in the streets. By juxtaposing the love between the different races and the love between the same race in Tokyo as a civilized space, the work predicts the danger which repressed social 인정욕망(desire for recognition) of the student, a transplanter of civilization, will convert into sexual violence towards the low level female, a subordinate subject of an empire. Moreover, it depicts the possibility that the violence can easily be transmitted to the other low level female from the same race. "*Bannyeongan*(*During Half a Year*)" fathoms that modern colonized subject prescribes to itself with sexually discriminative knowledge built upon dichotomy of male and female, and also warns us that the strong aggressiveness of the dichotomy prompts the inside of modern subject.

Key-words: racial Inferiority, retaliatory mentality, national identity, subaltern, sexuality, aggressiveness, defensiveness, violence

－이 논문은 2009년 11월 30일에 접수되어, 소정의 심사를 거쳐 2009년 12월 15일에 최종적으로 게재가 확정되었음.

박태원의 소설에 대한 몇 가지 주석

```
                목  차
  Ⅰ. 아쿠다가의 '벗' 박태원
  Ⅱ. 수염 난 행인
  Ⅲ. 동경의 고현학, 경성의 경제학
  Ⅳ. 우울한 가정법, 명랑한 전망
```

이 경 훈*

Ⅰ. 아쿠다가의 '벗' 박태원

이상(李箱)은 아쿠다가와 류노스케(芥川龍之介)를 종종 인용했다. 잘 알려진 예를 들면, "인공의 날개"(「날개」)나 "double suicide"(「단발」)는 아쿠다가와의 「어느 바보의 일생(或阿呆の一生)」에서 차용한 것이다. 또한 「실화」의 "나는 십 년 긴 세월을 두고 세수할 때마다 자살을 생각하여 왔다"는 문장은 「어느 옛 벗에게 보내는 수기(或舊友へ送る手記)」(1927)의 "나는 요즘 이 년쯤 동안 죽는 일만을 계속 생각했다"[1]는 말을 상기시킨다. 더 나아가 이상은 "서른여섯 살에 자살한 어느 천재"[2]로 아쿠다가와를 규정하면서 「종생기」에 작용하는 그의 영향을 고백했

---

* 연세대학교.
[1] 芥川龍之介, 『芥川龍之介作品集 4』, 昭和出版社, 1965, 255쪽. 원문은 "僕はこの二年ばかりの間は死ぬことばかり考へつづけた"임.
[2] 이상, 「종생기」, 『조광』, 1937. 5, 351쪽.

다.3) 자살하기 직전, 아쿠다가와는 다음과 같이 서술했다.

> 그 누구도 아직 자살자 자신의 심리를 있는 그대로 썼던 사람은 없다. 그것은 자살자의 자존심 때문이거나 또는 그 자신에 대한 심리적 흥미의 부족 때문일 것이다. 나는 군에게 보내는 최후의 편지 속에서 확실히 이 심리를 전하고 싶다고 생각하고 있다.4)

그런데 아쿠다가와의 영향력은 박태원의 초기 소설에도 작용한 듯하다. 동경 유학 시 박태원은 다바타(田端)에 산 적이 있거니와, 그에게 그곳은 무엇보다도 아쿠다가와가 살았던 곳이라는 점에서 의미가 있었다. 박태원은 그 곳이 "고(故) 개천(芥川)이 살던 곳이라는 것에 일종 인연을 지워 주저앉아 버린 것"5)이라고 말했다. 박태원은 아쿠다가와의 글을 직접 언급한 바도 있다. 「적멸」(1930)의 화자는 거리에서 만난 "레인코트 입은 사나이"로부터 다음과 같은 말을 듣는다.

> 년 전에 자살한 일본 문사 모씨의 「어느 옛 벗에게 주는 수기」란 글 속에— …… 나는 지금 '죽음'과 더불어 놀고 있다…… 이러한 구절이 있지 않았습니까?
> '죽음과 더불어 놀고 있다'는 것— 그 경지야말로 우리 인간으로서 맛볼 수 있는 '참된 기쁨'을 주는 '오직 한 곳'이 아닐까요? 참말의 법열경이 아닐까요? 그리고 참말로 축복 받은 용사가 아니고는 엿볼 수 없는 '경지'가 아닐까요?……
> —나는 지금 '그 천지'에서 소요하고 있는 것입니다. '죽음'과 손을 마주

---

3) 이상의 날개를 일러, "이 정도의 작품은 지금으로부터 칠팔 년 전 신심리주의의 문학이 극성한 동경 무단의 신인 작가에 있어서는 여름의 맥간모자(麥稈帽子)와 같이 흔했다"(『비평문학』, 청색지사, 1938, 40쪽)고 평가한 김문집은 '大江龍之介'라는 이름으로 창씨개명했다.(임종국, 『친일문학론』, 평화출판사, 1988(7쇄), 204쪽 참조)
4) 芥川龍之介, 앞의 책, 255쪽.
5) 박태원, 「편신」(류보선 편, 『구보가 아즉 박태원일 때』, 깊은샘, 2005, 113쪽).

붙들고 노래 부르고 있는 것입니다. 비할 데 없이 큰 기쁨 속에 가만히 도취하여 있는 것입니다.6)

인용의 "나는 지금 죽음과 더불어 놀고 있다"는 아쿠다가와 소설의 "나는 냉정하게 이 준비를 마치고 지금은 그저 죽음과 놀고 있다"7)는 문장을 지시한다. 이때 중요한 것은 "레인코트 입은 사나이"가 「어느 옛 벗에게 보내는 수기」를 참조하며 자살을 논의할 뿐 아니라 자기 자신도 "한강에 투신자살"한다는 점이다. 그는 자살자로서 아쿠다가와와 동일화된다. 즉 "레인코트 입은 사나이"는 "어느 옛 벗에게" 편지를 쓴 후 약물로 자살한 "어느 바보"의 위치에 놓인다.

한편 정신병원에서 탈출한 이 "레인코트 입은 사나이"는 "신경병환자, 우울병환자"로서 "염세미를 띠운 인생관", "쓸쓸한 심정", 그리고 "병적의 공상"을 가지고 있다. 그리고 사나이의 "정신이상자"적인 행동은 그 어머니의 존재와 무관하지 않다. 그것은 다음과 같이 설명된다.

　　어머님과 나와의 관계를 말씀할 것 같으면 나를 위하여서의 어머님이었으며 어머님을 위하여서의 나이었던 것입니다. 우리들은 서로 '저편'을 위하여 살아왔던 것이며 또한 '저편'으로 말미암아 죽지 못하였던 것입니다. 과연 얼마나 우스꽝스러운 일입니까. 그리고 그와 동시에 또한 얼마나 비참한 사실이었던 것입니까?8)

따라서 사나이는 어머니의 사망 후 "자유"를 느끼면서 인생관을 "환한 것"으로 바꾸려 한 적도 있다. 이는 그 어머니와 관련된 아쿠다가와의 "정신적 풍경화"를 상기시킨다. 아쿠다가와의 어머니는 그가 출생한

---

6) 박태원, 「적멸」, 『윤초시의 상경』, 깊은샘, 1991, 225쪽.
7) 芥川龍之介, 앞의 책, 257쪽. 원문은 "僕は冷やかにこの準備を終り, 今は唯死と遊んでゐる"임.
8) 박태원, 「적멸」, 『윤초시의 상경』, 앞의 책, 205쪽.

후 7개월 만에 정신이상을 일으켰으며, 그는 여러 작품에서 이와 관계된 체험을 변주하고 있다. 예컨대 「다이도오지 신스케의 반생(大導寺信輔の半生)」의 신스케는 "어머니의 젖을 전혀 빨아먹은 적이 없는 소년"이다. 따라서 그는 "아침마다 부엌으로 배달되는 우유병을 경멸"했으며, "아무 것도 모른다고는 하나 어머니의 젖만은 알고 있는 그의 친구들을 부러워했다."[9] 한편 「어느 바보의 일생」에서 아쿠다가와는 '어머니'라는 부제 하에 다음과 같이 썼다.

> 광인들은 모두 하나 같이 회색 옷을 입고 있었다. 넓은 방이 그래서 더욱 우울해 보이는 것 같았다. (…중략…)
> 그는 혈색이 좋은 의사와 함께 이러한 광경을 바라보고 있었다. 그의 어머니도 10년 전에는 그들과 조금도 다르지 않았다. 조금도, ―그는 실제로 그들이 풍기는 특이한 냄새 속에서 그의 어머니의 냄새를 느낄 수 있었다.[10]

그렇다면 "레인코트 입은 사나이"는 부친을 일찍 여읜[11] 박태원 자신의 일뿐 아니라 모친에 대한 아쿠다가와의 복잡한 심경을 상상적으로 투사해 창조한 인물일 수 있다. 자살과 더불어 어머니와 아들의 특이한 관계 역시 "레인코트 입은 사나이"와 아쿠다가와의 주인공들을 묶는 공통적인 특징이다.

그리고 이같이 아쿠다가와와 동일시되는 "레인코트 입은 사나이"는 화자에게 관포지교(管鮑之交)를 논한다. 그는 "나를 이해하여 주시는 '이 세상에서 오직 한 분'으로 화자를 규정하는 것이다. 사실 모두로부

---

9) 진웅기, 김진욱 역, 『아쿠다가와 작품선』, 범우사, 2000, 199쪽.
10) 위의 책, 253-254쪽.
11) 박태원의 아버지 박용환의 죽음은 〈조선총독부관보〉 제398호(1928. 4. 30)의 '지방청 공문(地方廳公文)'에 조선총독부 경기도 고시 제46호로 보고되고 있는데, 그 내용은 "의약용 아편 판매인 박용환은 쇼와 3년 3월 15일 사망함"이다. 이로 보아 공애당 약국은 총독부의 허가 하에 "의약용 아편"을 취급하고 있었던 듯하다.

터 비웃는 당하는 처음 만난 사나이에게 술을 사주거나 집에까지 불러 들여 밤새 이야기를 듣는 화자는 사나이의 "구우(舊友)" 역할을 한 셈이다. 이렇게 「적멸」의 화자는 "어느 바보"의 "옛 벗"이 된다. 이는 「적멸」의 한 가지 테마인 '벗'에 대한 그리움 및 '벗' 찾기와 잘 어울린다. 실로 이 작품에는 "밤거리를 늦도록 산책한다는 것 (…중략…) 벗은 일찍이 나의 이 '버릇'을 가르쳐 실연한 까닭이라 하였다"(194쪽), "꿈은 깨어 사라지고 벗은 봄의 꽃이나 같이 웃다가는 그만 가버리누나"(195쪽), "먼 곳에서 돌아오는 벗을 마중나간 정거장"(229쪽), "'나의 가엾은 친구'가 자기의 이야기를 마저 들어주기를 바라고 앉았는 생각을 하고 창을 닫고 내 자리에 가서 앉았다"(214쪽) 등과 같이 여러 번 '벗'이나 '친구'라는 단어가 노출된다.

물론 '벗'의 문제는 박태원의 다른 소설에서도 일관되게 관찰된다. 이를테면 「소설가 구보 씨의 일일」에는 구보가 '벗'으로 부르는 하웅(이상)과의 만남이나 대화가 작품 구성의 중요한 요소로 작용한다. "직업과 아내를 갖지 않은"[12] 구보에게는, 그 대신 "황혼을, 또 밤을 같이 지낼 벗"[13]이 있다. 「애욕」, 「보고」, 「이상의 비련」 등은 박태원의 '벗'인 이상에 대한 소설적 보고서다.[14] '벗'에 대한 집착은 백백교 사건을 다룬 「우맹(愚氓)」(1938~1939)에서까지 나타난다. 차문달은 강신호 기자를 압박해 학수가 그 교주의 아들이라는 "도꾸다네(特種)"를 신문에 내지 못하게 한다. 그리고 학수의 자살을 막기 위해 부랴부랴 장수산 묘음사로 달려간다. 최건영이 그러하듯이, 문달과 학수는 아버지들의 미신 및 범죄와는 상관없는 '청년'으로서 서로의 '벗'이다. 그들은 다음과 같이 "친구끼리 맹세하는 노래"를 불렀다.

---

12) 박태원, 『소설가 구보 씨의 일일』, 문학과지성사, 2005, 89쪽.
13) 위의 책, 130쪽.
14) 박태원은 「여인성장」에서도 이상의 이름을 언급한다.

훗날 너는 잘 돼서 수레를 타고, 나는 못 돼서 패랑을 쓰드래두 길에서 만나거든 수레에서 내려 절하라구— 그 대신 내가 잘 돼서 말을 타구, 너는 못 돼 지게를 지드래두 만나선 나두 말께서 내리마—. 사실 참 조흔 노래로군, 이건 날 주게 이런 노랜 외두는 게 조하……15)

따라서 아버지의 죄를 조금이라도 대신 짊어지고자 한 '벗'의 자살을 보며 "슬픔만이 천지에 꽉" 차 있다고 느끼는 것이야말로 백백교의 비정한 살인 및 탐욕스러운 죄악에 맞선 「우맹」의 윤리다. 그리고 이와 마찬가지로 화자가 그 무덤 앞에 비석을 세우고 "레인코트 입은 사나이"를 그리워하는 것은 「적멸」의 핵심 사건이다. 이를 매개로 화자는 자살한 "어느 바보"의 "옛 벗"으로서 「어느 옛 벗에게 보내는 수기」에 대한 소설적 답장을 보내고 있기 때문이다. 즉 다음과 같이 "외로운 벗"을 그리워하는 일은 아쿠다가와에 대한 그리움을 표명하는 일에 다름 아니다.

저 장마가 시작되기 전 마지막 가만한 비가 옛 서울을 힘없이 축이던 날 저녁이었다. 나는 레인코트 주머니에 팔을 꽂고 황혼의 거리를 정처없이 산책하였다. 그러나 저도 모를 사이에 나의 마음은 언젠가 레인코트 입은 사나이를 쫓고 있었다.
오! 외로운 벗이여
그대는 지금 어데 있나—16)

그리고 이렇게 아쿠다가와의 '벗'이 되는 일, 그와 대화하는 일은 "소설아귀(小說餓鬼)"로 비유되는 문학청년이 자기 자신을 소설가의 위치에 놓는 일이기도 했을 터이다. "레인코트 입은 사나이"가 "나를 위하여서의 어머님이었으며 어머님을 위하여서의 나"로서 "서로 '저편'을

---

15) 박태원, 「우맹」, 『신문연재소설전집 2』, 깊은샘, 1999(2쇄), 325쪽.
16) 박태원, 「적멸」, 『윤초시의 상경』, 앞의 책, 229-230쪽.

위하여 살아왔던 것"과도 비슷하게, 박태원의 화자가 아쿠다가와라는 '저 편'을 그리워한 것은 결국 자기 자신을 그리워한 것이었다. 그렇다면 "오! 외로운 벗이여 그대는 지금 어데 있나"는 아쿠다가와를 부르는 말인 동시에 더욱 간절히 '소설가 박태원', 즉 '구보'를 부르는 말이었을 것이다. 따라서 위의 장면에서 화자 스스로가 레인코트를 입은 모습은 상징적이다.

II. 수염 난 행인

그런데 또 한 가지 지적할 것은 "레인코트 입은 사나이"가 아쿠다가와의 소설에도 등장한다는 사실이다. 박태원의 "레인코트 입은 사나이"는 "인생이 결국 하루하루 시계태엽을 감아 가다가 죽어 버리는 것" 같다고 생각하며 "붉은 실감기" 놀이를 하고 있다. 이는 아쿠다가와의 「톱니바퀴(歯車)」(1927)[17]를 연상시킨다. 이 소설에서 "레인코트 입은 사나이"는 다음과 같이 서술된다.

> 그러자 레인코트를 입은 한 사나이가, 우리의 맞은편 좌석에 와 앉았다. 나는 약간 섬뜩한 느낌이 들어, 전에 들은 유령 이야기를 T군에게 하고 싶은 생각이 들었다.[18]

인용의 "레인코트를 입은 한 사나이"는 "내가 T군과 헤어질 때에는, 어느 틈엔지 거기서 사라지고"(159쪽) 없다. 그리고 '나'가 다시 레인코트를 발견하는 것은 "누나의 남편(姉の夫)"이 "계절과는 별로 인연이

---

[17] 「톱니바퀴」에도 레인코트 입은 사나이가 등장한다는 사실에 대해서는 방민호 교수도 지적한 바 있다.(「문학사의 재인식과 오늘의 한국소설에 나타난 환상」, 『문학수첩』, 2005년 가을호)
[18] 진웅기, 김진욱 역, 앞의 책, 158쪽.

없는 레인코트"(163쪽)를 입은 채 기차에 치어 죽은 모습에서다. 「적멸」의 화자처럼 "누나의 남편" 역시 "레인코트를 입은 한 사나이"의 예를 따라 레인코트를 입은 것이다. 그 후 호텔방에서 단편소설을 쓰고 있는 '나'에게는 아무도 지나가지 않는 한밤중에도 "이따금 문 밖에서 날개 치는 소리"(163쪽)가 들린다. 이렇게 「적멸」과 「톱니바퀴」 모두에서 레인코트는 죽음과 관련되는데, 이때 "자형의 초상화"에는 『도리언 그레이의 초상화』(오스카 와일드)에서 벌어진 일과도 비교되는 이상한 현상이 발생한다. 그것은 다음과 같다.

> 기차에 치어 죽은 그는, 얼굴도 알아볼 수 없이 으깨어지고, 겨우 콧수염만이 남아 있었다고 한다. 이 이야기는 물론 이야기 자체도 섬뜩한 것임에 틀림없었다. 그러나 그의 초상화는 어디나 완전히 그려져 있기는 하나, 콧수염만은 왠지 희미하게 그려져 있었다. 나는 광선 때문인가? 생각하며, 이 한 장의 콘테화를 여러 위치에서 바라보기로 했다.
> "무얼 하고 있어?"
> "아무것도 아냐. …… 다만 저 초상화는 입 가장자리만이……."
> 누님은 약간 뒤돌아보면서, 아무것도 알아채지 못한 듯, 대답했다.
> "수염만이 이상하게 희미해 보이는 것 같지?"
> 내가 본 것은 착각이 아니었다. 그러나 착각이 아니라면, ―나는 점심 대접을 받는 등의 폐를 끼치기 전에, 누님 집을 나오기로 했다.[19]

자형의 시체에 콧수염만 남아 있는 것과는 반대로, 그의 초상화에는 콧수염만 희미하게 그려져 있다. 「수염」(1930)에서 구사한 박태원의 표현을 빌리면, 시체의 콧수염은 "깜숭"하고 초상화의 콧수염은 "감숭"하다. 그리고 "감숭한 놈"을 "깜숭한 놈"으로 만드는 것이 「수염」 주인공의 남성적 성장을 상징한다면, 이와 비슷하게 콧수염만 남은 자형의 시체는 단순한 죽음이 아닐 수 있다. 그것은 궁극적인 성장으로서의 해탈

---
[19] 앞의 책, 167쪽.

을 암시할지도 모른다. 그리고 「수염」의 주인공이 매일 거울을 보거나 친구들의 놀림을 들었듯이, 성장을 위해서는 자아의 수많은 "'노력' '고심' '인내'"20)와 더불어 타자(他者) 및 그 시선에 대한 인식이 필요하다. 예컨대 그에게는 자기 자신과 주위 사람들에 대한 그 어떤 정신적 태도, 즉 유머(humor)가 요구된다.

한편 「수염」의 주인공은 난데없이 각황사(覺皇寺)의 주지승을 거론하며, 그로부터 수염 기르라는 권유를 받았다고 이발사에게 거짓말한다. 이는 흥미롭다. 왜냐하면 이 거짓말은 오히려 「수염」과 아쿠다가와의 「코(鼻)」 사이의 상관성을 고백하는 것처럼 생각되기 때문이다. 즉 「수염」의 주인공이 콧수염을 "깜숭"하게 만들려고 부단히 노력하는 것과 마찬가지로, 「코」의 주인공은 "입술 위에서부터 턱밑까지" 늘어져 다른 사람들로부터 비웃음 당하는 그의 코를 짧게 하려고 애쓴다. 그리고 이 기형적인 코의 주인은 다름 아닌 "젠치(禪智) 내공(內供)"이라는 승려다. 그는 한편으로는 다른 사람들의 코를 관찰하면서, 다른 한편으로는 코를 짧게 보이게 하려고 거울 앞에서 여러 방향으로 얼굴의 각도를 바꿔본다. 그는 뺨을 누르거나 턱을 당겨보기도 한다. 그뿐 아니라 쥐의 오줌을 코에 발라보기조차 한다. 결국 그는 교토에서 "긴 코를 짧게 만드는 법"을 배워 온 제자 승려에게 치료를 받는데, 그 "방법이란 단지 뜨거운 물 속에 코를 담갔다가 그것을 다른 사람에게 밟게 한다는 매우 간단한 것"21)이었다. 하지만 문제는 이 방법으로써 코가 짧아졌다고 해서 그의 "자존심"이 회복될 수는 없었다는 점이다. 오히려 다른 사람들은 그의 코를 예전보다도 더 이상하게 바라보거나 심지어는 웃음을 터뜨리기조차 한다. 결국 코가 다시 길어졌을 때, 그는 이제 아무도 비웃을 사람이 없을 것이라고 생각하게 된다.

이렇게 「수염」과 「코」는 공히 외모를 놓고 벌어지는 자아와 타자의

---

20) 박태원, 「수염」, 『소설가 구보 씨의 일일』, 문학과지성사, 2005, 16쪽.
21) 진웅기, 김진욱 역, 앞의 책, 20쪽.

문제를 유머러스하게 제기한다. 박태원은 일찍이 1927년의 「병상잡설」에서부터 "유머 소설"[22]의 필요성을 주장했다. 더 나아가 그는 「표현·묘사·기교—창작여록」에서도 "기지"와 "해학"을 모른다면 "현대 작가일 수 없다"[23]고 논한 바도 있거니와, 어쩌면 그는 「톱니바퀴」와 「코」로부터 「수염」이라는 유머 소설의 모티프를 찾아냈을지도 모른다. 더 나아가 '수염'에 대한 욕망과 번민을 통해 증폭되고 연습된 관찰의 시선은 조선 박람회 구경을 온 "시골 마나님"과 "갓 쓴 이들"을 다음과 같이 발견하는 일과도 무관하지 않을 터이다.

> 나는 그들을—이 무리들을, 이 무리들의 갈 곳 몰라 하는 발길을, 이 무리들의 부질없는 시간 소비를—결코 멸시하지 않았다. 아니 도리어 많은 군중 속에 내 몸을 내어 던지는 데서 깨닫는 비할 데 없이 크나큰 기쁨을 맛보고 있는 내 자신을 발견하였다.[24]

위와 같이 타자를 포착하는 일은 "참 것을 찾으려는 욕구"[25]에도 불구하고 "햇발 말고는 아무 것도 없는 풍경"이나 아무 내용도 없는 "한층 더 이상한 풍경", 그리고 자기의 더러운 발밖에 볼 수 없었던 "가엾은 나그네"(「행인」, 1930)를 넘어서게 하는 것이다. 이를테면 그것은 비로소 "깜숭"한 수염을 가진 '행인'의 탄생을 웅변한다. 타자들을 바라봄으로써, 그리고 그 '군중'의 '무리'를 자신과 구별하거나 동일화함으로써, 그는 "한길 위에 떨어진 제 그림자"[26]도 깨달을 것이다. 따라서 「적멸」은 "행인 드문 비 오는 밤거리를 '울음'과 함께 걸어갔다"(231쪽), "석양녘 이곳에는 행인도 드물다. 나는 말없이 걸었다"(233쪽) 등과 같

---

22) 류보선 편, 『구보가 아즉 박태원일 때』, 깊은샘, 2005, 109쪽.
23) 위의 책, 262쪽.
24) 박태원, 「적멸」, 『윤초시의 상경』, 앞의 책, 185-186쪽.
25) 박태원, 「행인」, 『이상의 비련』, 깊은샘, 1991, 15쪽.
26) 박태원, 「적멸」, 『윤초시의 상경』, 앞의 책, 233쪽.

이 '행인'을 출발시킴과 동시에 그로 하여금 또 다른 '행인'을 관찰하고 그와 여러 가지로 관계 맺게 한다. 사실 "레인코트 입은 사나이"가 사람을 자동차로 친 것은 그가 다른 행인을 자신의 "행로에서 발견하였을 때 참을 수 없는 '증오'"(222쪽)를 느꼈기 때문이다. 그리고 그 '증오'는 "서로 '사람'인 까닭에 갖지 않을 수 없는" 것이다. "증오는 실로 왕왕히 진정한 애정에서 폭발한다"[27]고 구보가 말했듯이, 그것은 타자에 대한 아이러니한, 그러나 근본적인 긍정이다. 이는 유머와 짝을 이루면서, 아무 내용이 없던 "참 것을 찾으려는 욕구"를 성숙하고도 복잡하게 발현할 터이다. 따라서 이는 "레인코트 입은 사나이"가 "발자크의 '인간희극'이 십구 세기 불란서의 완전한 사회사라 할 것 같으면 내 눈에 비친 '희극?'은 이십 세기 경성의 허위에 찬 실극"(215쪽)이라고 피력하는 일, 더 나아가 그가 광교 아래의 거지들에게 돈을 뿌리며 다음과 같은 "인간희극"을 스스로 연출하는 일의 진정한 의미다.

결과는 나의 예상하였던 그대로 실현되었습니다. 즉 거지 떼는 서로 앞을 다투어 돈 떨어진 내 발 앞으로 달려들었던 것입니다. 그리고 그 중에 가장 중요한 문제는 '절뚝발이'가 '선봉대장'이었다는 사실입니다. (…중략…)
아니 그 '가짜 절뚝발이'가 몇 푼 돈 앞에서 아무 거침없이 '탈'을 벗어 버린 것을 깨달은 사람이었던 게죠.[28]

그렇다면 이 모든 점에서 「적멸」은 박태원식 고현학이나 산책의 기원을 이루는 작품이다. 이 소설은 '행인'으로써 관찰의 시점을 마련함과 동시에 현실이라는 온갖 타자(자신을 포함한)를 도입한다. 그것은 위와 같은 폭로 및 환멸의 태도와 더불어 "근대적 시가지의 이상적 산보법은

---

[27] 박태원, 「소설가 구보 씨의 일일」, 『소설가 구보 씨의 일일』, 문학과지성사, 2005, 152쪽.
[28] 위의 책, 216-217쪽.

가장 교묘하게 '거짓말'을 하는 데 있다"29)는 냉정한 통찰에 이르게 하기도 할 것이다.

하지만 이와 함께 또 다시 주목할 것은, "그는 인생을 알기 위해 거리의 행인을 바라보지 않았다. 오히려 행인을 바라보기 위해 책 속의 인생을 알려고 했다"는 아쿠다가와의 말이다. 그는 「다이도오지 신스케의 반생」에서 "거리의 행인"을 알기 위해서는 "책을 읽는 수밖에 없었다"고 썼다. 이처럼 신스케는 "세기말의 유럽이 낳은 소설이나 희곡"의 "차가운 빛을 통해" "겨우 자기 앞에 전개되는 인간 희극을 발견"30)했다. 그리고 이에 화답이라도 하듯이, 「적멸」의 "레인코트 입은 사나이" 역시 "이십 세기 경성"을 판단하기 위해 발자크의 '인간희극'을 거론한다. 그렇다면 아마도 박태원은 발자크의 '인간희극' 자체보다는 "유럽이 낳은 소설이나 희곡"을 말한 아쿠다가와를 더욱 참조했을지도 모른다. 아니, 적어도 거지들에게 동전을 던지는 위의 장면만은, 경성 미쓰코시 백화점의 쇼윈도 앞에서 울고 있던 "'애 거지' 두 명"31)으로부터 느낀 사회와 인간에 대한 환멸의 경험뿐 아니라 「다이도오지 신스케의 반생」에 등장하는 다음 묘사에서 기원했을 가능성이 높다.

> 그들은 '자맥질'하는 소년들을 위해 몇 닢의 동전을 던져 주었다. 소년들은 동전을 던질 때마다 바닷속으로 풍덩 뛰어 들어갔다. 그러나 해녀 한 명만은 절벽 밑에 피워 놓은 모닥불 앞에 서서 웃으며 바라보고 있을 뿐이었다.
> "이번에는 저 해녀도 뛰어들게 만들겠어."
> 그의 친구는 동전 한 닢을 담뱃갑의 은종이로 쌌다. 그리고 몸을 뒤로 젖히며 동전을 힘껏 내던졌다. 동전은 반짝반짝 빛나면서, 높이 이는 파도 너머에 떨어졌다. 그러자 해녀가 이번에는 제일 먼저 바다로 뛰어 들어 갔

---

29) 박태원, 「이상적 산보법」, 『구보가 아즉 박태원일 때』, 깊은샘, 2005, 133쪽.
30) 진웅기, 김진욱 역, 앞의 책, 210쪽.
31) 류보선 편, 『구보가 아즉 박태원일 때』, 깊은샘, 2005, 108쪽.

다. 신스케는 지금도 생생하게, 입가에 잔혹한 미소를 띠고 있던 그의 친구를 기억하고 있다.32)

III. 동경의 고현학, 경성의 경제학

한편 박태원의 소설에는 아쿠다가와의 작품 이외에도 수많은 텍스트들이 다양하게 작용한다. 예컨대 '사면초가(四面楚歌)'의 장면을 그린 「해하의 일야」는 『사기』나 『초한지』 등을 참조한 것이다. 「적멸」에 등장하는, "꿈은 깨어 사라지고 벗은 봄의 꽃이나 같이 웃다가는 그만 가버리누나"는 매튜 아놀드(Matthew Arnold)의 "Dreams dawn and fly, friends smile and die/Like spring flowers"(「A Question To Fausta」, 1849)33)의 번역이다. 한편 「오월의 훈풍」의 주인공 은식은 "넙죽이" 기순이가 "명금놀이"의 "기지꾸레" 역할을 하려는 것을 "기지꾸레의 모독"34)이자 "미의 모독"으로 생각하는데, 이때 "기지꾸레"는 "명금(名金)"이라는 제목으로 단성사에서 상연된 미국 영화 〈The Broken Coin〉(1915)의 여주인공 Kitty Gray(Grace Cunard가 연기함)를 지칭한다.

그러나 이 다양한 참조관계 중 가장 중요한 것은 동경(東京) 또는 '동경이라는 텍스트'다. 이는 "역시 좁은 서울이었다. 동경이면, 이러한 때 구보는 우선 은좌(銀座)로라도 갈 께다"와 같은 '소설가 구보 씨'의 생각으로 웅변된다. 「반년간」(1933)의 화자가 "서울의 본정통(本町通)을

---

32) 진웅기, 김진욱 역, 앞의 책, 216쪽.
33) 그런데 제목의 'Fausta'는 로마 콘스탄틴(Constantine) 대제의 두 번째 왕비 파우스타(Fausta)를 상기시킨다. 그녀는 의붓아들 히폴리투스(Hippolytus)를 사랑하고 모함한 패드라(Phaedra)와 비슷하게, 첫째 왕비 미네르비나(Minervina)의 아들 크리스푸스(Crispus)를 사랑하고 모함했다. 이는 「적멸」의 '레인코트 입은 사나이'가 어머니를 언급하는 일과 관련될지도 모른다.
34) 박태원, 「오월의 훈풍」, 『소설가 구보 씨의 일일』, 문장사, 1938, 35쪽.

높게 고개지게 만들어 놓을 때, 그것은 응당이 '가구라자까(神樂坂)'를 방불케 하리라"35)고 서술한 것 역시 이러한 판단을 뒷받침한다.

한편 동경을 무대로 씌어진 최초의 작품인 「사흘 굶은 봄 달」(1933)은 "동경 거리의 한 개 보잘것없는 룸펜"인 성춘삼을 등장시켜, 아사쿠사(淺草)의 '가미나리몽'과 그곳의 '나까미세', 공원의 '로하(ロハ) 벤취'와 "동경 시내 이백열 군데의 공동변소" 등을 관찰하게 한다. 그런데 이 작품에서 무엇보다도 인상적인 것은 다음 장면이다.

"그럼 동구 인절미?"
이번에도 역시 춘삼이는 머리를 모로 흔들었다. 그리고 어서 어머니가 '시루팥떡'을 생각해 내기를 바랐다. 그러나 어머니가,
"그럼 시루팥떡?"
하고 채 묻기 전에 춘삼이는 자기 머리 위에,
"이야까네?"(싫단 말이야?)
하는 무뚝뚝한 말소리를 듣고, 그는 그만 생각을 깨치고 신경질하게 고개를 들어 보았다.
'화복'에 캡 쓰고 '게다' 신은 어떤 주정꾼 하나가, 춘삼이 코 밑에 내밀었던 한 꼬치 '야끼도리'를 제 입에다 갖다 넣으며,
"흥! 싫다면이야 그만이지."36)

춘삼은 배고픔을 잊기 위해, 어머니와 모처럼 "국과 고기와 나물로 밥 한 그릇"을 먹었던 경성에서의 일을 생각한다. 그리고 자기가 제일 좋아하는 시루팥떡을 사줄 것을 기대하며 어머니가 권하는 인절미에 "머리를 모로" 흔든다. 그런데 이 몽롱한 회상은 어머니가 아닌 주정꾼이 야끼도리를 내밀고 있는 동경의 현실과 오버랩되면서 조금이나마 허기를 채워줄 야끼도리를 본의 아니게 거절하는 일로 이어진다. 그리

---

35) 박태원, 「반년간」, 『윤초시의 상경』, 깊은샘, 1991, 327쪽.
36) 박태원, 「사흘 굶은 봄달」, 『소설가 구보 씨의 일일』, 문장사, 1938, 58-59쪽.

고 주정꾼은 "싫다면이야 그만이지" 하고 그것을 자기가 먹어버린다.

요컨대 박태원의 영화적 소설 기법은 경성과 동경의 체험을 이중노출하면서 시작되었다. 이때 가난한 주인공의 현실로서 동경의 체험과 경성의 체험은 상호 참조되었다. 그것은 식민지의 본격적인 체험이기도 했다. 식민지의 경성은 제국 수도의 '긴부라'를 '혼부라'로 모방하기도 했다. 그런 의미에서 경성과 동경의 이중노출은 식민지 시기 박태원 소설의 핵심 중 하나다. 곧 와지로(今和次郞)와 요시다 겐키치(吉田謙吉)를 중심으로 수행된 '고현학'이 중요한 것은 이 점과 관련된다. 동경(일본)의 여러 생활 양상을 샅샅이 조사한 이 보고는, 예컨대 '어느 반일의 기록'이라는 부제가 붙은 「피로」(1933)에서 경성을 묘사하는 하나의 방법으로 작용한다. 즉 『고현학』은 「피로」의 주인공이 관찰하는 "의과기계 의수족"이라 적힌 "광고등", 그리고 "金 百圓デモ傳授セヌ ライスカレ――一皿十五錢(금 백 원으로도 전수하지 않는 카레라이스 한 접시에 십오 전)"이라는 광고판 묘사의 방법적인 기원이다. "서울의 어느 구석이라고 찾아들기를 주저하지 않는 경제공황"37)과 함께 내걸려진 이 광고판들은 「가두의 적자, 특가, 고현학(街頭の赤字, 特賣, 考現學)」이라 제목 붙인 요시다 겐키치의 다음 보고를 상기시키기 때문이다.

그런데 또 여기는 긴자 노점의 예이다. 그 적자 구축(驅逐)의 플래카드에 나의 카메라를 이동시켜 보면 (1931년 10월 16일 채집),

(레코드) 특별 서비스로 인해, 수에 한정이 있습니다
(모자) 가격 일엔 균일
(면도칼) 선전 발매에 붙여 정가의 반액 (…중략…)
(앨범) 특제 앨범 균일 대투매(大投賣)
(스틱) 특가품 일엔 오십 전38)

---

37) 박태원, 「피로」, 『소설가 구보 씨의 일일』, 문장사, 1938, 72쪽.
38) 今和次郞 吉田謙吉, 『考現學採集』, 學陽書房, 1986(복각본 1쇄), 252-253쪽.

이러한 양상은 동경 생활을 묘사한 소설에서 더욱 본격적으로 나타난다. 이를테면 「반년간」이 동경대진재 후의 '신숙(新宿)' 발전을 자세히 서술하거나, "高級 ステッキ大亂賣"[39]라 적힌 신주쿠의 야시의 광고판을 묘사하는 것은 위의 인용과 무관하지 않다. 이는 "南洋パイプ 大 二十錢 小 十五錢"[40]이라는 "물뿌리 정가표"(「재운」) 장면의 기원이기도 하다. 따라서 「반년간」에 "『부인공론(婦人公論)』두 때때로 읽어 보슈"[41]라는 말이 나오는 것은 암시적이다. 부인공론사는 고현학 조사에 참여했기 때문이다.[42] 그렇다면 가꾸라자까(神樂坂)를 지나는 행인의 분포가 "학생이 48%, 청년이 9%, 점원이 8%, 중년이 7%, 계집 하인이 6%, 그리고 여염집 부인, 노동자, 아이들, 기생, 군인, ……기타— 이러한 순위"라고 밝힌 "일천구백이십구 년 구월 어느 날 정오에 작성한, 이곳 통행인들의 분석표"[43]는 1929년 9월 츠치하시 나가토시(土橋長俊)가 신주쿠, 아사쿠사, 가꾸라자까, 우에노, 닌교쵸 등 동경의 여러 지역에서 수행한 "번화가 사람들의 신분별 통계"[44]에 기초한 것일 가능성이 높다.

한편 「팻말과 벽보의 유머레스크(建札と貼紙のユモレスク)」라는 조사에는 "〈この土手に登るべからず 警視廳〉 二三ぺん讀み返してみると, ますます語呂が良い. 由來, 建札や貼紙には意識的にあるいは偶然に甚だユモラスなものが多い, 間違いだらけや誤字の可笑味たっぷりなものも少くない"[45]와 같은 서술이 나오는데, 이 중 "この土手に登るべからず 警視廳"이라 적힌 팻말은 「반년간」의 다음 장면에 그대로 등장한다.

---

[39] 박태원, 「반년간」, 『윤초시의 상경』, 깊은샘, 1991, 252쪽.
[40] 박태원, 「재운」, 『이상의 비련』, 깊은샘, 1991, 271쪽.
[41] 박태원, 「반년간」, 앞의 책, 314쪽.
[42] 今和次郎 吉田謙吉, 『モデルノロヂオ』, 春陽社, 1930(재판), 355쪽.
[43] 박태원, 「반년간」, 앞의 책, 327쪽.
[44] 佐藤健二, "'考現學'の考古學", 『考現學採集』, 앞의 책, 332쪽.
[45] 藤森照信 編, 『考現學の誕生』, 筑摩書房, 1986, 185쪽.

고지찌구, 후지미쬬에 있는 법정대학은 사이에 장방형의 못을 두고, 건너편 전찻길을 내려다보고 있다. 전찻길에 비하여 학교가 서 있는 지대가 훨씬 높았다. 수면에서 우러러보면 그것은 높다란 언덕이다. 그 언덕에는 이전에
〈この土手に登るべからず (이 도떼에 올라가지 못한다.) 警視廳〉
이라는 '센류(川柳)'가 씌어 있는 목패가 서 있어 사람들의 올라가는 것을 금하였다.46)

이러한 사례 이외에도 「반년간」의 동경 거리 묘사는 그 자체로서 다분히 고현학 조사적인 모습을 보인다. 등장인물들은 동경 이곳저곳의 술집, 거리, 당구장, 학교, 책방, 공원을 묘사하는 일종의 고현학자들이다. 한편 동경에 사는 룸펜의 생활고를 그린 「딱한 사람들」은 「반년간」이 보여주는 소비자들의 고현학과는 또 다른 고현학 조사를 수행한다. 다음은 그 예다.

자리 속에 그대로 누운 채 손을 내밀어 신문을 펴 들고 우선 눈을 주는 것은 〈삼행광고〉(三行廣告)의 '고입란'(雇入欄). 언제부터 시작이 되었는지 그것도 이제는 한 개의 습관이다. 活版. 建築. 技術. ラヂ. 旋盤. ミシ. 和服. 和服. 가로 쭉―ㄱ, 대강잇자만 훑어가다가 잠깐 시선을 멈춘 곳이,

運轉手 助手·募集住込有給卽乘車
甲乙臨住込多電四谷一八四三
四谷大木戶停留橫 東京運輸會社47)

극단적으로 말해, 「딱한 사람들」은 동경에 사는 조선인의 가난한 삶을 그리기 위해서이기보다는 조선인 룸펜들을 통해 동경을 고현학적으

---
46) 앞의 책, 324-325쪽.
47) 박태원, 「딱한 사람들」, 『소설가 구보 씨의 일일』, 문장사, 1938, 81쪽.

로 관찰하기 위해 창작된 듯한 감이 있다. 순구와 진수의 하숙은 동경 거주 조선인의 생활상이나 소유물을, 진수의 방황은 동경의 오오츠카(大塚) 공원이나 "잇센죠끼(一錢蒸氣)"를, 그리고 직장을 얻으러 나갈 차비조차 없는 순구의 구직 노력은 신문 '고입란'의 자세한 모습을 알려주게 되기 때문이다. 달리 말해 소설은 등장인물의 체험 속에 고현학 조사의 몇몇 항목들을 엮어냄으로써 구성되는 면이 있다. 그리고 이때 동경의 고현학 조사는 식민지인의 맥락 속에 소설적으로 전유된다. 이로써 고현학은 식민지에 소개되고 번역될 뿐 아니라 생생한 인간적 현실을 파악하고 묘사하는 인식의 틀이자 문학적 방법이 된다. 그것은 제국 수도의 생활상 조사와 통계임을 넘어 식민지 소설가가 자아 및 타자(사회)와 조우하는 '수염 난 행인'의 행로가 된다. 예컨대 「딱한 사람들」에 서술된 "그들의 부동산[48] 목록"은 『고현학』의 「하숙 거주 학생 소유물 조사(下宿住み學生持物調べ)」[49]의 작업 태도를 식민지 소설 묘사에 활용하면서, "딱한 사람들"의 현실을 그들이 지닌 사물의 보잘것없음으로 구체화하고 있다.

  순구는 기운 없이 머리를 흔들고 그리고 거의 기계적으로 퀘ㅇ한 눈을 들어 방안을 살펴본다. 때 묻은 학생복. 소매 깃이 다 달은 '유까다'. 세수 수건이 두 개. 얼금뱅이 책상. 원고지와 펜과 잉크와 만년필. 묵은 잡지가 네 권하고 책이 한 권. 재떨이와 낡은 '마도로스파이프'와 이십 오전짜리 안전면도. '오시이레' 속을 들여다본다면, 그 속에 진수의 침구. 석 달 치 모아 놓은 신문더미. 빈 담배 갑. 성냥갑. 뚫어진 양말이 몇 켤레. 이미 열흘째 사용한 일이 없는 '석유곤로'. 밑바닥에 쌀 한 알 남지 않은 부대. 냄비. 공기. 주전자. 접시. 찻종. 젓가락. 간장병. 석유병. 그리고 나머지는 '다까시마야'에서 한 가지 십전씩에 사온 들통. 도마. 식칼. 국자. 이 집 문간에 놓인 '게다'와 밑바닥이 뚫어져 안으로 마분지를 대어 신는 구두가 한

---

48) 사실은 '동산(動産)'이다.
49) 今和次郎 吉田謙吉, 『モデルノロヂオ』, 春陽社, 1930(재판), 137-144쪽.

켤레. 그리고 진수가 몸에 붙이고 나간 것들과, 현재 순구가 두르고 있는 물건들. 이상이 그들의 '부동산'의 전부인 듯싶었다.50)

그런데 또 한 가지 주목할 것은, 「반년간」에 "자기 대 준호, 대 황인식의 우정에는 '십 원 어치'가 있는 듯싶었다", "월급 사십오 원짜리 여점원 자리" 등과 같은 묘사가 등장하듯이, 위의 인용에서도 "이십 오전짜리 안전면도"나 "'다까시마야'에서 한 가지 십전씩 사온 들통"이라는 서술이 나온다는 점이다. 결론부터 말하면, 상품의 가격이나 교환가치가 집요하게 제시되는 것은 박태원 소설의 중요한 특징이다. 구보의 산책은 교환가치를 결핍과 결여로 확인하는 과정이다. "그는 동리에 전당 나온 십팔금 팔뚝시계를 탐내고 있었다. 그것은 사원 팔십 전에 구할 수 있었다", "벰베르구 실로 짠 보이루 치마. 삼원 육십 전. 하여튼 팔원 사십 전만 있으면, 그 소녀는 완전히 행복일 수 있었다"51)는 서술은 이러한 실천의 일환이다. 이는 5전에서 5,000원까지의 가격 사례가 제시되는 『천변풍경』의 본질적인 환경이자 핵심적인 테마다.52) 청계천 일대는 물난리를 겪는 물리적인 공간인 동시에, 백화점, 당구장, 카페, 전당국, 청계천 빨래터 등과 함께 교환가치의 끝없는 관계가 펼쳐지는 사회적 체계이기도 했다. 그곳은 시장이었다.

따라서 "시골서 온 아이" 창수가 청계천에서 처음 한 일은 배다리 가게에서 주인 영감의 담배를 사는 일일 수밖에 없었다. 그리고 구십 전의 거스름돈을 받는 대신 팔십오 전을 받을 정도로 순진했던 그는 곧 자기가 산 만년필을 평가해 "너, 이거, 사십 전이면 아주 홍재다. 너, 이게 십사금이라는 게야"53)라고 자랑하게 되었던 것이다. 하지만 온갖 상

---

50) 박태원, 「딱한 사람들」, 앞의 책, 85쪽.
51) 박태원, 『소설가 구보 씨의 일일』, 문학과지성사, 2005, 107쪽.
52) 이에 대해서는 졸고, 「이상과 박태원」, 『이상, 철천의 수사학』, 소명출판사, 2000, 90-131쪽을 참고할 것.
53) 박태원, 『천변풍경』, 박문서관, 1938, 255쪽.

품들로 가득한 근대 도시의 거리는 그만큼 소외로 충만한 곳이다. 능숙히 상품을 사게 됨으로써 창수는 소외에 적응했다. 옛 동네를 찾아온 '신전집 마나님'은 "국수를 십전어치" "편육을 십전어치" 사 들고서야 가장 친하게 지내던 한약국집을 향해 "점잖은 걸음걸이로", "떳떳하게"54) 걸어갈 수 있었다.

이러한 양상은 화폐에 매개되는 인간 사이의 "거리(距離)"를 근대의 보편적인 존재론으로 확인한다. 「거리(距離)」의 주인공이 친구들의 "두터운 우정"조차 "가난과 비굴로 하여 삐뚤어진 감정"55)으로 해석하는 것, 더 나아가 "사람과 사람의 관계란, 결국, 따지고 보자면 이해관계 이외에 아무것도 없다"56)고 생각하는 것은 그 때문이다. 따라서 도시의 거리는 언제나 이별의 장소다. 창수는 영원히 고향을 떠났다. 박태원의 표현을 빌리면, 이는 "천진난만하여야 할 어린이를 이렇게 만들어 놓은 사회―아―니 도회의 죄"57)다. 그러나 "운전수", "손주뻘밖에 안 되는 녀석", "교통순사" 등에게 "빠가!"라는 말을 듣는 윤 초시와 더불어 버스의 흔들림에 어찌할 줄 모르는 "어떤 시골사람"58)이나 "우둔하게 생긴 상투쟁이"59)를 묘사하는 구보는 여전히 도회인이다. 물론 일본 술 "월계관"을 내놓을 뿐 아니라 "여배우"까지 팔려 하는 강화도 시골의 여관 역시 시장 바깥에 있지는 않다. 여관 벽에 붙은 "어숙박 요금표"(「여관 주인과 여배우」)는 그 점을 웅변한다. 그리고 이렇게 편재하는 질서에 대한 세밀한 탐구와 초조한 긍정, 그리고 슬픈 반성이라는 모순적이고도 긴장된 반응은 박태원 소설의 핵심이다. 이는 박태원의 경성 고현학이 비로소 탄생했음을 알린다. 그리고 그 도시 경제학의 본격적

---

54) 앞의 책, 222쪽.
55) 박태원, 「거리」, 『소설가 구보 씨의 일일』, 문학과지성사, 2005, 229쪽.
56) 위의 책, 237쪽.
57) 류보선 편, 앞의 책, 108쪽.
58) 박태원, 「피로」, 『소설가 구보 씨의 일일』, 문장사, 1938, 71쪽.
59) 위의 책, 73쪽.

인 등장을 예비하고 있다는 점에서 『서부전선 이상 없다』의 가격을 놓고 다투는 「반년간」의 다음 장면은 상징적이다.

> "얼마요?"
> "고맙습니다. 네 70전입니다."
> "50전만 합시다."
> "그렇게 안 됩니다. 이 책은 잘 팔리니깐…… 어디서든 덜 주고는 못 사실 것입니다. 정가는 1원 50전이나— 하지 않습니까?"
> "누가 정가를 모른댔나? 하여튼 70전은 비싸니, 50전만 합시다."[60]

IV. 우울한 가정법, 명랑한 전망

그렇다면 박태원 소설의 이러한 특징에 비추어볼 때, 화자에 의해 유머 소설로 규정된 「식객 오 참봉」의 의미는 명확히 파악될 수 있다. 오 참봉은 삼천 명의 식객을 두었던 맹상군에는 못 미칠지언정 여전히 세 명의 식객은 받아들이고 있는 실업가 김○○ 집의 "식객"이다. 그는 교환의 세계와 대비되는 '접빈객(接賓客)'과 증여의 세계에 살면서 "세 명의 식객 앞에 맛이나 좀 보라고 내어 놓았던" "로서아제 쪼꾸레"를 혼자 다 먹어치워 버린다. 더욱이 그는 식객을 "일종의 '천직'과 같이 생각"[61]하며 자기 아들로 하여금 "아비의 업"을 잇게 하기도 했다. 즉 그는 "술은 먹꾸 돈은 없다"의 "꾸다"[62]를 실천하는 최 주사와는 다르다. 식객이기보다는 "한 개의 매약 행상"으로서, 최 주사는 "자기의 힘이 자라는 한으로 남에게 폐 끼치는 일 없이 또 남에게서 폐 끼침을 받는 일 없이 그의 한평생을 마치려" 한다. 그는 남의 집 사랑방에 들어

---

60) 박태원, 「반년간」, 앞의 책, 287쪽.
61) 박태원, 「식객 오참봉」, 『이상의 비련』, 깊은샘, 1991, 92쪽.
62) 박태원, 「낙조」, 『소설가 구보 씨의 일일』, 문학과지성사, 2005, 49쪽.

앉은 오 참봉과는 달리, 거리를 헤매는 행상으로서의 '행인'이다. 따라서 "하루 나갔다 들어오면" "최 주사의 주머니에 사오 원의 돈은 들어 있었다".63) 그리고 "꾸다"의 외상값을 "하루 이상 묵혀두는 일이 없었다".64) 오히려 최 주사는 "채권자 측에서는 이미 기억을 상실하고 있는 차금을 기어코 청산하고 나야만 마음이 시원"65)했다. 그는 어엿한 근대인으로서 "직업"과 "생활"을 가지고 있다. 그 점에서 그는 "이제 나는 생활을 가지리라"고 결심하는 구보의 선배다.

그러므로 "낙조"를 망연히 바라보는 처지에 있을지언정 최 주사는 대한제국의 유학생 출신답게 고현학적 조사와는 또 다른 근대인 구보의 복잡한 관찰을 충분히 이해할 것이다. "술은 먹꾸 돈은 없다"의 유머는 다음 서술로 상징되는 구보의 "갖지 않았다, 갖는다면"의 소설적 문법과 짝을 이루고 있기 때문이다.

> 구보는, 그러나, 시계를 갖지 않았다. 갖는다면, 그는 우아한 회중시계를 택할 게다.66)

따라서 「소설가 구보 씨의 일일」에 '가지다' 또는 그와 의미상 유사한 말이 여러 맥락에서 강박적으로 등장하는 것은 주목을 요한다 (〈표-「소설가 구보 씨의 일일」에 등장하는 '가지다'의 사례〉를 참고할 것). 그리고 이 근대적 욕망 및 결핍의 우울한 가정법과 비교할 때, 「명랑한 전망」에 표명되는 명랑함은 낯설다. 더구나 그 명랑함은 경성을 떠나 시골로 가는 일과 연관되어 있다. 그것은 우울을 파트너로 하는 유머의 세계를 떠났다. 오 참봉은 묘사되지 않을 것이다. 이로써 경성은

---

63) 앞의 책, 50쪽.
64) 위의 책, 49쪽.
65) 위의 책, 45쪽.
66) 위의 책, 106쪽.

구보 문학의 구체적인 근거지가 아니라 그저 시골과 대립된 것으로서 추상적인 도시가 되었다.

그런데 여기서 지적해야 할 것은 이 작품이 종종 오해되어 왔다는 점이다. 즉 "돈으로 표상되는 안정된 생활에 거침없이 빠져 들어가고 말았다"[67]는 평가로 대표되듯이, 이제까지 몇몇 논자들은 1939년 5월 16일까지의 부분까지만 읽은 채 엉뚱한 논의를 수행해 왔다. 요컨대 위의 비판은 직장을 잃은 희재[원문은 히재임]가 다시 카페 여급 일을 하게 된 애자를 버리고 옛 애인이자 부잣집 딸인 혜경에게 가는 데에서 작품이 끝났다고 생각한다. 그리고 이러한 일이 일어나게 된 이유는 태학사 편 『한국근대단편소설대계』나 깊은샘의 『신문연재소설전집』 등에 5월 17일부터 21일까지의 연재분이 누락된 사실[68]과 무관하지 않다. 그러나 실상 「명랑한 전망」은 다음과 같이 종결된다.

그리고 희재는 혜경이가 뒤에서 무어라고 부르는 소리가 들리는 듯싶었으나 그는 그대로 거리까지 한 달음에 달려 나갔다.
마침 지나는 자동차를 붙들어 타고 경성역으로 향하여 눈 오는 거리를 달릴 때 희재의 가슴에는 형언하지 못할 감격이 가득 찼었다.
(애자! 내 인제는 결코 다시 두 번 애자를 저버리지 않겠소— 간난고초가 비록 우리 앞에 있더라도 우리는 함께 손 붙들고 굳게 나갑시다. 우리의 사랑만 굳을 때 우리의 앞길에 행복과 광명은 저절로 전개될 것이 아니겠소? 내 이제 지난날의 모든 잘못을 사죄하고 애자와 경자를 위하여 힘껏 노력하리다—)
내일 낮이면 만나볼 수 있는 그리운 아내와 귀여운 딸의 얼굴을 눈앞에 그려볼 때 희재의 양 볼에는 눈물이 흘러내렸으나 마음에는 비할 데 없이 큰 기쁨이 샘 속듯 솟아오르는 것이었다.[69]

---

67) 최혜실, 「'산책자'의 타락과 통속성」, 『상허학보』 2집, 1995, 204쪽.
68) 누락된 부분이 『매일신보』에 존재한다는 사실에 대해서는 필자의 지시에 의해 연세대 대학원의 김희용이 처음 확인했다.
69) 박태원, 「명랑한 전망」, 『매일신보』, 1939. 5. 21.

요컨대 주인공은 "착한 여자가 불행에 빠져서는 안 된다는 낡은 윤리관까지 포기"하기는커녕, 바로 그 "낡은 윤리관"으로 복귀하는 듯하다. 그는 아내가 카페에서 "술을 따라, 아양을 떨어, 벌어온 몇 푼의 돈이 아니고는, 한 끼, 설렁탕 한 그릇이나마"70) 먹을 수 없는 「비량」의 주인공처럼, "문벌 있는 집 귀한 규수"인 혜숙 대신 "일개 교양 없는 여급"인 영자를 선택한 "인도주의적 의협심"을 반성하지 않는다. 승호는 "나는 돈을 쓰고, 너는 돈을 벌고"라고 자조하며 외투를 잡힌 돈을 들고 '미생정' 유곽에 간다. 그러나 이와 달리 희재는 시골로 아내를 찾아간다. 적어도 이 소설의 결론에서 박태원 문학의 원점이라 할 경성과 혼마치는 소멸된다. 이는 중요하다. 앞서 논의했듯이, 경성에 대한 미세한 고현학은 식민지 근대의 본질을 꿰뚫은 박태원 문학의 유머러스한 핵심이기 때문이다. 따라서 "간난고초"를 타개할 아무런 현실적 대책도 없이, 그리고 그 역사적 상황을 서술하는 '우울한 가정법'을 폐기하며, 그저 시골로 향함으로써 획득되는 "명랑한 전망"이야말로 사이비 전망이다. 비유컨대 더 이상 주인공은 꼬치꼬치 가격을 따지지도 않고 경성역(시골)으로 가는 자동차에 올라탔다. 이는 "고향"에 가는 일을 포기한 승호가 "우선 백 원 하나만 있으면…… 아니 오십 원만 있어도…… 아니, 오직, 동경까지의 차비만 되더라도"71)와 같이 생각하는 일과 대비된다. 시장은 물론, 시장을 바라보는 복잡한 시선도 상실되었다. 그의 "감격"은 "형언하지 못할" 것이기보다는 계산되지 않은 것이었다. 희재는 이렇게 감상적으로 비약하는 대신 차라리 "돈으로 표상되는 안정된 생활에 거침없이 빠져" 버렸어야 했다. 또는 다음과 같이 생활비의 부족을 고민했어야 했다.

달에 삼십 원 수입으로는, 빚이 설혹 없더라도, 애초부터 셈이 안 되는

---

70) 박태원, 「비량」, 『소설가 구보 씨의 일일』, 문장사, 1938, 177쪽.
71) 위의 책, 185쪽.

것은 뻐언한 노릇이었다.
　네 식구 쌀값이 십이 원, 나무값도, 겨울이라, 쌀값과 맞먹고 보니, 전 수입에서 쌀 나무 빼놓고 볼 말이면, 겨우 십 원 한 장이 남을 뿐이다. 찬은 정말 소금만 찍어 먹기로 하더라도, 더구나 겨울에 벗고 살 수는 없는 노릇이요, 그보다 더 우선 방세부터, 십일 원이고 보니─(그나마도 전등료 오십 전은 그 속에 들어 있지 않았다.)─아무 틈에서도 옥순이 형제의 학비와 같은 것은 나올 턱이 없는 일이었다.
　〈더두 말구, 십오 원만 더 있드래두……〉72)

　그러므로 희재의 행위는 이기영의 「생명선」(1941)을 상기시킨다. 서울을 "출세의 모짜리(苗床)"로 생각했던 권형태는 급기야 도시를 "죄악의 온상"으로 규정하며 "새로운 농촌인"이 되기 위해 낙향한다. 물론 박태원의 소설은 이기영의 작품처럼 생산문학을 주장하지는 않는다. 그러나 「점경(點景)」에서도 시골은 재생의 공간으로 등장한다. 영식은 "사랑의 맹세를 굳게 하였던 은숙"에게 배신당한 뒤 어릴 적 유모가 살고 있는 시골로 간다. 그리고 거기서 그는 "참다운 인생"을 찾는 "새로운 출발"을 결심한다. 시골에서 영식은 옛 친구 정순이 술집 작부라는 "슬픈 직업에 종사"하고 있음에도 불구하고 "역시 희망"을 가지고 있음을 발견했던 것이다. 더욱이 서울과 비교해 시골은 다음과 같은 곳이기도 했다.

　　유모가 정성껏 차려다 준 저녁상에는 닭고기와 제육이 가추 놓인 데다 더구나 이즈음 서울서는 맛을 볼 수 없는 보리 안 둔 햅쌀밥에 구미가 당기어 영식은 수북하게 담아다 준 감투밥을 달게 한 사발 다 먹었다. (…중략…)
　　"많이 잡쉈다니 고맙수. 솜씨두 없는 촌 음식을……"
　　"온, 천만에…… 반찬두 반찬이려니와 입쌀밥만 먹어보기두 하 오래간

---

72) 박태원, 「사계와 남매」, 『이상의 비련』, 깊은샘, 1991, 328쪽.

만이라……"73)

"시굴이라 무어 입에 맞으실 찬이 있에얍죠"74)라고 한 강화도 여관 주인의 말과는 반대로 시골은 서울에 없는 쌀밥을 먹을 수 있는 곳이다. 이는 "우동 아니면, 빵…… 그러한 것으로 점심 요기"75)를 하는 모습과 관련된다는 점에서 "명랑한 전망"의 실상을 암시한다. 위의 장면은 전쟁을 배경으로 혼식과 분식을 장려하게 된 신체제적인 '시국'을 묘사한다. 예컨대 1939년 10월 4일 공포, 11월 1일부터 시행된 〈조선백미취체규칙〉은 7분도 이하의 정백미(精白米)를 판매 금지했다.76) 이는 마산이나 창령 등에서 "백미 일두(一斗)에 잡곡 삼승(三升)씩 혼합 판매를 여행(勵行)"77)하거나 혼식을 장려하는 일78)로도 나아갔다. 다시 말해 이는 「애경(愛經)」이 서술하는 바, "한때는 젊은 예술가들의 무리들이 밤으로 낮으로" 찾아들던 "다방 문(門)"79)의 쇠락, "아이 양단이 인제 없어진다는데"80)라고 한 정숙의 푸념, 준길이 "갑자기 정오 싸이렌이 울리는 소리에" "소스라치게 놀라"81)는 일, 과거에 "신흥예술좌"82) 배우였던 숙자가 카페 여급이 되는 일, 더 나아가 "정회비(町會費)"를 징수하러 다니는 "정회 친구"83) 등과 함께 "명랑한 전망"의 기원을 추측하게 한다. 당연히 그 기원은 「명랑한 전망」이라는 소설을 쓰고 있는

---

73) 박태원, 「점경」, 『家庭の友』, 1941. 1, 32쪽.
74) 박태원, 「여관주인과 여배우」, 『이상의 비련』, 깊은샘, 1991, 148쪽.
75) 박태원, 「점경」, 『윤초시의 상경』, 깊은샘, 1991, 173쪽.
76) 「백미금지령의 경기도령 공포」, 『동아일보』, 1939. 10. 28.
77) 「백미 일두에 잡곡 삼승씩 혼합 판매를 여행」, 『동아일보』, 1940. 1. 14.
78) 「백미 금지코 혼식 장려」, 『동아일보』, 1940. 1. 14.
79) 박태원, 「애경 1회」, 『문장』, 1940. 1, 105쪽.
80) 박태원, 「애경 2회」, 『문장』, 1940. 2, 75쪽.
81) 박태원, 「애경 3회」, 『문장』, 1940. 3, 79쪽.
82) 박태원, 「애경 1회」, 『문장』, 1940. 1, 110쪽.
83) 박태원, 「애경 2회」, 『문장』, 1940. 2, 64쪽.

「여인성장」의 철수가 아니다.

그렇다면 "보리 안 둔 햅쌀밥"에 대한 사소한 서술과 가벼운 지적은 소설의 사건과도 어울리지 않게 과장된 "전망"과 대비되는 이 소설의 진정한 문학적 안목이자 의의일 듯도 하다. 고현학은 여전히 수행되었던 것이다. 「사계와 남매」에 묘사된 쌀값 걱정 역시 그 증거다. 문제는 「명랑한 전망」의 마지막 5회분이 누락되었듯이, 적어도 『한국근대단편소설대계』(태학사)와 『윤초시의 상경』(깊은샘)에 위의 장면이 나타나지 않는다는 점이다. 「점경」은 『家庭の友』에 1940년 11월부터 1941년 2월까지 총 4회에 걸쳐 연재 완료되었지만, 두 책은 공히 1941년 1월호의 3회가 누락된 「점경」을 수록하고 있다.

그러나 이보다 중요한 또 하나의 문제는 두 작품 모두 생략된 부분이 없이도 완결된 작품처럼 보인다는 점이다. 이 사실은 "명랑한 전망"의 허망함을 소설의 구성으로써 가늠하게 한다. 이와 비교해 "갖지 않았다, 갖는다면"의 우울함은 오히려 치밀하고 견고했던 것이다.

〈표〉-「소설가 구보 씨의 일일」에 등장하는 '가지다'의 사례

1. 직업과 아내를 갖지 않은, 스물여섯 살짜리 아들은, 늙은 어머니에게는 온갖 종류의, 근심, 걱정거리였다.
2. 돈 한 푼 없이 어떻게 기집을 맥여 살립니까?
3. 어머니는 직업을 가지지 못한 아들이, 그래도 어떻게 몇 푼의 돈을 만들어, 자기에게 그런 말을 할 수 있는 것을 신기하게 기뻐하였다.
4. 한 덩어리의 '귀지'를 갖기보다는 차라리 사 주일간의 치료를 요하는 중이염을 앓고 싶다
5. 그러나, 구보는 다행하게도 중이 질환을 가진 듯싶었다.
6. 구보는 그의 바른쪽 귀에도 자신을 갖지 못한다.
7. 구보는, 이렇게 대낮에도 조금의 자신을 가질 수 없는 자기의 시력을 저주한다.

8. 젊은 내외가, 너덧 살 되어 보이는 아이를 데리고 그곳에 가 승강기를 기다리고 있었다. 이제 그들은 식당으로 가서 그들의 오찬을 즐길 것이다. (…중략…) 그들은 분명히 가정을 가졌고, 그리고 그들은 그곳에서 당연히 그들의 행복을 찾을 게다.

9. 안전지대 위에, 사람들은 서서 전차를 기다린다. 그들에게 행복은 알 수 없다. 그러나 그들은 분명히, 갈 곳만은 가지고 있었다.

10. 대정(大正) 12년. 11년. 11년. 8년. 12년. 대정 54년—. 구보는 그 숫자에서 어떤 한 개의 의미를 찾아내려 들었다. 그러나 그것은 부질없는 일이었고, 그리고 또 설혹 그것이 무슨 의미를 가지고 있었다 하더라도, 그것은 적어도 '행복'은 아니었을 게다.

11. 갈 곳을 갖지 않은 사람이, 한번, 차에 몸을 의탁하였을 때, 그는 어디서든 섣불리 내릴 수 없다.

12. 그는 분명히 나를 보았고 그리고 나를 나라고 알았을 게다. 그러한 그는 지금 어떠한 느낌을 가지고 있을까, 그것이 구보는 알고 싶었다.

13. 딴은, 머리를 틀어 올렸을 뿐이나, 그만한 나이로는 저 여인은 마땅히 남편을 가졌어야 옳을 게다.

14. 언제든 딱지를 가지고 나가서는 최후의 한 장까지 빼앗기고 들어오는 아들이 민망해, 하루는 그 뒤에 연필로 하나하나 표를 해주고 그것을 또 다 잃고 돌아왔을 때, 그는 골목 안의 아이들을 모아, 그들이 가지고 있는 딱지에서 원래의 내 아이 물건을 가려내어, 거의 모조리 회수할 수 있었다는 이야기를, 젊은 어머니는 일종의 자랑조차 가지고 구보에게 들려주었었다.

15. 구보는, 그러나, 시계를 갖지 않았다. 갖는다면, 그는 우아한 회중시계를 택할 게다.

16. '벰베르구' 실로 짠 보이루 치마. 삼원 육십 전. 하여튼 팔원 사십 전이 있으면, 그 소녀는 완전히 행복일 수 있었다. 그러나, 구보는, 그 결코 크지 못한 욕망이 이루어졌음을 듣지 못했다.

구보는, 자기는, 대체, 얼마를 가져야 행복일 수 있을까 생각해 본다.

17. 다방의 오후 두시, 일을 가지지 못한 사람들이 그곳 등의자에 앉아, 차를 마시고, 담배를 태우고, 이야기를 하고, 또 레코드를 들었다.

18. 구보는 자기에게 양행비가 있으면, 적어도 지금 자기는 거의 완전히

행복일 수 있으리라 생각한다.

19. 자기도, 혹은, 팔원 사십 전을 가지면, 우선, 조그만 한 개의, 혹은 몇 개의 행복을 가질 수 있을 게다. 구보는, 그러한 제 자신을 비웃으려 들지 않았다. 오직 고만한 돈으로 한때, 만족할 수 있는 그 마음은 애달프고 또 사랑스럽지 않은가.

20. 구보는 혐오의 눈을 가져 그 사내를, 남의 구두만 항상 살피며, 그곳에 무엇이든 결점을 잡아내고야 마는 그 사나이를 흘겨보고 그리고 걸음을 옮겼다.

21. 사실, 그는, 지금 벗을 가진 몸의 다행함을 느낀다.

그 벗은 시인이었음에도 불구하고, 극히 건강한 육체와 또 먹기 위해 어느 신문사 사회부 기자의 직업을 가지고 있었다. 그것이 때로 구보에게 애달픔을 주지 않는 것은 아니다. 그래도, 그래도 그와 대하여 있으면, 구보는 마음속에 밝음을 가질 수 있었다.

22. 다방에 들어오면, 여학생이나 같이, 조달수를 즐기면서도, 그래도 벗은 조선 문학 건설에 가장 열의를 가지고 있었다. (…중략…) 마땅히 시를 초해야만 할 그의 만년필을 가져, 그는 매일같이 살인강도와 방화 범인의 기사를 쓰지 않으면 안 되었다. 그래 이렇게 제 자신의 시간을 가지면 그는 억압당하였던, 그의 문학에 대한 열정을 쏟아 놓는다.

23. 자기가 완전히 소유한 다섯 개의 임금을 대체 어떠한 순차로 먹어야만 마땅할 것인가.

24. 구보는, 맞은편에 앉아, 그의 문학론에, 앙드레 지드의 말을 인용하고 있던 벗을, 갑자기, 이 유민(遊民)다운 문제를 가져, 어이없게 만들어주었다.

25. 구보는, 왕왕히, 그 벗의 여성에 대한 심미안에 의혹을 갖기조차 하였다.

26. 가없은 사생자는 나이 분수보다 엄청나게 거대한 체구와, 또 치매적 안모를 가지고 있었다.

그러나 그것만이라면, 오히려 좋았다. 한번 그 아이의 울음소리를 들을 수 있었을 때, 사람들은 가장 언짢고 또 야릇한 느낌을 갖지 않으면 안 되었다.

27. "지금부터 집엘 가서 무얼 할 생각이오?"

그러나 그것은 물론 어리석은 물음이었다. '생활'을 가진 사람은 마땅히 제 집에서 저녁을 먹어야 할 게다. 벗은 구보와 비겨볼 때, 분명히 생활을 가지고 있었다.

28. 노는계집들은 오늘도 무지를 싸고 거리에 나왔다. (…중략…) 그들은, 모두가 숙녀화에 익숙하지 못한 것은 아니다. 그러나 그러함에도 불구하고, 그들은 모두들 가장 서투르고, 부자연한 걸음걸이를 갖는다. (…중략…) 그들은 누구라 하나 인생에 확실한 목표를 가지고 있지 않았으나, 무지는 거의 완전히 그 불안에서 그들의 눈을 가려준다.

그러나 포도를 울리는 것은 물론 그들의 가장 불안정한 구두 뒤축뿐이 아니었다. 생활을, 생활을 가진 온갖 사람들의 발끝은 이 거리 위에서 모두 자기네들 집으로 향해 놓고 있었다.

29. 누구나 모두 집 가지고 있다는 애달픔이여/ 무덤에 들어가듯/ 돌아와서 자옵네

30. 그러나 대체 누구와 이 황혼을…… 구보는 거의 자신을 가지고, 걷기 시작한다. 벗이 있다. 황혼을, 또 밤을 같이 지낼 벗이 구보에게 있다.

31. 벗은 혹은, 구보와 이제 행동을 같이할 수 없을지도 모른다. 그래도 사람은 언제든 희망을 가져야 하고, 달리 찾을 벗을 갖지 아니한 구보는, 하여튼 이제 자리에 앉아, 돌아올 벗을 기다려야 한다.

32. 그 청년은, 한 개의 인단 용기와, 로도 목약을 가지고 있는 것에조차 철없는 자랑을 느낄 수 있었던 듯싶었다. 구보는 제 자신, 포용력을 가지고 있는 듯싶게 가장하는 일 없이, 그의 명랑성에 참말 부러움을 느낀다.

33. 구보의 눈이 갑자기 빛났다. 참 그는 그 뒤 어찌 되었을꼬. 비록 어떠한 종류의 것이든 추억을 갖는다는 것은 사람의 마음을 고요하게, 또 기쁘게 해준다.

34. 자기를 믿고 있는 듯싶은 여자 태도에 구보는 자신을 갖고, 참 이번 주일에 무장야관 구경하셨습니까.

35. 그러나, 순간에, 지금 막 보았을 따름인 영화의 한 장면을 생각해 내고, 구보는 제가 취할 행동에 자신을 가질 수 없었을지도 모른다.

36. 그것은 옳지 않았다. 구보는 대체 무슨 권리를 가져 여자의, 그리고 자기 자신의 감정을 농락하였나.

37. 각모 쓴 학생과, 젊은 여자가 어깨를 나란히 하여 구보 앞을 지나갔

다. 그들의 걸음걸이에는 탄력이 있었고, 그들의 말소리는 은근하였다. 사랑하는 이들이여. 그대들 사랑에 언제든 다행한 빛이 있으라, 마치 자애 깊은 부로와 같이 구보는 너그럽고 사랑 가득한 마음을 가져 진정으로 그들을 축복하여 준다.

 38. 이제 한 장의 엽서에라도, 구보는 거의 감격을 가질 수 있을 게다.

 39. 한 해에 단 한 번 연하장을 보내줄 따름의 벗에까지, 문득 구보는 그리움을 가지려 한다.

 30. 그러나 가엾은 어머니가 그렇게까지 감동을 가진 그 서신이 급기야 뜯어보면, 신문 일 회분의, 혹은 잡지 한 페이지 분의, 잡문 의뢰이기 쉬웠다.

 41. 그는 구보에게 술을 따라 권하고, 내 참 구포 씨 작품을 애독하지. 그리고 그러한 말을 하였음에도 불구하고 구보가 아무런 감동도 갖지 않는 듯싶은 것을 눈치 채자,

 "사실 내 또 만나는 사람마다 보고, 구포 씨를 선전하지요." (…중략…)

 문득 이 용감하고 또 무지한 사내를 고급으로 채용해 구보 독자 권유원을 시키면, 자기도 응당 몇 십 명의 또는 몇 백 명의 독자를 획득할 수 있을지 모르겠다고 그런 난데없는 생각을 하여보고, 그리고 혼자 속으로 웃었다.

 42. 조선서 원고료는 얼마나 됩니까. 구보는 이 사내가 원호료라 발음하지 않는 것에 경의를 표하였으나 물론 그는 이러한 종류의 사내에게 조선 작가의 생활 정도를 알려주어야 할 아무런 의무도 갖지 않는다.

 43. 돌아보는 벗의 눈에 피로가 있었다. 다시 걸어 황금정으로 향하며, 이를테면 조그만 기쁨, 보잘것없는 기쁨, 그러한 것을 가졌소. 뜻하지 않은 벗에게서 뜻하지 않은 엽서라고 한 장 받았다는 종류의……

 "갖구말구." (…중략…)

 벗은 갑자기 휘파람을 분다. 가난한 소설가와, 가난한 시인과……어느 틈엔가 구보는 그렇게도 구차한 내 나라를 생각하고 마음이 어두웠다.

 "혹시 노형은 새로운 애인을 갖고 싶다 생각 않소." (…중략…)

 그러다가 구보는 문득, 아내도 계집도 말고, 십칠팔 세의 소녀를, 만약 그럴 수 있다면, 딸을 삼고 싶다고 그런 엄청난 생각을 해보았다. 그 소녀는 마땅히 아리땁고, 명랑하고, 그리고 또 총명해야 한다. 구보는 자애 깊

은 아버지의 사랑을 가져 소녀를 데리고 여행을 할 수 있을 게다―.

44. 하여튼 벗도 이미 늙었다. 그는 나이로 청춘이었으면서도, 기력과, 또 정열이 결핍되어 있었다.

45. 여자들의 나이란 수수께끼다. 그래도 이 계집은 갓 스물이라 볼 수는 없었다. 스물다섯이나, 적어도, 스물넷은 됐을 게다. 갑자기 구보는 일종의 잔인성을 가져, 그 역시 정신병자임에 틀림없음을 알려주었다.

46. 무지는 노는계집들에게 있어서, 혹은 없어서는 안 될 물건이나 아닐까. (…중략…) 순간, 순간에 그들이 맛볼 수 있는 기쁨을, 다행함을, 비록 그것이 얼마나 값없는 물건이더라도, 그들은 무지라야 비로소 가질 수 있다.

47. 이렇게 밤늦게 어머니는 또 잠자지 않고 아들을 기다릴 게다. 우산을 가지고 나가지 않은 아들에게 어머니는 또 한 가지의 근심을 가질 게다. (…중략…)

구보는, 벗이, 그럼 또 내일 만납시다. 그렇게 말하였어도, 거의 그것을 알아듣지 못하였다. 이제 나는 생활을 가지리라. 생활을 가지리라. (…중략…) 그러나, 구보는 잠깐 주저하고, 내일, 내일부터, 내 집에 있겠소, 창작하겠소―.

"좋은 소설을 쓰시오."

벗은 진정으로 말하고, 그리고 두 사람은 헤어졌다. 참말 좋은 소설을 쓰리라. 번 드는 순사가 모멸을 가져 그를 훑어보았어도, 그는 거의 그것에서 불쾌를 느끼는 일도 없이, 오직 그 생각에 조그만 한 개의 행복을 갖는다.

■ 참고문헌

1. 자료
류보선 편, 『구보가 아즉 박태원일 때』, 깊은샘, 2005.
박태원, 「명랑한 전망」, 『매일신보』, 1939. 5. 21.
박태원, 「우맹」, 『신문연재소설전집 2』, 깊은샘, 1999(2쇄).
박태원, 「점경」, 『家庭の友』, 1941. 1.
박태원, 『소설가 구보 씨의 일일』, 문장사, 1938.
박태원, 『소설가 구보 씨의 일일』, 문학과지성사, 2005.
박태원, 『윤초시의 상경』, 깊은샘, 1991.
박태원, 『이상의 비련』, 깊은샘, 1991.
박태원, 『천변풍경』, 박문서관, 1938.
박태원, 『한국근대단편소설대계 9』, 태학사.
이 상, 「종생기」, 『조광』, 1937. 5.
진웅기, 김진욱 역, 『아쿠다가와 작품선』, 범우사, 2000.
芥川龍之介, 『芥川龍之介作品集 4』, 昭和出版社, 1965.

2. 논문, 단행본
방민호, 「문학사의 재인식과 오늘의 한국소설에 나타난 환상」, 『문학수첩』, 2005년 가을호.
이경훈, 『이상, 철천의 수사학』, 소명출판사, 2000.
최혜실, 「'산책자'의 타락과 통속성」, 『상허학보』 2집, 1995.
今和次郎 吉田謙吉, 『考現學採集』, 學陽書房, 1986(복각본 1쇄).
今和次郎 吉田謙吉, 『モデルノロヂオ』, 春陽社, 1930(재판).
藤森照信 編, 『考現學の誕生』, 筑摩書房, 1986.

■ 국문초록

　아쿠다가와 류노스케의 소설들은 박태원의 초기 소설에 일정한 영향을 주었다. 「적멸」은 그 대표적인 예다. 이 작품은 아쿠다가와의 「어느 옛 벗에게 보내는 수기」, 「다이도오지 신스케의 반생」, 「톱니바퀴」 등과 문학적으로 대화하고 있다. 이는 아쿠다가와의 '벗'으로서 스스로를 소설가의 위치에 정립시키려 했던 박태원의 정신적인 풍경을 보여준다.

　한편 「적멸」은 박태원식 고현학의 기원이 되는 작품이다. 이 소설은 '행인'으로써 관찰의 시점을 마련함과 동시에 현실이라는 타자를 도입한다. 이때 식민지 경성과 제국의 동경은 이중 노출되고 상호 참조된다. 더 나아가 박태원의 소설은 고현학을 현실 묘사의 방법으로 활용함으로써 그것을 식민지인의 맥락 속에 소설적으로 전유한다. 이는 다양한 교환가치에 대한 치밀한 묘사로 나아간다. 이때 사회와 인간의 관계는 "갖지 않았다, 갖는다면"이라는 '우울한 가정법'으로 표현된다.

　따라서 「명랑한 전망」이 제시하는 '전망'은 미심쩍다. 주인공은 식민지 근대의 본질을 통찰하게 하는 경성을 떠나 시골로 가기 때문이다. 그리고 명랑함은 '우울한 가정법'은 물론 이와 짝을 이루는 유머 역시 폐기한다. 한편 이 작품은 부분적으로만 읽혀짐으로써 잘못 평가되기도 했다. 이는 연구자와 출판사 모두가 텍스트에 좀더 신중하고 정확히 접근해야 할 필요성을 제기한다.

주제어: 아쿠다가와 류노스케, 고현학, 동경, 교환가치, 시장, 도시, 시골, 전망, 유머, 우울한 가정법, 명랑함, 식민지

■ Abstract

Some Comments on Park Tae-won's Texts

Lee, Kyoung Hoon

Park Tae-won's early works are influenced by Akudagawa Ryunosuke's literary texts. For example, "Nirvana(적멸)" talks with Akudagawa's works inter-textually, such as "A note to an old friend", "The half life of Daidoji Shinsuke" and "Toothed wheel". It shows the mental landscape of Park who has tried to be in the site of novelist as a friend of Akudagawa.

Meanwhile, "Nirvana" is the work that originates Park's 'modernology'. By passengers of this text, viewpoint of observation and the reality as the other were introduced. In this process, colonial Keizo and imperial Tokyo were double-exposed and referred reciprocally. Furthermore, by using 'modernology' as a method of describing reality, Park's works appropriate it in the colonial literary contexts. And it advances to the elaborate depictions of various exchange values. At this time, essence of relation between human beings and society is expressed by the melancholic supposition of "do not have, if have".

Consequently, the prospect of "Bright prospect(명랑한 전망)" is doubtful. For hero leaves Keijo which lets him insight the essence of colonial modernity and goes to the countryside. And brightness abolishes not only melancholic supposition of "do not have, if have" but also the humor. On the other hand, this work has misunderstood and evaluated wrongly because of the textual omission. Therefore, it is necessary for researchers and publishers to have more prudent attitudes to texts.

Key-words: Akudagawa Ryunosuke, modernology, Tokyo, Keizo, exchange value, market, city, prospect, humor, melancholic supposition, brightness, colony

－이 논문은 2009년 11월 30일에 접수되어, 소정의 심사를 거쳐 2009년 12월 15일에 최종적으로 게재가 확정되었음.

박태원 소설에 나타난 주체−타자 연구 Ⅱ

− 소설가 주체의 정립을 중심으로

목 차
Ⅰ. 서론
Ⅱ. 관찰자의 시선과 의식의 지향성
Ⅲ. 구별짓기의 욕망과 (불)가능성
Ⅳ. 생활세계의 발견과 창으로서의 텍스트
Ⅴ. 결론

이 은 선*

Ⅰ. 서론

박태원 연구에서 「소설가 구보씨의 일일」이 차지하는 중요성은 많은 논자들에 의해 지적되어 왔다. 이 텍스트는 "우리 문학사의 독보적인 존재"일뿐 아니라 "예술가 소설의 계보"를 형성하는 데 있어서도 뚜렷한 위치를 차지하고 있는 것이다.[1] 기존 논의들에서 "예술가 소설"의 하위 갈래로 "소설가 소설"을 설정하고, 이 텍스트를 주요한 분석 대상으로 삼고 있음을 확인할 수 있다. '소설가 소설'을 다루는 경우,[2] 「적

---
* 이화여자대학교.
1) 나은진, 「소설가 소설과 '구보형 소설'의 계보」, 구보학회, 『박태원과 모더니즘』, 깊은샘, 2007, 150쪽.
2) 서은주는 "소설가 주인공 소설의 특성을 검토해봄으로써 그것의 미학적 특성을 규명

멸」(1930), 「피로」(1933), 「소설가 구보씨의 일일」(1934), 「거리」(1936)를 분석 대상으로 삼는 반면 1940년대의 '자화상 연작(「음우」(1940), 「투도」(1941), 「채가」(1941))'은 제외되는 경우가 대부분이다. '자화상 연작'과 「재운」(1941)은 주로 '신체제'와의 연관성에 대한 논의3)로 한정되는 경향을 보인다.

본고에서는 1940년대의 자화상 연작을 제외하고 있는 기존의 접근 방식에서 벗어나 '소설가 소설'에 관한 통시적 접근4)을 시도하고자 한

하려는 의도"를 밝히면서, "대상으로 삼는 작품은 주관성이 작품의 전면에서 후퇴하는 『천변풍경』이전에 쓰여진 것으로 일인칭 서술자가 등장하는 것으로 한정"하고 있다. 이때 "「음우」, 「투도」, 「채가」 등도 일인칭 소설가 주인공이 등장하고 작가 스스로가 '자화상'이라는 부제를 달아 놓기는 하였지만, 사소한 일상사를 중심으로 한 신변잡기적인 내용이어서 심경 소설의 범주에 넣기는 힘들다고 판단"하면서, 분석 대상에서 제외하고 있다.(서은주, 「고독을 통한 행복에의 열망-소설가 주인공 소설을 대상으로」, 『박태원 소설연구』, 강진호 외, 깊은샘, 1995, 312-313쪽) 허병식은 박태원과 이상의 소설을 분석 대상으로 하면서 "예술가 소설에 나타나는 미적 주체가, 내면의 고백과 글쓰기의 과정을 통해 자기 자신을 형성하고 있음을 증명하는 것"을 연구의 주요한 목표로 삼고 있다. 「적멸」, 「소설가 구보씨의 일일」, 「거리」가 분석 대상이 된다. (허병식, 「예술가 소설에 나타난 주체의 형성에 관한 연구」, 동국대 석사논문, 1998) 정태규 역시 「적멸」, 「피로」, 「소설가 구보씨의 일일」을 분석 대상으로 하면서, "박태원의 예술가소설에 나타난 예술적 주체, 즉 소설가는 결코 세계와 현실로부터 동떨어진 소외자의 이상화만을 지향하는 것"이 아니며, "예술적 주체가 소설의 주인공으로 등장, 예술적 주체가 정체성을 회복해 나가면서 박태원의 소설가소설의 특성이 전개, 완성된다고 보는 견해"를 피력하고 있다.(정태규, 「한국예술가소설의 전개양상」, 부산대 박사논문, 2004)

3) 정현숙은 "「투도」, 「채가」에서 일제의 식민주의 체제가 부정되고 있다"고 밝히면서 「채가」를 조금 더 자세하게 언급하고 있다.(정현숙, 「박태원 소설에 나타난 신체제 수용 양상」, 『박태원과 모더니즘』, 구보학회, 깊은샘, 2007, 272쪽, 275-276쪽) 일제 말기의 소설들은 최근 신체제와의 연관 하에서 활발하게 연구되고 있는데, 『우맹』(1938), 「명랑한 전망」(1939), 「아세아의 여명」(1941), 「여인성장」(1941), 『군국의 어머니』(1942), 「원구」(1945) 등이 분석 대상이 된다. 이들 텍스트를 분석하는 작업은 본고의 범위를 넘어설 뿐 아니라, 일제 말기의 다른 작가(의 텍스트)들과 함께 분석되어야 한다는 판단 하에 차후의 과제로 남겨두기로 한다.

4) 분석 대상은 「적멸」, 「피로」, 「소설가 구보씨의 일일」, 「애욕」, 「거리」, 「음우」, 「투도」, 「채가」, 「재운」에 이르는 9편의 텍스트로 선정했다. 「애욕」은 기존 논의에서 주

다. 이를 통해 박태원 소설에 나타나는 '소설가 상(象)'의 변화에 대한 내재적 설명 방식을 도출해내고자 하는 것이 본고의 목표가 된다.5) 앞에서 살펴본 바와 같이 그간 집중적으로 논의되어 온 것은 '소설가 주체'의 위상이다. 그러나 '소설가 주체의 형성'에만 초점을 맞출 경우 주체/타자의 이분법적 구분을 용인하게 된다는 점에서 한계를 지닌다. 즉 '주체의 형성'에 주목하는 방법론6)은 소설가 주체의 정립에 필연적으로 개입하는 타자의 문제를 설명해 내기 어렵게 하는 측면이 있는 것이다. 본고에서는 '주체-타자'의 관계 자체를 주요한 문제틀로 설정하면서,7) '소설가 주체'의 정립에 있어 중요한 요인이 되는 '타자'와의 관계8)에 주목하고자 한다.

로 '이상'을 모델로 한 소설이라는 점에서 주목을 받아 왔다. 본고에서는 '소설가 구보'의 출현에 주목하여 분석 대상에 포함시켰다. 「재운」은 자화상 연작에서 제외되는 경우가 많은데, 발표 시기를 고려하고 '소설가 주체'의 소설쓰기라는 실천적 면모가 드러난다고 판단하여 포함시켰다. 각 텍스트는 박태원, 『소설가 구보씨의 일일』(깊은샘, 1989), 박태원, 『이상의 비련』(깊은샘, 1991)을 판본으로 삼았다.
5) 본고에서는 실제 작가 박태원의 '결혼'과 '가장으로서의 책임감' 같은 전기적 요인이나, 당대의 현실적 변화에 따른 실천적 대응 방식에 주목하는 설명 방식을 택하지 않고, 텍스트들 사이에서 발견되는 변모 양상을 집중적으로 논의하고자 한다.
6) 최근의 연구 경향은 '주체에서 타자로'라는 문구로 요약될 수 있다. 즉 '주체의 형성'에서 '타자(성)의 발현'으로 관심의 초점이 이동함으로써 주체에 의해 소외되거나, 억압되어온 타자의 형상을 발견하고 이를 적극적으로 복원함으로써 윤리적 실천을 모색하는 것이다.
7) 본고는 「박태원 소설에 나타난 주체-타자 연구」, 『이화어문논집』 27, 이화어문학회, 2010의 후속 작업에 해당된다. 앞의 논문에서는 박태원의 초기소설에서 「악마」에 이르는 텍스트를 분석 대상으로 하여 다양한 주체-타자의 형상화 방식을 살피고자 하였다.
8) 철학에서는 전통적으로 '자아-타(자)아'의 용어가 사용되어 왔다. 라캉의 이론에서 '자아'와 '주체'의 구분이 이루어진 이후 '주체-타자'라는 용어가 일반화되는 경향을 보인다. 본고에서는 '자아-타아' 대신 '주체-타자'로 통일해서 사용하기로 한다. 아래에서는 후설의 논의를 "주체-타자"의 방법론적 토대로 삼았다. 이는 주체와 세계 간의 근원적 관계에 주목하고, '상호 주관성' 개념을 참조하기 위해서이다. '의식의 지향성'과 '생활 세계' 개념은 논의의 진행 과정에 따라 각주로 처리하기로 한다.

Ⅱ. 관찰자의 시선과 의식의 지향성

초기 소설에서 나타나는 '소설가 주체'는 「적멸」에서부터 뚜렷하게 형상화되어 있다. 텍스트의 첫 문장에서 확인할 수 있는 바와 같이 '나'는 "매일이라고 책상 앞에 앉아 소설을 하나 써 보려고 원고지와 눈씨름하고" 있다. 이때 "나의 누를 길 없는, 터무니없는 창작욕"이 선행한다는 점에 주목해야 한다. 소설 창작의 과정에 있어 '특정한 주제 의식에 기반하여 그리려는 대상을 먼저 포착'한 뒤에 그것을 '소설'이라는 형식에 담아내는 경우가 아니라 '창작욕'이 소설쓰기를 이끌어내는 이와 같은 양상이야말로 박태원의 소설가 상(象)의 초기 형태를 특징짓는 것이다. '나'가 스스로를 "창작에 대한 집착이 강렬한 소설아귀(小說餓鬼)"로 명명함으로써 '소설가'라는 존재는 하나의 직업적 분류를 훌쩍 뛰어넘는 곳에 위치하게 된다.

'나'는 소설이 써지지 않는 현 상황에 대한 타개책으로 "좋은 자극"과 "엽기취미"를 선택하는데, '거리로 뛰쳐나가는 것'이 '나'의 소설쓰기에 있어 가장 직접적인 해결책이라는 점은 「피로-어느 반일의 기록」에서도 같은 방식으로 제시되고 있다. '나'는 다방의 등탁자 위에서 소설을 쓴다. 다방의 창 밖에서 "안을 엿보고 있는 어린아이의 새까만 두 눈"을 보고 '나'는 "그 어린이가 창 밖에서 엿볼 수 있는 온갖 것을 내 자신 바라본다." 어린이의 시각을 빌려 자기 자신을 되돌아보는 것은 타자의 시선을 통해 자신을 되돌아보는 반성적 행위에 해당된다. 어린아이의 시선이 '나'의 소설 쓰기를 방해하지 않는다는 점에서 "문학 청년들-?-의 괴 기염"에 대한 '나'의 반응과 대조를 이룬다.

"춘원과 이기영, 백구와 노산 시조집이 오르내리는 웅변"은 곧 "조선 문단의 침체"에 관한 한탄과 "온갖 문인을 통매"하는 방향으로 발전한다. '나'는 "그러한 속에서 나의 소설을 계속 할 수 없는 것을 갑자기 느끼고", "도망질치듯이" 다방을 나온다. '나'가 '피로'를 느끼며 거리를 배회하는 과정 자체가 곧 텍스트를 구성하게 되며, '나'는 "다시 다방 낙랑 안"으로 돌아온다. '문학 청년들'과 같은 시·공간에 놓여 있을 경우 '나'의 소설쓰기가 중단된다는 점은 상징적이다. 이는 일차적으로 평가자의 시선이 개입하게 되는 경우 창조적 정열이 위축되는 것을 의미한다. 더불어 '조선 문단'이라는 현실적인 문학(적 담론)장이 자신의 '소설'과 대면하게 될 때 박태원의 소설가는 직접적·전면적 접촉을 허용하지 않는다고 할 수 있다. 즉 '어린 아이'라는 타자의 시선으로부터 '나의 소설쓰기'가 자유로웠던 것과는 달리 '특정한 타자들'의 출현은 '나'의 소설쓰기를 불가능하게 한다. 이를 통해 '나'는 주체-타자가 연루되어 있는 정도를 극도로 예민하게 감지하는 주체라는 점이 드러난다.

「소설가 구보씨의 일일」에서의 '의식의 흐름'은 주로 기법적 차원에서 논의의 대상이 되어 왔다. 본고에서는 주체의 인식론적 측면을 중심으로 '의식의 흐름'과 '지향성'의 문제에 접근하고자 한다. 이때 먼저 지적되어야 할 점은 주로 초점화되고 있는 대상이 '구보'이기 때문에 주체의 의식 내부에서 일어나는 변화가 상세하게 펼쳐지는 데 반해 '타자'의 의식에 대한 접근은 기본적으로 차단되고 있다는 점이다. 따라서 '구보'의 의식 내부에서 일어나는 역동적인 변모만을 배타적으로 확인할 수 있다는 사실 자체가 '관찰자로서의 주체'의 기본적 입각점을 드러내 준다고 할 수 있다.

앞에서 살펴본 바와 같이 '창작욕'이 '소설'에 앞서 존재함으로써 '소설가'라는 상(象)이 그의 작업에 선행하고 있음을 고려할 때, 「적멸」과 「피로」에서의 소설가 주체가 거리로 나가는 것과 마찬가지로 「소설가 구보씨의 일일」에서도 '구보'는 집을 나선다. 이는 일차적으로 소설가가 거리에서 소재를 찾고 '고현학'을 실천한다는 것을 뜻한다. 그러나 '구보'가 산책을 하는 것과 더불어 의식 내부의 드라마를 펼쳐 보인다는 점 역시 간과할 수 없을 것이다.

의식은 '무엇에 관한 의식'[9]이라는 토대에 기반할 때, 구보의 의식

역시 지향성을 보이며, 이때 모든 질료적인 것까지도 그 의식 속에 자리 잡고 있다.10) 특정한 의도나 목적을 지니고 있다는 점에서11) 의식의 지향성은 대상에 대한 지향적 추구로 이해될 수 있다. 이때 구보가 과거의 특정한 사건을 회상하는 것은 '축적된 경험'을 현재화시키는 과정12)에 해당된다. 구보의 '의식'의 흐름이 텍스트 자체를 조직하는 원

---

9) "무엇에 관한 의식으로서, 무엇에 관한 현상으로서 존재의 저 근본성격에 대한 표현이, 술어적으로 스콜라철학에서 유래한 표현이 지향성(志向性)이다. 어떤 대상을 반성없이 의식해 가짐에 있어서 우리는 이 대상에 지향되어 있으며, 우리의 "지향"은 이 대상에게로 지향한다."(조셉 J. 코켈만스, 임헌규 역, 『후설의 현상학』, 청계, 2000, 126쪽) 후설의 지향성 개념은 브렌타노의 지향성 개념과 다음과 같은 차이를 보인다. "브렌타노에게서 지향성은 의식 안에 사물을 품는다는 의미에서 여전히 전통적이다. 그런데 후설은 이러한 왜곡을 비판하고 의식을 그 본래의 모습에로 되돌려놓는다. 그 하나는 의식은 자기참조적이기보다는 언제나 대상에로 향한다는 것이다. 이 대상은 의식적 주체에 의해서 산출된 것은 아니다. 물론 그렇다고 근대인식론 이전의 전통적 사유에 근거해 의식이 단지 사물의 실재를 반영하는 거울, 즉 재현하는 계기에 불과하다고 보아서도 안 된다. 오히려 후설은 지향성 속에서 의식과 사물의 본래성이 회복되는 의미로 그 특성을 주목하였다. 사물은 언제나 자신을 스스로 준다는 점에서, 의식은 그 사물에로 향하여 초월해 나간다는 점에서 지향성에 의해 서로가 관련 맺는다는 것이다. (……) 주체와 세계 간의 근원적 관계, 이것이 후설이 직관한 지향성의 본질인 것이다."(김희봉, 「후설의 의식개념 비판과 지향성」, 『철학과 현상학 연구』 Vol. 35, No.−, 2007, p. 165)

10) "(지향성은) 진실로 의식의 근본적인 속성을 표현하고 있다. 현상학적인 모든 문제는, 심지어 질료적인 문제까지도 이 속에 들어와 자리 잡고 있다. 따라서 현상학은 지향성의 문제와 함께 시작한다."(에드문트 후설, 최경호 역, 『순수 현상학과 현상학적 철학의 이념들 ─ 순수 현상학의 입문 일반』, 칼 슈만 편, 문학과지성사, 1997, 506쪽)

11) "지향성 개념의 어원으로 여겨지는 라틴어 단어 "Intendere"는 동사로서 크게 나누어 다음과 같은 두 가지 기본 의미를 지니고 있다. 첫째, 공간 속에 있는 구체적인 대상으로 신체를 매개로 한 우리의 적극적인 정신적 시선을 뻗침을, 그 대상을 뻗침의 목적 또는 목표로 삼음을, 그리고 그 대상이 실현되어야 할 목표 또는 목적임을 함축한다. 두 번째 의미는 실천학 또는 행위 이론의 맥락에서 이해되어야 할 "의지, 의욕, 의도, 의도적 행위, ~를 의도하다, ~를 목표(목적)으로 삼다"들이 뜻하는 의미 내용들을 함축하며, 목표 또는 목적으로 뻗치는 지향적 추구를 기본적 의미로 담고 있다." (조관성, 「대상, 지향성 그리고 자아−후설과 함께 봄」, 『철학과 현상학 연구』 Vol. 6, No.−, 1992, 199-200쪽)

12) "'습득(習得)'으로 번역하는 독일어 'Habitus'는 그리스어 'echein'(지닌다)의 통일체인

리가 되고 있다고 할 때, 관찰과 반응은 수동적인 행위에 머무는 것이 아니라 주체의 능동적이고 실천적인 행위에 해당한다고 할 수 있다.

지향성과 의식의 흐름의 관계13)를 고려할 때 공간적인 대상 세계 전체를 '의식의 흐름 방식을 따라' 흘러가게 하는 초월적 주체를 발견14)하게 되는 지점에서 '구보'가 행하는 자기 동일화15)를 이해할 수 있다. 이와 같은 동일화16)의 맥락에서 '자유로운 의식의 흐름'을 통일된 것으

'Hexis'에서 유래했다. 따라서 어원상 '경험의 축적'이라는 의미를 지니지만, 습득은 경험적 자아에 속하는 것이 아니라, 순수 자아(선험적 자아)에 속한다. 이 용어 혹은 '습득성'은 발생적 현상학의 중심 개념의 하나로서, 선험적 자아가 근원적으로 건립한 것이 잠재적 의식 속으로 흘러 들어가 침전되고, 이것이 다시 현재와 관련하여 생생하게 복원됨으로써 현재의 경험에 영향을 미치는, 타당성과 동기 부여 연관의 담지자이다. 즉 습득성은 항상 현재의 의식삶이 쏟는 관심을 형성하는 지속적 소유물로서, 이는 선험적 자아와 그 경험의 구성이라는 지향적 작업 수행의 구체적 역사성을 밝혀주는 핵심 개념이다."(조셉 J. 코켈만스, 앞의 책, 369쪽)

13) "지향성으로 규정되는 것은 바로 '의식'이기 때문이다. 바로 이 지점에서 우리는 지향성으로 말미암아 모든 경험들의 흐름을 의식의 흐름이자 '한'(one) 의식의 통일일 수 있다고 정당하게 주장할 수 있다. 후설은 모든 경험의 고유한 특성은 "무엇의 의식"이라는 것으로 이해한다."(조셉 J. 코켈만스, 위의 책, 151쪽)

14) "공간 구성이나 시간 구성의 논리는 결국 공간적인 대상 세계 전체를 나의 의식의 흐름에 담은 후, 의식의 흐름 방식을 따라 세계를 시간화하고 흘러 가게 하여, 세계 내적인 고정적 실체를 남겨 놓지 않고 유동화하고 현상화하려는 초월 논리의 단적인 표현이다."(한자경, 「후설: 세계 구성의 지향적 주체로서의 자아」, 『자아의 연구』, 서광사, 2003, 253쪽)

15) "자아의 자기 동일화는 의식의 지평선상에서 자아가 지니는 지향성과 시간성 덕택에 가능하다. 자아가 반성 속에서 분열된 두 자아를 또한 반성 속에서 동일화하는 일을 수행할 때, 자아의 이 자기 동일화는 자아의 연속적인 의식의 흐름에 근거해 있으며 또한 의식의 지평으로 이해되는 의식의 현재의 흐름 속에서 진행된다. 자아가 지니는 의식의 지평의 현재의 흐름은 과거로 향하는 파지의 지평과 미래로 향하는 예지의 지평을 지닌 채 자아의 현재의 자기 반성 속에서 드러난다."(조관성, 앞의 논문, 228-229쪽)

16) "그 모든 움직임들보다 더 앞선 움직임이 있어, 그 모든 움직임들을 싸고 움직여 그것을 하나의 움직이는 것으로, 유동적인 것으로, 흘러오고 흘러가는 시간적인 것으로 현상화시키는 것이 있으니, 그것이 바로 의식의 흐름이다. 그러므로 현실의 고정적인 것을 유동화하고 현상화하는 초월의 논리가 주장하는 마지막 논점은, 우리의 현실은 의식의 흐름 안에 주어지는 유동적인 현상이며, 경험적 의미에서의 대상의 고정적인 자기 동일성은 그런 의식의 흐름 안에서 종합되어 얻어진 구성된 동일성이라는 것이

로 인식하는 '구보'라는 주체의 확고한 지위가 유지된다. 즉 관찰자로서, 세계를 자신의 의식으로 구성하는 '구보'라는 인물을 통해 자유롭고 능동적인 소설가 주체의 출현을 목도할 수 있는 것이다.17) 반면 앞에서 지적한 바와 같이 이처럼 적극적인 실천이 타자와의 관계에 있어서는 어떠한 방식으로 배타성을 확보하고 있는가를 물어야 할 것이다. 아래에서는 의식의 내부에서 극단적으로 확장된 자유를 누리는 '구보'가 '고독'을 느낄 수밖에 없는, 혹은 고독해야 한다는 강제를 스스로 부여할 수밖에 없는 이유를 살펴보기로 한다.

III. 구별짓기의 욕망과 (불)가능성

구보가 거리에서 만나는 수많은 타자들은 그의 의식 내부에 일정한 반향을 불러일으킨다. 연민과 동정의 대상이 되는 경우도 있고, 불쾌를 자아내거나 경멸받아 마땅한 인물로 묘사되기도 한다. 이들 사이에 '어떤 젊은 여자'가 놓여 있는데, 그녀는 "자기의 두 무릎 사이에다 양산을 놓고 있었다." 구보는 잡지에서 배운 바대로 그녀에 관한 지식을 구성해낸다. 이러한 지식이 "객쩍은 생각"에 불과한 것이라고 스스로 깨닫

다. 경험적 차원에서 보면 그 자체 주관 독립적이고 고정적인 것으로 존재한다고 여겨지는 객관 사물도 초월의 논리에서 보면 이미 시간적 폭을 갖는 것으로서 의식 안에서 구성된 것이 된다."(한자경, 앞의 책, 251쪽)

17) 정현숙은 '의식의 흐름' 수법을 설명하면서 "박태원의 소설이 내면의식을 다룸으로써 비서사성을 나타내고 있다"고 지적한다.(정현숙, 『박태원 문학연구』, 국학자료원, 1993, 319쪽) 본고는 형식 분석을 통해 이와 같은 기법의 효과를 섬세하게 살펴보지 못했다는 한계를 지닌다. '의식의 흐름' 기법을 통해 '비서사성'이 나타난다는 점을 인정하면서도 본고에서는 '의식의 흐름'과 '주체-타자의 관계'가 어떠한 관련을 맺고 있는가 하는 문제에 집중하였다. 서사성은 약화되지만 '소설가 주체'가 타자를 표상의 대상으로 삼기 때문에, '주체의 해체'에는 전혀 영향을 미치지 않는 것으로 보인다. 즉 '의식의 흐름'은 자유로운 방식으로 전개되지만, 그러한 흐름 자체를 통일하는 '구보'라는 인식 주체의 확고한 지위는 유지되고 있는 것이다.

는 것과는 무관하게 '어떤 젊은 여자'의 내면과 의식에 대한 접근이 불가능하다는 점에서 그녀는 관찰의 대상에 머무를 뿐이다. 다방의 조그만 강아지와의 불가능한 대화를 비롯하여, 벗과의 만남 중에도 '다섯 개의 능금' 문제에 골몰하는 것과 같은 방식으로 의식의 흐름이 극대화되고 자유분방해질수록 그는 타자와의 상호주관성[18]으로부터 이탈해간다. '타자의 의식'에 대한 접근 불가능성을 토대로 구보는 '극단적으로 자유로운 의식의 주체'이자 '소설가 주체'로 정립될 수 있었던 것이다.

「소설가 구보씨의 일일」에서는 주체의 의식 내부에서 일어나는 생생한 변화가 드러나는 동시에 당대적이고, 현실적인 맥락에서 타자와 관계를 맺는 주체의 면모가 드러난다. 구보가 그의 "미각에 맞지 않기 때문에" 음료 칼피스를 좋아하지 않는다는 것은 그가 특정한 취향[19]을

---

[18] "후설의 상호 주관성 이론의 진정한 의미는 이 타아 경험의 수행 양태에 대한 현상학적 기술을 통해 초월적 주체는 인간으로 구체화되기 위해서 타 주체와의 관계를 요구한다는 자아의 본질적 구조를 드러냈다는 데 있다. 그리하여 이미 구체화된 개별적인 인간적·경험적 주체(의식)는 그 자체 개별적인 것이 아니라 상호 주관적인 모든 연관 관계를 내면화하고 있는 것으로 파악하여야 한다는 것이 시사된다."(이종관, 「생활 세계는 근원적인가」, 『철학과 현상학 연구』 Vol. 5, No.-, 1992, 91-92쪽)

[19] 부르디외에 따르면 "취향(즉 겉으로 표현된 선호도)은 피할 수 없는 차이의 실제적인 확증"이다. 따라서 취향이 정당화될 때 순전히 부정적으로, 즉 다른 취향들에 대한 거부의 형태로 확인되는 것은 전혀 우연이 아니다. 취향의 문제는 모든 규정이 부정적일 수밖에 없는 영역이며, 취향은 무엇보다도 먼저 혐오감, 다른 사람의 취향에 대한 공포감 또는 본증적인 짜증("구역질난다")에 의해 촉발되는 불쾌감이다. 이와 같은 불쾌감은 곧 "미적 불관용"으로 이어지며, 이것은 가공할 만한 폭력성을 갖고 있다. 부르디외는 "다른 생활양식에 대한 혐오감은 각 계급을 갈라놓고 있는 가장 강력한 장벽"이라고 지적한다.(삐에르 부르디외, 최종철 역, 『구별짓기: 문화와 취향의 사회학』 上, 새물결, 1995, 103-104쪽) 또한 "취향은 사회공간을 차지하고 있는 개인에게 어울리는 것이 무엇인지를 직관적으로 알 수 있게 해주는 분포구조를 실천적으로 통제하는 능력인데, 그것은 일종의 사회적 방향 감각('자기 자신의 자리에 대한 감각')으로 기능하며 사회공간 내에 주어진 자리를 차지하고 있는 사람들을, 그들의 재산에 알맞은 지위, 그 지위를 차지하고 있는 사람들에게 걸맞는 실천이나 상품 쪽으로 인도한다."(삐에르 부르디외, 최종철 역, 『구별짓기: 문화와 취향의 사회학』 下, 새물결, 1995, 763쪽) 부르디외의 이와 같은 견해는 프랑스라는 특정한 사회에서 다양한 검증을 통해 도출된 분석 결과라는 점에서 1930년대 경성에서의 '취향'과 일치한다고 보기는 어렵

지니고 있다는 점을 지적하는 데 그치지 않고, 취향을 통해 "그들의 성격, 교양, 취미를 어느 정도까지" 판독해내고자 하는 데까지 나아간다. 「애욕」에서는 이와 같은 '구별짓기'20)의 욕망이 극도로 심화된 형태로 드러난다.

하웅과 '여자'를 바라보는 '소설가 구보'는 관찰자에 머무르지 않고, '여자'를 가리켜 "정열을 다 부어 사랑할 여자가 못 된다"는 이유로 결별할 것을 권유한다. '여자'는 연애를 단순한 유희로 알고 있으며, 남자는 결코 하웅 한 사람이 아닌 상황을 깨닫고, '일개 부량 소녀'를 단념해 버리라는 것이다. 구보는 "극장 가까운 찻집에서 천박한 젊은것들"이 하던 이야기를 듣고 불쾌해한다. 구보에게 '하웅'은 '총명하고도 분별 있는 사나이'인 반면 '여자'는 "가증한 계집"이다. 하웅 역시 '불량

지만, 구보가 '취향'을 '구별짓기'의 척도로 제시하고 있음을 확인하는 데 효과적이라고 판단하여 인용하였다. 취미와 대중문화의 '구별짓기'에 대해서는 천정환·이용남, 「근대적 대중문화의 발전과 취미」, 『민족문학사 연구』 Vol.-, No. 30, 2006 참조. 「채가」에서의 소시민 중간계급이 도전하는 하층의 식민지인들과 자신을 '구별짓기'하는 방법론이 드러나고 있다는 지적에 대해서는 천정환, 「1941년의 박태원과 '자화상 3부작': 식민지 자본주의와 문학 기계에 관한 일고」, 『전환기, 근대 문학의 모험-탄생 100주년 문학인 기념문학제 논문집』, 최원식·강상희 외, 민음사, 2009, 217쪽 참조.
20) '구별짓기'라는 부르디외의 용어는 '계급 분화와 계급 구조를 유지하는 기본 원리'로 제시된다.(삐에르 부르디외, 앞의 책, 10쪽 참조) 이는 다양한 사회적 계층의 주체들이 "그들의 '머리 속에서 성립되는 질서의 승인', 즉 스스로 자신의 분수에 맞게 행동하도록 강요하는 의식의 메커니즘"에 따라 행동한다는 것과 연관된다. "주체는 자신이 속한 계급적·계층적 위치를 스스로 인식하는 바로 그 지점에 사회적으로 위치지워진다. 그 지점이 자신과 다른 계급을 구별하고 다른 계급에 의해 자신이 구별되는 문화적·상징적 출발점이다. 주체는 사회 속에서 자신의 아비투스가 속한 서열과, 자신의 아비투스 내에서 자신이 차지하고 있는 지점을, 계급의 궤적을 통해 육화되는 과정에서 온몸으로 감지하게 된다. 그가 이러한 정황을 스스로 거부하는 경우에는 타인들로부터 노골적으로 배척되고, 인식하지 못하는 경우에는 암묵적인 암시에 의하여 깨닫게 된다."(오현철, 「차이를 육화시키는 자본들-부르디외의 ≪구별짓기≫ 서평」, 『정치비평』 Vol. 4, No.-, 1998, 331쪽) 본고에서는 계층적 위치에 대한 감각을 내재하고 있는 주체를 지시하기 위해 이 용어를 차용했다기보다는 주체가 자신의 실천이 일으키는 특정한 효과를 기대하고 있다는 점에서 '구별짓기의 욕망'을 지니고 있다는 점에 주목하였음을 밝힌다.

청년'들의 대화를 들으며 '굴욕'을 느낀다. 그러나 여자가 "암만이라도 음분하던, 그런 것은 그에게 있어서 이미 문제일 수 없다."

구보와 하웅은 다방 문화21)에 정통한 향유자일 뿐 아니라, 하웅 자신이 다방 '마로니에'의 경영자이기도 하다. 카페와 다방의 고객들22)은 「소설가 구보씨의 일일」에서도 확인할 수 있듯 다양한 이력의 소유자들이며, 이들은 식민지 지식인의 계급적 취향23)의 일부를 공유하면서,

---

21) 다방과 카페의 차이에 대해서는 연구자들마다 다른 견해를 표명하고 있다. 손유경에 따르면 '술을 파는가'가 기준이 된다. "술과 차를 함께 파는 서양의 카페와는 달리, 1930년대 한국에서는 '茶'만을 파(는 것으로 되어 있)는 '茶房'이 술을 파는 '카페'와 차별화 되어 문인들의 삶과 의식에 지대한 영향을 미쳤다. (……) 다방에 대한 담론들이 애초부터 카페를 경쟁적으로 배제하고 있었던 것은 결국 '다방취미'라는 고상한 취미와 '문학'이라는 또 하나의 고상한 취미가 결합된 채 당대 담론의 질서로 자리잡고 있었기 때문이다. 이에 대해서는 문인들의 독서 경험이나 동경 유학의 체험 등을 포함한 또 다른 실증적 고찰을 필요로 할 것이다."(손유경, 「1930년대 다방과 '文士'의 자의식」, 『한국현대문학연구』 Vol. 12, No.-, 2002, 96쪽, 105쪽), 이상길은 '에로-써비스'의 유무를 기준으로 삼는다. "사실 카페에서도 커피를 비롯한 차를 팔았고, 다방에서도 양주를 팔았다. 카페와 다방의 본질적인 차이는 바로 여급들의 존재와 이들이 제공하는 이른바 "에로-써비스"의 유무에 있었다."(이상길, 「"인텔리 위안소", 혹은 식민지 공론장의 초상」, 『문화과학』 Vol.-, No. 36, 2003, 125쪽)
22) "1930년대 카페의 고객들은 실업가, 회사원, 은행원, 점원, 학생, 선생, 기자, 모뽀, 부랑자, 지식인 문사 등으로 이루어졌다. 실제로 일상의 층위에서 당대의 카페는 여급을 포함하여 갖가지 근대적 기호물들로 가득 찬 '환락의 전당'이자, '청춘의 위안지'였다. 다양한 계층의 남성들에게 열려 있었던 카페는 특히 지식인 남성들의 경우 식민지적 현실과 이념적 고민으로 인한 번민을 일시적으로나마 해소하는 공간으로 기능하였다." (서지영, 「카페, 근대 유흥 공간과 문학」, 『여성문학연구』 Vol. 14, No.-, 2005, 72쪽) 우정권 역시 "카페를 출입한 손님들은 주로 학생이었고, 그 다음이 샐러리맨, 지식인 문사, 영화업 종사자, 은행업자, 광산업자 등"이었다고 밝히고 있다. "카페에 가서 술 한잔 먹으려면 10원 정도(현재 화폐로 22여만 원) 들었는데, 웬만한 월급 갖고는 힘든 사항이었다. 돈이 없는 샐러리맨들은 동대문이나 경성 변두리에서 선술집이나 오뎅집에서 술을 하였지만, 돈 많은 모던 보이들은 일본인들이 주로 가는 남촌의 카페들을 출입하였다."(우정권, 「30년대 경성과 동경의 '카페' 유흥문화 비교 연구」, 『한국현대문학연구』 Vol. 26, No.-, 2008, 350쪽)
23) "일단 다방과 카페가 식민지 지식인의 계급적 취향의 계발에 중요한 기여를 했다는 점은 부인하기 어렵다. 다방과 카페에서 소비되었던 것은 단순히 커피와 양주로 대표되는 박래품만은 아니었다. 근대적인 공간─이 공간의 소비는 많은 경우 외국어로

당대의 유행을 선도[24]하였다. 이들을 문화(산업)의 향유자라는 맥락에서 파악할 때 이들 소비자들은 '모던 세대'[25]로 규정될 수 있을 것이다. '모던 걸, 모던 보이'등으로 명명되는 '세대 문화 특수'[26]가 젊은이들 중 극히 일부[27]였고, 그들 사이의 다양한 차이 역시 존재했었다는 사실

붙어있었던 이름과 그것이 환기시키는 기억 혹은 이미지에서부터 시작되었다 — 과 음악 역시 거기에서의 주요한 소비 품목이었다. 다방에서는 이른바 '문화행사' 역시 다양하게 펼쳐졌다."(이상길, 앞의 논문, 134쪽)

[24] 유행을 선도하던 '모던 보이'들은 "대개 자본가의 아들이자 부르주아의 후예들이거나 교육받은 룸펜 부르주아들이었는데, 그들은 '뻐스터 키—톤의'의 모자, 혹은 맥고 모자나 '하롤드 로이드'의 뿔테 안경을 걸치면서 유행을 선도했다."(주창윤, 「1920~1930년대 '모던 세대'의 형성과정」, 『한국언론학회』 Vol. 52, No. 5, 2008, 201쪽)

[25] 주창윤은 "모던 걸"에 대해 "1920년대 중후반 10대 말에서 20대 초중반에 속해 있던 부르주아 출신 여학생, 예술가, 대중문화 종사자(배우, 가수 등), 카페 여급, 숍 걸 (백화점 여직원) 등이면서 모던 스타일의 패션을 주도했던 집단"으로 규정한다. 이때 이 연구자가 특별히 주목하는 사항은 "1920년대 후반에서 1930년대 초반에 들어오면서 신여성과 모던걸은 다른 의미로 사용"되었다는 점이다. 즉 "1920년대 말에서 1930년대 초반 모던 걸은 계몽적 사상을 갖기보다는 특정 직업군이나 고등보통학교 이상 여학생들에게서 나타나는 소비문화 스타일에 집착하는 여성 집단을 지칭"했으며, "비록 1920년대 후반에도 신여성과 모던 걸이 함께 사용되었지만, 1930년대 초반부터 신여성과 모던 걸은 극명한 차이를 보인다. 신여성과 대립되었던 구여성은 근대적 교육, 근대사상, 스타일에서 차이를 보이고 있다는 점에서 같은 세대 내 다른 집단이지만, 신여성과 모던 걸은 같은 세대가 아니라, 10년 정도 차이가 나는 다른 세대라고 볼 수 있다."는 것이다.(주창윤, 위의 논문, 193쪽)

[26] "'모던 걸'이나 '모던 보이'는 식민지 조선에서 보편적 문화 현상이 아니라 특수한 문화현상이었다고 말하는 것이 정확하다. 이들을 '모던 세대'로 칭한다면, 당시 젊은 세대문화는 '세대문화 일반'으로 확대되었던 것이 아니라, 특정 계층에 의해서 특정 지역에서만 나타났던 '세대문화 특수'로 보는 것이 타당하다. 당시 경성에서 '모던 세대'는 2~3%를 넘지 않은 정도로 그 비율은 낮았기 때문이다. 물론 모던 세대가 차지하는 수는 적었지만, 이들은 근대 대중문화의 주요한 소비계층이었다."(주창윤, 위의 논문, 203쪽)

[27] 주창윤은 조심스럽게 "1920년대 후반에서 1930년대 중후반에 이르는 시기 동안 경성에서 모던 스타일을 보여주었던 집단은 2~3%에 불과했으리라 판단"하고 있다. "이와 같은 추론이 모호할 수밖에" 없는데, "모던 세대가 단지 직업군으로만 설명될 수 있는 것이 아니기 때문"이다. 당시 "직업이 없었던 지식층 룸펜들도 모던 세대의 스타일을 지녔으리라 예측되기 때문"이다. 이와 같은 견해는 "모던 걸, 모던 보이에 대한 기존의 논의들은 마치 식민지 조선 사회가 근대문화를 소비하는 것처럼 기술하고, 대

보다 본고의 맥락에서 더욱 중요한 것은 텍스트 내에서 그들이 어떠한 방식으로 형상화되고 있는가 하는 점이다.

구보의 눈에 비친 일군의 "교양 없는 사나이와 허영만을 가진 계집", '불량 청년', '알부랑자 놈들'은 그 자신과 함께 '모던 세대'의 일부를 구성하고 있었을 것이다. 이때 그들은 외양만으로는 구별되지 않는 동질적 집단으로 비쳤을 가능성이 크다. 즉 이들 사이의 차이는 다른 연령대의, 다른 계층의 사람들과의 차이와 비교했을 때 극히 미미했을 가능성이 높은 것이다. 구보와 하웅이 이들과 자주 마주칠 수밖에 없었던 것 역시 이들이 '경성의 다방'이라는 공간과 그에 이르는 동선을 공유하고 있었기 때문이다. 동일한 시·공간을 점유하고 있는 이들 사이의 내적인 구별은 중대한 사안이 되며, 이때 구별의 기준으로 등장하는 것은 '탕자'들의 '천박한 수작'과 변별되는 "생명의 세탁"으로서의 "예술"이다. 하웅이 이러한 겹쳐짐을 '굴욕' 속에서 수용하는 것과는 달리 구보는 다소 과격한 방식으로 구별짓기를 시도한다.

구보가 '부량 소녀'라는 비난 섞인 발화를 통해 이들과 '예술가'를 분리시키고자 할 때 그의 말하기 방식은 '사회주의 지식인 남성들'[28]의 비판과 유사한 논조를 띤다. 이와 관련하여 구보는 '모던 세대'에 대해 가해지는 비판으로부터 벗어나고자 했다고 볼 수 있다. 또는 구보가 '예술가 주체'로서 자신의 유동적인 지위[29]를 인식하고 있다고 설명할 수

부분 젊은 세대가 모던 걸, 모던 보이인 듯 논의하는 것은 지나치게 과장된 것"임을 밝히고 이에 대한 재고를 요청한다.(주창윤, 앞의 논문, 197쪽)

28) "당대 여급은 외형적으로 서구적 치장을 하고 일정 정도의 지식과 사교술을 바탕으로 하여 당대 사회의 욕망의 기호물인 '모던걸'의 이미지를 상품화하였던 존재이기도 하였는데, 사회주의 지식인 남성들에 의해 이들은 '물질주의와 아메리카니즘에 중독되어 허영과 사치를 일삼는 유녀로서의 모던걸', 성적으로 문란한 '불량소녀', '탕자(蕩子)', '못된 걸로서의 모던걸'로 재현되었다."(서지영, 앞의 논문, 73쪽)

29) "만일 순수한 예술가들이 자기들이 '부르주아'에 대한 증오에 의해, 이익과 특권의 야만성이 추방해버린 사람들, 즉 보헤미안과 어릿광대·망한 귀족·따뜻한 마음의 하녀, 그리고 예술가의 시장에 대한 상징적 표상인 창녀 등과 일체감을 선언하더라도,

도 있을 것이다. 어떠한 설명 방식이 더욱 적절한가의 문제는 차치하고라도 구보의 '구별짓기' 전략은 '소설가 주체'로서의 정체성을 구축하는 데 있어 주요한 요인이 되고 있음은 확인 가능하다. 따라서 「소설가 구보씨의 일일」과 「애욕」에서 '구보'는 다양한 문화적 주체들과의 구별짓기를 통해 자신을 '소설가 주체'로 구축해 가고 있다고 할 때, 이러한 시도가 어느 만큼 성공했는지는 쉽게 답하기 어렵다. 구보 역시 문화적 주체들 사이에, 나란히 놓여 있었기 때문이다. 따라서 '소설가 주체'가 강렬하게 '구별짓기의 욕망'을 표출하는 것 자체가 이들이 그만큼 근본적으로 구별 불가능한 지대에 놓여 있었다는 사실에 대한 반증이라고 볼 수 있을 것이다.

Ⅳ. 생활세계의 발견과 창으로서의 텍스트

다양한 문화적 주체들과 더불어 행하던 과시적 산책이 사라지는 대신 살풍경한 거리의 풍경이 들어선다. 「궁항매문기」(1935)[30]의 연장선 위에 「거리」가 놓여 있다고 할 때, '나'는 "부지런히 원고를 쓰지만", "아무데서도 즐겨 사 주지 않"는다. '나'는 "거리 위에서 언제든 갈 곳 몰라"하며, '벗들'과의 관계에서도 "언제든 불쾌"하다. '나'가 소설쓰기를 통해 '소설가 주체'의 지위를 확고하게 점유하지 못하는 것과 달리 '양약국의 젊은 점원'은 초기 소설에서 나타나는 관찰자의 위치를 점하

역으로 그들은 또 자기들이 보헤미안에 의해 위협을 받는다고 느낄 때면 '부르주아'에 가깝게 접근할 수도 있는 것이다."(피에르 부르디외, 하태환 역, 『예술의 규칙-문학 장의 기원과 구조』, 동문선, 1999, 115쪽)

30) 박태원은 "조선 작가의 창작활동이 지극히 활발하지 못하다"는 사실을 인정하면서도 이를 토대로 곧 "조선 작가를 무능하다 또는 태만하다 그렇게 쉽사리 말해 버릴 수는 없다"고 항변하고 있다.(박태원, 『구보가 아직 박태원일 때』, 류보선 편, 깊은샘, 2005, 244쪽)

게 된다. 따라서 '양양국의 젊은 점원'이라는 타자의 시선 아래 '나'가 노출됨으로써 '소설 주체'는 생활인의 공간으로 편입된다.

'자화상 연작'에 대한 일반적인 평가는 '현실 인식이 퇴보하는 경향을 나타낸다'는 지적에서 출발한다. 정현숙은 "전기 신변소설에서 (작가의 위치와 의미 문제에 있어) 강한 자의식을 바탕으로 인식론적 문제성에서 출발한 것이었으나, 1940년대의 신변소설에서는 소박한 소시민 의식의 표출로 후퇴한다."[31]고 평가하며, 김양선은 "박태원의 '자화상 연작'은 당시 소설가(예술가, 지식인)가 처한 보편적인 상황을 보여준다는 점에 일차적 의의가 있다"고 전제하면서도 "'좋은 작품을 써야 한다'는 텍스트에서 반복되는 언술은 당위적이고 관습적인 언술로 그칠 뿐, 예술가로서의 자의식과는 거리가 멀다"고 평가한다.[32] 한수영은 "1930년대 후반과 그 이후의 작품들이 지니는 의미를 제대로 추출하지 못하고, 부정적 평가로만 일관하는 것"이 갖는 문제점을 지적하고 있다.[33]

기존 논의에서 1940년대의 문학이 대체로 '암흑기의 문학'으로 논의되고 있음은 주지의 사실이다. 이러한 평가는 당대의 부정적인 시대 상황에서 연유한다는 점에서 정당하다고 할 수 있다. 다만 본고는 텍스트 내에서 묘사되고 있는 공간이 이미 '사사화되고', '공적 영역이 축소'된 상황임을 인정하는 것과 그러한 평가가 곧바로 '자화상 연작'이라는 텍스트에 대한 부정적 평가로 직결될 수 있는 것은 아니라는 점에서 주목하였다. 또한 예술/일상이라는 이분법적 접근이 텍스트 분석에 효과적이기 어렵다는 판단 하에서 '예술과 일상'에 관한 박태원의 작가 의식

---

31) "왜소해진 작가의식", "소박한 생활인", "저열한 소시민적 오기" 등의 부정적인 평가가 이어진다.(정현숙, 앞의 책, 229-231쪽).
32) 김양선, 「1930년대 후반 소설의 미적 근대성 연구」, 서강대 박사학위논문, 1997, 25쪽, 53쪽.
33) 한수영, 「박태원 소설에서의 근대와 전통 ― '합리성'에 대한 인식과 '신체제론' 수용의 문제를 중심으로」, 『한국문학이론과 비평』 Vol. 27, No.―, 2005, 229쪽.

이 어떠한 변모 양상을 보이는가에 주목하고자 한다. 이와 같은 문제의식을 바탕으로 아래에서는 '자화상 연작'에서 「재운」에 이르는 텍스트를 분석하기로 한다.

'스무아흐렛째 내리는 비'는 「음우」의 배면음을 형성하고 있다. 비가 내리는 것 자체는 자연적인 현상으로 '천재'에 가깝다. 그러나 '나'와 가족들이 겪는 실제적인 곤란은 "찬방까지 쳐서 방 다섯이 아니 새는 방이 없다"는 데 있다. 이는 '청부업자'와 '기와장이'가 원망의 대상이 된다는 점에서 '인재'의 성격을 지닌다고 할 수 있다. 이러한 상황에서 '나'는 "기와장이와 청부업자를 섬돌 아래다가 꿇려 놓고 볼기를 치는 꿈"을 꾼다. 이에 대해 '나'는 스스로 "이 봉건적인 사상은 근래 내가 되풀이 읽은 〈林巨正〉에 말미암은 것인지도 모른다"고 부언하고 있다. 기와장이와 청부업자라는 타자에 대한 이해가 직접적인 방식으로 이루어지지 않고, 〈林巨正〉과 같은 텍스트를 통해 간접화된 방식으로 이해되고 있음에 주목할 수 있다. 즉 '나'는 어떤 사태를 이해하는 데 특정한 문학 텍스트의 도움을 빌어야만 하는 것이다.

'나'의 자기 위안은 '청부업자'가 출현함과 동시에 지극히 허약한 것이었음이 밝혀진다. '청부업자'와의 대화를 살펴보면 '나'는 '부조리한 상황에 대한 합리적인 설명 방식'에 설복당하고 만다는 것을 알 수 있다. 즉 '나'는 '용인 불가능한 현실에 대한 이해 가능한 설명'에 맞서지 못한다. 따라서 "청부업자를 보낸 뒤, 내가 혼자서 심사가 좋지 못한" 것은 이와 같은 자신의 (무)능력에 대한 깨달음 때문이다. '아내'가 '나'에 대해 "따져야 할 경우에 말 한마디 못한다"고 지적하는 것이 정당하기 때문에 '나'는 반박하지 못한다.

"연애와 예술에 대하여, 아무런 열정도 자신도 갖고 있지" 못한 '나'는 "이 주일 전의 원고 청탁"에 대해 초조해하기만 한다. "일 년 가까이 창작을 게을리하던" '나'가 다시 '소설가 주체'로 설 수 있는 것은 "이 땅의 한 개 예술가의 아내"의 '장난' 때문이며 '나'는 이에 '엄숙한 기분'으로 응대한다. '나'의 소설쓰기가 '나'의 욕망이자, 아내의 욕망이라면 '나'를 위한 아내의 욕망이라는 우회로를 거쳐야만 실현 가능해지는 것이다. 그리고 이러한 진행이 곧 소설의 내용이 된다는 점에서 자기반영적 서사를 추동하는 힘이 아내라는 타자의 도움에 힘입어 가능해진다는 사실이야말로 「음우」의 특징적 면모라 할 수 있을 것이다.

「투도」의 "이웃집과 이삼십 간이나 떨어져 있는 외따른 우리 집"은 초기 소설에서 「애욕」에 이르는 텍스트 내의 공간과 상당히 이질적이다. 따라서 이때의 쓸쓸함과 외로움은 「소설가 구보씨의 일일」에서의 '고독'과 다른 의미망을 지닌다고 할 수 있다. 이는 "고독보다도 오히려 불안"을 견뎌내기 어렵다고 고백하는 것을 통해 확인할 수 있다. 이러한 불안을 이겨내기 위해 이웃집 사람들은 현실적인 해결책으로 "높은 담, 유리 조각, 개 기르기" 등을 내어놓는다. '나'가 끝내 이들의 조언을 받아들이지 않는 것은 이러한 대상들이 '불특정 다수에 대한 적개심과 의심'을 공공연히 드러낸다고 파악하기 때문이다. 즉 타자를 잠재적인 적대자로 환원하는 세태에 동참하기를 거부하는 것이다.[34]

이때 '나'가 끌어들이는 텍스트는 "우리의 장발장"이다. '나'는 몇 벌의 옷이라는 경제적인 손실을 "헌 양복 나부랭이"로 치환하고자 노력한다. 또 상상 속에서 도둑을 "굶주리는 처자의 애처로운 모양을 그대로 보고 있을 수 없는 처지"에 위치시킨다. 이때 그는 가장으로서의 책임감을 기반으로 도둑과 자신을 동일시함으로써 자신의 아내를 오히려 "지극히 동정 없는 여자"로까지 여긴다. 이어서 그는 책장에서 책을 한 권 골라들고 와서 아내에게 '허종의 얘기'를 들려준다. 장발장과 허종의 이야기는 '나'가 '아내'와 '할멈'이 주장하는 생활인의 논리에 맞서는

---

[34] 박태원은 수필에서도 "동리 안에 있어 개처럼 괘씸한 것은 없다. (……) 눈에 띄는 모든 사람이 그에게는 흡사 절도나 악한 같이만 보인다."고 지적하고 있다. '모처럼 찾아간 객'이나, '걸인'을 막론하고 "만물의 영장을 축생을 가져 쫓는다는 것은 거의 인도상 문제"라는 것이다.(박태원, 「축견(畜犬) 무용(無用)의 변(辯)」, 앞의 책, 125-126쪽)

근거가 된다. 이와 같은 방식으로 '나'는 적나라한 현실과 자신의 신념 사이에 텍스트를 끼워 넣는데, 이는 '소설가 주체'가 자신과 세계 사이에 '창으로서의 텍스트'를 개입시키는 방식이라고 할 수 있다.

「음우」에서 청부업자의 '부조리한 내용의 조리 있는 언설'에 '나'가 설득당하거나, 「투도」에서 자신의 고집을 꺾지 않는 것은 「채가」에 이르러 '애꾸'와 채권자 '도변모'와의 관계에서 반복되어 나타난다. 자신이 지불한 이자를 '애꾸'가 중간에서 가로챘다는 사실을 알기 전까지 '나'는 그를 '믿기 위해' 노력하고, 이는 "애꾸를 괄세할 수 없다"는 논리로 나타난다. 그러나 이와 같은 노력은 '변제기일'을 넘겨 버렸다는 점에서 중대한 법률적 문제를 일으키는 요인으로 바뀌며, 이는 '법정'에서의 광경을 상상하는 것으로 이어진다. 법정은 먼저 애꾸가 떼어먹은 이자를 물지 않아도 좋다는 '합리적인 판결'을 내릴 것이다. 그러나 이와 같은 합리성은 동시에 "변제 기일이 지난 나의 부채에 대하여 마음대로 경매처분에 부쳐도 무관하다"는 판결의 근간이 된다는 점에서 '나'에게 유리하면서도 불리한, 양가적인 속성을 지닌 것으로 나타난다. '나'는 애꾸에 대한 신의를 지키기 위해 노력한 결과 '애꾸'에게 속아넘어가는 피해자가 되면서 동시에 '변제기일'을 지키지 못한 채무자가 되는 것이다. 이와 같은 역설적인 사태에 대해 '나'는 '격렬한 감정'으로 대응하는데, 이는 법의 이면을 보아버린 충격에 대한 반응이라고 할 수 있다.

'나'는 마침내 비상한 결심을 하고 '채권자'를 찾아간다. '나'는 그와 어리석은 논쟁을 되풀이하는, "견디기 어렵게 피로한 교섭"을 중단하기 위해 "성실하게 이자를 지불"하기로 한다. 이때 '나'가 얻은 것은 "이자를 지불하는 동안은 언제까지든 기일을 연기하겠다"는 내용의 '언질'에 불과하며, '나'는 궁극적으로 '애꾸'에게 지불한 이자를 다시 지불해야 하는 처지에 놓인 것이다. 이와 같이 마음을 졸이는 가운데 '나'는 좋은 작품을 쓸 수 있으리라는 가만한 기쁨조차 박탈당하고 만다. 「채가」의 소설가 주체는 법의 합리성과 그 이면을 동시에 경험하면서, 합리성과 폭력성의 결합이라는 현실 논리와 맞대면하는 것이다. 이는 '나'로 하여금 더 이상 관찰자로 머물도록 허락하지 않는 세계 속으로 완전히 끌려들어와 있음을 의미한다는 점에서 주체의 수동적인 면모를 보여준다고 할 수 있다.

그러나 이와 같은 수동성이 드러나는 방식의 변모를 통해 '나'의 세계가 훨씬 더 구체적인 양상으로 드러난다는 점에 주목해야 한다. 즉 「거리」에서 "경제적 이해 관계"가 모든 인간관계의 근간이 된다는 언설이 직접적으로 표명되었던 것과는 달리 「채가」에서는 경제적 이해 관계와 법에 의해 규정되는 인간 관계가 어떻게 착종되는가를 구체적인 상황을 통해 제시할 수 있게 된 것이다. 따라서 「거리」에서 이루어진 무명 작가의 사회적 지위에 관한 추상적인 접근은 「채가」에 이르러 역설적 상황 자체로 설정되는 변모를 보이며, 이를 통해 '소설가 주체'와 사회와의 관계가 심화된 형태로 형상화되고 있다고 할 수 있다.

「재운」에서 '나'는 '행랑 사람들'과 아내와의 갈등을 방관하는 태도를 보이다가 "아내에게 지지 않을 만큼" 어멈을 심히 괘씸하게 여기기 시작한다. 이 과정에서 '나'가 소설을 쓰는 것과 행랑 아범이 '막벌이'를 하는 것이 병치되어 나타난다. 아범의 물부리 장사가 순조로운 것과 반대로 '나'는 모두지 원고를 쓰지 못하는데, 이를 "어멈 몸의 업을 받았다나 하는 그 물건"과 연관시키는 과정에서 '육체노동'과 '소설 쓰기'의 병치는 표면적으로 나란히 놓이는 것에 그치지 않고, '남양 파이프 팔기'와 '원고' 사이의 내용적 상관 관계를 '나'로 하여금 설정하게 한다. 이와 같은 인식 때문에 '나'는 아범의 '선량한 것'을 사랑하는 대신 너무나 지나치게 어리석은 그 위인을 비웃"게 된다.

「재운」에서의 '나'가 겨울 동안 쓴 원고를 "월 평균 삼백여 원의 원고"라고 표현한다는 점은 특징적이다. 이어서 '나'는 "뜻있는 작가라면, 자기의 작품 활동을 원고료 수입의 다소로써 계산하여 마땅할 것인가"

라고 반문하는데, 이는 '매문'의 현실 그 자체를 드러냄과 동시에 그러한 자신의 계산법에 대한 변명도 동반하는 것이다. 이 지점에서 '모던보이'와의 '구별짓기'를 욕망하던 '구보'가 '아범'과 자신의 구별 불가능한 지점으로 이동하는 것을 확인할 수 있다. 즉 '소설가 주체'와 '육체 노동자' 사이의 병치를 통해 '나'는 '전업 작가로서의 궁지'를 드러내 보이고 있는 것이다.

'자화상 연작'을 "다작(多作)의 변"(1938)[35]과 나란히 놓고 읽을 때 '소설쓰기'에 대한 작가의 인식이 선명하게 부각된다. 변명하는 어투가 지배적이기는 하지만 작품과 제작자의 관계에 대한 인식이 드러나 있다. "매일 한 편씩의 작품을 제작하는 작가가 그 열두 편을 제작할 수 있는 시간과 정력을 그대로 모아 한 편의 작품을 얻을 때 후자는 전자보다 필연코 열두 갑절의 값어치를 가진 작품이리라 생각하려 드는 것은 대부분의 경우에 결코 옳은 것이 아니다." 이어서 그는 "마음을 고요히 갖는다고 아무러한 영감이고 작가를 찾아오는 것"이 아니라고 언급하면서 "걸출하지 못한 작품 제작이나마 몸을 수고로이 하여 끊임없는 노력이 있어야만 때로 뛰어난 작품을 얻을 수 있는 것"이라고 역설한다.

소설쓰기는 이미 '예술적 영감'이 지배하는 영역이 아니며, 열 두 배의 노력을 한 편에 쏟아 붓는다고 해서 열 두 배의 가치를 지닌 작품이 생겨나는 것도 아니다. 즉 완전하게 예술적 영감에 의존해 있는 것도, 투입되는 노(동)력에 따라 그 가치가 기계적으로 증폭하는 것도 아니다. 또한 '몸을 수고로이 하는 노력'이라는 성실함이 항상 뛰어난 작품을 낳는 것이 아니라, '때로' 뛰어난 작품을 얻게 하는 것처럼, 창작의 문제에 작가의 의지와 무관하게 '우연성'이 개입하기도 한다.

「재운」에서 '행랑 아범'의 육체 노동과 '나'의 소설쓰기가 병치되는

---

35) 박태원, 「옹노만어」, 앞의 책, 285-287쪽.

것은 소설쓰기 속에 담겨 있는 육체 노동으로서의 측면이 전면에 드러나는 계기가 되고 있다. 그러나 '소설쓰기'를 육체 노동과 비교하는 것이 예술 작품을 창작하는 주체가 '예술가적 자의식을 포기'했다는 직접적인 증거가 될 수는 없을 것이다. 예술 작품 역시 '글쓰기'라는 행위를 통해 만들어지는 것이라 할 때 '전업 작가'에게 있어서의 글쓰기는 육체 노동의 속성을 분명하게 드러낸다. 따라서 '소설쓰기'에 대한 언급이 지속적으로 나타나는 것은 작가로서의 자의식을 포기하지 않으려는 절박함의 표현이며, 그 과정에서 소설쓰기 자체에 내재해 있는 '육체 노동'으로서의 성격이 동시적으로 표출되는 것이라 할 수 있다.

'자화상 연작'에서 '나'는 구체적 생활 세계[36] 내의 주체이며, 또한 문화적 세계[37]의 성원이기도 하다. 생활 세계를 쉽게 부정적인 공간으로 단정짓지 않으려면[38] '생활 세계'가 '관념적 구성'에 앞서 이미 존재하고 있으며, '일상적 경험'을 담보하는[39] 공간이라는 점에 주목해야

---

[36] "생활 세계"는 후설의 용어로, "선험적 차원에서 의식의 상호 주관적 구조가 해명됨으로써 의식은 그의 역사성과 더불어 근원적으로 자신을 사회화시켜야 하는 존재 방식을 갖는다는 사실"에서 출발한다. 즉 "후설은 결국 의식의 선험적 활동을 구성 조건으로 하는 현실, 즉 생활 세계는 역사적이며 사회적으로 파악되어야 한다는 이론적 틀을 제공하는 것"이다.(이종관, 앞의 논문, 91-92쪽)

[37] 후설 자신은 "문화 세계"로서의 경험세계라는 표현을 사용하고 있다.("문화세계로서 경험세계는 끊임없이 변화할 수 있는 역사적 면모를 지니며, 이러한 변화에서 경험세계는 주지하다시피 이론적인 관심의 고유한 테마이고, 다양한 학문의 테마이며, 특별한 의미로 정신과학의 테마이다. 이러한 학문들에서 연구는 계속적으로 이중적인 방향을 가지는데, 이는 문화와 문화창조적 주체성이 불가분리적으로 상호 관계되어 있기 때문이다."(후설, 신오현 역, 『현상학적 심리학 강의』, 민음사, 1992, 231쪽) "문화세계가 의미의 총체일 때, 우리가 일상적으로 살아가는 생활세계란 바로 이런 문화적 세계라는 것이다. "문화세계로서의 생활세계"의 중심은 그 구성자요 주체인 인격체들이다."(한전숙, 『현상학』, 민음사, 1996, 249쪽)

[38] "'세계가 존재하고 있다'는 존재에 대한 확실성은 생활 세계 속에서 자연적 태도를 가지고 살아가는 인간의 자명한 전제 조건이다. 생활 세계는 모든 관념적 구성에 앞서서 주어져 있는 것으로 이해된다."(이진우, 「후설 현상학과 탈현대」, 『후설과 현대철학』, 한국현상학회 편, 서광사, 1990, 279쪽)

[39] "구체적 생활 세계 속에서 사유하고 행위하는 인간은 이미 존재에 대한 전이해를 가

한다. '나'는 작가이자 가장이며, 예술가이자 생활인으로, '자화상 연작'은 소설가 주체의 이와 같은 인식의 변화를 포착하고 있다. 따라서 '주체-타자'의 관계를 고려할 때 '자화상 연작'의 세계는 "'나'의 지향성과 타자의 지향성이 함께 녹아 들어가 있는 영역인 상호주관적인 세계"라고 할 수 있을 것이다.40) '소설가 주체'의 자기 인식이 변모함과 더불어 '주체-타자'의 관계도 변화한다는 점을 고려할 때, 1940년대 박태원의 '자화상 연작'과 「재운」의 '소설가 주체'는 상호주관적 공간41)을 (재)발견해내고 있는 것이다.

지고 있다. 생활 세계적 선행성의 특징은 바로 일상적인 경험을 통해서 '존재를 미리 본다'는 것이다. 세계를 경험하고 인식하고 평가하고 돌보는 주체로서의 인간의 삶은 이와 같은 '미리 봄'에 기초를 두고 있다."(이진우, 앞의 책, 281쪽)

40) "원초적 영역으로서의 세계가 이처럼 상호주관적인 세계이기 때문에 어떤 자아에 의해 수행되는 타자 이해의 과정은 구체적으로 세계가 지닌 이러한 사회적 성격에 의해 영향을 받지 않을 수 없다. (……) 후설의 경우 초월론적 주체는 초시간적으로 존재하는 논리적 주체가 아니라 체험류의 흐름 속에서 부단히 자기 자신을 전개해나가는 시간적인 주체요, 초월론적 발생의 주체, 초월론적 역사의 주체이다. 물론 초월론적 주체가 사회성을 지니기 때문에 이런 초월론적 주체의 초월론적 역사의 어떤 한 단면도 다른 주체의 역사와 고립해서 존재하는 것이 아니라, 다른 주체들의 역사와 더불어 존재하며 더 나아가 이 모든 개별적인 초월론적 주체의 역사를 아우르는 공동의 역사 속에서 존재한다. (……) 따라서 유비적 타인 경험은 사회성, 역사성, 언어성 등 세계의 근본성격에 의해 영향을 받을 수밖에 없다. 어떤 한 자아가 경험하는 세계가 근본적으로 사회성과 역사성을 지니기 때문에 타인 경험은 근본적으로 사회적이며 역사적일 수밖에 없다."(이남인, 『후설의 현상학과 현대철학』, 풀빛미디어, 2006, 69-72쪽)

41) "일상 세계에서 서로 대면하면서, 우리 각자는 타자에 대해 무관심한 태도를 취하거나 혹은 서로서로 연루되어 상호 기획·협동하는 등의 수많은 관계에 종사할 수도 있다. 따라서 우리는 같은 세계 내에서 생활할 뿐만 아니라, 그 세계 속에서 함께 작업하고 우리의 가능성들을 실현한다; 우리는 의도·계획·활동들을 타자의 그것과 완전한 상호 작용 속에서 수행한다. 만일 세계가 인간 생활을 지시한다는 점에서 [세계가] 생활-세계라는 성격을 지닌다고 한다면, 이러한 지시는 개별 인물뿐만 아니라, [심지어 원리적으로] 역사적 사회 — 여기서 사회 생활은 다양한 양태들 속에서 사유와 행동의 상호관련성에 놓여 있다 — 와 관계한다. "생활-세계란 용어는 본질적으로 역사-사회적 함축을 지닌다."(조셉 J. 코켈만스, 앞의 책, 470쪽)

V. 결론

　소설가 주체의 상(象)은 초기작에서 일제 말기의 텍스트에 이르기까지 지속적으로 변화하는 양상을 보인다. 「적멸」, 「피로」, 「소설가 구보씨의 일일」에서 소설가 주체는 관찰자의 위치를 차지하고 창작욕을 통해 '소설가 주체'의 위상을 정립해간다. 「소설가 구보씨의 일일」에서 시도되고, 「애욕」에서 확대되어 나타나는 '구별짓기'의 욕망은 자화상 연작에 이르기까지 지속된다고도 할 수 있다. 다만 「애욕」에서의 '구별짓기'가 '문화적 주체들'과의 근본적인 구별 불가능성 위에서 수행되고 있었다면 자화상 연작에 이르러서는 '구별짓기'의 대상이 일상인들로 바뀌어 나타난다는 점에서 차이를 보이는 것이다. 소설가 주체가 구별 짓고자 하는 대상이 변화함에 따라 '구별짓기'는 차이점보다 동질성을 확인하는 방향으로 나아간다.
　일제 말기 '소설 쓰기'가 불가능해진 상황이 소설 자체로 형상화되는 과정에서 박태원의 '소설가 주체'는 앞에서 살펴본 바와 같이 '육체노동자'와의 병치 속에서 '매문'의 현실을 통렬하게 드러내 보인다. 예술과 노동의 상호 침투와 원고료로 계산되는 소설쓰기가 집중적으로 다루어지는 것이다. '소설가 주체'는 소설쓰기를 통해서 자신의 위상을 확인하는 데 실패하는 반면 '허구적 텍스트'를 세계와 주체 사이에 위치시키는 방식으로 자신의 정체성을 궁색하게 유지해나간다. 소설 쓰기 자체가 지연되는 상황에서 소설가 주체가 행할 수 있는 '작가적 실천'은 '텍스트를 통해서 세계를 바라보는 것'으로 축소되는 것이다.
　본고는 '소설쓰기가 불가능한 상황' 자체를 다시 한 번 '쓰고 있는' 소설가 주체의 실천에 주목하면서 '소설가 주체의 상(象)'과 '주체-타자의 관계'를 중심으로 '자화상 연작'의 긍정적인 측면을 제한된 범위 안에서나마 밝혀보고자 하였다. 시대에 대한 저항적 속성을 읽어냄으로써 텍스트의 긍정성을 부각시키려는 시도가 저항/협력의 이분법적 자장

안에서 얼마나 자유로울 수 있는가를 고려할 때 텍스트의 내적 특질을 통해 긍정성을 찾아보려는 시도가 전적으로 무의미하다고 할 수는 없을 것이다. 그럼에도 불구하고 '나'가 쓴 "월 평균 삼백여 원의 원고"가 어떠한 내용을 담고 있는지, 그리고 그 원고가 당대적 맥락에서 어떻게 읽힐 수 있는지를 물어야만 할 것이다. 시대적 상황과 관련해서 '나'의 소설쓰기가 어떠한 방식으로 전개되었는지를 고려하지 못한 것은 본고의 한계로 지적될 수 있을 것이다.

■ 참고문헌

1. 기본자료

박태원, 『소설가 구보씨의 일일』, 깊은샘, 1989.
박태원, 『이상의 비련』, 깊은샘, 1991.
박태원, 『구보가 아즉 박태원일 때』, 류보선 편, 깊은샘, 2005.

2. 국내외 논저

강진호 외, 『박태원 소설연구』, 깊은샘, 1995.
구보학회, 『박태원과 모더니즘』, 깊은샘, 2007.
이남인, 『후설의 현상학과 현대철학』, 풀빛미디어, 2006.
정태규, 「한국예술가소설의 전개양상」, 부산대 박사논문, 2004.
정현숙, 『박태원 문학 연구』, 국학자료원, 1993.
한국현상학회 편, 『후설과 현대철학』, 서광사, 1990.
한자경, 『자아의 연구』, 서광사, 2003.
한전숙, 『현상학』, 민음사, 1996.
허병식, 「예술가 소설에 나타난 주체의 형성에 관한 연구」, 동국대 석사논문, 1998.

삐에르 부르디외, 최종철 역, 『구별짓기: 문화와 취향의 사회학』, 새물결, 1995.
에드문트 후설, 최경호 역, 『순수 현상학과 현상학적 철학의 이념들』, 칼 슈만 편, 문학과지성사, 1997.
조셉 J. 코켈만스, 임헌규 역, 『후설의 현상학』, 청계, 2000.
피에르 부르디외, 하태환 역, 『예술의 규칙-문학 장의 기원과 구조』, 동문선, 1999.
후설, 신오현 역, 『현상학적 심리학 강의』, 민음사, 1992.

■ 국문초록

　박태원의 소설가 소설에 관한 기존 논의는 소설가 주체에만 초점을 맞추고 있다. 박태원 소설에 나타난 주체는 '타자의 시선을 통해 구성된다'는 점이 특징적이라는 점에서 주체-타자의 방법론이 적절할 것으로 보인다. 본 연구에서는 박태원 소설에 나타난 소설가 주체의 정립을 살펴보고자 하였다. 소설가 소설은 크게 두 계열로 나누어 볼 수 있다. 첫 번째 작품군은 소설가가 관찰자의 위치를 차지하고, 의식의 지향성을 통해 타자를 표상하는 작품들이다. 이때 타자는 소설가 주체에 의해 관찰되고, 평가되는 대상이 된다.

　두 번째 작품군에서는 소설가가 타자와 자신을 분리하고자 한다. '구별짓기'를 통해 당대의 다양한 문화적 주체들과 자신을 구분하는 것이다. 그러나 그들은 외양이나 문화적 향유의 측면에서 분리불가능하다. 1940년대의 자화상 연작에서 나타나는 소설가 주체는 생활 세계의 일상인들로부터 자신을 구분하고자 한다. 이 과정에서 '소설쓰기'와 육체적 노동이 비교 대상이 된다. 기존 연구에서는 자화상 연작을 시대의 변화를 통해 설명해 내고 있으나 본 연구에서는 소설가 소설을 통시적으로 살펴보고, 텍스트들 사이의 관계와 텍스트의 내부적 특질의 변모 양상을 밝히고자 하였다.

주제어: 주체-타자, 소설가 소설, 의식의 지향성, 구별짓기, 자화상 연작

■ Abstract

A Study on Subject-Other in Park Tae Won's Novels II

Lee, Eun Seon

The existing discussion of novelist's novel by Park Tae Won lays focus only on the subject of novelist. The subject shown in novel by is Park Tae Won characterized by 'being composed through other's sight'. Therefore in this case, methodology of subject-other seems to be proper. This study tried to investigate the establishment of the subject of novelist shown in Park Tae Won's novel. Novelist's novel can be divided into two lines. First group of works are ones that the novelist takes the place of observer and symbolizes others through the directivity of consciousness. At the moment, the other becomes an object observed and evaluated by the novelist.

In the second group of works, the novelist tries to separate himself from the other. He tries to distinguish himself from various contemporary cultural subjects through 'separation'. However separation at the aspect of the appearance or cultural enjoyment is impossible. The novelist subject shown in the self-portrait series in 1940s tries to separate himself from the ordinary people in living world. In this process, 'novel writing' and physical labor become the object of comparison. The existing researches explain the self-portrait series through the transformation of the era. This research tried to investigate novelist's novel diachronically and define the aspect of transformation of the relation between texts and the internal characteristics of text.

Key-Words: Subject-Other, Novelist's novel, Directivity of consciousness, Separation, Self-portrait

─이 논문은 2009년 11월 30일에 접수되어, 소정의 심사를 거쳐 2009년 12월 15일에 최종적으로 게재가 확정되었음.

*박태원 소설의 수용을 통해서 본
문학장의 구조*

> **목 차**
> Ⅰ. 서론
> Ⅱ. 새로운 문학의 등장과 상징투쟁
> Ⅲ. 제도로서의 문학과 문학의 재생산
> Ⅳ. 결론

이 은 주**

1. 서론

 1987년 해금 조치 이후 박태원 소설 연구는 양적인 축적은 물론 접근 방법에서도 다양한 성과를 보여주고 있다. 작가 연구에서만도 기교주의자, 선천적 스타일리스트, 넌센스 예술가, 유망한 발전을 조망하기 어려운 작가 등으로 보는 1930년대 관점[1])에서부터 모더니티의 성질 파

---

 * 이 논문은 필자의 학위 논문 「박태원 문학의 수용양상 연구」중 1차 자료를 재구성하여 부르디외의 '제도로서의 문화' 이론을 구체화하고자 했다. 따라서 이글에서 사용하는 개념과 설명은 부르디외의 이론(『예술의 규칙』, 『문화와 권력』)에 기대고 있다.
 ** 이화여자대학교.
 1) 김팔봉, 〈1933년의 문학계〉, 『신동아』(1933. 12).
  김팔봉, 〈조선문학의 현재의 수준〉, 『신동아』(1934. 1).
  백 철, 〈최근의 창작계〉, 『조선일보』(1933. 9. 17).
  안회남, 〈작가 박태원론〉, 『문장』 1권 1호(1939. 2).

악에 중요한 문학가, 모더니즘 방법론을 탄생시킨 사람[2] 등에 이르기까지 다양하다. 작품에 대한 연구도 구조적 특징들을 탐구[3]한 것부터 문체와 담론구조 분석을 통한 언어인식 연구,[4] 박태원의 전(全)작품을 대상으로 소설의 발달과정을 추적하여 한국 모더니즘 문학의 전체 조망을 시도하는 연구,[5] 박태원 작품에 대한 연구 자료들을 분석하여 사적으로 정리하는 작업[6]이 이루어졌다. 이 다양한 논의들을 통시적으로 조

---

[2] 김윤식, 「고현학의 방법론」, 『한국문학의 리얼리즘과 모더니즘』, 민음사, 1990, 135쪽.
  최혜실, 「소설가 구보씨의 일일에 나타나는 '산책자' 연구」, 『관악어문연구』 13집, 1988.
[3] 김중하, 「박태원론 시고」, 『세계의 문학』 49호, 1988.
  김교봉, 「박태원 천변풍경 연구」, 『1930년대 민족문학의 인식』, 한길사, 1990.
[4] 김상태, 「열려진 언어 속에 담긴 내면풍경」, 『현대문학』, 1990. 4.
[5] 김윤식, 윤정헌, 장수익, 정현숙 등의 논의가 이에 해당한다. 김윤식은 소설쓰기에서 글쓰기(번역)로 다시 소설쓰기로 복귀한 박태원의 문학 전개과정을 탐색했고, 윤정헌은 내성적 소설에서 외향적 소설로, 다시 역사소설로 전개되는 변모과정을 통시적으로 정리하여 박태원 소설이 방관적 자의식에서 소외된 자의식을 거쳐 비판적 자의식에 이른다는 결론을 내린다. 장수익은 모더니즘 소설에서 이질적인 리얼리즘 소설로 변화한다는 선행 연구 결과를 부정하면서 내적 필연성을 규명하는데 집중적인 관심을 기울인다. 이 논의는 박태원 소설의 전개과정이 모더니즘의 한국적 변용에 귀착됨을 전제로 하면서, 초기의 개인적 부정의 차원에서 민중을 매개로 영웅의 단계로 나아가는 박태원 소설의 변모 과정을 밝히는 데 주력한다.(정현숙의 〈박태원 연구의 현황과 과제〉 참고) 그리고 정현숙은 박태원의 초기작부터 해방이후 작품을 총망라한 실증적 분석을 시도하여 이후 연구의 기반을 다진다.
  김윤식, 「박태원론」, 『한국현대 현실주의 소설연구』, 문학과지성, 1990.
  윤정헌, 『박태원 소설연구』, 형설출판사, 1994.
  장수익, 「박태원 소설의 발전과정과 그 의미」, 『외국문학』, 1992. 봄.
  정현숙, 「박태원 소설연구」, 이화여대 박사논문, 1990.
  정현숙, 『박태원 문학연구』, 국학자료원, 1993.
  정현숙, 「박태원 연구의 현황과 과제」, 『박태원 소설연구』, 깊은샘, 1995.
[6] 박태원 문학에 대한 다양한 논의 중 최근에 박태원 연구의 현황과 과제를 다룬 논문이 나왔다는 점이 이를 입증할 수 있는 자료가 되며, 박태원 소설연구만을 다룬(관련연구 포함) 논저도 최근 많이 나오고 있다.
  강진호 외, 『박태원 소설연구』, 깊은샘, 1995.
  박헌호 외, 『근대문학과 구인회』, 상허문학회, 깊은샘, 1996.
  서덕순, 「박태원 연구의 사적 검토」, 『어문연구』 87, 1995.

망할 수 있는 현 시점에서, 1930년대 새롭게 등장한 박태원 문학에 대한 당대의 반응을 살펴보는 것은 문학장의 구도와 문단 권력의 역학관계를 파악하는 데 효과적이다.

특히 장(Champ), 아비투스(Habitus), 상징투쟁(Lutte symbolique) 등의 개념들을 중심으로 사회문화 공간으로서 문학장의 구조를 파악하고 있는 부르디외의 이론은 내재적 접근만으로는 규명하기 어려운 '문학적 가치가 있는 문학작품'에 대한 해명을 시도할 수 있게 한다. 문학장의 구조가 문학작품이나 작가의 의미를 규정하는 데 기여하는 외적 조건이 된다는 부르디외의 입장은 문학작품의 의의, 가치가 문학장에서 벌어지는 논쟁을 통해 구성되는 사회적 산물임을 강조하는 것으로, 제도로서의 한국 근대문학을 연구하는 근래의 연구경향에 유효한 방법 틀이 되고 있다.

이 논문은 1930년대 새로운 형태로 등장한 박태원 소설이 당대 문단의 논쟁을 통해 의미를 획득하고 있다는 점에 착안하여, 논쟁을 재구성하는 방식으로 새로운 문학작품과 작가가 문학장에서 가치를 승인 받고 문학적인 것으로 제도화되는 과정을 실증적으로 보여줄 것이다.

II. 새로운 문학의 등장과 상징투쟁(Lutte symbolique)

한국문학사에서 1930년대는 리얼리즘 문학이 주류를 이루었던 문단이 새로운 활로 모색을 위해 지속적으로 새로운 문학을 시도한 시기라는 점에서 중요하다. 그리고 이 시도들이 단순히 시도에만 머문 것이 아니라 기존 주류문학과의 역동적인 관계 속에서 서서히 확산되면서

정현숙, 「박태원 연구의 현황과 과제」, 『박태원 소설연구』, 깊은샘, 1995.

지평을 전환시키는 데까지 이르고 있다는 점에서 그 의의를 인정받을 수 있을 것이다.

1930년대에 주목을 받은, 새로운 문학으로서의 박태원 문학은 기존 주류문학인 리얼리즘 문학과의 관계 속에서 자신의 특징을 드러낸다. 새로운 문학들이 시도한 창작 기술에서의 변화와 문학 형식의 변화는 당대 시와 소설에 공통적으로 드러나는 현상이었다. 그런데 김기림이 시론으로 틀을 갖추면서 이론적 뒷받침을 해주는 동시에 새로운 문학에 대한 이해를 이끌었기에, 실제 확산은 詩분야에서 더 폭넓게 진행되었다. 특히 구인회 구성원이었던 정지용, 김기림, 이상 등의 시작(詩作) 활동과 김기림의 비평은 낡은 시학을 벗어나 새로운 감각의 시를 모색하고 있었고, 이는 신진 시인들의 시작 태도에 커다란 영향을 미쳤다.[7]

김기림이 내세웠던 방법은 무절제한 감정주의와 특정한 사상을 중시하는 내용주의를 극복하는, 일정한 미적 효과를 거둘 수 있는 시를 제작하자는 것이었다. '문학적인 것'에 대한 새로운 정의와 경계를 짐작할 수 있는 부분이다. 이러한 김기림의 활동을 통해 모더니즘은 운동의 차원으로 확산되었고, 시단은 중요한 관심의 대상으로 삼았으며, 당대 신진 시인들은 창작기술로서의 모더니즘에 큰 호응을 하고 있었다. 문학장에 등장한 새로운 질서는 기존 질서와 단절을 꾀하게 되는데 이것은 당대 기교주의 논쟁[8]에서 확인할 수 있다.

부르디외가 문학장을 작품과 작가에 대한 '정의내리기' 싸움터라고

---

7) 서준섭, 『한국 모더니즘 문학연구』, 일지사, 1988, 199쪽.
8) 기교주의 논쟁 관련자료.
　김기림, 〈시에 있어서의 기교주의의 반성과 발전〉, 『조선일보』, 1935. 2. 10~14.
　김기림, 〈시인으로서의 현실에 적극 관심〉, 『조선일보』, 1936. 1. 1~5.
　박용철, 〈올해시단 총평〉, 『동아일보』, 1935. 12. 24~28.
　박용철, 〈기교주의설의 허망〉, 『동아일보』, 1936. 3. 18~25.
　임　화, 〈담천하의 시단 1년〉, 『신동아』, 1935. 12.
　임　화, 〈기교파와 조선 시단〉, 『중앙』 28호, 1936. 2.

한 것은 문학 논쟁을 통해 "대립과 경쟁 상태에 놓인 양 진영의 문학인들이 서로 자신들이 '진짜' 문학인임을 직, 간접적으로 주장하면서"9) 문학이라는 것에 대한 정의내리기를 다양한 지표들 속에서 드러내기 때문이다. 문학 논쟁은 각종 신문이나 문예잡지를 통해 공개적으로 전개10)되었기에, 이 지표들은 새로운 문학 작품의 장르적 특성과 작가적 집단에 소속될 수 있는 조건을 한정하는 간접교육의 기능을 한 것은 물론이고 기존 문학 질서를 보호하고 새로운 것을 통제하는 '경계선' 설정 기능도 했다.

그 발단이 되는 임화의 입장부터 살펴보자. 종래의 사상 중시, 내용 중심주의의 문학 창작방법에서 기술을 중심으로 시의 가치를 체계화하려고 하는 이론에 근거를 두고 시를 제작한 김기림에 대해, 언어의 기교에만 탐닉하는 기교주의 시라고 비판하는 임화의 입장 표명으로 김기림, 임화 간의 논쟁이 시작된다.

기교주의 논쟁을 야기한 김기림의 글 〈시에 있어서의 기교주의의 반성과 발전〉11)에서 그는 근대시가 취해야 할 순수화 운동에서 시의 음악성과 형태(외형)를 논하고, "이것이야말로 시가 지향해야 할 부분이며, 이 모든 것을 갖춘 전체로서의 시를 위한 의지가 기교주의"라고 말하고 있다. 물론 1930년대 모더니즘 시가 사회로부터 유리되어 기교주의로 흐르고 있음에 주목하여 그 원인을 규명하고12) 그 극복이 당면 과

---

9) 현택수 외, 『문화와 권력』, 나남출판, 1998, 30쪽.
10) 조선일보, 동아일보, 매일신문 등의 학예면과 문장, 조광, 신동아 등의 잡지들을 통해 논의들을 접할 수 있는데, 특히 신문은 독자층이 다양하게 넓다는 점에서 모더니즘 문학의 지평 확산에 일조하였다고 볼 수 있다. 참고로 이 시기의 각 신문 편집주간들이 구인회의 구성원들이었다는 점도 주목할 점이다.
11) 김기림, 〈시에 있어서의기교주의 반성과 발전〉, 『조선일보』, 1935. 2. 10~14.
12) 시는 그 자체의 독자성을 주장하며 본질을 파악 제시하고 산문과의 구별을 명확하게 할 필요에 직면한 상황에서, 시인은 한 시대 이전의 가치 체계에 무조건 신뢰를 가질 수 없다고 말한다. 또한 시에 있어서 새로운 양식을 구하는 것은 과학 문명의 발전을 따라 그 속의 사람들의 생활 감정도 변화하기 때문이라고 말하고 있다.

제라고 지적하면서 대안 제시로서 전체로서의 시를 언급하는 것이 이 논의의 논지이지만, 그 기교주의 시가 앞으로 지향해야 할 시의 서언이라고 한 부분이 논쟁의 시발점이 된 것이다. 즉 "근대시가 기교주의의 방향을 더듬어 온 것은 주목할 일이며, 이 기운이 시단의 시대적 색채가 되고 있고, 새로운 시운동의 경향으로 발전시켜야 한다"는 논리가 비판을 받게 된 것이다. 임화가 이에 대해 가장 먼저 비판을 하였는데, 그의 글 〈담천하의 시단 1년〉13)을 보면 정지용, 김기림 신석정 등의 시인들을 기교파라고 규정하고 모두 無사상의 시들이라고 언급하고 있다. 임화에 따르면 이들은 모두 첫째, 시적 내용보다 기교를 상위에 두는 기교주의자이고 둘째, 현실 생활에 대한 관심을 회피하고 대신에 현실이나 자연에 대한 감각을 노래하고 있으며, 셋째, 그 결과 현실과 자연에 대한 단순한 관조자의 냉철함 이상을 표현하지 못한 시인들이라는 것이다. 그리고 임화는 김기림을 현실 생활의 소비적 면에 대한 감각적 표현에 전념하는 자로 규정하고 비판한다.

김기림의 입장에서 주목해야 할 핵심어는 '순수화 운동', '전체로서의 시를 위한 의지', '앞으로 지향해야 할 시의 서언'이다. 이는 기존 문학과의 차별화를 위해 노골적으로 제시한 새로운 문학 원칙이 되고 있다. 이것에 대립하는 힘은 '무사상, 기교파, 현실회피, 감각적 표현에 전념하는 자' 등의 어휘로 신진 세력의 대두에 배타적으로 대응하고 있다. 무엇보다도 김기림의 입장이 '새로운 시의 서언'으로 언급되고 있다는 점에 주목해야 한다. 문학장에서 자기의 정체성을 규정하는 논의는 기존 문학질서와의 단절을 선언하는 동시에 차별성을 부각시키는 '선언문'의 역할을 함으로써 장의 투쟁적 공간에서 새로운 그룹의 탄생을 알리는 전략적 행위14)가 되는데, 김기림의 '서언'이 바로 그러한 기능을

---

13) 임화, 〈담천하의 시단 1년〉, 『신동아』, 1935. 12.
14) 현택수 외, 『문화와 권력』, 35-38쪽. 이후 부르디외의 이론(『문화와 권력』)은 내각주로 처리하여 본문에서 쪽수만 표시함.

하고 있기 때문이다.
　이러한 선언을 시작으로 김기림은 다시 〈시인으로서의 현실에 적극 관심〉15)으로 입장을 설명하고 동시에 신경향파 시가 지닌 내용 우위의 無기교성을 비판하면서 '전체로서의 시'16)를 대안으로 제시하게 된다. 임화는 〈기교파와 조선시단〉17)을 통해 김기림의 글에 응대하게 되는데, 여기서 리얼리즘 계열의 시가 기법을 무시하고 내용에 과도하게 편중한다는 점 등의 결함을 가졌다는 것은 인정하면서도, 프롤레타리아 시가 조선 근대시의 '가장 옳은 전승자'라는 생각을 드러내면서, "프로시가 완성된 시로 나아가는 단계"라고 했다. 시의 이상적 상태는 김기림이 말하는 내용과 기교를 통일한 시-전체로서의 시-임에는 틀림없으나 그것은 어디까지나 내용의 우위성 가운데서 양자가 형식논리학적이 아닌 변증법적으로 통일되는 것이기 때문이라는 것이 그 이유가 된다. 부르디외가 간파한 대로 '가장 옳은' 문학인이 누군가를 두고 벌어지는 문학장에서의 이러한 투쟁이 1930년 당대 문단을 지배할 '진짜' 작가에 대한 '정의내리기' 싸움이었다고 볼 수 있으며, 양측이 제시한 조건들이 그 문학 집단의 소속 조건을 한정하는 승인제도의 지표들(30쪽)이 된다.
　표면적으로 드러나는 기교주의 논쟁은 어떠한 시가 더 이상적인 시인가를 놓고 벌인, 리얼리즘 문학 측과 모더니즘 문학 측의 대립이다. 그런데 이들은 차별화 전략으로 자신들의 정체성을 주장하면서도 이상적인 시란 형식과 내용(기술과 사상)이 통일되어야 한다는 데는 일치점을 보이고 있으며, 임화는 내용 우위성을, 김기림은 언어의 요소, 용어의 문제, 시의 제작 과정과 기술에 초점을 두고 있다는 것을 알 수 있다.

---

15) 김기림, 〈시인으로서의 현실에 적극 관심〉, 『조선일보』, 1936. 1. 1~5.
16) 김기림의 〈시인으로서의 현실에 적극 관심〉에서 언급된 '전체로서의 시'는 그의 글 본문에서는 구체적으로 제시되지 않고 있는데, 이에 대한 구체적 논의가 〈오전의 시론〉이다.
17) 임화, 〈기교파와 조선시단〉, 『중앙』 28호, 1936. 2.

이렇듯 1930년대 새로운 문학은 김기림의 글에서도 알 수 있듯이 기교만을 확대하여 강조하는 것이 아니라 작가의 지적인 의도가 고려된, 시의 제작 과정을 강조한 것이었지만 당대 문학장에서의 논쟁은 새로운 시작(詩作) 성향을 보인 시인들[18]을 모두 기교주의자로 차별화하는 방식으로 리얼리즘 계열 문학인들의 기존의 위치를 표명하고 강화하는 대결구도를 만들어가게 된다. 중요한 것은 김기림이 주장하는 시론의 전체 맥락과 새로운 문학에 대한 인식이 어째서 '기교'라는 말로 압축되고 있느냐 하는 것이다. 문학장의 상징투쟁은 문학작품의 지각과 평가, 성향의 체계를 문학장에서 객관화하고, 행위자 혹은 집단의 정신구조 속에 내재화된 체계로서의 아비투스(Habitus)의 차이를 강화함으로써 문학적 성향의 대립구도를 형성하고 구조화하여 문학재생산에 관여하게 된다. 부르디외는 아비투스 효과로 문학그룹이 형성된다고 보았는데, 가장 첨예한 갈등 양상으로 나타난 '기교'는, 기존의 주류 문학에서는 결핍된 요소로 비판받아야 할 부분이 되는 것이고, 새롭게 등장한 문학에서는 기존의 결핍을 보완하고 극복하고자 하는 무기가 되면서 문학장에서 작가들의 성향과 자리잡기(위치취하기, 39-47쪽)를 가능하게 하는 변별적 자질이 되었던 것이다.

시에서 기교주의 논쟁으로 모더니즘 문학에 대한 지평이 확산되었다면, 소설에서는 이것보다 조금 늦게 날개/천변풍경 논쟁[19]이 진행되면서 새로운 소설의 확산에 일조했다. 이 논쟁이 모더니스트들의 모임

---

18) 정지용, 김기림, 신석정 등.
19) 날개/천변풍경 논쟁 관련자료
　　김문집, 〈날개의 시학적 재비판〉, 『비평문학』, 청색지사, 1938.
　　백　철, 〈리얼리즘의 재고〉, 『사해공론』, 1937. 1.
　　유진오, 〈문단의 통폐는 리얼리즘의 오인〉, 『동아일보』, 1937. 6. 3.
　　임　화, 「사실주의의 재인식」, 『문학의 논리』, 서음출판사, 1937.
　　최재서, 〈리얼리즘의 확대와 심화〉, 『조선일보』, 1936. 10. 31~11. 7.
　　한　효, 〈시작 방법론의 신방향〉, 『동아일보』, 1937. 9. 23.

인 〈구인회〉 작가들 중에서도 파격적인 형식의 해체를 보여준 이상과 박태원의 작품을 대상으로 하고 있다는 점에서, 소설에서도 당대 새롭게 구조화되던 아비투스는 문학적 형식에 맞추어지고 있음을 알 수 있다. 정지용의 시들이 내용상 도회적인 문명을 노래하는 시들이 많았으나 형식면에서는 비교적 온건하였고, 이효석 역시 그런 이유로 이상과 박태원만큼 모더니스트로서의 인지도를 가지지 못한 점에 비추어 보아도 그러하다.

날개/천변풍경 논쟁[20]은, 1936년에 발표된 이상의 「날개」와 박태원의 「천변풍경」을 두고 최재서가 이상의 소설을 '리얼리즘의 심화', 박태원의 소설을 '리얼리즘의 확대'라고 평가한 것에 대해 백철이 〈리얼리즘의 재고〉로 반론을 제기한 데서 비롯된다. 이 외에도 최재서의 논리에 대해 한효, 임화, 김문집 등이 직접, 간접으로 반론을 제기했는데, 그 강조점과 논리는 다양하지만 대체로 최재서가 말하는 리얼리즘의 개념, 「날개」, 「천변풍경」에 대한 해석과 평가문제, 바람직한 소설의 형식문제 등으로 요약될 수 있다.[21] 작품의 가치 생산에 참여하는 행위자들인 평론가, 문학사가와 승인기구로서의 아카데미, 심사위원의 일원인 이들의 대결구도에서 가시화되는 새로운 문학의 특징들은 정체성을 인정받고 위치 표명의 정당성을 논리화할 수 있는 조건이(32-34쪽) 된다.

최재서는 「천변풍경」이 작가의 외면 세계를 충실하게 묘사한 작품이라면 「날개」는 작가의 내면 세계를 탁월하게 분석한 작품이라고 보면서 특히 「날개」를 자세하게 논의했다. 「날개」는 "생활과 행동이 끝나는 곳에서 시작되고 있고, 그 결과 고도의 의식화된 소피스트의 주관

---

20) 날개/천변풍경 논쟁에 관한 논의 자체는 서준섭의 『한국모더니즘 문학연구』(일지사, 1988, 216-230쪽)에서 치밀하고 자세히 다루었기에 이를 참고하여 정리하였다. 논의 분석 자체가 서준섭의 논의와 다르지 않을 뿐더러 그를 능가하는 새로운 실증 자료 분석이 시도된 것이 아니므로 그의 연구를 따르기로 한다. 필자는, 이 논쟁에서 본 논문의 의도에 부합하는 의미를 추출하는 데 초점을 맞추었다.
21) 서준섭, 『한국 모더니즘 문학연구』, 일지사, 1988, 218쪽.

세계를 다루고 있는데, 이러한 의식의 발달과 분열이 현대인의 현재 상태"라고 말하고 있다. 그렇다면 이런 상황에서 성실한 예술가로서 할 일은 그 분열 상태를 정직하게 표현하는 일이고, 이상은 그 과제를 충실히 수행했다는 것이 최재서의 평가이다. 또한 이상이 이를 표현하기 위해 사용한 풍자, 야유, 위트, 과장, 패러독스 등의 모든 지적 수단들은 주제 구현에 크게 기여하고 있다고 언급하고 있다. 「천변풍경」에 대해서는 "청계천변의 여러 공간을 중심으로 한 도시 서민의 군상을, 마치 카메라를 지휘하는 위치에서 작가가 잘 묘사했다"고 평했다. 즉 작가는 카메라를 여러 장소로 이동시키며 도회 생활의 페이소스와 그 삶의 동태를 다각적으로 묘출(描出)하여, 다각적인 도회 묘사에 성공했다는 입장에 서 있는 것이다. '성실한 예술가', '성공한 작품'이라는 용어 선택은 무엇이 '진짜' 문학(인)인지를 주장하려는 최재서의 의도를 잘 드러낸다. 이러한 논리가 새로운 문학의 조건을 한정하고 내용들을 제도화하는 방식으로 작용하게 되는 것이다.

전체적으로 「날개」와 「천변풍경」은 리얼리즘 문학을 진전시켰다는 것이 그의 논점이었다. 이에 대한 첫 번째 반론이 되는 〈리얼리즘의 재고〉에서 백철은, 최재서의 「날개」 해석을 정면으로 비판하면서 이기영의 장편 「고향」 논의를 통해 자신의 리얼리즘에 대한 견해를 밝힌다. 백철은 「날개」가 현실에 대한 분노를 보여주기는커녕 퇴폐적, 주관적이고 생산성 없는 기식적(寄食的) 인물을 다룬 소설로서, 작가가 보여주는 행동은 어린애와 같은 장난의 세계이고, 금전과 상식을 모독하는 것이 아니라 거기에 '굴복'하고 있으며, 현실에 대한 부정이 아니라 '타협'이라는 점들을 논거로 하여, "최재서가 리얼리즘의 심화라 평가한 것은 전적으로 오해"라고 비판한다. 즉 최재서가 말하는 리얼리즘의 의의는 시대와 현실의 변천을 고려하지 않은 독단이고, 진정한 리얼리즘은 이기영의 「고향」과 같은 신흥계급 문학의 리얼리즘이라는 주장이다. 백철의 주장은 이상이 당대의 작가들이 별로 다루지 않은 의식의 세계

탐구를 시도한 사실은 인정할 수 있으나, 단순한 시도에 그쳤기 때문에 최재서처럼 작품을 분석, 평가하는 것은 지나친 확대 해석이라는 것이다. 경쟁 구도에 놓인 문학집단 간의 차별화와 대립의 논리로 서술되는 비난에 가까운 입장 표명은 부르디외가 설명하고 있는 문학장에서의 상징투쟁을 그대로 재현하고 있다.

이러한 입장 표명은 백철과 동일한 논리를 펼치고 있는 한효의 〈창작방법론의 신방향〉22)에서 보다 구체적으로 드러난다. 그는 「날개」에 대해 "천박한 관념적 유희만을 보여주는 '죠이스적 아류'일 뿐인 작품"이라고 혹평하면서, 최재서의 리얼리즘 논의를 부정하고 사회주의적 리얼리즘을 적극 옹호한다. 임화 역시 〈사실주의의 재인식〉23)에서, 최재서가 언급한 '리얼리즘'에 대해 그러한 용어의 등장 자체를 비꼬며, 엥겔스의 '디테일의 정확성, 전형적인 상황에서의 전형적인 인물묘사'를 리얼리즘의 이념으로 제시한다. 그리고 〈방황하는 문학정신〉24)에서는 이상을 "극도의 주관주의자였음에도 불구하고 물구나무 선 형태의 리얼리스트였다"고 규정하고, 같은 글에서 박태원의 「소설가 구보씨의 일일」을 현대심리소설의 '에피고넨'에 불과한 것으로 평가하고 있다. 평론가들은 작품의 가치는 물론 그에 대한 신념도 분석대상으로 다루고 있는데, 문학 행위자의 내부에서 작동하는 아비투스에 의해 작가집단, 작품, 성향(미학적, 정치적)의 위치 재생산과 대립적 구도가 이루어진다(39쪽)는 부르디외의 이론은 여기에서도 확인되는 셈이다.

'날개/천변풍경' 관련 논의들은 당대 문학장의 구도를 가늠할 수 있게 해준다는 점에서는 '기교주의 논쟁'과 동일 선상에서 얘기될 수 있다. 즉 최재서의 〈리얼리즘의 확대와 심화〉에서 사용된 리얼리즘이라는 용어는 사회주의 리얼리즘을 염두에 둔 용어는 아니었음에도25) 불구하

---

22) 한효, 〈창작방법론의 신방향〉, 『동아일보』, 1937. 9. 23.
23) 임화, 앞의 자료 참조.
24) 임화, 앞의 자료 참조.

고 논쟁의 초점이 리얼리즘 문학의 개념에 맞추어졌고 「날개」, 「천변풍경」의 해석과 평가에도 그대로 적용되었던 것이다. 부르디외가 문학 논쟁을 상징투쟁의 한 모습으로 본 것은, 논쟁이 자신들의 입장만을 고수하는 배타적 경계짓기로 위치 표명을 하는 자리가 되고 여기에서 인정(승인)되는 문학적 가치란 가치의 생산자인 작가, 비평가 등의 제도의 권위와 힘의 문제(23쪽)라는 것, 거기에는 사회적으로 제도화된 가치로서 문학장의 질서가 개입되고 있다는 것을 간파했기 때문이다.

새로운 문학적 시도로 쓰여진 작품들에 대해 기존의 권위에 기대어 작품을 해석하는 리얼리즘의 입장을 취하는 비평가들은 장의 투쟁에서 새로운 징후들을 거부한다는 의미에서는, 새로운 방법론의 용어를 선택하지 못한 채[26] 기존세대의 위력 있는 용어 '리얼리즘'에 기대어서 새로운 문학적 경향을 정의하려고 한 최재서와 비교했을 때, 자신들의 권력과 위신을 잘 세웠다고 볼 수도 있다. 그러나 리얼리즘이라는 용어에 대해 백철, 임화, 한효 등이 민감하게 반응하고 적극적으로 논쟁에 참여했음에도 불구하고, 별다른 대응을 하지 않은 최재서가 이미 당대에서 승리한 것으로 평가[27] 받았다는 사실은 새로운 문학과 문학인들의 '자리잡기 및 자리이동'이 1930년대 문학장에서 이루어졌음을 단적으로 보여주는 예라고 할 수 있다.

새롭게 등장한 문학은 논쟁이라는 기존 형식과의 상징적 투쟁을 통해 자신들의 문학 논리를 선언하고 정체성을 요구하며 문학적 가치를 승인 받게 된다. 이러한 상징적 투쟁에 의해 1930년대 문학장의 주도권

---

25) 최재서의 〈리얼리즘의 확대와 심화〉를 읽어보면 맥락으로서 리얼리즘이 사회주의 리얼리즘을 두고 한 말은 아님을 알 수 있다. 후에 최재서는 문학 좌담회(『조선일보』, 1937. 1. 1)에서 백철에게 자신이 말한 리얼리즘이란 프로이드즘적인 리얼리즘(심리주의 리얼리즘)을 지칭하는 것이라고 해명하고 있다.
26) 이 논쟁 뒤에 최재서는 모더니즘이라는 용어를 썼다.
　최재서, 〈구라파 현대소설의 이념 (2)-모더니즘 편〉, 『비판』, 1939. 7.
27) 이원조, 〈정축 1년간 문예계 총관〉, 『조광』, 1937. 11.

은 기존의 리얼리즘과는 다른 반(反)리얼리즘 문학 쪽으로 넘어가고 있었던 것이다.

III. 제도로서의 문학과 문학의 재생산

1930년 당대의 새로운 문학에 대한 반응은 박태원 문학의 수용 양상과 다르지 않다. 앞 절의 논쟁에서와 마찬가지로 1930년대에 이루어진 박태원 문학에 관련된 논의들도 크게 프로문학 계열로 분류되는 송영, 김남천, 임화, 박영희, 백철, 홍효민(동반작가) 등의 논의와 최재서, 박종화, 김환태, 이태준, 김문집, 안회남[28] 등의 대립구도로 볼 수 있다. 짐작할 수 있듯이 박태원 문학은 '무기력한 룸펜의 부르주아 사상을 드러내는 문학', '독자에게 주는 것이 없는 문학'이라고 혹평하면서 경계선을 만들고 있는 전자와 '선각자적 스타일리스트의 문학', '선천적 기교파', '완성과 노련의 작가' 등으로 '정의내리기'를 하는 후자 간의 투쟁의 장 속에 있었다.

백철은 1933년 〈사악한 예원의 분위기〉[29]에서 구인회에 대한 평을 하게 되는데, 그는 구인회 문학을 문명에 대한 불안에서 비롯된 無의지적 문학이라 규정한다. 그것은 "불안한 분위기만 드러낼 뿐, 미래파, 입체파, 초현실주의파 같은 내용을 가진 그룹도 아닐 뿐더러, 이효석과 이태준 사이에 공통점을 찾을 수 없고, 김기림과 정지용 사이에서도 공통점을 발견할 수 없다는 점에서 자유주의파라고 부르는 것이 타당하다"고 쓰고 있다. 역시 1933년에 쓰여진 백철의 〈문예비평〉[30]은 구체적으로 박태원의 작품론을 쓰고 있는데 여기에서도 같은 맥락이 드러난다.

---

28) 김팔봉, 〈조선문학의 현재의 수준〉, 『신동아』, 1934. 1.
29) 백　철, 〈사악한 예원의 분위기〉, 『동아일보』, 1933. 10. 1.
30) 백　철, 〈문예비평〉, 『조선일보』, 1933. 9. 17.

〈누이〉31)에 대한 평인데 신변소설로 규정한 후 "진부하고 필요 없는 신변잡사로 충만되어 있으며, 이처럼 무의미하고 무내용한 것은 읽어 본 적이 없다"고 혹평하고 있다. 외국의 신변소설은 같은 신변잡사를 작품의 소재로 하면서도 그 가운데서 작품 제재로 될만한 것을 선택하여 일정한 인생관과 철학관을 가미하는데, 박태원 작품은 그런 것을 전혀 취급하지 못하는 저하한 작품이라는 것이 혹평의 이유가 된다. 그리고 극히 느린 템포의 표현과 문장 전체에 건방진 어태(語態)를 생각하게 하는 문구 배열은 무의식 중에 좋지 않은 감정을 주며 유망한 발전은 조망하기 어려울 것 같다고 끝맺고 있다.

흥미로운 것은 이 논의를 통해, 부르디외가 작가에 대한 정의내리기, 경계선 설정 등의 지표들과 '문학적인 것'과 '비문학적인 것'의 경계를 짓고 제도화하는 힘의 문제가 문학적 가치의 본질이라고 설명한 제도로서의 문학의 의미가 가시화된다는 점이다. 당대 리얼리즘 계열에 몸담고 있던 백철이 외국의 신변소설과 비교가 가능할 만큼의 감식안이 있을 정도로 반(反)리얼리즘 계열의 문학을 읽고 있었고, 그러한 상황이라면 당대 문학을 하고자 하는 문학청년들은 말 할 것도 없이 모더니즘 계열의 소설들을 읽고 쓰면서 새로운 문학 집단의 승인권을 넓혀가고 있었을 것이라는 추론을 가능하게 한다. 새로운 형식의 작품을 평가하는 기존 질서의 수호자들은 노골적으로 신진세력을 인정하지 않고 비난과 혹평으로 배타적 행동을 취하고 있지만 백철은, 박태원이 쓴 소설도 일정한 인생관과 철학관만 있으면 읽을 가치가, 다시 말해 문학적 가치가 있다는 생각을 드러내고 있어, 문학장에서의 경계가 넘나들기 쉬운 것으로 "문학적 위치표명은 어떤 객관적 합의 형태의 결과나 제시할 수 있는 성격의 것이 아니고 지속적인 갈등의 산물, 투쟁 그 자체(34쪽)"라는 것을 반증하게 된다.

---

31) 박태원, 〈누이〉, 『신가정』, 1933. 8.

이러한 정의내리기 투쟁은 박태원의 문장 전체가 건방진 어태를 가진 배열이라거나 극히 느린 템포의 표현이라고 비판한 데에서 역설적으로 박태원이 의도한 소설적 장치를 그대로 인정해주는 논의가 되면서 신인들이 주장해야 할 '차별화' 논리를 대신하게 된다. 이무영이 〈작가가 쓰는 작품평〉[32]에서 박태원의 〈5월의 훈풍〉[33]이 "읽기에도 나른하고 테마도 나른하며 전쟁에 나간 전사가 손끝에 박힌 가시를 빼내려고 하는 듯한 불만을 느낀다"고 적고 있는 부분에서 다시한번 확인할 수 있다. 신문, 잡지가 담론화하고 있는 이러한 내용을 통해 독자는, 겉으로 드러나는 커다란 사건이 아니라 인간 개체의 세밀한 부분들을 다루려는 박태원의 의도대로 그의 문장과 표현에 주목하게 된다. 상징 투쟁은 그 과정 자체로 문학 생산자뿐만 아니라 소비자에게도 새로운 문학적 징후들에 호응할 수 있세 하는 문학적 교육의 장 기능을 하고 있는 것이다.

대중적 호응은 김팔봉의 〈1933년의 문학계〉[34]에서 확인할 수 있다. 그는 1933년에 쓰여진 작품들에 대한 계열별 통계적 수치를 제공하면서, "신작 발표 76편 중, 5년 전만 해도 카프계열의 작품이 70% 이상이었는데 33년은 속물 같은 반동문학이 판을 치고 있다"고 문단의 상황을 전해주고 있다. 이미 반(反)리얼리즘 계열의 작품이 양적으로 문단에 폭 넓게 확산되고 있음을 알 수 있게 한다. 김환태가 『조광』 문예월평[35]에서 우려하고 있는 소품적 경향, 즉 "소설 형식에 있어 일인칭 소설이 70~80%를 점하고 있는 것은 강렬한 구상력과 창조적 정신활동이 부족한 증거"라고 말하면서 걱정한 일인칭 소설의 범람 역시 당대 자기인식(작가의식)의 반영과 새로운 문학적 성향을 내재화한 신진작가들의 아

---

32) 이무영, 〈작가가 쓰는 작품평〉, 『동아일보』, 1933. 10. 21.
33) 박태원, 〈5월의 훈풍〉, 『조선문학』, 1933. 10.
34) 김팔봉, 〈1933년의 문학계〉, 『신동아』, 1933. 12.
35) 김환태, 〈금년의 창작계 일독〉, 『조광』, 1936. 12.

비투스를 이해하는 데 중요한 단서가 된다.

이러한 변화가 가시화되던 문학장은 1938년에 들어서면서부터 새로운 위치 표명의 잠재적 공간으로서 '가능성의 공간'이 된다. 임화의 글36)에서 그것이 증명되는데, 「소설가 구보씨의 일일」에서 "전율하는 청년의 심리를 더 깊이 끄집어내었다면 심리주의적 노선을 걸어온 박태원이, 현재 심리주의의 에피고넨에서 벗어날 수 있을 것"이라고 평가한 부분이 그것이다. 이 논의는 박태원의 창작방법에 대한 인정이라는 점에서 의미 있는 논의였다고 할 수 있다. 박태원의 소설이 "문학 생산의 장에서 인정받는다는 것은 문학적 행위와 표현에 관한 기존의 특수코드를 습득해야 한다는 구속조건이 있지만 새로운 문체나 주제의 개발, 모순의 극복이나 혁명적 단절을 할 수 있는 '구속 가운데 자유'와 '객관적 잠재성의 세계'를 발견할 권리를 갖는다는 것을 의미한다(35쪽)." 박태원의 시도가 당대 문학권력의 중심에 있던 임화로부터 가능성과 정당화의 방법을 인정받았다는 것은 상징투쟁의 장에서 "위치공간의 분할 - 예를 들어 순수문학/참여문학 식으로 - 을 재생산하는 판단의 체계, 즉 수락할 수 있는 것과 불가능한 것, 수락할 수 없는 것으로 보여지는 위치를 결정(36쪽)" 할 수 있게 되었다는 것을 의미한다. 이것은 새롭게 등장하는 신인들이 "새로운 사고와 표현 방식으로 기성세대와 차이를 보이고 단절하면서 그들의 정체성 인정을 요구(36쪽)" 할 수 있게 되었음을 뜻한다.

〈세태소설론〉37)에서도 「천변풍경」을 두고, "묘사 기술을 완성해 본 단계를 가지지 못한 우리 문단에서, 묘사로 시도된 소설"이라는 점에 가치를 부여했고, 세태적 소설의 묘사 기술은 상섭과 동인을 능가하며 성장을 기대한다고 적고 있다. 이러한 평가가 당대 문학장에서 지배적 위치를 점유하고 있던 임화에 의해 이루어졌다는 점에 주목하고 보면,

---

36) 임화, 「방황하는 문학정신」, 『문학의 논리』, 서음출판사, 1938, 146-155쪽.
37) 임화, 「세태소설론」, 위의 책, 204-217쪽.

1930년대 후반에 와서는 박태원 식의 글쓰는 방법이 보편적으로 인정되었다고 보아도 무방하겠다. 임화는 계속해서 〈본격소설론〉[38]에서 현대성을 가진 작가들에 관해서 언급하고 있는데, "전통과 결별한 이들 작가들의 소설을 빼면 이제는 읽을 맛이 적어진다"고까지 말하고 있다. 이들 현대성을 가진 작가들이란 기성세대와 차이를 보이고 단절하면서 소설의 형태상의 변화를 시도한 작가들로 보고 있으며, 묘사와 표현에 있어 그것의 조화가 고전적 소설의 기초라면, 그것의 분열이나 조화의 소멸은 20세기적 특징이라고 언급하고 있다. 즉 시대정신의 변천이 소설의 스타일을 고친 것이며, 박태원 류의 세태소설과 심리소설도 변화된 문학적 사유의 구체적 산물이라고 평가하고 있는 것이다. 이러한 논의에서 보이는 임화의 시각은 모더니즘 소설의 논리에 상당부분 근접하고 있는 것으로 문학적 가치에 대한 새로운 기준을 제도화하는 기능을 하게 된다.

이원조도 「소설가 구보씨의 일일」에 대한 평[39]에서, "쓰여질 당시는 박태원은 잔소리꾼이다, 말재주꾼이다, 사회적 관심이 없다, 시대의 동향에 등졌다 등의 비난을 받았는데, 오늘날에는 정답고 아름다우며 우리 문단에 특이한 문장체를 수립하였다는 것은 주목할 사실"이라고 말함으로써 문단의 변화를 단적으로 드러내주고 있다. 이것은 천변풍경이 단편집으로 엮어지면서 이광수가 써준 서문[40]에서도 극명하게 드러난다. 이광수는 「천변풍경」을 "일생에 읽은 문학 작품 중 가장 인상 깊은 것 중의 하나"라고 극찬하며, 단순한 청계천변의 스케치가 아니라 인류에 대한 연민을 가진 작가의 혼이 느껴진다고 했고, "작가의 절제된 필법과 표현 효과는 시, 공을 초월한 생명을 가진 문학이 될 것"이라고 호평했다. 이광수가 과거 전통을 거부하고 등장했던 근대문학의 개척자로

---

38) 임화, 「본격소설론」, 앞의 책, 218-230쪽.
39) 이원조, 〈박태원씨 단편집 '소설가 구보씨의 일일'〉, 「조선일보」, 1938. 12. 25.
40) 이광수(1938), 〈천변풍경에 序하여〉, 『천변풍경』, 깊은샘, 1989.

서 문학사적 위치를 점유하고 있었다는 점에서, 그러나 이광수도 이미 전통의 한 부분에 자리하고 있었던 선배세대였다는 점에서 그의 서문은 임화의 평가만큼이나 주목된다.

1930년대를 마무리하는 시기 임화는 이제 천변풍경을 최근 조선문단을 이해하는 중심의 하나라고 하며 "조선문학사적 주제 위에 등장한 패스포트"라고 말하고[41] 있는데, "천변풍경은 앞으로 우리가 일정한 역사적 좌석을 인정해 주어야 하는 작품이며, 세태를 그렸기 때문이 아니라 작가의 현실을 보는 정신을 표현하고 있다는 점에 가치를 둘 수 있다"고 언급하고 있다. 더구나 "우리 시대의 청년들의 애수와, 풍속의 아름다운 전개가 우리를 이끌고 있다"고 말한 것, "우리 문학의 새 단계를 표시한 작품"이라고 위치를 선정한 것은, 이미 1938년부터 보여준 임화의 태도 변화와 함께, 문학적인 것을 제도화하는 힘으로서 문학장의 구조변화를 실감케 한다.

Ⅳ. 결론

1930년대 새롭게 등장한 박태원 작품에 대한 문단의 반응은, 초기에서 중반 전후까지는 박태원의 소설이 리얼리즘 문학의 기준에서 무사상, 무의지, 무내용의 문학이며 불안한 분위기를 풍기는 문학이고, 룸펜 인테리의 신변잡기적 일상을 소재로 한 부르조아 사상을 드러내는 것이라고 비판을 받는다. 그러다가 1938년을 전후해서 새로운 문학의 문단 주도권을 인정하고, 그러한 흐름이 시대적 조류임을 수용하려는 전환이 이루어지게 된다. 이 기간에 접어들어서는 박태원 작품에 대한 비판적 시각은 사라지고 그의 문학적 특징과 가치들을 찾고자 하는 논의

---

[41] 임화, 〈천변풍경평〉, 「조선일보」, 1939. 2. 17.

가 이루어졌음을 확인할 수 있다. 그것을 구체적으로 볼 수 있게 한 문학논쟁과 평론가들의 입장 표명은 부르디외가 상징투쟁의 장으로 파악한 문학장의 공간적 특성들, 즉 작품 승인의 조건과 인정에 관련된 정의내리기, 경계선 설정, 차별화 전략, 승인제도의 지표들, 작품의 가치생산과 제도, 문학재생산의 논리, 아비투스와 문학장의 구도, 문학장 속에서의 위치표명, 자리이동 등을 구체적으로 예증할 수 있게 하여 '문학적인 것'에 대한 '탈신비화 경험'을 가능하게 한다.

■ 참고문헌

강진호 외 공저, 『박태원 소설 연구』, 깊은샘, 1995.
김윤식, 『한국근대문학사상사』, 한길사, 1984.
김윤식, 『임화연구』, 문학사상사, 1989.
문학과비평연구회, 『한국 문학권력의 계보』, 한국출판마케팅 연구소, 2004.
민족문학사연구소 기초학문연구단, 『한국 근대문학의 형성과 문학장의 재발견』, 소명, 2004.
박헌호, 『근대문학과 구인회』, 상허문학회, 깊은샘, 1996.
현택수 외, 『문화와 권력』, 나남출판, 1998.
부르디외, 하태환 역, 『예술의 규칙』, 동문선, 1999.
악셀 호네트, 문성훈 외 역, 『인정 투쟁』, 동녘, 1996.

■ 국문요약

　이 논문은 1930년대 새롭게 등장한 박태원의 작품을 두고 벌어진 논쟁을 재구성하여 문학장의 구조 변화를 실증적으로 검토하고 있다. 박태원 소설의 수용 양상은 새롭게 등장한 문학이 문학장에서 상징투쟁의 과정을 통해 어떻게 승인되고 가치가 인정되며 자리매김되는지를 보여 준다. 당대 새롭게 등장한 반(反)리얼리즘 계열의 작품들은 기존의 주도세력인 리얼리즘 문학과 첨예한 대립구도를 통해 지속적인 갈등의 산물로 자신의 위치를 표명하게 된다. 이것을 구체적으로 보여주는 논쟁, 평론들이 문학장의 권력구도 변화를 주도하는 힘이 된다. 이 논문은, 문학장의 질서를 객관화하고 있는 부르디외의 문학예술의 사회적 생산과 관련된 이론을 1930년대 한국 문단에서 벌어진 기교주의 논쟁과 날개/천변풍경 논쟁에 적용하여 당대 한국 문단의 구조적 변화를 파악하고 있다.

주제어: 문학장, 상징투쟁, 아비투스, 제도로서의 문학

■ Abstract

The Structure of the Literary Field in the Acceptance of Tae-won Park's Novels

Lee, Eun Ju

This paper presents an empirical investigation of the structural changes in the literary field, by reconstructing the controversy over Tae-won Park's works which appeared newly in the 1930s. The process of accepting Park's novels shows how a new literature gets approved, appreciated, and established, through symbolic struggle in the literary field. The works of anti-realism which freshly appear in the contemporary times come to manifest their status with a product of continuing conflicts, via sharp confrontation with the existing, leading literature of realism. The discussion and criticism that reveal this confrontation in the concrete become an initiative force in changing the power structure of the literary field. This paper understands the structure change in the contemporary Korean literary world, by applying Bourdieu's theory with regard to the social production of literary arts which objectifies the order in the literary field to the controversies on Kikyocwuuy (technicalism) and *Nalgae* (*The Wings*)/ *Chenpyenpungkyeng* (*The Riverside Landscape*) that took place in the Korean literary circle in the 1930s.

Key-words: literary field, symbolic struggle, Habitus, literature as an institution

―이 논문은 2009년 11월 30일에 접수되어, 소정의 심사를 거쳐 2009년 12월 15일에 최종적으로 게재가 확정되었음.

박태원 문학의 번역과 세계화

한국 문학번역의 세계화 방안

한국 문학번역의 세계화 방안

> **목 차**
> Ⅰ. 서론
> Ⅱ. 국제문학상과 한국문학
> Ⅲ. 한국의 문학번역 지원 체제
> Ⅳ. 중국의 번역사업과 비교
> Ⅴ. 결론-문학번역 시스템 구축

손 지 봉*

Ⅰ. 서론

　유네스코는 지난 6월 27일 조선의 왕릉을 세계문화유산으로 확정하였다. 이로써 대한민국은 다시 한번 세계적 문화국가임을 천명하게 되었다. 일찍이 '은자의 나라'로 칭해졌던 한국이 세계적 국가들과 어깨를 나란히 하게 된 것은 얼마 되지 않았지만 점차 범위를 넓히고 있다.
　가장 두드러진 분야는 스포츠 분야이다. 88올림픽 4위, 2002월드컵 4강, 2009 WBC 2위 등 세계적인 대회에서 큰 성과를 거두었으며, LPGA는 한국여성이 너무 독식하는 분위기라 오히려 세계적인 관심을 떨어트린다는 불평을 들을 정도이다. 이외에 수영의 박태환, 피겨스케이팅의 김연아 등은 스포츠분야 한국의 세계적 위상이 전체 분야로 확산되

---

* 이화여자대학교.

고 있음을 보여주고 있다.

경제에 있어서도 한국은 12번째로 OECD국가에 선정되었고, 삼성, 현대, 포항제철 등 한국기업은 세계적 명성을 얻고 있으며, 정치에 있어서 김대중 대통령의 노벨평화상 수상, 반기문 유엔 사무총장 당선 등으로 세계적인 위상을 인정받고 있다.

아울러 예술에 있어서도 부분적이긴 하지만 강수연, 이덕화, 임권택, 조수미, 장한나, 정명훈, 강수진 등이 각 분야의 세계적 권위를 인정받는 상을 수상함으로써 국제적 위상을 높이고 있다.

이처럼 각 분야에 있어서 한국의 세계성이 입증되고 있는 반면에 한국의 문학은 아직 세계적 평가를 받지 못하고 있다. 한국문학은 한국사람들이 자기 의사를 펼치는데 가장 적합한 글자인 한글로 이루어진 문학임에도 불구하고 인정받지 못하고 있는 셈이다.[1] 단도직입적으로 말한다면 '노벨문학상'과 같은 세계적인 상을 받지 못했다는 말이며, 세계인이 알아줄만한 문학가를 갖고 있지 못하다는 말이기도 하다.

왜 한국은 세계적인 문학상을 수상하지 못했을까? 문학상 자체의 공정성 문제인가? 문학가의 수준문제인가? 아니면 '한글'을 심사위원의 언어로 번역하지 못하는 번역가의 문제인가? 모든 문제들에는 여러 가지 요인이 있기 마련이므로 위에서 제시한 모든 문제가 한국문학의 세계적 위상 정립의 걸림돌이었을 수 있다.

본 논문에서는 위에서 제기한 문제 중에 특히 문학번역의 문제에 대해 하나하나 짚어감으로써 문학번역의 세계화를 이루는 방법에 대해 같이 생각해보고자 한다. 나아가 국가적으로 어떻게 문학번역에 지원하면 이른 바 세계적인 문학으로 평가를 받을 수 있을지에 대해서도 제안을 하고자 한다.

---

[1] 세종대왕은 '훈민정음어제'에서 백성들이 뜻하는 바를 편히 쓰게 하게 하려고 한글을 창제했다고 말한 바 있다. 이처럼 자기의사를 잘 쓰게하려는 의도를 가지고 인위적으로 만든 언어는 한글뿐이다.

II. 국제문학상과 한국문학

세계적인 문학상으로 한국에서는 흔히 노벨문학상을 말하곤 한다. 그러나 노벨문학상의 선정과정은 비밀에 붙여져 있어서 얼마나 공정한지 확인할 수 없다. 다만 100여년의 전통과 1,000여명의 인원을 동원하여 1년여에 걸쳐 선발하는 방식 등은 노벨상 선정과정이 매우 엄격하고 체계적임을 엿보게 한다. 노벨문학상의 심사위원 선정 및 심사과정에 대한 자료를 찾기 어려우므로 본고에서는 미국에서 세계문학상을 표방한 노이츠국제문학상(Neustadt international prize for literature)을 예로 들어보기로 한다.2)

본고에서 노이츠문학상을 소개하려는 것은 아니다. 다만 미국에서 만들어진 노이츠 문학상은 국제문학상으로 심사위원 및 수상자가 밝혀져 있으므로 이를 통해 노벨문학상을 비롯한 국제문학상의 면모를 유추해 보자는 것이다. 노이츠문학상의 2006년도 심사위원은 Aron Aji (Turkey), Clark Blaise(U. S.), Kwame Dawes(Ghana/ Jamaica/ U. S.), Li-Young Lee(Indonesia), Zakes Mda(South Africa), Tiina Nunnally(U. S.), Nico Orengo (Italy), Carter Revard(U. S.), Linda Spalding(U. S./ Canada), Susan Rubin Suleiman(U. S.), Daisy Zamora(Nicaragua) 등 11명이다.3) 미국 국적이 많

---

2) http://www.ou.edu/worldlit/neustadt.htm 이 상의 후원자가 Oklahoma대학교와 World Literature Today잡지사이므로 홈페이지가 대학교홈페이지 안에 있다.

3) 참고로 이중의 한명인 Zamora에 대한 소개를 들어 본다. "Honored as 2006 Woman Writer of the Year by the National Association of Artists in her native Nicaragua, Daisy Zamora is one of the most prominent figures in contemporary Central American poetry. Her work is known for its uncompromising voice and wide-ranging subject matter that dwells on the details of daily life while encompassing human rights, politics, revolution, feminist issues, art, history and culture. During Nicaraguas Sandinista Revolution, she was a combatant for the FSLN (Sandinista National Liberation Front), became the voice and program director for clandestine Radio Sandino during the final 1979 Sandinista offensive, then vice minister of culture for the new government. Zamora is the author of five books of poetry in Spanish, most recently Tierra de Nadie, Tierra de Todos (No Man's Land, Everybody's Land), Casa

은 편이기는 하지만 터키, 인도네시아, 남아프리카, 이태리, 니카라과이 등 각 대륙 언어권의 심사자가 포함되어 있다. 이때 수상후보로 거명된 작가를 보면 Orhan Pamuk(Turkey), Alice Munro(Canada), Linton Kwesi Johnson(UK), Gerald Stern(U. S.), André Brink(South Africa), Per Olov Enquist(Sweden), Philip Roth(U. S.), N. Scott Momaday(U. S.), Alice Munro (Canada), Hélène Cixous(Algeria/ France), Claribel Alegría(Nicaragua/ El Salvador) 등 11명으로 이루어져 있다. 미국이 3명이지만 기타 터키, 캐나다, 스웨덴, 영국, 프랑스, 엘살바도르, 남아프리카 등 여러 나라 작가가 후보로 거명되었다. 이 중에 Claribel Alegría(Nicaragua/ El Salvador)가 수상하였는데 후보자들 중에는 2006년에 노벨문학상을 받은 오르한 파묵도 있다.

여기서 우리가 주목할 점은 심사위원이 여러 언어권 국가의 문학권위자들로 구성되어 있으며, 후보자 역시 그렇다는 점이다. 이 상의 기본 언어는 영어, 프랑스어, 스페인어 세 언어로 정해져 있다. 영어, 프랑스어, 독일어, 스페인어 외에 노벨상 수여국인 스웨덴어가 포함된 노벨문학상보다 공식언어가 적은 편이지만 서구어 위주로 이루어졌다는 면에

---

de Poesía, San José Costa Rica, 2007, and Fiel al corazón: Poemas de amor (Faithful to the Heart: Love Poems) Anama Ediciones, Managua, Nicaragua, 2005. Among her poetry collections in English, The Violent Foam: New & Selected Poems, a bilingual edition, was published by Curbstone Press in 2002, and also Clean Slate, in 1993. Another collection, Riverbed of Memory, was published by City Lights Books in 1992. Her work has also been published throughout Latin America, the Caribbean, Canada, Europe, Australia and Viet Nam. A political activist and advocate for women's rights throughout her life, for the last several years she has taught poetry workshops at a number of universities and colleges, most recently as a lecturer for the Latin American & Latino Studies Department at the University of California, Santa Cruz. In 1977, she was awarded the prestigious Mariano Fiallos Gil National Poetry Prize from the University of Nicaragua. In 2002, she was awarded a California Arts Council Fellowship for poetry, and also that year she received an award from the Nicaraguan Writers Center in Managua for valuable contributions to Nicaraguan Literature" (www.curbstone.org)

서는 동일하다.

그러므로 국제문학상에 지원하기 위해서는 서구어로의 번역이 필수적이다. 다만 3개 국어, 4개 국어의 서구어 중에 '영어'번역에만 집중하는 방식은 재고할 필요가 있는데 오에겐자브로(大江健三郞)의 노벨상 수상 작품은 영어로도 번역되었지만 스웨덴어로 번역되어 격찬을 받았으며, 그 후에 노벨상을 받게 되는데 오에겐자브로의 작품이 스웨덴어로 번역되어 노벨상을 받은 것은 아니겠지만 심사위원의 모국어가 다양한 점을 고려한다면 노벨상 후보작으로 적절한 평가를 받기 위해서는 각 심사위원의 모국어에 해당하는 다양한 언어로 번역될 필요는 있다고 할 수 있다.

여기에서 특히 오에겐자브로의 작품이 영어로 번역했을 때보다 스웨덴어로 번역했을 때 더 격찬을 받았다는 사실에 주목할 필요가 있는데 이는 물론 번역자의 역량이 더 뛰어났기 때문으로 볼 수노 있으나 그보다는 스웨덴 사람들의 정서와 유사하기 때문으로 읽을 수 있으며, 유사한 정서는 유사한 문화를 바탕으로 하며, 언어에 담긴 문화적 차이를 보다 쉽게 전달할 수 있게 한다. 즉 일본어는 문화나 정서상에서 영어보다는 스웨덴어에 더 유사했다고 할 수 있다.

그러므로 전략적인 번역을 위해서는 해당 언어 중에 한국어에 가장 가까운 언어, 즉 한국어와 한국문화를 가장 잘 표현할 수 있는 서구언어를 선정 번역하는 방법을 강구할 만하다.4)

III. 한국의 문학번역 지원 체제

문학번역사업은 민간에서 주도해왔고 현재도 민간차원에서 주로 이

---

4) 이를 위해서는 물론 다양한 서구어와 한국어, 여러 서구 국가의 문화와 한국문화에 대한 비교가 선행되어야 할 것이다.

루어진다고 해도 과언이 아니다. 그러나 다양한 방면에서 한국의 세계적 위상이 자리잡게 되고 한국문학의 세계적 확산의 필요성이 높아지면서 이를 전문적으로 주관하는 한국문학번역원이 설립되었으며, 한국문학작품 중 대표적 작품의 번역을 지원하게 되었다.

한국문학번역원은 문학번역지원사업을 주도하는 한편 최근에는 한국작품을 외국어로 번역할 수 있는 번역가가 너무 적고 그나마 늘지 않는 상황인 점을 들어 〈번역아카데미사업〉이라는 번역가 양성사업을 시작하였다. 그러므로 한국의 문학번역지원은 작품번역지원과 번역가양성지원 두 가지로 이루어지고 있는 셈이다.

한편 2007년부터 한국학중앙연구원에서 〈고전라이브러리 100선 영역사업〉이라는 중장기 사업을 시작하여 작품 번역사업에 가세하였는 바 본고에서는 이를 함께 다루도록 하겠다.

1. 문학번역지원사업

한국문학번역원은 2009년 번역지원사업의 의의와 대상을 다음과 같이 제시하고 있다.5)

> 의의: 수준 높은 번역을 통하여 한국의 우수한 문학작품을 해외 독자들에게 소개하고 공감대를 형성하여 한국문학이 세계적으로 도약할 수 있는 기반을 마련합니다.
>
> 내용: 한국의 근·현대 문학 및 고전 작품의 번역을 지원합니다. 본원이 지정한 작품을 번역하여 신청하는 지정공모제와 번역가가 자유롭게 작품을 선택하여 지원하는 자유공모제를 실시하고 있습니다.

---

5) http://www.klti.or.kr/biz/01_trans.jsp

'의의'에서 본 사업의 목적이 한국문학의 세계적 도약 즉 세계화임을 내세웠다. 그리고 한국문학을 세계화하는 방법으로 '우수한' 한국의 고전 및 근현대 문학작품을 선정하여 '수준높게' 번역하려 한다고 하였다.

여기서 관건이 되는 점은 '우수한'의 내용과 '수준 높은'의 기준일텐데 먼저 '우수한'지 여부를 증빙할 수 있는 자료로 "원작의 우수성을 입증할 수 있는 학계의 객관적 평가 자료" 및 "선정 이유, 현지 출판 가능성 및 수용 기대치 등"을 들었다. 이 중에 주목할 만한 내용은 바로 두 번째 내용 즉 현지의 수용기대치를 예상해야한다는 점이다.

이와 같은 기준은 번역 방법에 대한 현대의 인식과도 직결된다. 즉, 그동안은 번역이 생산자의 입장에서 작품의 내용, 작가의 의중을 얼마나 정확하게 표현하느냐를 중시했다면 이제는 얼마나 독자가 가까이 접근할 수 있도록 가독성있게 번역했느냐를 따지는 수용자 중심으로 바뀐 상황을 반영한다.6)

이와 같은 인식은 〈한국고전라이브러리 100선 영역사업〉에도 적용되고 있다. 이 사업에서는 '구미 A급 출판사 출판'을 신청자격요건으로 삼고 있다.7) 즉 폭넓은 확산을 위해서는 해당국의 신뢰할 만한 출판사에서 출판되어야 한다는 입장이 반영되어 있는 셈이다.

고전 100선 영역 및 외국어 번역 사업은 한국학중앙연구원과 한국문학번역원 양쪽에서 모두 진행하고 있을 정도로 누구나 인정하는 가치 있는 사업이며 중국에서도 수행한 사업이다.8)

현재 문학번역 지원사업은 선택과 집중 방식을 채택하고 있다. 즉,

---

6) 최근 들어 번역에 있어서 문화의 중요성에 대한 관심이 높아지고 있다. 김효중(2004)은 이를 새로운 패러다임이라고 하였는데 문화의 차이를 효과적으로 전달하는 방법은 원작의 문화를 독자의 문화로 변경시켜야 독자의 가독성이 높아지게 된다.
7) 〈고전라이브러리 100선 영문번역사업〉 2007년 신청요강 참조.
8) 한국과 중국의 번역사업 시행 이유와 방법에는 차이가 있는데 이에 대해서는 다음 장에서 다루기로 하겠다.

문화유산과 같은 한국고전의 외국어역을 통한 보급과 현대를 호흡하는 우수한 한국문학의 번역은 어느 것이 먼저랄 것 없이 중요한 일이지만 국가적으로는 현대문학의 번역보다는 오랜 세월을 거쳐 가치가 입증되어 유전되어 온 '고전'의 번역, 그것도 세계어로 확고하게 자리 잡은 '영어'로의 번역에 집중하고 있는 셈이다.

그러나 한국고전의 번역에서 부딪치는 문제는 '누구나' 인정한다고 생각하는 가치가 과연 독자들에게 특히 외국독자들에게 인정받을 수 있겠느냐는 문제이다. 더욱이 아직까지 한국의 지명도는 중국이나 일본에 비해 저조한 편이며, 대표작품이라 하더라도 고전에 있어서는 중국에, 근대에 있어서는 일본에 빚을 지고 있는 한국작품의 성격을 고려할 때 양질의 번역도 중요하지만 어떻게 읽히게 만들것인가에 대한 고민도 병행해야한다.

2. 문학번역가 양성사업

한국은 일찍부터 세계와의 소통 필요성에서 통역대학원을 국가지원으로 설립하였지만 번역 지원에 대해서는 소홀했다. 번역은 별도로 지원하지 않아도 활성화 되어 있었기 때문으로 여겨진다.

그러나 활성화되어 있던 번역은 주로 외국어를 한국어로 번역하는 번역이었다. 그러기에 해외 번역을 위한 정규코스의 필요성이 팽배되면서 2004년부터 한국문학번역을 위한 번역강좌가 설치되었고 2008년부터는 번역아카데미 정규과정이 개설되었다.

이와 같은 과정 개설에는 해외번역자가 많지 않다는 위기의식과 과제 중심 지원으로는 전문번역가를 양성할 수 없고 전문번역가의 양성 없이는 지속적인 양질의 번역이 어렵다는 판단이 제기되었기 때문이다.[9]

---

9) 2008년 당시 윤지관 한국문학번역원장은 번역아카데미 설립의 필요성에 대해 당시 번역요원이 80여 명 밖에 되지 않으므로 10여 년 간의 양성사업을 통해 300여 명으로

〈2009 한국문학번역원 번역아카데미 정규과정 수강생 모집〉요강을 제시하면 다음과 같다.

"한국문학번역원에서는 한국문학에 대한 깊은 이해를 바탕으로 뛰어난 문학 번역을 창작할 전문번역가를 양성하고자 〈2009 한국문학번역원 번역아카데미 정규과정〉을 운영합니다. 영어, 불어, 독어, 러시아어의 원활한 표현이 가능하고 한국문학 작품에 대한 관심을 가진 분들을 선발하여 번역 실습 위주의 강의를 운영합니다. 한국문학을 세계에 소개할 예비번역가들의 많은 지원 바랍니다."

10년간 약 200명을 양성하겠다는 이 프로젝트는 궁극적으로는 외국의 뛰어난 번역인재들이 한국의 번역지원이 없이도 스스로 번역을 지속할 수 있는 시스템을 구축하려고 하고 있다. 그러나 이런 시스템 구축을 목표로 두고 있는 이유는 아직 그런 시스템이 구축되지 않았고 그만큼 그런 시스템 구축이 어렵다는 뜻이기도 하다. 이렇게 번역가 양성을 위해서는 넘어야 할 산이 많은데 첫 번째 고민은 이들의 사후관리라고 볼 수 있다. 즉 이들이 지속적으로 번역을 수행할 동기를 부여하고 번역을 통해 생활할 수 있는 번역환경을 조성해야 한다. 바로 시스템 구축인 셈인데 그렇지 않다면 일회적 행사에 그칠 우려가 있다.

두 번째 고민은 저변확대가 어렵다는 점이다. 저변이 없는 후계자 양성은 인간문화재 양성처럼 계속 유지하기가 쉽지 않으며, 역량 있는 후계자 선정도 어렵다. 이는 지속성을 담보하기 어려운 국가지원사업의 한계와도 맞물린다. 즉 번역가를 양성하더라도 어차피 비인기종목일 경우 생계유지가 어려운데 이를 지속적으로 지원할 수 없다는 문제이다. 이는 다시 첫 번째 문제와 맞물린다.

흔히 교육은 백년간 영향을 미칠 중요한 활동이라고 한다. 그러므로

늘려야 한다고 한 바 있다.

제대로 된 번역교육을 위해서는 백년을 내다보는 안목이 필요하다. 한국 문학번역원에서 양성하는 번역가가 번역을 수행하면서 백년을 살 수 있는 방법이 수립되어야 번역가 양성 시스템이 구축되었다고 할 수 있다.

Ⅳ. 중국의 번역사업과 비교

세계 보편종교인 불교가 중국에 들어오는 과정에서 중국은 국가적으로 불경번역사업을 수행해왔다.10) 한국 역시 『석보상절언해』처럼 왕실차원이지만 불경번역사업을 수행한 바 있다. 그러나 근세로 진입하면서 한국과 중국은 모두 국가가 아닌 개별 선각자들에 의해 번역이라는 방법으로 선진 서양문명을 소개하였다. 이제 세계화의 시대에 그렇게 번역된 서양문명에 대해서 동양에서는 너무나 잘 알게 되었지만 동양 아니 중국과 한국의 문화와 문학은 서양에 그다지 알려지지 않았다. 그렇지만 세계화의 시대는 세계적 지명도의 시대이기도 해서 지명도를 얻기 위해서라도 자국을 알리는 정책이 필수적인 시대가 되었다.

중국의 '대중화문고사업'과 한국의 번역지원사업은 이러한 필요성을 느낀 국가지원사업이라는 점에서 공통점이 있다. 중국 대중화문고사업은 중국의 찬란한 문화를 외국에 선양해야겠다는 생각과 기존 번역에 문제점이 많다는 인식을 바탕으로 1950년대부터 추진되었다고 한다. 그러나 문화대혁명으로 늦춰져서 1990년대부터 실제적으로 추진할 수 있었고 중국학술위원회에서 선정한 18세기 이전 문학, 역사, 철학, 병법, 의학, 천문학 등 분야의 권위적인 서적 100종을 번역해 오고 있다. 이제 거의 완성단계에 이른 대중화문고는 그러나 세계적으로 널리 알려져 있지는 않은 듯하다.

---

10) 손지봉, 「번역과 문화전파」, 『중국어문학지』 24, 중국어문학회, 2007.

대중화문고가 세계에의 관심으로 떠오르지 않는 이유는 여러 가지가 있겠지만 무엇보다 생산자 중심의 번역출판태도 때문으로 여겨진다. 즉, 이 대중화문고는 고전원문, 백화, 영어번역문 등을 나란히 나열하는 방식으로 편집되어 있는데 이는 작가의 정확한 뜻 즉 중국고전의 정확한 내용을 독자에게 전달하겠다는 의지와 독자의 가독성보다는 원문의 충실성에 무게를 두고 있음을 느끼게 한다. 또한 이런 편집은 한국에서는 외국어학습자를 위한 교재에나 적용하는 방법으로 중국어를 모르는 세계 일반 독자에게는 접근성이 떨어지는 편집방식이다.

특히 대중화문고는 출판에 비해 보급에는 별도의 지원을 하지 않고 있는데 국내 대학에도 배포하지 않아 중국을 대표하는 베이징대학에도 전질이 소장되어 있지 않은 형편이며, 외국도서관에의 보급을 위한 별도의 예산도 잡혀있지 않았고, 문고에 대한 선전도 이벤트성에 그쳐서 국가 지원만큼의 효과를 거두지 못하고 있는 실정이다.

한국고전번역사업은 2000년대에 시작되었고 아직 초기 단계라 미리 단언할 수 없지만 대중화문고사업과는 많은 차이를 보이고 있는데 가장 큰 차이는 수요 가능성을 따지고 현지의 상황에 맞게 편집 출판한다는 점일 것이다.11) 이처럼 중국과 한국의 두 사업은 비슷한 상황에서 같은 목표를 같고 출발했지만 전혀 다른 방법을 택하고 있다. 이 둘 중에 과연 어느 쪽에서 원하는 목표를 실현할 수 있을 것인가? 현대 번역의 경향이 수용자 중심으로 바뀌어 가는 추세를 볼 때 한국에서 선택한 방법이 목표 달성에 더 유리할 것으로 여겨진다.12)

그러나 한국의 번역작품이 중국보다 더 세계에 알려질 가능성이 높다고 좋아할 일만은 아니다. 이러한 번역지원이 세계적으로 중국이나

---

11) 한국고전번역사업으로 한국문학번역원의 '한국문학번역원 번역권장 고전목록 100선'이 있으며, 한국학중앙연구원 한국학진흥사업단의 '한국학고전라이브러리 100선 영문번역사업'이 있다.
12) 물론 중국에서 이미 이룬 성과를 바탕으로 수요자의 요구에 맞게 편집하여 출판하는 사업을 추진한다면 중국고전을 세계화하려는 목표는 한층 앞당겨질 것이다.

일본보다 한국에 대한 관심과 이해를 높이는 요소로 작용하게 할 수 있느냐를 생각해 봐야 한다. 이를 위해서는 한국의 번역지원이 일회적으로 그치지 않고 중장기사업으로 진행되어야 하며 체계를 갖추어야 하는데 이에 대해서는 다음 장에서 다루도록 한다.

V. 결론 - 문학번역 시스템 구축

이제까지 한국의 문학번역지원이 작품지원과 번역가 양성으로 이루어졌음을 고찰하였고 최근에 특히 중점을 두는 번역가 양성사업의 문제점을 제기해 보았다.

이런 문제점을 극복하기 위해 문학번역 시스템 구축의 필요성이 절박한데 이는 그렇게 간단하지 않다. 최근 들어 가장 이상적인 번역방법으로 내세워지는 것은 문학적 소양이 있으면서 해당 국어를 잘 구사하고(작가인 경우가 최상이지만) 한국문학을 번역하고자 하는 외국인과 그 한국문학에 대해 잘 알고 있는 한국인이 팀을 이룬 번역팀의 구성이다. 이 팀에서는 누가 주도적이어야 하는가? 외국인인가 한국인인가? 이런 번역팀을 구성하기 위해서는 어떤 시스템이 필요한가?

또한 이런 번역팀의 구성이 과연 최상인가? 당나라때 불경번역 양상을 보면 당대 번역을 주도했던 현장법사는 역주(譯主), 필수(筆受), 탁어(度語), 증범(證梵), 윤문(潤文), 증의(證義), 총감(總勘) 등의 직책을 두고 공동번역을 하게 하였다. 번역과정을 7단계로 나눈 셈이다. 여기에서 '역주'는 '주석 붙이는 사람', '필수'는 '번역한 말 받아쓰는 사람', '탁어'는 '번역', '증범'은 '범어 원문과의 확인', '윤문'은 '글다듬기', '증의'는 '뜻의 확인', '총감'은 '글의 일관성 확인' 등으로 볼 수 있다.[13]

---

[13] 손지봉, 앞의 논문, 349쪽.

국가 중심 번역 제도가 가장 왕성했던 시기의 이런 번역시스템의 현대적 적용에 대해서도 따져 봐야 하지 않을까?

이제 한국 문학번역의 세계화를 위해서 문학작품 번역지원사업, 전문번역가 양성사업에 이어 번역시스템 구축사업을 지원할 것을 제안하는 바이다. 아울러 현재 진행되고 있는 전문번역가 양성사업에서 한국어 및 해당외국어에 대한 최고의 역량을 키울 수 있도록 교육과정과 교육자료 등을 개발하는 일도 우선적으로 추진할 것을 제안한다.

끝으로, 국가지원에서 주의할 점을 한 가지 든다면, 지원을 하되 너무 국가의 입장을 내세우지 말아야 한다는 점이다. 노이츠 국제문학상이나 노벨문학상처럼 국제적인 인정을 받는 문학상의 경우 수상작가의 삶 자체가 수상감이라는 평가를 듣기도 하는데 많은 경우 인권과 환경 등 세계적 가치를 위해 국가를 상대로 투쟁하는 경우가 대부분이다. 이런 작품은 공공연하게 국가의 이름으로 지원하기 어렵기 마련이다. 그러나 이런 저런 조건의 작품을 제외하고 나면 세계적 인정을 받을 수 있는 작품 지원자체가 어렵게 된다.

필자는 한국문학의 세계화를 위한 문학번역지원은 세계적 수준이 되지 못하는 한국문학을 세계적 수준으로 만들겠다는 것이 아니라 세계적 수준이 되는 한국문학을 모르는 세계 독자에게 한국문학이 세계적 수준임을 알리는데 목표가 있다고 본다. 그러므로 국가적 관점이 아닌 세계적 관점에서 지원할 수 있는 시스템 구축을 희망해 본다.

■ 참고문헌

김효중, 『번역학』, 민음사, 1998.
김효중, 『새로운 번역을 위한 패러다임』, 푸른사상, 2007.
손지봉, 「번역과 문화전파」, 『중국어문학지』 24, 중국어문학회, 2007.
손지봉, 「서양의 번역문화범주이론에 대한 중국의 대응과 그 의미」, 『중국어문학지』 21, 중국어문학회, 2006.
더글러스 로빈슨 저, 정혜욱 역, 『번역과 제국』, 동문선, 1997.
Georges Mounin 저, 이승권 역, 『번역의 이론적 문제점』, 고려대학교출판부, 2002.
柯平, 「文化差異和語義的非對應」, 『飜譯新論』, 湖北敎育出版社, 2003.

박태원 문학의 현재와 미래

2010년 1월 20일 인쇄
2010년 1월 25일 발행

저 자   구 보 학 회
펴낸이 박 현 숙
찍은곳 신화인쇄공사

110-320 서울시 종로구 낙원동 58-1 종로오피스텔 606호
TEL : 02-764-3018, 764-3019   FAX : 02-764-3011
E-mail : kpsm80@hanmail.net

펴낸곳 도서출판 깊 은 샘

등록번호/제2-69. 등록년월일/1980년 2월 6일

ISBN 978-89-7416-220-7

※ 잘못된 책은 교환해 드립니다.

값 22,000원